Georg Bühler

Verkehrsmittelwahl im Güterverkehr

Eine Analyse ordnungs- und preispolitischer Maßnahmen

Mit 22 Abbildungen und 64 Tabellen

Physica-Verlag
Ein Unternehmen
des Springer-Verlags

Forschungsbereich
Umwelt- und
Ressourcenökonomik
Umweltmanagement
des ZEW

Reihenherausgeber
Dr. Christoph Böhringer

Autor
Dr. Georg Bühler
Zentrum für Europäische Wirtschaftsforschung GmbH (ZEW)
FB Umwelt- und Ressourcenökonomik, Umweltmanagement
L7, 1
68161 Mannheim, Germany
buehler@zew.de

ISBN-10 3-7908-1753-8 Physica-Verlag Heidelberg
ISBN-13 978-3-7908-1753-9 Physica-Verlag Heidelberg

Zugl. Diss. der Albert-Ludwigs-Universität Freiburg, 2005

Bibliografische Information Der Deutschen Bibliothek
Die Deutsche Bibliothek verzeichnet diese Publikation in der Deutschen Nationalbibliografie; detaillierte bibliografische Daten sind im Internet über <http://dnb.ddb.de> abrufbar.

Physica-Verlag ist ein Unternehmen von Springer Science+Business Media GmbH

springer.de

Umschlaggestaltung: Erich Kirchner, Heidelberg

SPIN 11811428 43/3100-5 4 3 2 1 0 – Gedruckt auf säurefreiem Papier

Vorwort

Die vorliegende Arbeit wurde im Oktober 2005 am Fachbereich Wirtschafts- und Verhaltenswissenschaften der Albert-Ludwigs-Universität Freiburg im Breisgau als Dissertation angenommen. Sie entstand während meiner Tätigkeit als wissenschaftlicher Mitarbeiter im Forschungsbereich Umwelt- und Ressourcenökonomik, Umweltmanagement des Zentrums für Europäische Wirtschaftsforschung GmbH (ZEW) in Mannheim. Es ist mir an dieser Stelle deshalb ein wichtiges Anliegen, mich bei all den Menschen zu bedanken, die mich auf dem Wege der Fertigstellung dieser Arbeit begleitet und unterstützt haben.

An erster Stelle möchte ich mich bei der Geschäfts- und Abteilungsleitung des ZEW, den Herren Prof. Dr. Dr. h.c. mult. Wolfgang Franz, Ernst-Otto Schulze, Thomas Kohl und Prof. Dr. Christoph Böhringer, bedanken, ohne deren Unterstützung das „Projekt" Dissertation wohl nicht möglich gewesen wäre.

Besonders danken möchte ich meinem Doktorvater, Herrn Prof. Dr. Siegfried Hauser, der mich als extern Promovierenden aufgenommen und betreut hat. Herrn Prof. Dr. Günter Knieps danke ich für die Übernahme des Zweitgutachtens.

Mein ausdrücklicher Dank gilt auch meinen Kolleg(inn)en am ZEW. Die wissenschaftlich sehr anregenden Diskussionen und das angenehme Arbeitsklima trugen maßgeblich zum Zustandekommen der Arbeit bei. Hervorheben möchte ich an dieser Stelle die Kollegen Dr. Jörg Breitscheidel, Dr. Sigurd Weinreich und Dr. Andreas Ziegler. Sie schenkten mir stets Gehör und opferten dem Gelingen meiner Arbeit mehrfach ihre Zeit.

Auch meinen wissenschaftlichen Hilfskräften Joachim König, Melanie Mayer und Jochen Werth möchte ich auf diese Weise danken. Ihre Hilfe bei der Daten- und Literaturrecherche, der Datenaufbereitung sowie bei der Formatierung der Dissertation nahm mir viel Arbeit ab. Ebenso gilt mein Dank meinen ehemaligen Kollegen Dr. Andreas Löschel und Dr. Carsten Vogt, meinen Kolleginnen Barbara Knoth und Romy Weiland, meinem Vater und meiner Freundin Christina Knoch für das Korrekturlesen meiner Arbeit.

An dieser Stelle ist es mir ein besonderes Bedürfnis, mich ganz herzlich bei meinen Eltern und bei meinem Bruder zu bedanken. Sie leisteten durch ihre moralische Unterstützung einen unschätzbaren Beitrag zum Gelingen dieser Arbeit. Sie gaben mir die erforderliche Kraft und motivierten mich immer wieder aufs Neue, die Ausdauer aufzubringen, meine Dissertation erfolgreich abzuschließen. Ihnen ist deshalb diese Arbeit gewidmet.

Mannheim, im April 2006 Georg Bühler

Inhaltsverzeichnis

1 Einleitung

1.1 Problemstellung und Zielsetzung

Nach den neuesten Prognosen zur Verkehrsentwicklung werden der Personenverkehr und der Güterverkehr in der EU in den kommenden Jahren deutliche Aufkommenszuwächse verzeichnen. Die Schätzung der Europäischen Kommission zum Güterverkehr weist eine Steigerung von 38% bis 2010 aus.[1] Besonders intensiv wird sich der prognostizierte Anstieg in Deutschland darstellen. Der Grund hierfür ist die zentrale Lage innerhalb Europas. Neben dem Wachstum des nationalen Güterverkehrs werden in den kommenden Jahren insbesondere der grenzüberschreitende Verkehr sowie der Transitverkehr zunehmen.[2] Die Prognose für die Verkehrsentwicklung in der Bundesrepublik ist dementsprechend hoch. Bezogen auf das Basisjahr 1997 wird der Güterverkehr bis 2015 voraussichtlich um 57,6% wachsen.[3]

Die zu erwartende hohe Wachstumsrate im Güterverkehr hat mehrere Gründe. Ein erster Grund ist die Internationalisierung der Produktion. Bedingt durch die Globalisierung und den europäischen Integrationsprozess, der sich durch die EU-Osterweiterung intensiviert, wird es den Unternehmen ermöglicht, an den Orten zu produzieren, an denen sie die besten betriebswirtschaftlichen Voraussetzungen vorfinden. Dabei spielt die Entfernung zu den Beschaffungs- und Absatzmärkten und somit die erforderliche Transportleistung oft eine untergeordnete Rolle. Ein zweiter Grund ist die Umstrukturierung der Produktionsprozesse. Die Fertigungstiefe an einem Unternehmensstandort ist rückläufig. Dies führt zu einer Verlängerung der Produktionskette und zu mehr Transportvorgängen. Letztlich führen zeitlich eng ineinander verzahnte Produktionsabläufe zu einer Verringerung des Transportaufkommens je Transportfall und gleichzeitig zu einer höheren Anzahl der Transportvorgänge.

Als besonders problematisch stellt sich das Wachstum des Straßengüterverkehrs dar. Bereits heute wird der Großteil des Verkehrsaufkommens auf der Straße

---

1 Das Basisjahr für diese Wachstumsprognose ist 1998. Vgl. EC (2001), S. 15.

2 Einerseits werden sich die Handelsbeziehungen zwischen den westeuropäischen EU-Mitgliedsländern weiterhin intensivieren. Andererseits hat der Verkehr zwischen den ost- und westeuropäischen Ländern bedingt durch die EU-Osterweiterung in den kommenden Jahren erhebliche Wachstumspotenziale. Vgl. Gresser, K. et al. (2001), S. 591.

3 Mann, H.-U. et al. (2001), S. 120, S. 221.

befördert. In der Bundesverkehrsprognose wird für den Straßengüterfernverkehr in den kommenden Jahren ein höheres Wachstum als für den gesamten Güterverkehr vorhergesagt.[4] Betrachtet man die gegenwärtig schon angespannte Situation auf deutschen Straßen, so sind die verkehrs- und umweltpolitischen Konsequenzen einer solchen Entwicklung kaum vorstellbar.

Bereits heute verursachen die Staukosten mit geschätzten 5,3% des nationalen Bruttoinlandsproduktes (BIP) einen erheblichen Schaden für die Wirtschaft.[5] Steigt das Güterverkehrsaufkommen auf der Straße entsprechend den Prognosen, so wird die Zuverlässigkeit der Transporte drastisch sinken. Insbesondere die zunehmende Anzahl von Unternehmen, die auf „Just-in-Time"-Anlieferungen angewiesen sind, werden mit einem erheblichen Schaden durch die Überlastung der Straßen rechnen müssen.

Auch unter umweltpolitischen Gesichtspunkten sind die Entwicklungen des Verkehrssektors alarmierend. Der Straßengüterverkehr verursacht im Vergleich zu Bahn und Binnenschifffahrt bei entsprechender Auslastung höhere Umweltexternalitäten.[6] Eine Steigerung des Marktanteils des Straßengüterverkehrs führt somit unweigerlich zu einer noch stärkeren Belastung der Umwelt. Soll der Verkehrssektor – wie von der Politik gewünscht – jedoch auch zur CO_2-Reduktion beitragen, stehen bei gegebenem Wirtschafts- und damit korreliertem Verkehrswachstum nur wenige Konzepte zur Emissionsreduktion zur Auswahl.[7]

Die Verkehrsverlagerung gilt in der nationalen und europäischen Verkehrspolitik als Lösungskonzept für die Beseitigung der dringenden umwelt- und verkehrspolitischen Probleme. Die Politik reguliert den Verkehrssektor bereits heute entsprechend.[8] Die Verkehrswirtschaft ist infolge der zunehmenden Kapazitätsengpässe auf der Straße und den damit verbundenen betriebswirtschaftlichen Konsequenzen für ihre Unternehmen gewillt, Güterverkehre zu verlagern.

Dessen ungeachtet stellt sich die Verlagerung in der Praxis aufgrund bislang fehlender Alternativen zum Lkw meist als schwierig dar. Die Verkehrsmittelwahl wird vom Transportorganisator transportfallspezifisch getroffen. Dabei fließt in seine Entscheidungsfindung neben den Transportkosten auch die vom Nachfrager geforderte Qualität der Verkehrsleistung ein. In der verkehrspolitischen Diskussi-

---

4 Mann, H.-U. et al. (2001), S. 221.

5 Thomas, U. (2001), S. 2.

6 Als Umweltexternalitäten sind insbesondere die CO_2-Emissionen zu nennen, die den größten Anteil an den externen Kosten des Verkehrs haben. Die CO_2-Emissionen liegen beim Straßengüterverkehr deutlich über denen der Bahn und der Binnenschifffahrt. Vgl. BMVBW (2000), S. 29ff.

7 Einen Überblick über die verschiedenen Instrumentengruppen zur Reduzierung des CO_2-Ausstoßes im Verkehr geben Stronzik, M. et al. (2002), S. 196f.

8 Im „Weißbuch – Die europäische Verkehrspolitik bis 2010: Weichenstellung für die Zukunft" (EU, 2001a) und im Bericht der Bundesregierung zur „Integrierte[n] Verkehrspolitik – Herausforderung, Verantwortung und Handlungsfelder" (BMVBW, 2002b) ist die Verlagerung als zentrales politisches Ziel der Verkehrspolitik aufgeführt.

on über Ansätze zur Verkehrsverlagerung wird meist jedoch ausschließlich auf die Kosten der Erbringung von Verkehrsleistungen geachtet. Dies greift zu kurz, da die Entscheidung oft stärker von den Rahmenbedingungen des Transports und der Qualitätsmerkmale der Transportmittel als von den jeweiligen Transportkosten abhängt.

Das Ziel dieser Arbeit ist es deshalb, die Determinanten der Verkehrsmittelwahl zu bestimmen. Dabei sollen nicht nur die Transportkosten und die Qualitätsmerkmale sondern alle Einflussfaktoren berücksichtigt werden, die für die Verkehrsmittelwahl des Spediteurs relevant sind. Anhand real existierender Transportvorgänge, die in einer Spediteursbefragung erfasst wurden, wird die Verkehrsmittelwahl im Güterverkehr untersucht. Die Analysen zur Verkehrsmittelwahl erfolgen mit Hilfe eines binären Probit-Modells. Darauf aufbauend soll die Wirkung verschiedener Politikmaßnahmen zur Verkehrsverlagerung untersucht werden. Zu nennen ist hier insbesondere die leistungsabhängige Schwerverkehrsabgabe, deren Einführung auch mit dem Ziel der Verlagerung von Straßengüterverkehren gerechtfertigt wurde.

1.2 Aufbau und Gang der Arbeit

Im zweiten Kapitel dieser Arbeit wird der Güterverkehr und dessen Bedeutung für die Volkswirtschaft dargestellt. Hierzu wird in einem ersten Schritt ein Vergleich des Personen- und des Güterverkehrs vorgenommen. Diese Gegenüberstellung zeigt einerseits die relative Bedeutung des Gütertransportwesens für die Entwicklung des Gesamtverkehrsaufkommens. Andererseits weist sie dringlich darauf hin, dass die vergangene Entwicklung im Güterverkehr nicht unverändert fortgeschrieben werden kann. Zwar wird die Bedeutung des Verkehrs für das wirtschaftliche Wachstum keineswegs in Abrede gestellt, der dringende Handlungsbedarf zur Veränderung des Verkehrsmarktes ergibt sich aus volkswirtschaftlicher Perspektive jedoch zwingend aus den hohen negativen externen Effekten des Verkehrs. Die Vorstellung verschiedenster Konzepte zur Lösung des Verkehrsproblems ist deshalb zentraler Bestandteil dieses Kapitels. Darüber hinaus werden die Konzepte auf ihren Erfolg in der Anwendung in den vergangenen Jahrzehnten untersucht. Die von der Europäischen Union und der Bundesregierung abgeleiteten Handlungsempfehlungen schließen das zweite Kapitel ab.

Das dritte Kapitel beschreibt die Problematik der Verkehrsverlagerung. Es befasst sich mit der Person, die die Entscheidung zugunsten eines Verkehrsmittels trifft, ebenso wie auch mit den zur Auswahl stehenden Alternativen. Wie dieses Kapitel zeigt, kann die Frage nach dem Entscheidungsträger der Verkehrsmittelwahl nicht eindeutig geklärt werden. Es wird begründet, warum sich eine empirische Studie zum Verkehrsmittelwahlverhalten im Güterverkehr auf die Gruppe der Spediteure beziehen sollte. Im Rahmen der Erläuterungen werden die verschiedenen Konzepte von Transportketten im Güterverkehr vorgestellt. Dabei wird insbesondere auf die unterschiedlichen intermodalen Verkehre eingegangen, die in der Praxis üblicherweise die einzigen Alternativen zum unimodalen Lkw-Verkehr sind. Der dritte Abschnitt dieses Kapitels widmet sich den Qualitätsmerkmalen der Verkehrsmittelwahl. Hierzu werden die relevanten Einflussfaktoren im Überblick dargestellt und kurz beschrieben.

Im vierten Kapitel werden die unterschiedlichen Konzepte zur Analyse der Verkehrsmittelwahl wiedergegeben und die Vor- und Nachteile der unterschiedlichen Modellansätze gegeneinander abgewogen. Hierbei wird insbesondere die Notwendigkeit eines mikroökonomischen Ansatzes für die Erklärung der Verkehrsmittelwahl herausgearbeitet. Das Kapitel zeigt auf, dass die Klasse der diskreten Entscheidungsmodelle für die Analyse des Wahlverhaltens besonders geeignet ist. Die verschiedenen Modelle der diskreten Entscheidungstheorie werden in diesem Kapitel beschrieben. Dabei wird auf die zugrunde liegende Nutzenmaximierungstheorie, auf die verschiedenen Verteilungsannahmen der Störterme und deren Auswirkungen auf die Modelle sowie auf die Vor- und Nachteile der Modelle in der Anwendung eingegangen. Die empirischen Arbeiten, die in diesem Kapitel zur Erläuterung der unterschiedlichen Modelle herangezogen werden, basieren entweder auf bekundeten oder auf offenbarten Präferenzen der befragten Unternehmen. Die Vor- und Nachteile beider Konzepte werden im letzten Abschnitt dieses Kapitels diskutiert.

Das fünfte Kapitel bezieht sich auf die empirische Untersuchung, die im Rahmen dieser Arbeit durchgeführt wurde. Der erste Abschnitt dieses Kapitels ordnet diese Arbeit in die bisherigen Forschungsaktivitäten der Güterverkehrsmittelwahl ein. Der zweite Abschnitt beschreibt das Untersuchungsdesign der Arbeit. Befragungsmethode, Inhalt und Aufbau des Fragebogens werden erläutert. Ferner werden die Ziehung der Stichprobe, die Definition der relevanten Grundgesamtheit und schließlich die Realisierung der Interviews beschrieben. Der dritte Abschnitt stellt die Ergebnisse der Befragung dar und vergleicht diese mit verfügbaren Sekundärstatistiken. Darüber hinaus werden die deskriptiven Analysen dieses Abschnitts genutzt, um Hypothesen zur Verkehrsmittelwahl der Spediteure aufzustellen, die im sechsten Kapitel mit Hilfe von ökonometrischen Schätzungen überprüft werden sollen.

Im sechsten Kapitel wird die Wahl der Spediteure zwischen dem Lkw und dem kombinierten Verkehr ökonometrisch geschätzt. Dies erfolgt einerseits für die gesamte Stichprobe und andererseits für die Gruppe der großen und kleinen Speditionen. Darüber hinaus wird die Verkehrsmittelwahl zwischen dem unbegleiteten kombinierten Verkehr und dem Lkw-Transport, der von einem Frachtführer betrieben wird, ökonometrisch analysiert. Auf Grundlage der Schätzergebnisse werden in diesem Kapitel verkehrspolitische Maßnahmen simuliert und deren Einfluss auf die Verkehrsmittelwahl bestimmt. Die zu untersuchenden Maßnahmen stammen aus dem Maßnahmenkatalog der Europäischen Union und der Bundesregierung. Das siebte Kapitel führt die aus dem sechsten Kapitel zu ziehenden Schlussfolgerungen auf und gibt einen Ausblick auf die Möglichkeit, mittels ordnungs- und preispolitischer Maßnahmen die Verkehrsmittelwahl politisch zu beeinflussen.

2 Die Güterverkehrswirtschaft

2.1 Historische und prognostizierte Entwicklungen des Güterverkehrsmarktes

2.1.1 Bedeutung des Güterverkehrs in der Transportwirtschaft

In der Verkehrswissenschaft wird unter dem Begriff „Transport" eine raumüberwindende Aktivität verstanden, im Rahmen derer Beförderungsobjekte von der Quelle eines Transportfalles zu dessen Senke/Ziel transportiert werden. Die Beförderungsobjekte werden dabei hinsichtlich ihres Typus in drei Gruppen unterteilt. Beim Nachrichtenverkehr werden immaterielle Gegenstände wie Informationen und Daten übermittelt, beim Personen- und Güterverkehr physische Körper transportiert.[9] Wird in der Öffentlichkeit oder in der Politik über Verkehr gesprochen, so bezieht man sich im Allgemeinen auf den Transport physischer Gegenstände. Die Nachrichtenübermittlung wird in verkehrswissenschaftlichen Arbeiten oft unter dem Aspekt der Substitutions- oder Einsparungspotenziale bei der Ersetzung des physischen durch elektronischen Verkehr diskutiert.[10]

Auch diese Arbeit fokussiert auf den Transport physischer Gegenstände – genauer auf den Güterverkehr. Der Grund für die Ausrichtung auf den Güterverkehr lässt sich aus Abbildung 2.1 entnehmen. Sie veranschaulicht die Entwicklung der Verkehrsleistung[11] im so genannten „bodengebundenen Personen- und Güterverkehr"[12] in Deutschland ab 1960. Um die Personen- und die Güterverkehrsleistung vergleichen zu können, wird das Konzept der „Mass Movements"[13] angewandt.

---

9 Vgl. Eckey, H.-F. und W. Stock (2000), S. 4.

10 Exemplarisch zu nennen sind BMVBW, BMWI, BMBF (2001), Colin, J. (2001).

11 Die Verkehrsleistung ist eine Aggregatsgröße und beschreibt die Summe aller individuellen Beförderungsleistungen von Personen und Gütern pro Zeiteinheit. Diese individuellen Beförderungsleistungen sind wiederum das Produkt aus dem beförderten Verkehrsaufkommen multipliziert mit der dabei zurückgelegten Entfernung. Vgl. Schwarz, O. (1996), S. 3f.

12 Zu den bodengebundenen Verkehren zählen alle (motorisierten) Verkehrsaktivitäten auf der Straße, der Schiene und der Binnenwasserstraße.

13 Das von Peake, S. (1994) vorgestellte Konzept der „Mass Movements" ermöglicht die Umrechnung der Personenverkehrsleistung in ein Tonnenkilometer-Äquivalent und somit einen Vergleich der Personen- und Güterverkehrsleistung. Den Umrechnungsfaktor setzte Peake auf 50 kg je Person fest. In der Luftfahrt findet dieses Kon-

Der Deutschen Lufthansa folgend wird der Umrechnungsfaktor festgesetzt auf 1 pkm = 0,1 tkm.

Abbildung 2.1: Verkehrsleistung in Deutschland

Quelle: BMVBW (1991), BMVBW (2002a), Mann, H.-U. et al. (2001).

Abbildung 2.1 zeigt zwei Effekte. Zum einen führt sie das allgemein starke Wachstum der bodengebundenen Verkehre auf, die zwischen 1960 und 2000 einen Verkehrsleistungsanstieg im Güterverkehr um rund 250% auf 488,8 Mrd. tkm und im Personenverkehr um rund 270% auf 88,4 Mrd. tkm(-Äquivalent) verzeichnen konnten. Bis 2015 wird ein weiterer Anstieg bezogen auf das Jahr 2000 um 41% im Güter- und um 22% im Personenverkehr erwartet.[14] Darüber hinaus zeigt die Abbildung deutlich die Dominanz des Güterverkehrs im Verhältnis zum Personenverkehr. In den vergangenen rund 40 Jahren lag der Anteil des Güterverkehrs an der Gesamtverkehrsleistung nie unter 79,5%. Während in den ersten 15 Jahren nach 1960 der Anteil der Personenverkehrsleistung aufgrund der gestiegenen Mobilitätsbedürfnisse der Bürger von 14,6% auf 20,5% stieg, sank er aufgrund des geringeren Wachstums der Personenverkehrsleistung im Vergleich zur Güterverkehrsleistung in den Jahren nach 1987 wieder ab. In dem bis 2015 prognostizierten Zeitraum wird die Dominanz des Güterverkehrs nicht nur fortbestehen, sie wird sich vielmehr noch verstärken, und mit 86,5% der Gesamtverkehrs-

zept Anwendung. Vgl. JAA (2003), S. 1-J-1ff. Im Vergleich zu Peake setzt die Deutsche Lufthansa beispielsweise jedoch 100 kg pro Person an.

14 Dieser Prognose wird das Trendszenario aus der Verkehrswegeprognose 2015 für die Bundesverkehrswegeplanung zugrunde gelegt. Im Trendszenario wird davon ausgegangen, dass die geplanten und als wahrscheinlich erachteten Politiken bis 2015 eingeführt werden und demnach die Verkehrsleistung beeinflussen. Zur Entwicklung der Szenarien für die Verkehrsprognose 2015 vgl. Kitzinger, S. et al. (2001), S. 15ff. Zur Prognose der Verkehrsleistung vgl. Mann, H.-U. et al. (2001), S. 120, S. 221.

leistung in tkm-Äquivalent wird der Güterverkehr das absolute Maximum des Berichtszeitraumes erreichen.

Die im Rahmen eines Transportfalles erbrachte Verkehrsleistung ist ein aus dem zu befördernden Aufkommen und der zurückgelegten Entfernung zusammengesetzter Indikator. Gründe für das Ansteigen der Verkehrsleistung können deshalb steigende Transportentfernungen oder größere Transportaufkommen sein. Auf Aggregatsebene kann die Verkehrsleistung als Produkt aus dem Verkehrsaufkommen[15] und der durchschnittlichen Beförderungsweite aller Transportfälle dargestellt werden. Untersucht man die Entwicklung dieser beiden Indikatoren, so zeigt sich, dass sowohl die durchschnittlichen Transportentfernungen als auch die Aufkommen gewachsen sind und somit zum Anstieg der Verkehrsleistung beigetragen haben.

Im Hinblick auf die Nutzungsintensität der Infrastruktur ist insbesondere die mittlere Beförderungsleistung von Bedeutung. Auch bei diesem Indikator zeigt sich die dominierende Rolle des Güterverkehrs. Zwischen 1960 und 2000 lag der Indikator im Güterverkehr stets deutlich über dem des Personenverkehrs. Während der bodengebundene Personenverkehr 1960 eine mittlere Beförderungsleistung von 10,37 km aufwies und bis 2000 auf 15,0 km anstieg, legte ein Verkehrsmittel im Güterverkehr je Beförderungsfall eine durchschnittliche Entfernung von 82,82 km im Jahre 1960 und 129,29 km in 2000 zurück. Neben der deutlich höheren mittleren Beförderungsleistung des Güterverkehrs gegenüber dem Personenverkehr ist das um 11,5% stärkere Wachstum dieses Indikators im Güterverkehr entscheidend. Auch dieser Trend hält laut Verkehrsprognose weiterhin an. Bis 2015 soll die mittlere Weglänge des bodengebundenen Gütertransports um 15% auf 148,79 km steigen, die des Personenverkehrs um lediglich 6% auf 15,91 km.

2.1.2 Güterbeförderung der bodengebundenen Verkehrsträger

Ein Vergleich des modalen Verkehrsaufkommens und der modalen Verkehrsleistung belegt die derzeitige Vorherrschaft des Lkw im bodengebundenen Güterverkehr. Seit der Erfassung der Zeitreihe zum Verkehrsaufkommen in Deutschland lässt sich die Präferenz der Güterverkehrsbetreiber zugunsten des Lkw erkennen. Ein entscheidender Grund hierfür ist der Güternah- und Güterregionalverkehr[16],

---

15 Das Verkehrsaufkommen misst im Personenverkehr alle von den zu beobachtenden Personen vollzogenen Ortsveränderungen in dem vorgegebenen Beobachtungszeitraum (in Personen). Im Güterverkehr werden die beförderten Gütermengen (in Tonnen) aller Güterverkehrsaktivitäten berücksichtigt. Vgl. Aberle, G. (2003), S. 27.

16 Der Straßengüterverkehr wurde vom Statistischen Bundesamt bis Juni 1998 differenziert nach Transporten im Nahverkehrsbereich bis 75 km und nach Transporten im Fernverkehr mit Entfernungen über 75 km dargestellt. Diese Segmentierung wurde in den offiziellen Statistiken mit der Einführung des neuen Güterkraftverkehrsgesetzes vom 1.7.1998 (§3, GüKG) nicht mehr ausgewiesen. Das Bundesamt für Güterverkehr klassifiziert die Straßengüterverkehre in seinen Marktbeobachtungen hingegen in

der aufgrund der sehr engmaschigen Straßeninfrastruktur fast ausschließlich mit dem Lkw erfolgt.[17] 1960 wurden von den im Güterverkehr insgesamt beförderten 1,68 Mrd. Tonnen rund 65% mit dem Lkw im Nah- und Regionalverkehr bis 150 km transportiert, 1990 waren es etwa 71% der insgesamt 3,38 Mrd. Tonnen. Durch die deutsche Wiedervereinigung sowie den Abbau der Handelsbarrieren in der EU und durch die damit verbundene räumliche Ausweitung der Produktionsprozesse sowie der Beschaffungs- und Absatzmärkte stieg in den 90er Jahren das Aufkommen im Fernverkehr überproportional zum Nah- und Regionalverkehr, so dass der Anteil des Güterfernverkehrs am Gesamtverkehrsaufkommen auf 39,5% anstieg. Diese Entwicklung wird – so die Verkehrswegeprognose – bis 2015 fortbestehen. Der Güterfernverkehrsanteil soll dann gemäß dem Trendszenario bei 42,1% liegen.

Trotz des immensen Anteils des Nah- und Regionalverkehrs am gesamten Güterverkehrsaufkommen auf der Straße ist die Verkehrsleistung in diesem Marktsegment durch die geringe mittlere Beförderungsleistung relativ klein. Sie lag 1960 mit 21,8 Mrd. tkm bei 15,7% der Gesamtverkehrsleistung in Deutschland. Der Straßengüterfernverkehr[18] erreichte damals eine Verkehrsleistung von 23,7 Mrd. tkm. Das Gros der bodengebundenen Güterverkehrsleistung wurde 1960 von der Bahn mit 53,1 Mrd. tkm erbracht, gefolgt von der Binnenschifffahrt mit 40,4 Mrd. tkm. Während in den folgenden 40 Jahren bis 2000 die Verkehrsträger Bahn und Binnenschiff auf ein unbeträchtliches jährliches Wachstum der Verkehrsleistung von 0,89% bzw. 1,25% verweisen konnten, stieg die des Straßengüterverkehrs jährlich um 5,2% an. Dabei fußte dieses beträchtliche Wachstum vor allem auf der Entwicklung des Lkw-Fernverkehrs, der in den 40 Jahren zwischen 1960 und 2000 um das 11,3-fache wuchs. Der Lkw wurde somit um bedeutendsten Transportmittel im Güterfernverkehrssegment und hatte 2000 eine Verkehrsleistung von 266,83 Mrd. tkm. Dies entspricht einem Anteil an der Verkehrsleistung im Güterfernverkehr von 65,2% und an der Gesamtgüterverkehrsleistung von 54,6%.

Nah- (bis 50 km), Regional- (51-150 km) und Fernverkehre (ab 151 km). Vgl. exemplarisch BAG (2002), S. 7ff.

17 Zwar wurden 1988 rund 50% des Transportaufkommens der Bahn im Entfernungsbereich unter 100 km (Bahn-Nahverkehr) befördert, das weitmaschige Bahnnetz und die geringe Anzahl von Netzanschlüssen verhinderten jedoch einen großflächigen Einsatz der Bahn im Nahverkehr. Vgl. Wittenbrink, P. (1992), S. 43, BMVBW (2002a), S. 53, S. 61 und S. 108.

18 Dem Straßengüterfernverkehr wurden die Fernverkehre nationaler Lastkraftwagen und die Verkehrsleistungen ausländischer Lastkraftwagen, die im grenzüberschreitenden, genehmigungspflichtigen Güterverkehr und im innerdeutschen Kabotageverkehr eingesetzt werden, zugerechnet. Vgl. hierzu auch BAG (1999), S. 3ff.

Abbildung 2.2: Die modale Entwicklung des Güterverkehrs in Deutschland

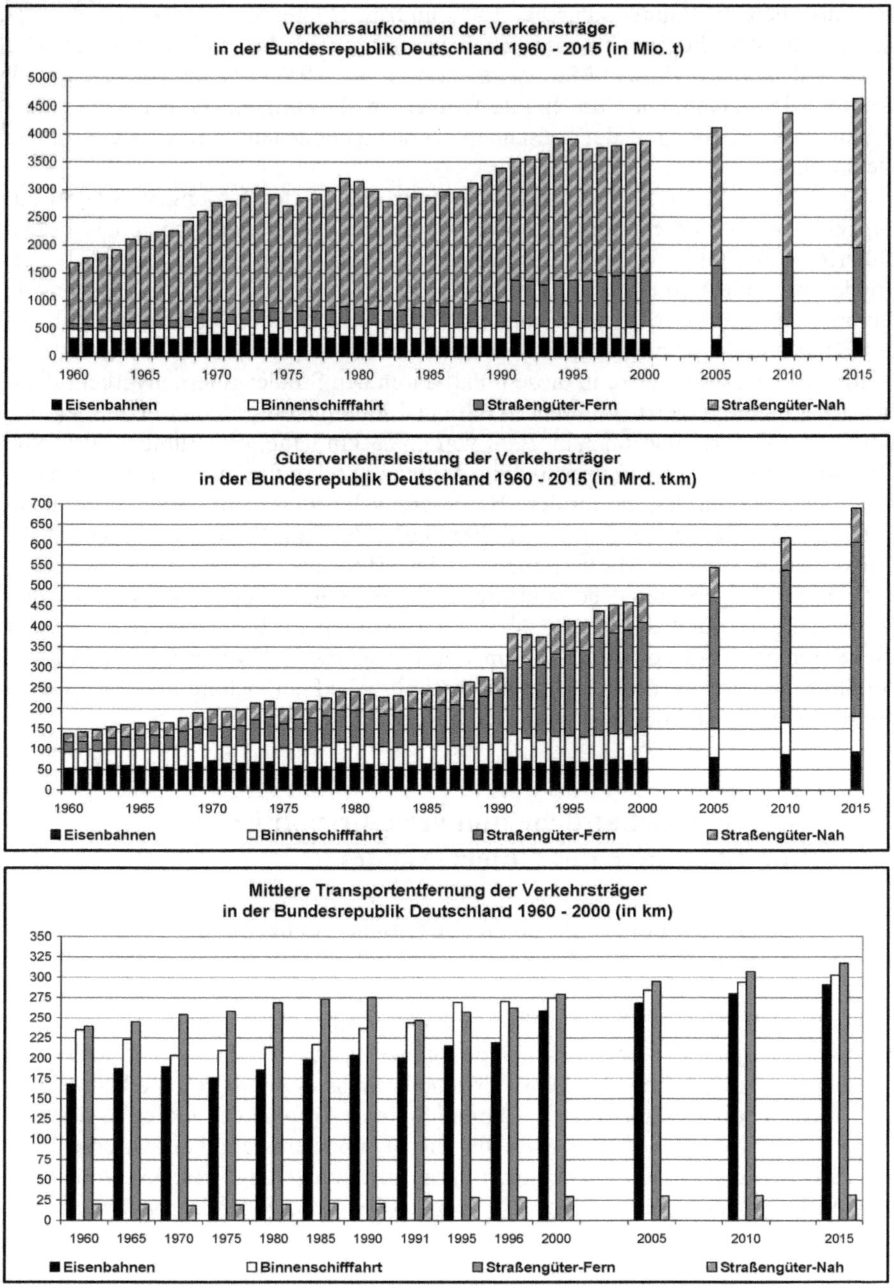

Quelle: BMVBW (1991), BMVBW (2002a), Mann, H.-U. et al. (2001).

Auch in den kommenden Jahren bis 2015 soll sich dieser Trend fortsetzen. Während das jährliche Wachstum der Verkehrsleistung sowohl im Straßengüternah- als auch im Bahnverkehr bei 1,4% und im Binnenschiffsverkehr bei 2,2% liegen soll, wird die Zunahme des Straßengüterfernverkehrs größer ausfallen. Die Verkehrsleistung in diesem Marktsegment wird um 3,9% per anno auf 424,5 Mrd. tkm in 2015 steigen. Die Straßengüterfernverkehrsleistung entspräche dann einem Anteil von 61,6% an der gesamten bodengebundenen Verkehrsleistung in Deutschland.[19]

Abbildung 2.2, Grafik 3 zeigt die mittleren Transportentfernungen der drei bodengebundenen Verkehrsträger, wobei der Straßengüterverkehr nochmals in den Güterfern- und Güternahverkehr unterteilt ist. Würde man die zusätzliche Untergliederung nicht vornehmen, so wäre die durchschnittliche Kilometerleistung je Beförderungsfall bei den traditionellen Verkehrsträgern des Güterfernverkehrs – der Bahn und des Binnenschiffs – erheblich höher als die des Lkw. Die mittlere Beförderungsleistung wäre in diesem Fall durch den Straßengüternahverkehr deutlich nach unten verzerrt. Während die Bahn 1960 eine durchschnittliche Fahrleistung von 167,5 km und im Jahr 2000 von 258,3 km hatte, das Binnenschiff 1960 durchschnittlich 234,9 km und 2000 im Mittel 274,6 km fuhr, um einen Transportfall durchzuführen, lag die mittlere Beförderungsleistung beim gesamten Straßengüterverkehr 1960 bei 38,3 km und 2000 bei 106,7 km. Stellt man hingegen die direkt konkurrierenden Marktsegmente Bahn-, Binnenschiff- und den Fernverkehr auf der Straße gegenüber, so sind die mittleren Beförderungsleistungen der drei Verkehrsträger durchaus vergleichbar. 1960 wurden im Straßengüterfernverkehr die Waren pro Transportfall 238,9 km weit transportiert, 2000 waren es 278,7 km. Im Straßengüternahverkehr lag die durchschnittliche Fahrleistung in den 40 Jahren zwischen 1960 und 2000 kontinuierlich bei etwa 20-30 km.

2.2 Volkswirtschaftliche und verkehrspolitische Implikationen des Güterverkehrs

2.2.1 Zusammenhang und Folgen der Güterverkehrs- und Wirtschaftsentwicklung

In zahlreichen Untersuchungen wird auf die positive Korrelation zwischen der Wirtschafts- und Verkehrsentwicklung hingewiesen. Die Frage zur Kausalität zwischen dem Verkehrs- und dem Wirtschaftswachstum wird von Verkehrsexperten unterschiedlich beantwortet. Während die eine Gruppe der Experten den Güterverkehr als Grundvoraussetzung für die Wettbewerbsfähigkeit unserer Wirtschaft bezeichnet, sehen die anderen darin eine notwendige Begleiterscheinung von Wirtschaftsaktivitäten des produzierenden Gewerbes.[20] Verkehrswissenschaft-

19 Vgl. Mann, H.-U. et al. (2001), S. 221.

20 EC (2001), S. 3, Bieller, R. (1998), S. 128.

ler, die der These der induzierten Verkehrsnachfrage folgen, sehen insbesondere im weltweiten Abbau von Handelsbarrieren, in der Verwirklichung des EU-Binnenmarkts, in der EU-Osterweiterung und im Abbau der Lagerhaltung die Ursachen für die stark steigende Verkehrsnachfrage in Europa in den vergangenen Jahrzehnten.[21]

Unter dem zunehmenden internationalen Wettbewerbsdruck der globalisierten Weltwirtschaft sind Unternehmen auf der Suche nach möglichen Produktivitätssteigerungen und Kostensenkungspotenzialen. Ein erstes Konzept, wie die Unternehmen auf den Wettbewerbsdruck reagieren, ist daher das Auslagern von bisher innerbetrieblich durchgeführten Produktionsschritten. Unternehmen reduzieren die Fertigungstiefe der Produktion in ihrem Unternehmen, verlängern die Wertschöpfungskette und weiten damit ihre Güteraustauschbeziehungen aus. Die Folge ist eine erhöhte Nachfrage nach Verkehrsleistungen. Ein zweites Konzept der unternehmerischen Firmenpolitik ist die Ansiedlung von Unternehmensstandorten in Billiglohnländern und die Internationalisierung der Beschaffungs- und Absatzmärkte. Dies führt zu einer Erhöhung der Transportentfernungen und folglich ebenso zu einer Steigerung der Nachfrage nach Verkehrsleistungen.

Beide Strategien sind jedoch nur auf Basis einer gut ausgebauten Verkehrsinfrastruktur und insbesondere in einem gut funktionierenden Güterverkehrsmarkt realisierbar. Nach Baum trägt der (Güter-)Verkehr deshalb erheblich zum Wirtschaftswachstum einer Volkswirtschaft bei. In seiner Arbeit zum „Nutzen des Verkehrs“[22], quantifiziert er den Beitrag des Verkehrs zum Wirtschaftswachstum in Deutschland mit Hilfe des „Growth-Accounting-Ansatzes“[23].

---

21 Vgl. Koppen, I. (1995), S. 4 und Ruijgrok, C. (2001), S. 31ff.

22 Der „Nutzen des Verkehrs“ wird definiert als die Steigerung des Sozialproduktes und errechnet sich aus der Produktivitätssteigerung der Ressourcen Arbeit und Kapital. Er entsteht durch die Erbringung von raumüberwindenden Verkehrsleistungen, die somit eine effizientere Nutzung gegebener Ressourcen ermöglichen. Der „Nutzen des Verkehrs“ schließt die internen und externen Kosten der Erbringung einer Verkehrsleistung ein. Der interne Nutzen entspricht der Bruttowertschöpfung des Verkehrssektors. Der externe Nutzen – dessen Existenz kontrovers diskutiert wird [vgl. insbesondere die Ausführungen von Vickerman in OECD (2001a), S. 152ff] – fällt nach Baum bei Wirtschaftssubjekten an, die die Verkehrsleistung weder betreiben noch veranlassen. Baum, H. (1997), S. 29f und 48ff.

23 Der „Growth-Accounting-Ansatz“ ist vergangenheitsorientiert. Er quantifiziert den Einfluss des Verkehrs auf das Wirtschaftswachstum in einem zweistufigen Prozess. Auf der ersten Stufe wird der Einfluss der drei Wachstumsfaktoren Arbeit, Kapital und Produktivität auf das Wirtschaftswachstum bestimmt, auf der zweiten Stufe der des Verkehrs auf die drei genannten Wachstumsfaktoren. Bei den Wachstumseffekten des Verkehrs aus Produktivitätssteigerungen fließen der Betriebsgrößenvorteil, die Importpreissenkung, der Strukturwandel und der Wissenszuwachs durch Humankapitalakkumulation mit ein. Bei den Wachstumseffekten aus verkehrsbedingter Kapitalbildung werden die Kapitalbildung des Verkehrssektors, die Verkehrsinfrastruktur, der Kfz-Bestand außerhalb des Verkehrssektors und die sonstige Kapitalbildung berücksichtigt. Um die Auswirkungen des Verkehrs auf das Wirtschaftswachstum be-

Tabelle 2.1: Beitrag des Verkehrs zum Wirtschaftswachstum in Deutschland in den Jahren 1950-1990 (in Mrd. DM)

		1950-1990	
		Mrd. DM	Prozent
Produktivitätswachstum	Gesamtes Produktivitätswachstum	791,53	49,7%
	Produktivität ohne Verkehr	276,54	17,3%
	durch Verkehr	514,99	32,4%
	davon Straßenverkehr	*261,23*	
	davon Schienenverkehr	*92,29*	
Wachstum durch Kapitalbildung	gesamtes Wachstum durch Kapitalbildung	610,14	38,3%
	Kapitalstock ohne Verkehr	348,89	21,9%
	durch Verkehr	261,25	16,4%
	davon Straßenverkehr	*154,20*	
	davon Schienenverkehr	*57,90*	
Wachstum durch Faktor „Arbeit"		189,43	11,9%
Wirtschaftswachstum	gesamt	1591,1	100%
	durch Verkehr	776,24	48,8%

Quelle: Baum, H. (1997), eigene Darstellung.

Wie Tabelle 2.1 zeigt, führt Baum etwa die Hälfte des gesamtwirtschaftlichen Wachstums zwischen 1950 und 1990 auf die Entwicklung des Verkehrssektors zurück. Rund zwei Drittel dieses Wachstumsbeitrags kann nach Baum durch den Güterverkehr erklärt werden. Der Wachstumsbeitrag des gesamten Verkehrssektors blieb in dieser Zeitspanne relativ konstant, während eine Veränderung in den Anteilen der verschiedenen Verkehrsträger zu verzeichnen war. Der Straßenverkehr gewann, der Bahnverkehr verlor im Zeitverlauf an Bedeutung.[24]

Neben den positiven Auswirkungen auf den Wohlstand und die Lebensqualität einer Gesellschaft führt die Steigerung der Verkehrsnachfrage jedoch auch zu negativen Begleiterscheinungen, den externen Kosten der Infrastrukturnutzung. Die Höhe der Kosten weist jedoch – oft sogar deutliche – Differenzen auf. Diese Differenzen beruhen auf der Bewertungsmethodik. Einerseits treten Unsicherheiten bei der Umrechnung der Emissionen in verursachte Personen- oder Materialschäden auf.[25] Andererseits ist die Monetarisierung des Schadens mit Unsicherheiten

stimmen zu können, wird der tatsächliche Verlauf des Wirtschaftswachstums mit dem hypothetischen Wachstum in einer kontrafaktischen Situation verglichen.

24 Vgl. Baum, H. (1997), S. 40ff.

25 Vgl. Weinreich, S. (2004), S. 53ff.

behaftet.[26] Die folgende Auflistung gibt einen Überblick über die Größenordnung des vom Verkehrssektor verursachten Schadens.

Im Jahr 2000 wurden auf deutschen Straßen rund 7.500 Personen getötet, 504.100 verletzt.[27] Die entsprechenden externen Kosten von Verkehrsunfällen werden in Deutschland auf 1,7% des BIP beziffert.[28] Die Staukosten des Jahres 2000 beliefen sich in Deutschland auf 5,3% des nationalen BIP; dies entspricht 4,7 Mrd. Staustunden.[29] Der Verkehrssektor trägt erheblich zum CO_2-Ausstoß und somit zur Klimaerwärmung bei. 21% (182,1 Mio. t) der Emissionen in Deutschland wurden 2000 durch Verkehrsleistungen verursacht. Die damit verbundenen externen Kosten können mit 1,3% des deutschen BIP angesetzt werden.[30] Den Schaden durch Luftverschmutzung beziffert die Studie von IWW/Infras für das Jahr 2000 auf 2,0% des BIP, den Schaden durch Lärmbelästigung auf 1%. Alle übrigen externen Kosten des Verkehrs werden mit 1,3% des BIP veranschlagt.[31]

Saldiert über alle im Verkehr verursachten externen Kosten ergibt sich laut einer Studie von IWW/Infras für das Basisjahr 2000 einen Schaden von 149,0 Mrd. EUR. 34,1% davon lassen sich auf den Güterverkehr zurückführen.[32] Ferner verursacht der Verkehr Staukosten in Höhe von 107,6 Mrd. EUR. Würde sich in der zukünftigen Verkehrs- und Umweltpolitik keine Änderung einstellen, so würde der Schaden durch die negativen externen Effekte des Verkehrs bis 2010 um 42% steigen, derjenige aufgrund des Güterverkehrs um etwa 40%.[33]

---

26 Da bei externen Effekten keine Marktpreise existieren, können die verursachten Schäden mit dem Hick'schen Konzept der kompensierenden oder äquivalenten Variation quantifiziert werden. Der dabei angewandte Vermeidungskosten- (WTA) oder Zahlungsbereitschaftsansatz (WTP) stützt sich entweder auf direkte Befragungen der Betroffenen (stated preferences) oder auf indirekte Methoden wie beispielsweise die Analyse von bestehenden Marktdaten (revealed preferences). Welches Verfahren zur Quantifizierung der Schäden genutzt wird und wie die entsprechenden Daten dafür erhoben werden, sollte nach Ewers, H.-J. und K. Rennings (1996), S. 139ff, von der zu untersuchenden Externalität abhängen.

27 Die Statistiken der sonstigen Verkehrsmittel weisen deutlich geringere Unfallzahlen auf. So wurden laut statistischem Bundesamt in der BRD im Jahr 2000 im Schienenverkehr 1214 Personen verletzt und 247 getötet (ohne Suizid). Von den 247 Getöteten sind 196 so genannte Bahnfremde (Unfälle zwischen Bahnen und Verkehrsmitteln des Straßenverkehrs), die bereits in der Straßenverkehrsstatistik erfasst sind. Die Unfallzahlen der Binnenschifffahrt sind vollständig zu vernachlässigen. 2000 wurde die Erhebung dieser Zeitreihen deshalb auch eingestellt.

28 BMVBW (2002a), S. 162, EC (2001), S. 76f, Bundesanstalt für Straßenwesen (2002), S. 1.

29 Thomas, U. (2001), S. 2.

30 Vgl. Lambrecht, U. et al. (2003), S. 16, Infras, IWW (2000), S. 9ff, eigene Berechnungen.

31 Infras, IWW (2004), S. 72, eigene Berechnungen.

32 Infras, IWW (2004), S. 77.

33 Infras, IWW (2000), S. 12f, Maibach, M. et al. (2000), S. 69. Die Werte beziehen sich auf die Europäische Union. Aufgrund der zentralen Lage der BRD in Europa ist da-

2.2.2 Ansatzpunkte für eine umweltverträgliche Verkehrspolitik

Die Höhe der externen Kosten des Verkehrs führte Ende der 80er, Anfang der 90er Jahre zu einer Intensivierung der Debatte über die Umweltverträglichkeit des Verkehrs. In Anlehnung an den Energiesektor wurde auch für den Verkehrssektor die Frage nach einer Entkopplungsmöglichkeit gestellt. Erste Entkopplungsforderungen konzentrierten sich auf den Güterverkehr. Nach und nach wurden diese Forderungen an den gesamten Verkehrssektor gerichtet. Anders als im Energiesektor richten sich diese Strategien jedoch nicht ausschließlich auf die Abkopplung des Wirtschafts- und des Verkehrswachstums, sondern ebenso auf die Vermeidung unerwünschter Umweltbelastungen, die als Folgen der zu erfüllenden Verkehrsnachfrage auftreten.[34]

Abbildung 2.3: Ansätze zur Entkopplung

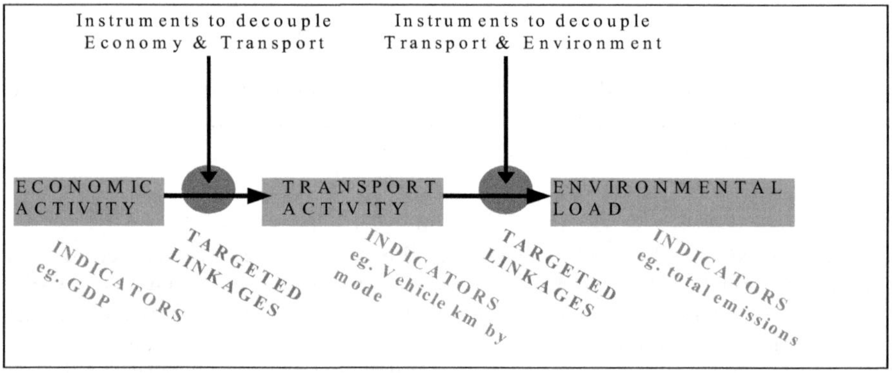

Quelle: ITS (2002).

Abbildung 2.3 zeigt die zwei möglichen Ansatzpunkte, die in der Verkehrswissenschaft oft unter dem Begriff der Entkopplung subsummiert werden. Das ursprüngliche Konzept, das man aus dem Energiesektor übertragen wollte, ist das der Trennung von der Wirtschafts- und Verkehrsentwicklung.[35] Diese Strategie richtet sich an der ökonomischen Effizienz des Verkehrssektors aus, die ökologi-

von auszugehen, dass die Angaben für die BRD über den ausgewiesenen Werten liegen werden. Darin nicht enthalten sind die Staukosten. Gerade diese dürften jedoch erheblich steigen, da der Ausbau der Infrastruktur nicht in dem Ausmaß erfolgt, wie es die Steigerung der Verkehrsnachfrage in Europa von rund 38% im Güter- und rund 24% im Personenverkehr bis 2010 erfordern würde. Die EU rechnet deshalb für 2010 mit einer Steigerung der Staukosten um 142%. EC (2001), S. 13.

34 Vgl. Meersman, H. und E. van de Voorde (2002), S. 6.

35 Im Energiesektor ist es durch Verhaltensänderungen der Bevölkerung, durch Effizienz- und Technikverbesserungen gelungen, die Entwicklung des Primärenergieverbrauches von der Entwicklung des Bruttoinlandsproduktes nachhaltig zu trennen. Vgl. Kriegsmann, K.-P. und A. Neu (1980).

sche Effizienz bleibt nur insofern berücksichtigt, als eine Reduzierung der Verkehrsnachfrage in der Regel zu einer Verminderung negativer externer Effekte führt. Oft wird deshalb der ökologische Aspekt als Legitimation für die Entkopplung der Wirtschafts- und Verkehrsentwicklung angeführt. Der zweite Ansatz bezieht sich direkt auf die Umwelteffizienz des Verkehrssektors. Diese Art der Entkopplung will die Belastungen für die Umwelt, die aus den Transportaktivitäten resultieren, minimieren.[36] Welchen Einfluss diese Strategie auf die vorgelagerte Wirtschaftsentwicklung hat, spielt bei dieser Entkopplungspolitik eine untergeordnete Rolle.

Die Entkopplungsstrategien der deutschen und europäischen Verkehrspolitik zielen beide auf die Trennung des Verkehrs- vom Wirtschaftswachstum ab. In der offiziellen Entkopplungsstrategie der Deutschen Bundesregierung von 1996/1997 wurde formuliert: „*In der Vergangenheit war es Ziel und Aufgabe einer zukunftssichernden Verkehrspolitik, die Verkehrsinfrastruktur auszubauen, um neue Mobilitätsfreiräume für das Wirtschaftswachstum und die hierdurch zunehmenden Güter- und Personentransporte zu schaffen. Verkehrswachstum und Wirtschaftswachstum waren aneinander gekoppelt. ...* [Heute] *wird eine zukunftsorientierte Verkehrs- und Forschungspolitik Strategien entwickeln müssen, um künftig Wirtschaftswachstum ohne entsprechendes Verkehrswachstum zu ermöglichen.*“[37] Maßnahmen zur Entkopplung sollten nur im Güterverkehr ansetzen und dürften keinesfalls die wirtschaftliche Entwicklung gefährden. Der Personenverkehr hingegen dürfe keiner Mobilitätseinschränkung unterliegen, so das Bundesministerium in dem Bericht.[38]

Auch die Europäische Kommission formuliert in ihrem „Weißbuch – die europäische Verkehrspolitik bis 2010: Weichenstellung für die Zukunft“ eine Entkopplungsstrategie. Die EU will durch die Umsetzung zahlreicher Maßnahmen dazu beitragen, „*... eine maßgebliche Entkopplung zwischen der Verkehrszunahme und dem Wirtschaftswachstum ...* [zu erreichen], *ohne dass dafür eine Beschränkung der Mobilität von Personen und Gütern erforderlich wäre.*“[39]

Die Entkopplungsstrategie der Europäischen Kommission bezieht sich wie die der deutschen Bundesregierung auf die ökonomische Effizienz, schließt aber neben den Mobilitätseinschränkungen für den Personenverkehr nun auch Beschränkungen für den Güterverkehr aus. Verkehrswissenschaftler sind deshalb der Auffassung, dass man in Europa nur zweitrangig eine Trennung des Wirtschafts- und Verkehrswachstums verfolgt und primär die Umweltverträglichkeit des Verkehrs fördern will.[40] Doch ob nur durch umweltverträglichere Verkehrssysteme die angestrebte Nachhaltigkeit des Verkehrs erreicht und der sich einstellende Kapazitätsengpass der Infrastruktur verhindert werden kann, ist fraglich.[41] Das Problem

---

36 Vgl. ITS (2002), S. 7.

37 BMBF (1997), S. 8.

38 Vgl. BMBF (1997), S. 9.

39 EC (2001), S. 17.

40 Vgl. Banister, D. und D. Stead (2002), S. 164.

41 Vgl. BMVBW (2001a), S. 3f.

einer rein ökologischen Entkopplung besteht darin, dass keinerlei Maßnahmen ergriffen werden, die entweder das Wachstum der Gesamtverkehrsleistung einschränken oder die Marktstrukturen so verändern, dass bestehende Transportsysteme optimiert und von der Straße auf die umweltfreundlicheren Verkehrsträger Schiene und Gewässer verlagert werden.

2.3 Konzepte für eine zukunftsfähige Güterverkehrspolitik

2.3.1 Geeignete Indikatoren zur Beschreibung der Wirtschafts- und Verkehrsentwicklung

Die Konzepte zur Beeinflussung des Verkehrswachstums und zur Veränderung der Marktstrukturen des Verkehrssektors basieren auf einem Vergleich der Entwicklungspfade in Wirtschaft und Verkehr. Mögliche Indikatoren, die diese Entwicklungslinien abbilden können, sollen im Folgenden kurz dargestellt werden.

Für die Verkehrsentwicklung stehen grundsätzlich die in den offiziellen Statistiken aufgeführten Indikatoren – der Verkehrsmittelbestand, das Verkehrsaufkommen, die Fahrleistung und die Verkehrsleistung – zur Auswahl. Ferner könnten die transportspezifischen Variablen wie die Transportentfernung, die Transporteffizienz, der spezifische Kraftstoffverbrauch oder die vom Verkehr verursachten unerwünschten Begleiterscheinungen wie der verursachte Lärm oder die erzeugten Abgase als Indikator dienen.[42]

Die Maße Kraftstoffverbrauch, Abgasemissionen oder Lärm sind für die Entkopplung des Wirtschafts- und Verkehrswachstums ungeeignet, da sie sich rein auf die Umwelteffizienz des einzelnen Verkehrsmittels beziehen.[43] Der Verkehrsmittelbestand und das Verkehrsaufkommen sollten ebenso als Indikatoren für die Verkehrsentwicklung ausgeschlossen werden. Ihnen fehlt der Leistungsbezug, der für die Beschreibung der Verkehrsnachfrage entscheidend ist.

Die Fahrleistung und die Verkehrsleistung sind sinnvolle Bezugsgrößen für die Untersuchung der Verkehrsentwicklung. Beide schließen die für Transportaufträge zu erbringenden Kilometerleistungen der Verkehrsmittel ein. Darüber hinaus hat die Verkehrsleistung einen Bezug zum Transportaufkommen. Will man eine Untersuchung der Verkehrsentwicklung über alle Modi hinweg durchführen, so empfiehlt es sich die Verkehrsleistung oder ein daraus abgeleitetes Maß wie bei-

---

42 Vgl. Banister, D. und D. Stead (2002), S. 162ff, Schleicher-Tappeser, R. et al. (1998), S. 2f, Rommerskirchen, S. (1998a), S. 171ff.

43 Diese Bezugsgrößen haben den Nachteil, dass sie fahrzeugspezifische Indikatoren sind und durch steigende Fahrleistungen oder durch einen geringeren Auslastungsgrad in ihrer Aussagekraft einerseits für die Umwelteffizienz, andererseits für die Gesamtentwicklung des Verkehrs kein zuverlässiges Maß darstellen. Als zusätzliche Effizienzgrößen bei der Entkopplungsstrategie können diese Indikatoren jedoch berücksichtigt werden.

spielsweise das Konzept der „Mass Movements“[44] als Indikator zu wählen. Die Fahrleistung sollte aufgrund der Aggregationsproblematik als Maß für die Gesamtverkehrsnachfrage ausgeschlossen werden.[45] Für eine unimodale Betrachtungsweise kann sie jedoch nützliche Zusatzinformationen zur Verkehrsnachfrage liefern.

Auch für die wirtschaftliche Entwicklung stehen verschiedene Indikatoren zur Auswahl, wie das Bruttosozialprodukt als Wirtschaftsleistung aller Inländer, das Bruttoinlandsprodukt als Wirtschaftsleistung des Inlands, die Bruttowertschöpfung aller inländischen Wirtschaftsbereiche oder die Bruttowertschöpfung des produzierenden Gewerbes, die nach Rommerskirchen für Untersuchungen zur Entkopplung im Güterverkehr als das genaueste Maß angesehen werden kann.[46] Unabhängig vom gewählten Maß ist zu beachten, dass die Zeitreihe für die Untersuchung in realen Preisen vorliegt.

Die Wirtschaftsleistung des Inlands, wie sie das BIP abbildet, kann insbesondere bei Studien zur Entkopplung oder Verkehrsvermeidung verwendet werden, die sowohl den Personen- als auch den Güterverkehr einschließen. In der Mehrheit der Studien hat sich deshalb das BIP als Indikator für die wirtschaftliche Entwicklung durchgesetzt. Aber auch in den Arbeiten, die sich ausschließlich auf den Güterverkehr beziehen, wird das Bruttoinlandsprodukt bevorzugt genutzt.

2.3.2 Konzepte zur Reduzierung der Gesamtverkehrsnachfrage – Entkopplung[47] und Verkehrsvermeidung

Neben einer Entkopplung des Wirtschafts- vom Verkehrswachstum befürworten insbesondere die Umweltökonomen eine Vermeidung von Verkehrsleistungen. Eine missverständliche und unscharfe Abgrenzung der beiden Strategien führt oft zu kontroversen Diskussionen. Wie im vorherigen Abschnitt beschrieben, verfolgen die Europäische Kommission und die deutsche Bundesregierung vordergründig eine Entkopplungsstrategie. Viele Maßnahmen, die zu einer Entkopplung führen sollen, sind nach Auffassung der Verkehrswissenschaftler jedoch der Kategorie der Verkehrsvermeidung zuzuordnen und werden fälschlicherweise als Maßnahmen zur Entkopplung propagiert.[48] Die unterschiedliche Bezeichnung ein und

---

44 Vgl. Peake, S. (1994).

45 Vgl. Rommerskirchen, S. (2003), S. 4.

46 Vgl. Rommerskirchen, S. (1999), S. 232.

47 Der Begriff „Entkopplung“ wird im Folgenden als Abkopplung der verkehrlichen von der wirtschaftlichen Entwicklung verstanden.

48 Im „Weißbuch: die europäische Verkehrspolitik bis 2010 – Weichenstellung für die Zukunft“ werden drei Politikoptionen aufgeführt. Die Europäische Kommission verfolgt die dritte Option, die neben der Politik zur Vitalisierung der Bahn und der Schifffahrt tarifäre Politikmaßnahmen zur „Anlastung der externen Kosten“ durchführen will. Diese preispolitischen Maßnahmen fallen nach Baum und Heibach in die

derselben Politiken stiftet Verwirrung und schmälert die Akzeptanz für erforderliche Politikmaßnahmen. Baum und Heibach stellten 1997 in ihrer Studie für das deutsche Verkehrsforum ein Konzept vor, mit dem eine klare Abgrenzung der Entkopplungs- und der Vermeidungsstrategie vorgenommen werden kann. Sie differenzieren die Strategien nach Ansatzpunkten, Maßnahmen und Wirkungen.[49]

2.3.2.1 Strategie der Entkopplung der Wirtschafts- und Verkehrsentwicklung

Konzept der Entkopplung

Die wohl am meisten verbreitete Definition der Entkopplungsstrategie ist die Trennung der Entwicklungslinien von Wirtschaftsaktivität und Verkehrsleistung.[50] Gemessen wird diese Entkopplung durch die Transportintensität, die sich über den Quotienten aus der Verkehrsleistung und dem Bruttoinlandsprodukt errechnen lässt. Hat diese Kurve über eine bestimmte Periode einen steigenden oder fallenden Verlauf, so ist eine Entkopplung eingetreten.

Abbildung 2.4: Konzept der Entkopplung

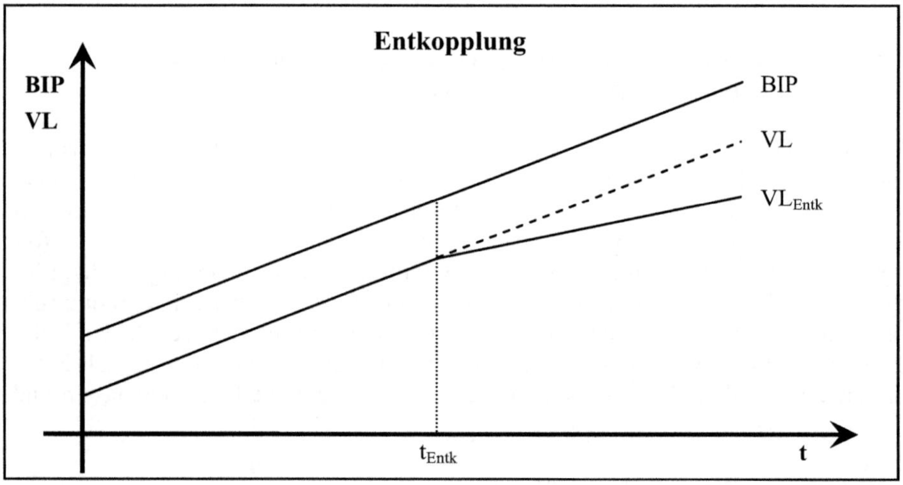

Quelle: Heibach, M. (1998).

Eine steigende Transportintensität stellt eine Entkopplung dar, die nach Rommerskirchen in die falsche Richtung gerichtet ist. Er präzisiert die Definition folglich und schreibt: „*Die verkehrspolitische Forderung einer Entkopplung von Wirt-*

Kategorie der Vermeidungsmaßnahmen. Eine genauere Erklärung hierzu ist in Kapitel 2.3.2 zu finden. Vgl. Baum, H. und M. Heibach (1997), S. 12ff.

49 Vgl. Baum, H. und M. Heibach (1997).

50 Vgl. Heibach, M. (1998), S. 11.

schafts- und Verkehrswachstum strebt die zweite Variante an, also das Abfallen der ... [Transportintensität] *im Zeitablauf.*“[51] Eine weitere Forderung wurde von Banister und Stead an die Entkopplungsstrategie gestellt. Nach ihrer Auffassung kann man erst dann von einer Entkopplung sprechen, wenn die Transportintensität reduziert wird und das Wirtschaftswachstum gleichzeitig konstant bleibt.[52]

Abbildung 2.4 veranschaulicht das Prinzip der Entkopplung der Verkehrs- von der Wirtschaftsentwicklung. Zum Zeitpunkt t_{Entk} wird eine Maßnahme eingeführt, die eine nachhaltige Reduzierung der Verkehrsleistung VL_{Entk} bewirkt, ohne dass die Entwicklung des BIP beeinflusst wird.

Ansatzpunkte und Maßnahmen für die Entkopplung im Güterverkehr

Eine Entkopplungsstrategie im Güterverkehr soll die unternehmerische Nachfrage nach Verkehrsleistung reduzieren. Deshalb setzt sie außer im Verkehrsbereich insbesondere auch in der Industrie und im Handel an, die die Verkehrsnachfrage generieren. Beispielsweise kann die Industrie durch eine Veränderung der Produktionsentscheidung, durch die Förderung von Produktinnovationen, durch die Entwicklung neuer Konzepte in der Beschaffungs- und Distributionslogistik oder durch eine geeignete regionale Standortwahl der Zuliefer- und Abnehmerbetriebe dazu beitragen, dass die Verkehrsleistung reduziert wird, ohne dass die Unternehmen dabei finanzielle Einbußen erleiden müssen. Im Verkehrsbereich kann durch eine Optimierung der Wirkungsgrade bei Transportabläufen, durch die Nutzung von IuK-Technologien oder durch die Optimierung der Verkehrs(mittel)planung zur Entkopplung beigetragen werden.[53]

Die Maßnahmen zur Entkopplung setzen nicht auf Verbote oder Gebote. Sie wollen vielmehr Marktstrukturen stärken und unternehmerisches Verhalten fördern, das zu einer Veränderung der Verkehrsnachfrage führt. Der Impuls zur Verhaltensänderung der Unternehmen sollte sich aus deren betriebswirtschaftlichem Kalkül ergeben. Die unternehmerischen Entscheidungen sind jedoch oft durch politisch verursachte Marktverzerrungen in den vor- und nachgelagerten Industriebranchen beeinflusst, so dass die Impulse oft nicht ausreichen, um eine gesamtverkehrliche Entkopplung im Güterverkehr zu erzielen.[54] In etlichen Studien zur Entkopplung werden deshalb verschiedenste Maßnahmen aus der Verkehrs- und Wirtschaftspolitik genannt, die eine Trennung der Wirtschafts- und Verkehrsentwicklung herbeiführen können. Ein exemplarischer Auszug möglicher Entkopp-

---

51 Rommerskirchen, S. (2003), S. 5, eigene Übersetzung.

52 Vgl. Banister, D. und D. Stead (2002), S. 161.

53 Vgl. Baum, H. (2002), S. 217ff.

54 Heibach führt verschiedene Marktverzerrungen auf, die einen politischen Eingriff legitimieren. So nennt er unter anderem staatliche Interventionen und Marktunvollkommenheiten in den Industriesektoren sowie die fehlende Markttransparenz im Güterverkehrssektor als Ursachen für das Ausbleiben von Entkopplungstendenzen. Vgl. Heibach, M. (1998), S. 207ff.

lungsmaßnahmen, wie sie bei Baum und Heibach sowie bei Prehn aufgeführt sind, findet sich in Tabelle 2.2.[55]

Tabelle 2.2: Maßnahmen zur Entkopplung

Politikbereich	Ziele	Maßnahmen
Technologiepolitik	Reduktion des produktionsnotwendigen Ressourceneinsatzes	• Neue Werkstoffe und Materialien • Alternative Verpackungssysteme und -materialien
Strukturpolitik	Förderung von Innovationskernen anstatt Erhaltung „alter" Industriekerne	• Entwicklung neuer [verkehrsarmer] Produktions- und Organisationskonzepte • Restrukturierung bestehender industrieller Kerne (regionale Strukturpolitik)
Regionalpolitik	Regionalisierung von Wirtschaftskreisläufen	• Aufhebung der Überregionalitätskriterien im Rahmen der Gemeinschaftsaufgabe „Verbesserung der regionalen Wirtschaftsstruktur"
Flächenpolitik	Ansiedlung industrieller Produktionsaktivitäten in räumlicher Nähe zu Schnittstellen des Verkehrs	• Branchenmix aus Vor- und Endproduktherstellern • Reservierung von Flächenanteilen für Betriebe des verarbeitenden Gewerbes
Arbeitsmarktpolitik	Förderung des Einsatzes von IuK-Technologien	• Berufliche Qualifikation und Weiterbildung im Bereich moderner Informationstechnologien • Förderung von Unternehmensgründungen im Bereich der IuK-Technologien [verkehrsarmer Sektor]
Ordnungspolitik	Verbesserung und Stärkung der Rahmenbedingungen des Verkehrsgewerbes	• Stärkere Überwachung der Einhaltung von Sozialvorschriften • Transportangebote zur Benutzung der Schiene für bestimmte Güter und Entfernungen

Quelle: Baum, H. und M. Heibach (1997) und Prehn, M. et al. (1997).

---

55 Baum, H. und M. Heibach (1997), S. 132, S. 135, S. 138, S. 140, S. 145, S. 148. Prehn schlägt eine Reihe von Maßnahmen vor, die den Verkehrsaufwand beeinflussen sollen. Dabei vermischt er jedoch die Maßnahmen, die zu einer Entkopplung bzw. einer Vermeidung beitragen und vermengt diese darüber hinaus mit den Maßnahmen, die rein der Trennung der ökologischen von der verkehrlichen Entwicklung dienen. Vgl. Prehn, M. et al. (1997), S. 49ff.

2.3.2.2 Strategie der Verkehrsvermeidung

Konzept der Verkehrsvermeidung

Ähnlich wie bei der Entkopplung soll bei der Verkehrsvermeidung die Verkehrsleistung zurückgedrängt werden. Im Gegensatz zur Entkopplungsstrategie wird bei diesem Konzept nicht gefordert, dass die Entwicklung des Wirtschaftswachstums aufrechterhalten werden soll. Vielmehr kann das gewünschte Ziel einer Reduzierung der Verkehrsleistung gerade durch eine Abschwächung der wirtschaftlichen Entwicklung erreicht werden.[56] Die Verkehrsvermeidung ist also eine Strategie, bei der die Entwicklungslinien der Wirtschaft und des Verkehrs nach Einführung der Verkehrsvermeidungsmaßnahme auf einem geringeren Wachstumspfad verlaufen. Ob der Rückgang des Wirtschaftswachstums stärker, gleich oder geringer als die Verringerung der Verkehrsleistung ausfällt, bleibt in der Definition ebenso offen wie die Frage, ob die Verkehrsleistung in absoluten Werten sinken muss.[57]

Abbildung 2.5 veranschaulicht die Vermeidungsstrategie. Zum Zeitpunkt t_{Verm} wird eine Maßnahme ergriffen, die die Entwicklung der Verkehrsleistung nachhaltig beeinflusst und die Wachstumsquote reduziert. Gleichzeitig bewirkt diese Maßnahme, dass auch der Entwicklungspfad des BIP auf einem niedrigeren Niveau BIP_{Verm} fortgesetzt wird.

Abbildung 2.5: Konzept der Verkehrsvermeidung

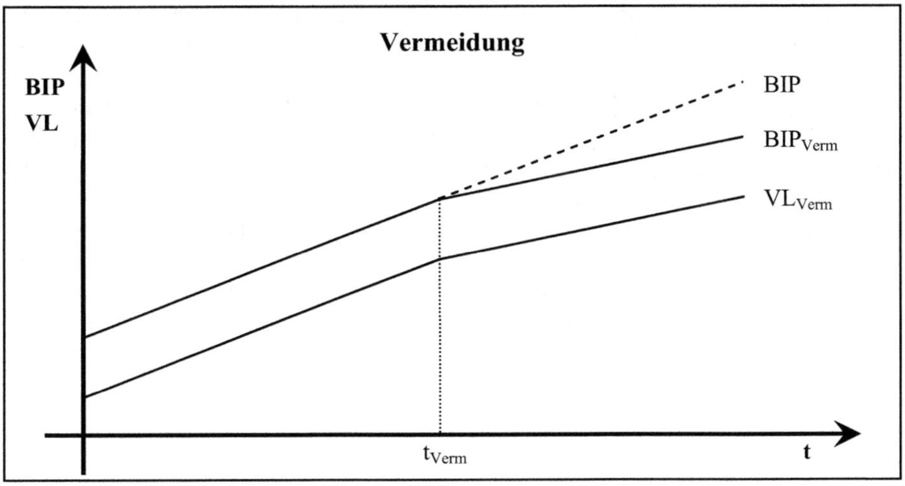

Quelle: Heibach, M. (1998).

---

56 Vgl. Baum, H. und M. Heibach (1997), S. 2f.

57 Vgl. Heibach, M. (1998), S. 11ff.

Ansatzpunkte und Maßnahmen zur Vermeidung im Güterverkehr

Die Verkehrsvermeidung setzt an den direkten Bestimmungsgrößen der Verkehrsnachfrage an. Sie wirkt über preispolitische Instrumente, Regulierungen, gezielte Nachfragelenkung oder über die Veränderung der Marktordnung direkt auf die Verkehrsleistung.[58] Während bei der Entkopplung auf die marktimmanenten Kräfte der produzierenden Industrie zur Reduzierung des Verkehrswachstums vertraut wird, soll bei der Vermeidung durch diskretionäre Systemeingriffe im Verkehrsbereich die Verringerung der Verkehrsleistung erfolgen. Diese Eingriffe basieren in der Regel auf Preissteigerungen oder auf Verboten und Geboten. Die Maßnahmen richten sich zum einen an die Umweltwirkung des Verkehrs, indem die externen Kosten entweder verursachungsgerecht internalisiert oder durch Vorschriften zur Emissionsminderung vermieden werden. Zum anderen sollen Maßnahmen ergriffen werden, die die Sozialvorschriften im Verkehrsbereich stärken und bei Missachtung die Verkehrsteilnehmer stärker bestrafen. Beide Reglementierungen führen dazu, dass die Kosten der Herstellung von Transportdienstleistungen steigen. Diese Mehrkosten werden auf die produzierenden Unternehmen überwälzt, was bei gegebener Kapitalausstattung zu einem geringeren Output führt.

Weitere Ansatzpunkte der Vermeidungsstrategie finden sich in der Einschränkung bzw. Einstellung der Investitionen im Verkehrsbereich. Werden die Investitionen in den Infrastrukturausbau und -erhalt nicht im entsprechenden Maße getätigt, führt dies in der Regel zu einer Abwanderung von transportintensiven Unternehmen und Industriebranchen, die auf einen zuverlässigen, gut funktionierenden Verkehrssektor angewiesen sind. Die Folge der Abwanderung wäre ein Rückgang der Wertschöpfung des produzierenden Gewerbes und der Verkehrsleistung.

Tabelle 2.3 listet exemplarisch Maßnahmen in den jeweiligen Politikbereichen auf, die zu einer Verkehrsvermeidung führen. Die Folge der Vermeidungspolitik ist eine absichtlich hervorgerufene Veränderung der Marktentwicklung und -strukturen im Verkehrsbereich. Diese Verzerrungswirkungen sind von den Verfechtern der Vermeidungspolitik gewünscht bzw. werden als Korrektur von Marktversagen beispielsweise aufgrund nicht internalisierter externer Kosten angesehen. Die Verzerrungen, die im produzierenden Gewerbe verursacht werden, werden entsprechend als notwendige Anpassung betrachtet. Die Anhänger der Entkopplungsstrategie hingegen kritisieren gerade diese Rückwirkungen auf die Industriesektoren und lehnen die Vermeidungsstrategien kategorisch ab.[59]

---

[58] Vgl. Heibach, M. (1998), S. 12f.

[59] Vgl. Schaechterle, K. (1998), S. 314.

Tabelle 2.3: Maßnahmen zur Verkehrsvermeidung

Politikbereich	Ziele	Maßnahmen
Preispolitik	Transporte (unter Berücksichtigung der Umweltwirkung der Verkehrsmittel) verteuern	• Internalisierung externer Kosten • Drastische Erhöhung der Bußgelder bei Missachtung von gesetzlichen Vorgaben
Investitionspolitik	Schaffung fairer Wettbewerbsbedingungen für alle Verkehrsträger	• Aus- und Neubau der Schienen- und Binnenschifffahrtsinfrastrukur • Ausbau von Netzanschlüssen an die Bahn
Ordnungspolitik	Rahmenbedingungen für umweltfreundliche Verkehre stärken	• Stärkere Überwachung der Einhaltung von Sozialvorschriften • Abgas-/Emissionsgrenzwerte für alle Verkehrsmittel

Quelle: Prehn, M. et al. (1997), eigene Darstellung.

2.3.3 Konzepte zur modalen Entkopplung – Verkehrsverlagerung und Rationalisierung

Unter Abschnitt 2.3.2 wurden die Entkopplungs- und die Vermeidungsstrategie auf die Reduzierung der Gesamtverkehrsnachfrage angewandt. Der Vorteil, der sich aus dem Rückgang der Verkehrsleistung aller Modi ergibt, ist eine geringere Umwelt- und Verkehrsinfrastrukturbelastung. Im Hinblick auf die geforderte nachhaltige Mobilität sollten deshalb Maßnahmen zur Entkopplung oder Verkehrsvermeidung ergriffen werden.[60]

Neben Entkopplungs- und Vermeidungsmaßnahmen setzt die Europäische Kommission in ihrer Verkehrspolitik bis zum Jahr 2010 auf einen Instrumenten-Mix zur Förderung aufkommensschwacher, aber relativ umweltfreundlicher Verkehrsträger. Im Mittelpunkt der Bemühungen stehen dabei Fördermaßnahmen, die einerseits zu einer Vitalisierung der Bahn und der Schifffahrt führen sollen, um damit Verkehre von der Straße auf die Bahn oder auf das Binnen- und Küstenschiff zu verlagern und die andererseits die Effizienz der drei Verkehrsträger verbessern sollen.[61] Beide Strategien der Verlagerungs- und Rationalisierungspolitik sollen im Folgenden kurz beschrieben werden.

---

60 Im Allgemeinen werden Strategien bevorzugt, die zu einer Entkopplung der gesamtverkehrlichen und der wirtschaftlichen Entwicklung beitragen. Vgl. Schleicher-Tappeser, R. et al. (1998), S. 15f.

61 Vgl. EC (2001), S. 117ff.

2.3.3.1 Strategie zur Verlagerung von Güterverkehren

Konzept der Verkehrsverlagerung

Die Verkehrsverlagerung wird oft als eine Form der Entkopplungsstrategie dargestellt, in der die Entwicklung des Straßengüterverkehrs von der Entwicklung des Wirtschaftswachstums entkoppelt werden soll.[62] Da der Straßengüterverkehr – bei einem Modal-Split-Anteil[63] in 2000 von 68,7%[64] in Deutschland und von 74,6% in den 15 EU-Mitgliedsstaaten – als wenig umwelteffizient angesehen wird und da die Straßeninfrastruktur in näherer Zukunft an ihre Kapazitätsgrenzen stoßen wird, ist das Ziel der Verkehrspolitik, Transporte von der Straße auf konkurrierende Verkehrsträger zu verlagern.[65] Die Folge einer solchen Verlagerung ist zwar eine Entkopplung des Straßengüterverkehrs von der wirtschaftlichen Entwicklung, doch gleichzeitig kann man eine Zunahme der Transportintensität bei der Bahn oder in der Schifffahrt beobachten.

Die Verkehrsverlagerung beschreibt also eine Situation, in der das Wachstum der Verkehrsleistung des einen Verkehrsträgers zurückgedrängt und von den konkurrierenden Verkehrsträgern aufgefangen wird. Dabei soll nach verkehrsökonomischer Definition die Modal-Split-Veränderung zugunsten des Verkehrsträgers erfolgen, dessen Infrastruktur Kapazitätsreserven aufweist.[66] In der Verkehrspolitik hingegen fordert man einen Shift zum umweltverträglicheren Verkehrsträger, was lediglich eine andere Intention, nicht jedoch eine andere Forderung für die modale Verlagerung bedeutet. Beide Ansätze haben das Ziel, Verkehre von der Straße auf die Bahn oder das Schiff zu verlagern.

Während sich – wie Abbildung 2.6 zeigt – die Entwicklung der Lkw-Verkehrsleistung VL_{Lkw} nach der Einführung der Verlagerungsmaßnahme in t_{Verl} auf einem geringeren Wachstumspfad fortsetzt, steigt die Verkehrsleistung der anderen Verkehrsträger VL_{sonst} stärker an. Die Entwicklung des BIP bleibt unberührt. Wie sich die Entwicklung der Gesamtverkehrsleistung VL_{gesamt} im Vergleich zum Trendszenario darstellt, bleibt in der Definition unberücksichtigt.

---

62 Vgl. Rommerskirchen, S. (2003), S. 4ff, EC (2002), S. 148.

63 Der Modal Split gibt die Anteile der einzelnen Verkehrsträger am Gesamtverkehr an. Er kann sich sowohl auf das Verkehrsaufkommen als auch auf die Verkehrsleistung beziehen. Vgl. Aberle, G. (2003), S. 45ff.

64 BMVBW (2002a), S. 237.

65 Die Kapazitätsreserven der Straßen werden nach Wagener, N. et al. (2002), S. 23f bis 2011/2012 erreicht. Insbesondere auf den großen, europäischen Hauptverkehrsadern und auf den Bundesautobahnen kann jedoch schon früher mit infrastrukturellen Engpässen gerechnet werden, die sich heute bereits deutlich abzeichnen. Die Verkehrsträger Bahn und Schiff haben derzeit noch Kapazitätsreserven, die einen Anstieg der Verkehrsleistung tragen könnten.

66 Aberle, G. (2003), S. 10.

Abbildung 2.6: Konzept der Verkehrsverlagerung

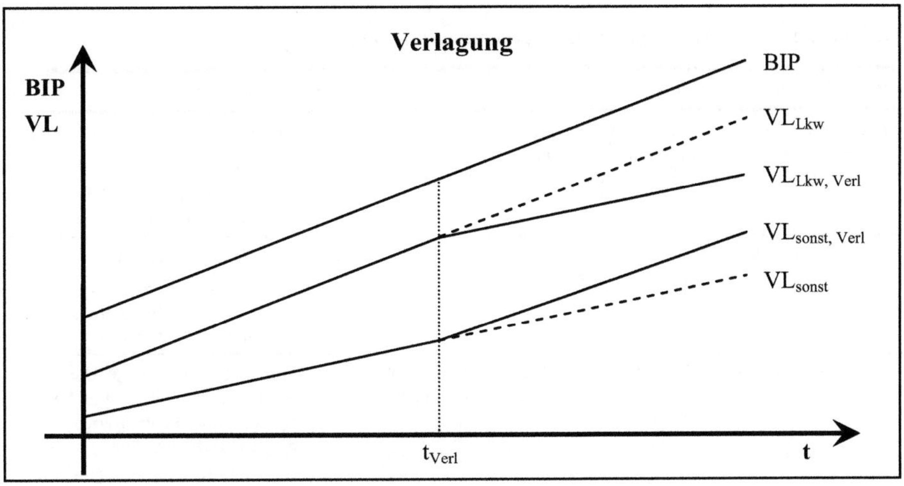

Ansatzpunkte und Maßnahmen zur Verlagerung im Güterverkehr

Wenngleich die Verlagerung der Entkopplungsstrategie zuzuordnen ist, setzt sie wie die Vermeidungsstrategie oft auch an den direkten Bestimmungsgrößen der Verkehrsnachfrage an.

Das Ziel der Vermeidungskonzepte innerhalb der Verlagerungspolitik ist, den Straßengüterverkehr zu verteuern und durch ordnungspolitische Eingriffe in dessen Flexibilität einzuengen. So sollen die preispolitischen Konzepte beispielsweise dazu beitragen, dass die Wettbewerbsverzerrungen des Verkehrsbereichs beseitigt werden und somit die Voraussetzung für einen faireren intermodalen Wettbewerb geschaffen werden kann.[67] Der Schienenverkehr soll hingegen durch Investitionen in die Infrastruktur und durch Fördermaßnahmen zur Verbesserung der Leistungsqualität gestärkt werden. Andererseits finden sich auch Entkopplungskonzepte in der Verkehrsverlagerung wieder. Durch eine entsprechende Regional- und Flächenpolitik soll es den angesiedelten Industrien beispielsweise ermöglicht werden, eine Verlagerung von Transporten mit geringem logistischem Aufwand durchzuführen.

Tabelle 2.4 gibt einen Überblick über die Politikbereiche, die Ziele und die Maßnahmen, die eine Verlagerung des Straßengüterverkehrs auf die Bahn bzw. das Binnen- und Küstenschiff bewirken sollen. Die jeweiligen Politikmaßnahmen haben bereits einen positiven Einfluss auf das Verkehrsmittelwahlverhalten. Um deren volle Wirkung zu entfachen, müssen jedoch revitalisierende Maßnahmen für die Bahn und die Binnen- und Küstenschifffahrt ergriffen werden, die deren Wettbewerbsfähigkeit stärken. Eine präzise Formulierung von Maßnahmen, die die Po-

---

67 Vgl. EC (2001), S. 83.

litik zur Revitalisierung der Bahn und des Schiffs ergreifen will, bleibt jedoch oft aus.[68]

Tabelle 2.4: Maßnahmen zur Verkehrsverlagerung

Politikbereich	Ziele	Maßnahmen
Preispolitik	Verteuerung der Straße im Vergleich zu den konkurrierenden Verkehrsmitteln	• Road Pricing • Mineralölsteuer • Subventionierung des kombinierten Verkehrs
Ordnungspolitik	Rahmenbedingungen für die Bahn und das Schiff stärken	• Lkw-Nachtfahrverbot • Transportgebote zur Benutzung der Schiene für bestimmte Güter und Entfernungen
Investitionspolitik	Förderung der Schiene und des kombinierten Verkehrs durch bessere Infrastrukturanbindung	• Aus- und Neubaustopp der Straßeninfrastruktur, gleichzeitig Aus- und Neubau von Schieneninfrastruktur • Aus- und Neubau von Umschlagseinrichtungen des kombinierten Verkehrs
Regionalpolitik	Dezentrale industrielle Produktionscluster	• Einrichtung und Erschließung neuer Industrie- und Gewerbestandorte mit Bahn- und Schiffsanbindung
Flächenpolitik	Ansiedlung industrieller Produktionsaktivitäten in räumlicher Nähe zu Schnittstellen des Verkehrs	• Gestaltung der Bodenpreise für industrielle Gewerbeflächen

Quelle: Heibach, M. (1998), Prehn, M. et al. (1997), eigene Darstellung.

2.3.3.2 Strategie der Rationalisierung

Konzept der Rationalisierung

Die drei bisher angeführten Konzepte untersuchen den Zusammenhang zwischen der Entwicklung der Verkehrsleistung als Kenngröße für die Verkehrsentwicklung und dem BIP. Ziel der Strategien ist eine Reduzierung der Verkehrsleistung. Während bei der Entkopplung und Verkehrsvermeidung das Verkehrsaufkommen, die Transporthäufigkeit oder die Transportentfernung reduziert werden soll, werden bei der Rationalisierung diese Größen als gegeben angenommen. Variabel hingegen ist die Fahrleistung, die zur Erbringung der gewünschten Verkehre benötigt wird.

---

68 Vgl. EC (2001), S. 117f.

Deshalb bezieht sich die Rationalisierungsstrategie auf das Verhältnis der Fahr- zur Verkehrsleistung. Sie soll eine Trennung der beiden Entwicklungslinien bei konstantem Verkehrsaufkommen bewirken. Die Rationalisierung hat das Ziel, mit einer gegebenen Fahrleistung eine höhere Verkehrsleistung zu erbringen bzw. eine gegebene Verkehrsleistung mit einer geringeren Fahrleistung durchzuführen.[69] Das Konzept wird dabei lediglich in der unimodalen Betrachtung angewandt, bevorzugt im Straßengüterverkehr.[70]

Abbildung 2.7 stellt die Rationalisierungsstrategie graphisch dar. Die Kurve der Fahrleistung FL_{Lkw} erfährt nach der Einführung einer Rationalisierungsmaßnahme in t_{Rat} eine nachhaltige Veränderung der Steigung, während die Verkehrsleistung VL_{Lkw} und das BIP ihren Entwicklungspfad weiter verfolgen. Deshalb wird bei der Rationalisierung oft auch von einer Entkopplung der Fahrleistung vom BIP gesprochen.

Abbildung 2.7: Konzept der Rationalisierung

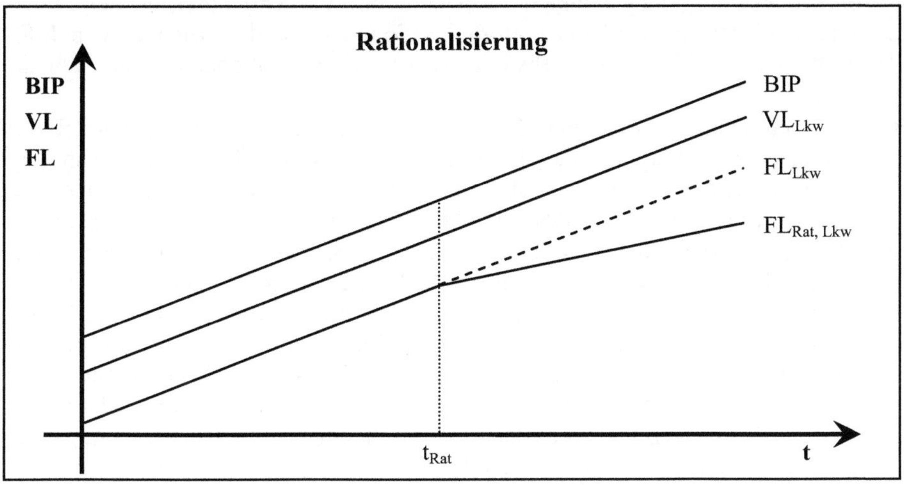

Quelle: Heibach, M. (1998).

Ansatzpunkte und Maßnahmen zur Rationalisierung

Rationalisierungsmaßnahmen setzen im Transportgewerbe an. Transportdienstleister wie Frachtführer oder Spediteure, aber auch Unternehmen, die die Trans-

---

69 Heibach, M. (1998), S. 8f.

70 Die Rationalisierungsmaßnahmen werden vorwiegend im Straßengüterverkehr diskutiert. Dies liegt einerseits an seiner exponierten Stellung im Güterverkehrsmarkt und andererseits an der relativ geringen Umwelteffizienz im Vergleich zur Bahn und zum (Binnen-)Schiff. Gleichwohl bestehen im Rahmen der Liberalisierung des Eisenbahnverkehrs auch im Bahnverkehr erhebliche Rationalisierungsmöglichkeiten. Vgl. Zachcial, M. (2000), S. 31.

porte als Werkverkehr selbst durchführen, können Maßnahmen ergreifen, die eine neue, straffere Organisation der Transporte und somit eine Reduzierung der Fahrleistung verfolgen. Die Maßnahmen beziehen sich nur auf den Verkehrssektor und haben keine Rückwirkungen auf das produzierende Gewerbe. Die Beschaffungs-, Distributions- und Logistikentscheidungen der Industrie werden nicht beeinflusst.[71]

Bei der Rationalisierung führt – entgegen den drei bisher aufgeführten Strategien – der Kosten- und Wettbewerbsdruck im Güterverkehrsmarkt dazu, dass Transportunternehmen die Effizienz ihrer Transportvorgänge ständig steigern müssen. Indem sie die Auslastungsquote erhöhen und Leerfahrten reduzieren, schöpfen sie Produktivitätspotenziale aus und können sich so im Wettbewerb behaupten. Ein Anstoß bzw. eine Unterstützung der Rationalisierung durch politische Förderkonzepte oder durch die Aufhebung von Reglementierungen ist daher nicht nötig.[72]

Die Maßnahmen zur Rationalisierung können im Güterverkehrsgewerbe an unterschiedlichen Regelungspunkten ansetzen – am Verkehrsmittel, an der Transportentscheidung, an der Transportorganisation und an der Nutzung von IuK-Technologien. Die folgende Auflistung stellt mögliche Rationalisierungsmaßnahmen dar.

- Fahrzeugtechnik: Durch eine Erhöhung der Nutzlast bei gleichzeitiger Reduzierung des Eigengewichtes des Verkehrsmittels kann bei gleicher Fahrleistung ein größeres Verkehrsaufkommen transportiert werden, ohne dass das zulässige Gesamtgewicht des Verkehrsmittels gesetzlich erhöht werden muss.
- Transportentscheidung: Durch die Substitution von Werkverkehren durch gewerbliche Güterverkehre können erhebliche Potenziale zur Fahrleistungsreduzierung im Güterverkehr ausgeschöpft werden.[73] Im gewerblichen Güterverkehr werden Transportprozesse unterschiedlicher Unternehmen miteinander kombiniert, während im Werkverkehr nur das Transportaufkommen des eigenen Unternehmens befördert wird. Die Folge dieser Sammelladungsverkehre ist eine geringere Fahrleistung durch einen höheren Auslastungsgrad sowie ein geringerer Anteil an Leerfahrten.
- Transportorganisation: Durch die Gründung von Speditionskooperationen – um Kompetenzen bei der regionalen Verteilung und Sammlung im Stückgutverkehr zu gewinnen – und durch eine optimierte Tourplanung können Transportabläufe effizienter gestaltet werden. Auch diese Maßnahmen führen zu einer besseren Auslastung der Verkehrsmittel und zu einem geringeren Leerfahrtenanteil.
- Informations- und Kommunikationstechnologien: Die Nutzung von IuK-Technologien führt zu einer Reduzierung der Fahrleistungen. Die Datenvernetzung zwischen Produzenten, Speditionen und Abnehmern führt zu längerfristigen Planungshorizonten für Spediteure und dies wiederum zu größerer

---

71 Vgl. Heibach, M. (1998), S. 8f.

72 Vgl. Zachcial, M. (2000), S. 31.

73 Vgl. Baum, H. und M. Heibach (1997), S. 29.

Planungssicherheit. In Verbindung mit der Nutzung von Transport- und Ladungsbörsen können der Leerfahrtenanteil deutlich reduziert und die Auslastung verbessert werden.

2.4 Historische Entwicklung der Indikatoren des Güterverkehrs

Gestärkt durch das „Weißbuch – Die europäische Verkehrspolitik bis 2010: Weichenstellung für die Zukunft“[74] bekommen in der europäischen verkehrspolitischen Diskussion die Forderungen nach der Entkopplung, der Verlagerung und der Rationalisierung des Güterverkehrs wieder ein größeres Gewicht. Auch in Deutschland ist die Debatte durch das Bundesministerium für Verkehr, Bau- und Wohnungswesen mit dem Bericht zur „integrierte[n] Verkehrspolitik – Herausforderung, Verantwortung und Handlungsfelder“[75] neu entfacht worden. Doch bereits in den vergangenen drei Jahrzehnten sollte – geleitet vom Vorbild des Energiesektors – durch geeignete Maßnahmen eine nachhaltigere Mobilität des bodengebundenen Güterverkehrs gefördert werden. Ob und wie sich diese Verkehrspolitik auf die relevanten Indikatoren im Zeitverlauf auswirkte, soll im Folgenden kurz beschrieben werden.[76] Darüber hinaus wird ein Ausblick für die kommenden Jahre gegeben, basierend auf der Verkehrsprognose, die dem Bundesverkehrswegeplan zugrunde liegt.

Abbildung 2.8 zeigt die Entwicklung der Transportintensität in Deutschland.[77] Zur Beschreibung der Entkopplung ist die Transportintensität aller Modi dargestellt. Um die Verkehrsverlagerung abbilden zu können, ist die modale Transport-

---

74 EC (2001).

75 BMVBW (2002b).

76 Folgende Indikatoren sollen betrachtet werden:
- die Transportintensität als Maß für die Entkopplung und in Verbindung mit der Entwicklung der Verkehrsleistung als Maß für die Verkehrsvermeidung,
- der Modal Split als Maß für die Verlagerung,
- der Quotient aus der Verkehrs- und der Fahrleistung als Maßstab zur Beschreibung der Rationalisierungstendenzen im Straßengüterverkehr. Eine Abbildung der Rationalisierung für die Bahn- und Schiffsverkehre ist aufgrund der fehlenden Aufbereitung der Fahrleistungsdaten dieser Modi nicht möglich.

77 Die Zeitreihe des BIP ist aus der Makro-Datenbank (AMECO) der Generaldirektion „Wirtschaft und Finanzen“ der EU entnommen. In ihr werden die Angaben für das BIP bis 1998 in ECU, ab 1999 in EUR ausgewiesen. Der Vorteil dieser Zeitreihe – wenngleich sie von der in der VGR des Statistischen Bundesamts aufgeführten Reihe abweicht – ist die Vergleichbarkeit mit den BIP-Reihen aller 15 Länder der Europäischen Union, auch derer, die der EURO-Zone bisher nicht angehören. Um die Transportintensitäten aller EU-Länder über einen langen Zeitraum miteinander vergleichen zu können, wurde deshalb auf diese Zeitreihe zurückgegriffen.

intensität des Lkw sowie die der Bahn und des Binnenschiffs in saldierter Form in der Abbildung enthalten.

Abbildung 2.8: Entkopplung und Verlagerung in Deutschland

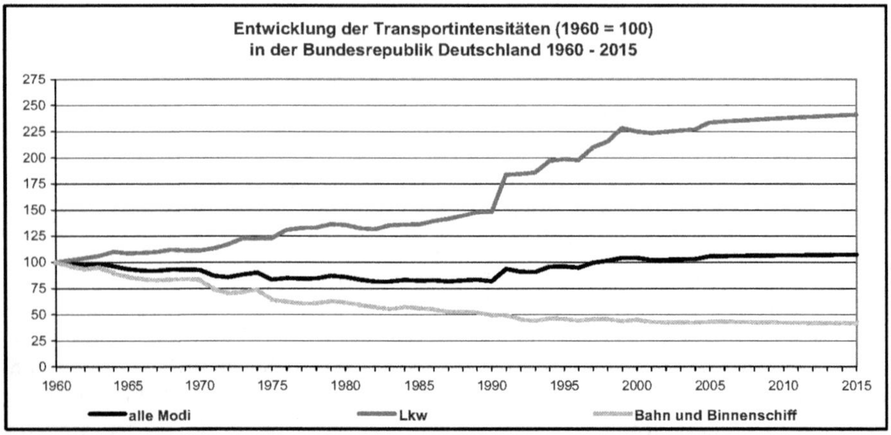

Quelle: BMVBW (1991), BMVBW (2002a), EC (2003a), Mann, H.-U. et al. (2001), eigene Darstellung.

Die bisherige Entwicklung der Transportintensität lässt sich grob in drei Abschnitte gliedern. Zwischen 1960 und 1975 nahm das Verhältnis der Verkehrsleistung zum BIP drastisch ab. Die Transportintensität fiel durch die Umstellung der Industrie von Massengütern zu hochwertigen Halb- und Fertigwaren – dem so genannten Güterstruktureffekt – um 16,7%.[78] Zwischen 1975 und 1990 blieb sie nahezu konstant (-1,5%). Gleichzeitig nahm die Verkehrsleistung jedoch von 143,09 Mrd. tkm auf 252,04 Mrd. tkm zu. In der letzten Dekade des vergangenen Jahrhunderts stieg die Transportintensität deutlich um 27,2% an. Allein durch die Wiedervereinigung nahm sie zwischen 1990 und 1991 um 14,4% zu.[79] Der weitere Anstieg lässt sich vor allem auf die Folgen des 1992 unterzeichneten Maastrichter Vertrags zurückführen, der einen zollfreien Handels- und Wirtschaftsraum Europa schuf und somit den innereuropäischen Handel stärkte. Deutsche Industrieunternehmen reagierten darauf mit einer Ausweitung der Beschaffungs- und Absatzmärkte sowie einer teilweisen Auslagerung der Produktion.

Die Entwicklung einer steigenden Transportintensität soll nach den Prognosen des DIW, des ifo-Instituts und der Prognos AG auch weiterhin anhalten. Die Institute errechneten Elastizitäten des Verkehrsleistungswachstums in Bezug auf das

---

78 Vgl. Rommerskirchen S. (2003), S. 6.

79 Durch die geringe Produktivität der Unternehmen in der ehemaligen DDR bei gleichzeitig hoher Nachfrage nach Transportdienstleistungen stieg das gesamtdeutsche BIP bei der Wiedervereinigung weniger stark als die Verkehrsleistung. Hieraus ergibt sich die deutliche Steigerung der Transportintensität. Vgl. Zachcial, M. (2000), S. 25f.

BIP-Wachstum von 1,18 bis 1,42.[80] Bis 2015 hat dies zur Folge, dass ein leichter Anstieg der Transportintensität um etwa 3% zu verzeichnen sein wird.[81] Eine Entkopplung der Gesamtverkehrsleistung vom BIP sowie eine Verkehrsvermeidung sind demnach auch für die Zukunft nicht zu erwarten. Es wird – wie in den vergangenen rund 25 Jahren – keine signifikante Trennung der Entwicklungslinien des Verkehrs- und Wirtschaftswachstums geben.

Betrachtet man die modalen Transportintensitäten des Lkw und der konkurrierenden Verkehrsträger, so zeigt sich eine gravierende Steigerung der Transportintensität beim Lkw. Bei Bahn und Binnenschiff ist hingegen eine Abnahme der Transportintensität zu verzeichnen. Bedingt durch die sich verändernden Wirtschaftsstrukturen und die unterschiedliche Anpassungsfähigkeit der Verkehrsträger in Bezug auf die neuen Anforderungen, konnte der Lkw Marktanteile gewinnen. Diese Entwicklung begann bereits 1960 und hält bis heute ununterbrochen an. Der Sprung in der Entwicklungslinie durch die Wiedervereinigung 1990 ist bei der Lkw-Verkehrsleistung besonders ausgeprägt. Ein Anstieg von 24,1% im Einheitsjahr und von 125% in den 40 Jahren bis 2000 spiegelt die derzeitige Vormachtstellung des Straßengüterverkehrs in Deutschland wider. Eine gewünschte Verlagerung vom Lkw auf die Bahn hat in der Vergangenheit nicht stattgefunden. Auch im Hinblick auf eine mögliche Verlagerung bis 2015 ist Skepsis angebracht. Wird das Trendszenario der Bundesverkehrswegeprognose[82] unterstellt, so wird sich die Transportintensität des Lkw im Prognosezeitraum um 7,2% erhöhen, die der Bahn um 7,2% reduzieren.

Die Transporteffizienz des Straßengüterverkehrs stieg in Deutschland zwischen 1960 und 2000 stark an. Die Verkehrsleistung nahm zwischen 1960 und 1990 um 273% zu, die Fahrleistung bedingt durch eine höhere Nutzlast der Fahrzeuge, durch höhere Auslastungsquoten und durch weniger Leerfahrten nur um 153%.[83] Die Transporteffizienz des Lkw stieg in diesem Zeitraum somit um 47,5%. Auch zwischen 1990 und 2000 hielt dieser Trend an. Während die Verkehrsleistung um weitere 103,9% stieg, erhöhte sich die Fahrleistung um 85,8%. Auch in diesen 10 Jahren konnte folglich eine Steigerung der Effizienz um 9,7% erreicht werden.

Tabelle 2.5 stellt einen abschließenden Überblick über die Entkopplung, Verlagerung und Rationalisierung dar. Die Angaben erfolgen in Jahrzehntintervallen und beziehen sich bei der Bewertung der Ansätze auf die Entwicklung der Indikatoren in den jeweils vorherigen zehn Jahren.

---

80 Vgl. Rommerskirchen S. (1999), S. 236.

81 Die Prognose für die Entwicklung der Verkehrsleistung und des BIP bis 2015 sind aus der Verkehrsprognose 2015 des BMVBW entnommen. Vgl. Mann, H.-U. et al. (2001).

82 Vgl. Kitzinger, S. et al. (2001), S. 15ff.

83 Heibach, M. (1998), S. 29.

Tabelle 2.5: Indikatoren für die Bundesrepublik Deutschland

	Kenngrößen für die Bundesrepublik Deutschland			
	1970	1980	1990	2000
Transportintensität in: $tkm/_{ECU,Euro}$	0,211	0,196	0,187	0,234
Entkopplung	+	+	+	–
Transportintensität Lkw in $tkm_{Lkw}/_{ECU,Euro}$	0,08	0,10	0,11	0,17
Transportintensität sonst in $tkm_{sonst}/_{ECU,Euro}$	0,13	0,09	0,08	0,07
Anteil des LKW an Gesamtverkehrsleistung	39,3%	51,7%	59,3%	70,8%
Verlagerung	–	–	–	–
Transporteffizienz in $tkm_{Lkw}/_{Fzgkm_{Lkw}}$	--	3,76	5,13	5,63
Rationalisierung	--	--	+	+
Beschriftung:	+	gewünschter Effekt stellte sich ein		
	–	gewünschter Effekt stellte sich nicht ein		
	--	keine Angabe		

Quelle: BMVBW (1991), BMVBW (2002a), EC (2003a), Prognos (2002), eigene Berechnungen.

2.5 Schlussfolgerungen für eine zukunftsfähige Verkehrspolitik

Betrachtet man die historische Entwicklung der modalen und über alle Modi aggregierten Transportintensitäten und die der Transporteffizienz des Lkw so müssen die in der Vergangenheit ergriffenen Maßnahmen und deren Wirkungserfolg für Deutschland in Frage gestellt werden. Deutschland nimmt dabei jedoch keine Sonderstellung in der Europäischen Union ein. Auch in den anderen großen Wirtschaftsnationen der Europäischen Union – Frankreich, England, Italien und Spanien – kann kein Rückgang der Transportintensität nachgewiesen werden.[84] Die hohen Verkehrsleistungen dieser Länder – rund 80% der Verkehrsleistung aller 15 EU-Länder – in Verbindung mit der aktuelleren Entwicklung der jeweiligen Wachstumspfade lassen auch für die kommenden Jahrzehnte keine signifikanten Entkopplungserfolge erwarten, weder für die Summe aller Verkehrsträger noch für den Straßengüterverkehr im Besonderen.

[84] Stead, D. (2001), S. 38.

Vor allem für die Bundesrepublik Deutschland scheint – mit Ausnahme einer erfolgreichen Rationalisierung im Straßengüterverkehr – in der zukünftigen Verkehrsentwicklung nichts darauf hinzudeuten, dass die bisher ergriffenen und bis 2015 ihre Wirkung entfaltenden Maßnahmen der Entkopplung, Vermeidung und Verlagerung zur Entspannung der Güterverkehrsentwicklung beitragen werden. Nicht nur in Anbetracht der externen Kosten wäre es fundamental falsch, daraus den Schluss zu ziehen, dass die Entwicklung als gegeben zu akzeptieren ist und keine weiteren Anstrengungen unternommen werden sollten, die zu einer Entspannung des Verkehrsgeschehens beitragen. Solch eine „Laissez faire"-Politik würde über kurz oder lang zu erheblichen Infrastrukturengpässen führen und hätte somit auch negative Auswirkungen auf die Produktivität der Wirtschaft und die Umweltexternalitäten.[85]

Der Ausbau der Infrastruktur als Lösungsoption für die Engpassproblematik wird in der nationalen und europäischen Politik ausgeschlossen. Ein Infrastrukturausbau erfolgt in der Europäischen Union nur noch stellenweise im Rahmen des Infrastrukturprogramms der „Transeuropäischen Verkehrsnetze", das die Verknüpfung der national ausgerichteten Infrastrukturen im Blickpunkt hat.[86] Weitere Infrastrukturprojekte sind darüber hinaus nicht geplant. Auch auf nationaler Ebene wird ein umfangreicher Ausbau der Infrastruktur nicht mehr stattfinden.[87] Ein Ausbau der bestehenden Infrastruktur würde vor allem die externen Kosten der Luftverschmutzung, Klimaerwärmung und Lärmemission nicht senken. Eine nachhaltige Verkehrspolitik ist aber das erklärte politische Ziel. Als gesamtheitlicher Ansatz ist die Infrastrukturpolitik deshalb nicht geeignet.

Die Lösung für das Problem der erwarteten Verkehrsentwicklung kann deshalb nur eine integrierte Verkehrs- und Wirtschaftspolitik mit einer strategischen, langfristig orientierten Ausrichtung sein. Hierzu müssen nicht nur eine langfristige Problemvermeidung, sondern insbesondere auch eine kurzfristige Problementschärfung sowie eine mittelfristige Problemlösung angestrebt werden.[88]

Langfristig muss der Bedarf nach Transportdienstleistungen und somit die Transportintensität gesenkt werden, wenngleich zahlreiche Verkehrsökonomen aufgrund der vergangenen Entwicklung dieser Strategie auch künftig wenig Erfolg

---

85 Vgl. BMVBW (2002a), S. 5.

86 Das transeuropäische Verkehrsnetz soll durch die Verbindung der national ausgerichteten Infrastrukturnetze dazu beitragen, dass die Randregionen der EU besser an die Länder im Zentrum Europas angebunden werden und damit der europäische Binnenmarkt insbesondere in den Randregionen Europas gestärkt wird. Dafür werden bis 2010 vorrangig 20 Großprojekte mit einem Finanzierungsvolumen von 400 Mrd. EUR finanziert. Vgl. EC (2003b), S. 3.

87 Die Bundesregierung hat im Bundesverkehrswegeplan 2003 für den Zeitraum bis 2015 ein Investitionsvolumen von rund 150 Mrd. EUR vorgesehen. Allein 82,7 Mrd. EUR fließen in die Erhaltung bestehender Infrastruktur, der Rest in neue Vorhaben wie beispielsweise die Projekte zum Aufbau Ost. Vgl. BMVBW (2003), S. 44ff.

88 Vgl. BMVBW (2002a), S. 8f.

beimessen.[89] In den kommenden Jahren gilt es für die Bundesregierung die Weichen so zu stellen, dass in 15-20 Jahren erste Erfolge in der Trennung der Verkehrs- von der Wirtschaftsentwicklung herbeigeführt und diese bis 2045 vollständig durchgesetzt werden.[90] Die Rahmenbedingungen für diese verkehrspolitische Leitlinie müssen in der Verkehrs- und Wirtschaftspolitik gesetzt werden. Die Senkung des Transportbedarfs kann durch tief greifende Maßnahmen in der Verkehrspolitik oder durch einen Strukturwandel in der Wirtschaftspolitik erfolgen. Die Beseitigung von Strukturbarrieren zur Veränderung der Rahmenbedingungen in der Wirtschaft, wie es bei der Entkopplungsstrategie vorgeschlagen wird, ist die ökonomisch nachhaltigere Politik. Sie allein wird jedoch nicht zu dem gewünschten Ziel führen.[91]

Wie in der Studie „Transportmarkt im Wandel" von Verkehrsexperten aus Forschung, Politik, verladender Industrie und Transportwirtschaft bestätigt wurde, wird aufgrund der Kapazitätsengpässe in der Straßeninfrastruktur dringender Handlungsbedarf gesehen.[92] Nicht nur, dass die schlechte Umweltverträglichkeit des Lkw für eine verstärkte Nutzung der Bahn und des Binnenschiffs spricht, vor allem auch die bis 2012 erwartete Überlastung der Straße zeigt, dass eine Verkehrspolitik, die ausschließlich auf eine gesamtverkehrliche Entkopplung setzt, die akuten Verkehrsprobleme der kommenden fünf bis 15 Jahre nicht lösen wird. Das Problem des drastischen Verkehrswachstums – insbesondere im Lkw-Verkehr – muss kurzfristig entschärft und mittelfristig gelöst werden.[93] Die gesamtverkehrliche Entkopplung ist deshalb dringend durch eine modale Entkopplung im Straßengüterverkehr zu flankieren. Langfristig sichert diese Verlagerungspolitik darüber hinaus auch das von der Europäischen Union geforderte ausgewogene Verhältnis zwischen den Verkehrsträgern.[94]

Ein Blick auf die beabsichtigte Verkehrspolitik der Europäischen Kommission, die für die nationale Gesetzgebung der Mitgliedsländer einen Richtliniencharakter hat und deshalb auch in der deutschen Verkehrspolitik verpflichtend umgesetzt werden muss, zeigt, dass die Verlagerung als modale Entkopplung im eigentlichen Interesse der Politiker liegt. Wie in Abschnitt 2.2.2 bereits beschrieben, will neben der Europäischen Union auch die deutsche Bundesregierung eine Entkopplung der Wirtschafts- und Verkehrsentwicklung im Güterverkehr bewirken. Gleichzeitig wollen sie jedoch keine Einschränkung der Mobilität hinnehmen. Folglich kann es

89 Für viele andere: Aberle, G. (1998), S. 119.

90 BMVBW (2002a), S. 26ff.

91 Die Reduzierung der Fahrtenhäufigkeit und der zurückgelegten Entfernungen je Transportfall ist beispielsweise eng mit der Standortfrage und den Produktionsprozessen von Unternehmen verbunden, also mit langfristigen Investitionsentscheidungen. Ohne Anlastung der externen Kosten im Verkehr (Stichwort: Kostenwahrheit) – und somit mit einer Vermeidungspolitik – wird sich die gewünschte Standortfrage für die Industrie jedoch nicht stellen. Vgl. Strese, D. (1994), S. 199f.

92 Vgl. Wagener, N. et al. (2002), S. 23ff.

93 Vgl. BMVBW (2002b), S. 20ff.

94 Vgl. EC (2001), S. 25ff.

sich in beiden Fällen nur um eine modale Entkopplung handeln, bei der der Verkehrsleistungsrückgang des Lkw durch die Verkehrsleistungssteigerung der Bahn oder der Binnen- und Küstenschiffe aufgefangen werden soll.

Die zahlreichen Maßnahmen, die in den vier Themenschwerpunkten des Weißbuchs der Europäischen Kommission aufgeführt sind, belegen, dass es die Zielrichtung der EU-Verkehrspolitik ist, Verkehre vom Lkw auf andere Verkehrsträger zu verlagern. Während sich einer dieser vier Schwerpunkte explizit auf ein ausgeglichenes Verhältnis zwischen den Verkehrsträgern und somit auf die Verkehrsverlagerung bezieht, sind die drei übrigen Schwerpunkte durchzogen von Politikmaßnahmen, die für eine Verlagerungsstrategie sprechen. So werden im zweiten Teil des Weißbuchs vorwiegend in der Bahninfrastruktur[95] Engpässe gesehen, welche die Entfaltung des kombinierten Verkehrs verhindern. Der dritte Teil bezieht sich auf die Kostenwahrheit im Verkehr und richtet sich dabei vorwiegend auf eine Verteuerung des Straßenverkehrs, um so die Intermodalität zu stärken.[96] Der vierte Teil des Weißbuchs hat die EU-Osterweiterung im Blickpunkt und sieht aufgrund der bisher intensiven Nutzung des Schienenverkehrs in den Beitrittsländern auch für die bisherigen EU-Staaten eine gute Chance, die Bahn als Verkehrsträger zu stärken.[97]

2.6 Fazit

Der Güterverkehr spielt eine bedeutende Rolle für die Wirtschafts- und Verkehrsentwicklung einer Volkswirtschaft. In Deutschland trug der Güterverkehr zwischen 1950 und 1990 zu rund einem Drittel zum Wirtschaftswachstum bei und stiftete somit einen erheblichen Nutzen. Die durch den Güterverkehr verursachten externen Kosten führen andererseits dazu, dass die Politik nachhaltigere verkehrspolitische Konzepte anwenden muss, um den Schaden für die Gesellschaft zu reduzieren. In der politischen Diskussion werden vier Konzepte diskutiert, die zu einer Reduzierung der negativen Folgen des Verkehrs beitragen – die Entkopplung, die Verkehrsvermeidung, die Verlagerung und die Rationalisierung. Die deutsche Bundesregierung und die EU richten ihre Bemühungen verstärkt auf das Konzept der Verkehrsverlagerung. Die Verlagerung der Güterverkehre von der Straße auf die Schiene oder die Flüsse und das Meer soll neben der Reduzierung der Emissionen vor allem auch die Engpässe in der Nutzung der Straßeninfrastruktur verringern. Die Verkehrsverlagerung und somit auch die Verkehrsmittelwahl sollen deshalb im Mittelpunkt der anschließenden Untersuchung stehen.

---

95 14 der 20 vorrangigen Verkehrsprojekte in der EU sind unimodale Bahnprojekte bzw. Projekte zum kombinierten Verkehr Straße–Schiene. Vgl. EC (2003b).

96 Vgl. EC (2001), S. 83.

97 Vgl. EC (2001), S. 102.

3 Die Verkehrsmittelwahl im Güterverkehr

3.1 Entscheidungsträger der Verkehrsmittelwahl

In einer arbeitsteiligen Wirtschaft sind zwischen der Rohstoffgewinnung und dem Konsum zahlreiche Arbeitsschritte integriert, die über so genannte Transferleistungen miteinander verbunden sind. Diese Transferleistungen umfassen einerseits die zeitliche, andererseits die räumliche Überbrückung zwischen zwei aufeinander folgenden Transformationsleistungen.[98] Ein elementarer Bestandteil der Transferleistung ist somit der Transportvorgang. Während jedoch die Arbeitsschritte zur Herstellung oder Verarbeitung sowie der Vertrieb eines Produktes eindeutig einem jeweiligen Wirtschaftssektor zuzuordnen ist, ist diese Eindeutigkeit im Falle der Abwicklung von Transportleistungen nicht gegeben. Grundsätzlich können neben dem verladenden Unternehmen auch Akteure des Güterverkehrsmarktes – so genannte Transportdienstleister – die Verantwortung über die Disposition, die Organisation und die Durchführung des Transportprozesses übernehmen. Um Güterverkehre von der Straße auf die Bahn oder zur Schifffahrt zu verlagern, muss folglich der Akteur bestimmt werden, der die Wahl zugunsten eines Verkehrsmittels trifft.

3.1.1 Welcher Akteur trifft die Entscheidung über die Verkehrsmittelwahl?

Nach Ewers und Holzhey setzt sich ein idealtypischer Transportfall aus der Wertschöpfung mehrerer Akteure zusammen. Der Verlader ist für die Produktion und die Verladung der Güter zuständig. Der Spediteur[99] ist der Handelsvermittler der Verkehrsmärkte und organisiert den Transport, den der Frachtführer[100] durchführt. Im Rahmen dieses idealtypischen Transportfalls hat jeder Akteur eine eindeutig zuzuordnende Teilaufgabe zu erfüllen.

---

98 Vgl. Ihde, G. (2001), S. 1ff.

99 Der Begriff des Spediteurs ist gesetzlich definiert. In den §§453, 454 des HGB sind die Rechte und Pflichten eines Spediteurs aufgeführt. Vgl. Ihde, G. (2001), S. 228.

100 Die Bezeichnung Frachtführer wird im §425 des HGB definiert. Der Begriff bezeichnet eine Person/Unternehmung, die es gewerbsmäßig übernimmt, die Beförderung von Gütern zu Lande, auf Flüssen oder sonstigen Binnengewässern auszuführen. Vgl. Alff, R. (1991), S. 131f.

Abbildung 3.1: Aufgaben der Akteure bei einem idealtypischen Transportfall

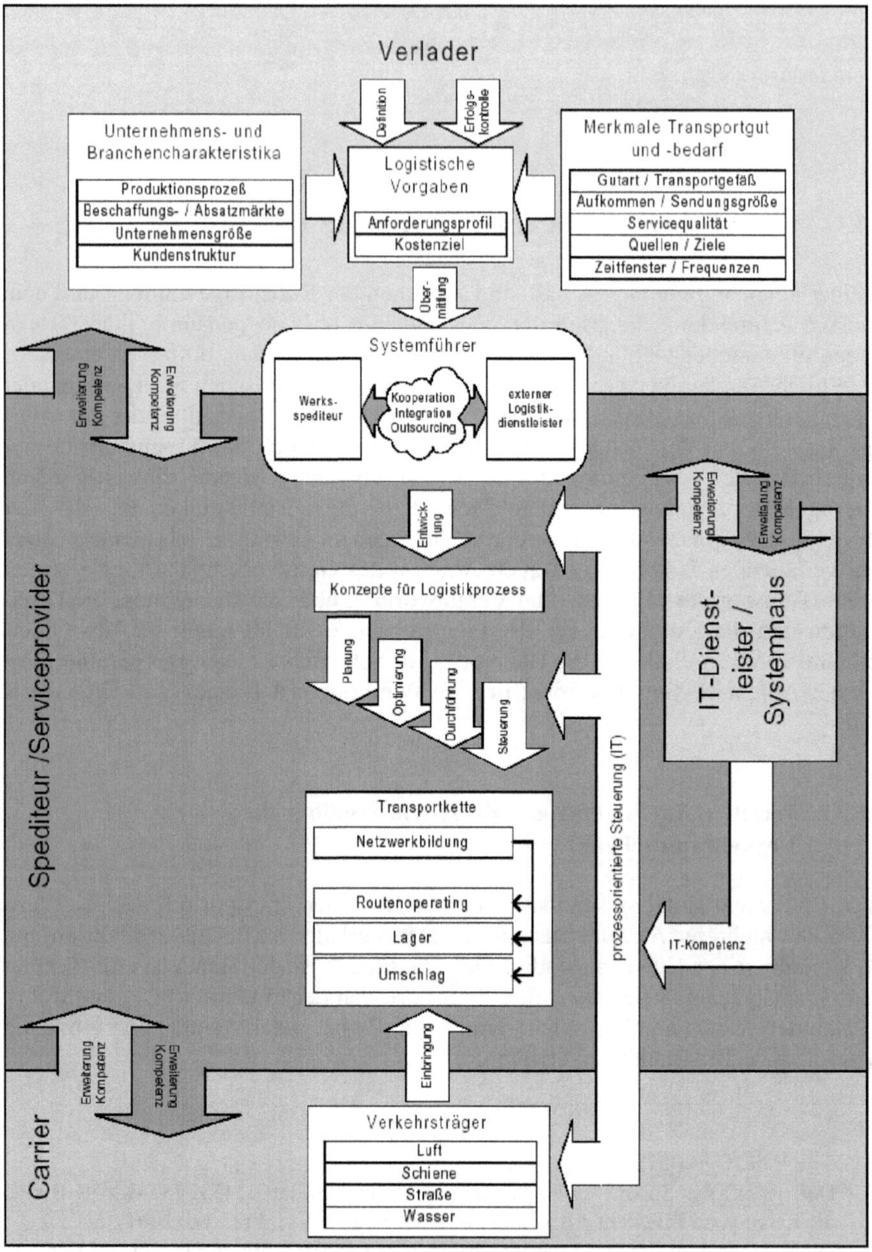

Quelle: Lenkungskreis „Güterverkehr" im Deutschen Verkehrsforum (2001).

Abbildung 3.1 veranschaulicht diese idealtypische Transportstruktur. In der Praxis zeigt sich jedoch, dass die Akteure oft auch die Aufgaben der anderen übernehmen. Dies wird in der Abbildung durch die Pfeile „Erweiterung Kompetenz" zum Ausdruck gebracht. Eine eindeutige Zuordnung der Verkehrsmittelwahl auf einen der drei genannten Akteure ist somit nicht mehr möglich.[101]

Um den für diese Arbeit relevanten Kreis der potenziellen Entscheidungsträger in Bezug auf die Verkehrsmittelwahl im Güterverkehr zu bestimmen, ist die Darstellung eines vereinfachten Modells eines Transportfalls von Vorteil, bei dem sich die Anzahl der Akteure auf den Käufer und den Verkäufer des zu transportierenden Produktes beschränkt. Nach und nach werden weitere Akteure wie der Frachtführer und der Spediteur in das Modell aufgenommen, indem die einzelnen Kernbestandteile eines Transportfalls – die Organisation und die Durchführung des eigentlichen Transportvorgangs – vom Verlader an die so genannten Transportdienstleister ausgelagert werden. Die Motivation zur Auslagerung wird dabei aus einem betriebsinternen Entscheidungskalkül der Akteure abgeleitet.

3.1.1.1 Der Verlader als Entscheidungsträger der Verkehrsmittelwahl im Werkverkehr

Treten, wie in dem Modell beschrieben, nur ein Käufer und ein Verkäufer des zu transportierenden Produktes auf, so muss einer der beiden Akteure den Transport organisieren und auch in Eigenverantwortung durchführen. Werden dabei die vier folgenden Bedingungen erfüllt, so spricht man gemäß dem Güterkraftverkehrsgesetz (GüKG) vom Werkverkehr:[102]

- das zu befördernde Gut muss dem Unternehmen gehören, das den Transport durchführt;
- der Transport muss dem Zweck des Unternehmens dienen;
- das Fahrzeug muss von einem Unternehmensangehörigen bedient werden;
- die Beförderung darf nur eine Hilfstätigkeit im Rahmen der eigentlichen Unternehmenstätigkeit darstellen.

Der Werkverkehr bezieht sich somit ausschließlich auf ein Unternehmen. Ein Transport für ein anderes Unternehmen des gleichen Konzerns fällt somit bereits nicht mehr unter den Begriff Werkverkehr. Rechtlich werden der Werkverkehr und der gewerbliche Güterverkehr unterschiedlich behandelt. Während nach der EU-Direktive 96/26/EC der gewerbliche Güterverkehr genehmigungspflichtig und mit strengen Vorgaben für den Betreiber verbunden ist, ist der Verkehr für eigene Zwecke lediglich meldepflichtig.[103]

Der Entschluss, Werkverkehr zu betreiben, ist für manche Unternehmen unfreiwillig. Werden beispielsweise spezielle Fähigkeiten von den Fahrern erwartet, für die eine kostenintensive Ausbildung erforderlich ist, oder müssten Spezialfahrzeuge gekauft werden, um den Transportauftrag erfüllen zu können, so rechnen

---

[101] Vgl. Ewers, H.-J. und M. Holzhey (1998), S. 16ff.

[102] Vgl. Bloech, J. (2000).

[103] Vgl. Pfohl, H.-C. (2000), S. 166.

sich diese Investitionen für den Betreiber gewerblicher Güterverkehre oft nicht. Da die Rahmenverträge zwischen dem Verlader und dem Frachtführer in der Regel kurze Laufzeiten haben, wären diese Investitionen für den Frachtführer mit hohen Investitionsrisiken verbunden.[104] Das Produktionsunternehmen muss deshalb Werkverkehre betreiben und die Investitionen selbst tätigen. Andere Unternehmen sehen im Werkverkehr wiederum eine Chance, ein enges Verhältnis zwischen ihrem Unternehmen und den Geschäftspartnern zu pflegen oder besser als beim gewerblichen Güterverkehr den Kundenbedürfnissen durch eine größere Flexibilität in der Nutzung eigener Fahrzeuge zu entsprechen.[105] Für eine dritte Gruppe von Unternehmen ist die Entscheidung zugunsten des Werkverkehrs wiederum eine rein finanzielle Überlegung. Kurze Transportentfernungen, tägliche Verkehre und große Aufkommen je Transportfall sprechen neben einem über mehrere Jahre hinweg annähernd konstanten Produktionsoutput für die Nutzung eigener Verkehrsmittel. Die Auslastung der Verkehrsmittel ist garantiert und somit die Investition in die Verkehrsmittel lohnend.[106]

Beim Werkverkehr wählt das verladende Unternehmen das Verkehrsmittel aus, mit dem es den Transportvorgang durchführen will. Diese Wahlentscheidung ist in den meisten Fällen ein langfristiges und generelles Bekenntnis zugunsten des Lkw. Nur wenige, große Unternehmen können Werkverkehr mit der Bahn oder dem Binnenschiff betreiben.[107] Einen generellen Charakter hat die Entscheidung zugunsten des Werkverkehrs, weil durch die Anschaffung eines eigenen Fuhrparks die Verkehrsmittelwahl nicht mehr für jeden einzelnen Transportfall gesondert getroffen wird, sondern einmalig und in der Regel auch für den absoluten Großteil aller Transporte des Unternehmensstandortes erfolgt.[108] Die langfristige Tragweite der Entscheidung ist begründet durch die hohen Kosten, die die Bereitstellung und Nutzung eines firmeneigenen Fuhrparks verursachen. Damit sich der Werkverkehr gegenüber dem gewerblichen Güterverkehr rechnet, muss eine größtmögliche Fixkostendegression erreicht werden, was insbesondere durch eine langjährige, intensive Nutzung der Fahrzeuge möglich ist.[109] Eine transportfallbedingte Verkehrsmittelwahl ist in diesem Segment somit nicht existent.

---

104 Es gibt im Verkehrssektor keine standardisierten Vertragslaufzeiten. In einer Umfrage im Rahmen einer Studie des Consulting-Büros „Miebach Logistik" (2002, S. 31) wurde eine durchschnittliche Vertragslaufzeit bei Verladern von ca. 4 Jahren ermittelt. Nach Ablauf des Vertrags wäre der weitere Verwendungszweck der spezifischen Investition offen, so dass der Frachtführer dem investierten Kapital unsichere Erträge gegenüberstellen muss.

105 Vgl. Baranec, P. (2002), S. 66.

106 Vgl. Meyer, G. (1970), S. 18ff.

107 Vgl. Ewers, H.-J. und M. Holzhey (1998), S. 18 sowie Georgi, H. (1970), S. 106.

108 Vgl. Scheunemann, S. (1982), S. 4f

109 Vgl. hierzu die Kalkulationen und die Ausführungen zur Rentabilität von Werkverkehren in Scheunemann, S. (1982), Kapitel 4 und 5.

3.1.1.2 Der Verlader als Entscheidungsträger der Verkehrsmittelwahl im gewerblichen Güterverkehr

Ist die Entscheidung zugunsten des Werkverkehrs getroffen worden, so versteht sich die Transportabteilung des Unternehmens als Service-Center für die Produktion, das die Kapazität des Fuhrparks an den zu transportierenden Gütermengen ausrichten muss.[110] Schwankt die Ausbringungsmenge des Unternehmens zum Beispiel bedingt durch saisonale Nachfrageschwankungen, so ist das Vorhalten der erforderlichen, firmeneigenen Fuhrparkkapazität problematisch. Die Transportabteilung hat bei der Festlegung der Kapazität zwei Verhaltensoptionen. Sie kann einerseits ihren Fuhrpark an der jährlichen Spitze der Güternachfrage ausrichten und in der restlichen Zeit des Jahres leere Kapazitäten vorhalten. Sie kann andererseits aber auch Transportkapazitäten in dem Umfang einkaufen, in dem der eigene Fuhrpark den Bedarf für die zu erfüllenden Transportfälle nicht mehr deckt. Wie groß der eigene Fuhrpark sein muss, ist somit von der Bereitschaft des Unternehmens abhängig, sich bei Frachtführern mit Transportkapazitäten einzudecken.[111]

Aufgrund einer sich verändernden Firmenphilosophie hat sich der prinzipielle Entschluss zur Auslagerung von Transportprozessen auf gewerbliche Güterverkehrsbetreiber drastisch geändert. Während das Vorhalten eines eigenen Fuhrparks und des entsprechenden Fahrerpersonals früher wirtschaftlich kaum hinterfragt wurde, müssen sich die Service-Abteilungen von Unternehmen immer häufiger daran messen lassen, ob sie den zu erbringenden Output zu geringeren Kosten erwirtschaften als sie die benötigten Transportkapazitäten auf dem Markt einkaufen könnten. Die bisherigen Service-Center wurden somit zu Cost-Centern. In zwei Dritteln der werkverkehrbetreibenden Unternehmen führte dies zu einer Auslagerung der Transportprozesse. Bei einer weiteren Liberalisierung würden weitere 18% der befragten werkverkehrbetreibenden Unternehmen Interesse am gewerblichen Güterverkehr zeigen.[112]

Durch die Bereitschaft zur Auslagerung von Transportprozessen hat sich auch die Handlungsfreiheit für den Verlader erweitert. Er kann nun für jeden einzelnen Transportfall, den das Unternehmen ausgelagert hat, die geeignete Verkehrsmittelwahl treffen. Der Organisator des Transports muss dazu lediglich einen Frachtführer bestellen, der den Transportfall mit dem gewünschten Verkehrsmittel durchführt. Wie intensiv die Verlader die Möglichkeit der Auslagerung von Verkehren nutzen und wie sehr dadurch die Verkehrsmittelwahl der Unternehmen beeinflusst wird, zeigt eine Umfrage bei rund 750 werkverkehrbetreibenden Unternehmen in Europa. Über die Hälfte (54%) der Unternehmen wickelten 70% und mehr ihrer Verkehre im Werkverkehr ab, 34% der Unternehmen sogar 91% und mehr. 81% der werkverkehrbetreibenden Unternehmen führten fast ausschließlich (91% – 100%) Straßengüterverkehr durch. Je größer das zu transportierende Auf-

---

110 Vgl. OECD (2001b), S. 39ff.

111 Vgl. OECD (2001b), S. 31f.

112 Vgl. BAG (1998), S. 15ff.

kommen der Unternehmen ist, desto öfter werden die Bahn und das Binnenschiff gewählt. Dennoch entscheiden sich mehr als 60% der transportintensiven Unternehmen ausschließlich für den Lkw.[113]

In diesem Marktsegment – Verlader als Entscheidungsträger der Verkehrsmittelwahl und Frachtführer als Verantwortlicher für die Durchführung des Transports – zeigt sich, dass für eine große Mehrheit der verladenden Unternehmen bei der Auslagerung der Verkehre nicht primär die Freiheit der Verkehrsmittelwahl im Blickpunkt des Interesses liegt, sondern lediglich die Einsparung der hohen Fixkosten für die Fuhrparkbereitstellung inklusive Fahrerpersonal. Die Umstellung vom Werkverkehr zum gewerblichen Verkehr ist deshalb oft nur eine Substitution von eigenen Lkw-Verkehren durch fremdorganisierte Lkw-Verkehre.[114] Somit ist die transportfallbedingte Verkehrsmittelwahl in diesem Segment zwar bedingt gegeben, eine Verlagerung tritt aber nur selten und fast nur bei Großunternehmen ein.

3.1.1.3 Der Spediteur als Entscheidungsträger der Verkehrsmittelwahl

Der internationale Wettbewerbsdruck auf den Produktionsmärkten führt insbesondere in den international agierenden Industrien immer häufiger dazu, alle Arbeitsschritte des Unternehmens nach dem „Make-or-Buy-Prinzip" ökonomisch zu analysieren. Unrentable Prozesse werden aus den Unternehmen ausgelagert. Diese Entwicklung führt dazu, dass Firmen zur generellen Auslagerung derjenigen Arbeitsschritte tendieren, die nicht zu ihren Kernkompetenzen gehören und für das Unternehmen nicht von fundamentaler Bedeutung sind.[115] Die Aufgaben außerhalb dieser Kompetenzen werden als Dienstleistungen auf den entsprechenden Märkten eingekauft.[116]

Diese allgemeine Tendenz führt im Güterverkehrsmarkt dazu, dass die meisten Unternehmen neben der Durchführung von Transportdienstleistungen insbesondere auch deren Organisation auslagern. So werden etwa 80% der Transportmengen im gewerblichen Straßengüterverkehr, 98% des Luftfrachtaufkommens, 20% der Binnenschifffahrt, 25% des Schienengüterverkehrs inklusive kombiniertem Verkehr und 75% des Seeverkehrs durch den Spediteur disponiert.[117]

Der Anreiz zur Auslagerung der gesamten Transportleistungen ist der stark ausdifferenzierte Markt für Spediteure, der eine hohe Wettbewerbsintensität hat und dadurch ein attraktives Preis-Leistungs-Verhältnis garantiert.[118] Spediteure als professionelle Architekten der Logistik haben bessere Kenntnisse über das Angebot an Transportdienstleistungen auf dem Markt und verfügen deshalb über komparative Vorteile in der Suche nach dem idealen Angebot für das jeweilige Nach-

---

113 Vgl. OECD (2001b), S. 16f.
114 Vgl. BAG (1998), S. 17.
115 Vgl. von Herff, M. (2002), S. 87 sowie Browne, M. und J. Allen (2001), S. 253ff.
116 Vgl. Lenkungskreis „Güterverkehr" im Deutschen Verkehrsforum (2001), S. 1.
117 Vgl. Heigl, P. (2003), S. 2.
118 Vgl. Ewers, H.-J. und M. Holzhey (1998), S. 18.

frageprofil. Darüber hinaus können Spediteure die Transportnachfrage mehrerer Verlader derart poolen, dass sie die Auslastung der Fahrzeugkapazität optimieren und die Anzahl der Leerfahrten minimieren.

Auch für den Spediteur gilt die Überlegung zum Auslagern von Arbeitsschritten. Die Kernkompetenz des Spediteurs ist die Handelsvermittlung in den Verkehrsmärkten und nicht die Durchführung von Transporten. Hier hat der Frachtführer seine Kernkompetenz. Gleichwohl kann der Spediteur die Transporte auch selbst durchführen. Das deutsche Spediteursrecht stellt diesbezüglich in Europa eine Ausnahme dar. Es gewährt dem Spediteur nach §458 des HGB die Möglichkeit des Selbsteintritts.[119] Derzeit wird in Deutschland von dieser Möglichkeit von der Mehrheit der deutschen Spediteure intensiv Gebrauch gemacht. Aber auch in diesem Marktsegment wird die Nutzung des eigenen Fuhrparks insbesondere durch die Preissetzung der osteuropäischen Frachtführer immer unrentabler.[120]

Die Struktur eines Transportfalles wird im Güterverkehrsmarkt der Zukunft somit immer häufiger der idealtypischen Arbeitsteilung entsprechen. Für den Fall, dass der Spediteur die Entscheidung über die Verkehrsmittelwahl trifft, der Frachtführer für die Transportdurchführung verantwortlich ist und der Verlader die Leistungsbereitstellung beider Akteure kontrolliert, ist die Wahrscheinlichkeit einer Verkehrsverlagerung unter den drei skizzierten Konzepten am größten. Zumindest theoretisch gelten die Spediteure als verkehrsträgerneutral, so dass die Verkehrsmittelwahlentscheidung nur auf einem Vergleich des Preis-Leistungs-Verhältnisses der Verkehrsmittel und nicht auf vergangenen Investitionsentscheidungen beruht.[121] Der Spediteur wählt demnach das Verkehrsmittel aus, das den Bedürfnissen des Verladers am besten entspricht und für den Spediteur niedrige Kosten sowie einen geringen Dispositionsaufwand verursacht.

3.1.2 Der gewerbliche Güterverkehr und der Werkverkehr im Vergleich

3.1.2.1 Marktstruktur des gewerblichen Güterverkehrs und des Werkverkehrs

In den Statistiken des Bundesministeriums für Verkehr, Bau- und Wohnungswesen (BMVBW) und des Statistischen Bundesamts (StaBA) ist die getrennte Darstellung des gewerblichen Güterverkehrs und des Werkverkehrs nur für die Straße üblich. Gleichwohl existieren beide Verkehrsarten auch bei der Binnenschifffahrt und im Schienengüterverkehr. In der Abgrenzung zwischen dem gewerblichen

---

119 Vgl. Blettgen, H. (2001), S. 50.

120 Vgl. Pfohl, H.-C. (2000), S. 301f.

121 Diese theoretische Neutralität der Spediteure bei der Verkehrsmittelwahl kann nach Ewers, H.-J. und M. Holzhey (1998), S. 11 in der Praxis nur bedingt bestätigt werden. Oft sind Speditionen Lkw-affin. Diese Affinität ist vor allem durch den Selbsteintritt bestimmt. Die eigenen Fuhrparks der so genannten Lkw-Spediteure müssen, wie in Abschnitt 3.1.1.1 beschrieben, intensiv genutzt werden, damit sich die Anschaffung lohnt. Dadurch wird die Verkehrsmittelwahl zugunsten des Lkw beeinflusst.

Güterverkehr und dem Werkverkehr unterscheiden sich die drei Verkehrsträger. Dies soll im Folgenden kurz skizziert werden.[122]

Als Besonderheit beim Werkverkehr in der Binnenschifffahrt ist zu nennen, dass der Verlader mit seinen Schiffen auch gewerbliche Verkehre betreiben kann, ohne dass er – im Gegensatz zum Straßengüterverkehr – gegen die Bedingungen des Werkverkehrs verstößt. Im Falle der Übernahme von Verkehren für Dritte durch den Verlader wird jedoch der gesamte Schifffahrtsbetrieb des Unternehmens in der Verkehrsstatistik wie ein gewerblicher Verkehr behandelt und entsprechend der gewerblichen Güterverkehrsstatistik zugeordnet. Dadurch ist das Aufkommen des statistisch ausgewiesenen „juristischen Werkverkehrs" in der Binnenschifffahrt für die Statistik unbedeutend. Gleichwohl nahm in den 60er Jahren das tatsächlich im Werkverkehr beförderte Aufkommen – der so genannte „ökonomisch relevante Werkverkehr" – in der Binnenschifffahrt beachtliche Ausmaße an.[123] Seit 1999 hingegen ist er kaum noch existent. Nur rund 3% der Unternehmen und 4% der Schiffe betrieben ausschließlich Werkverkehr. Werden die Unternehmen hinzugerechnet, die ihren Schwerpunkt außerhalb der Verkehrswirtschaft haben und sowohl Werkverkehr als auch gewerblichen Güterverkehr betreiben, sind weitere 2% der Unternehmen und der Schiffe zumindest teilweise im Werkverkehr tätig. Sie erwirtschaften dabei einen Umsatzanteil von rund 1% der gesamten Binnenschifffahrt.[124]

Seit 2003 werden die Werkverkehre, die bei der Bahn „Dienstgutverkehr" genannt werden, nicht mehr in der Schienengüterverkehrsstatistik des StaBA aufgeführt.[125] Der Werkverkehr umfasste ausschließlich Verkehre, die zu bahneigenen Zwecken wie beispielsweise zur Instandsetzung der Verkehrsinfrastruktur durchgeführt werden mussten. Alle anderen Verkehre wurden dem gewerblichen Güterverkehr zugeordnet, insbesondere auch die Verkehre von Eisenbahnverkehrsunternehmen, die in Besitz von Industrie- oder Handelsunternehmen sind und werkseigene Transporte durchführen.[126] Diese eng gefasste Definition des Werkverkehrs führte dazu, dass er für das Jahr 2001 nur ein unbedeutendes Beförderungsvolumen von 0,3 Mio. Tonnen bei einem Gesamtbeförderungsvolumen der Bahn von 288,5 Mio. Tonnen aufwies.[127]

---

122 Zur Abgrenzung des Werk- und gewerblichen Güterverkehrs vgl. Bloech, J. (2000).

123 Vgl. Georgi, H. (1970), S. 102ff.

124 Vgl. Reim, U. (2000), S. 346. Der Marktanteil der Binnenschifffahrt am Gesamtverkehrsaufkommen bodengebundener Verkehrsmittel des Jahres 1999 lag nach BMVBW (2002a), S. 231 bei etwa 6%. Es kann also davon ausgegangen werden, dass der Werkverkehr in der Binnenschifffahrt – bezogen auf das Gesamtverkehrsaufkommen – vernachlässigbar ist.

125 Vgl. StaBA (2004a), S. 6.

126 So gehört beispielsweise das EVU Rail4Chem anteilig der BASF, die durch ihre Tochtergesellschaft betriebseigene Transporte durchführen lässt. Vgl. Seidelmann, C. (2003), S. 31ff.

127 StaBA (2003a), S. 17.

Ein Vergleich der Marktstrukturen im Werkverkehr und im gewerblichen Güterverkehr sollte sich ausschließlich auf den Straßengüterverkehr richten. Zum einen erlauben die unterschiedlichen Abgrenzungen des Werkverkehrs und des gewerblichen Güterverkehrs keine konsistente Analyse der drei Verkehrsträger, zum anderen ist – wie bereits dargestellt – der Marktanteil des Werkverkehrs bei den Verkehrsträgern Bahn und Binnenschiff für den Gesamtgüterverkehrsmarkt kaum relevant. Die folgende Darstellung der Marktstruktur basiert deshalb auf einer jährlichen, repräsentativen Stichprobenerhebung[128] des Bundesamts für Güterverkehr bei Unternehmen, die Güterkraftverkehre auf der Straße als Haupt-, Neben- oder Hilfstätigkeit ausüben.[129]

38.495 Unternehmen führten im Jahr 2000 Werkverkehre durch. Mit rund 48% zählte der Großteil dieser Unternehmen zu den Handels- oder Bauunternehmen (11.258 Handels-, 7.440 Bauunternehmen). In den rund 38.500 Unternehmen wurden 336.230 Personen ausschließlich oder überwiegend im Straßengüterverkehr beschäftigt; 76% waren Fahrer, jeweils 12% Mitarbeiter im Lager bzw. Verwaltungs- und Technikpersonal. Etwa die Hälfte der werkverkehrbetreibenden Unternehmen setzten im entsprechenden Jahr weniger als vier Personen für den Güterkraftverkehrsbereich ihres Betriebes ein, rund zwei Drittel weniger als fünf Mitarbeiter. Nur 9% der Betriebe beschäftigten mehr als 20 Mitarbeiter mit Transportaufgaben.

Im Jahr 2000 konnten dem gewerblichen Güterverkehr 59.301 Unternehmen zugerechnet werden. Mit 84% ist die überragende Mehrheit der Unternehmen dem erlaubnispflichtigen Verkehr zuzuordnen. Ein Prozent der Unternehmen haben Speditionstätigkeiten als Unternehmensschwerpunkt. Bundesweit sind in den 59.301 Unternehmen des gewerblichen Güterkraftverkehrs 594.228 Personen beschäftigt. In drei Viertel dieser Unternehmen arbeiten zehn Mitarbeiter und weniger. Nur zwei Prozent der Unternehmen sind als mittelgroße Unternehmen mit 50 – 250 Mitarbeitern zu klassifizieren. Wie beim Werkverkehr stellt auch beim gewerblichen Güterkraftverkehr die Gruppe der Lkw-Fahrer mit 69% das größte Kontingent der Beschäftigten. Die Zusammensetzung des sonstigen Personals zeigt, dass in den gewerblichen Güterverkehrsunternehmen die Verwaltungs-, Dispositions- und Reparaturarbeiten einen größeren Stellenwert als beim Werkverkehr einnehmen. 23% aller Mitarbeiter im gewerblichen Güterverkehr sind diesen Berufsgruppen zuzuordnen, im Werkverkehr sind es 12%.

Vergleicht man die Transportkapazitäten des gewerblichen Güterkraftverkehrs und des Werkverkehrs, so haben die Unternehmen beider Verkehrsarten zwar die annährend gleiche Anzahl zugelassener Lkw – 262.210 im Werkverkehr und 262.119 im gewerblichen Straßengüterverkehr – doch ist die Ladekapazität im Werkverkehr bedeutend geringer als beim gewerblichen Verkehr. Dies lässt sich auf die Größenstruktur der beiden Fuhrparks zurückführen. Im Werkverkehr ist eine deutliche Tendenz zu Kleinfahrzeugen für den Auslieferungsverkehr zu er-

---

128 Zu den methodischen Erläuterungen vgl. BAG (2000), S.VIII ff.

129 Die Statistiken zum Werkverkehr finden sich in BAG (2000), S. 62ff, die zum gewerblichen Güterverkehr in BAG (2000), S. 2ff.

kennen. 30% der Lkw hatten ein zulässiges Gesamtgewicht von weniger als sechs Tonnen und 24% eines zwischen sechs und zwölf Tonnen. Im gewerblichen Güterkraftverkehr sind hingegen vorwiegend große Lkw für den Transport über lange Distanzen angemeldet. 55,5% der Lkw des gewerblichen Güterkraftverkehrs haben ein zulässiges Gesamtgewicht von mehr als 16 Tonnen, mehr als 18 Tonnen haben immerhin noch 36% der Lkw.

3.1.2.2 Nutzungsstrukturen des gewerblichen Güterverkehrs und des Werkverkehrs auf der Straße

Tabelle 3.1 zeigt das Verkehrsaufkommen und die Verkehrsleistung des gewerblichen Güterverkehrs und des Werkverkehrs auf der Straße.[130] In den 30 Jahren zwischen 1960 und 1990 stieg das Verkehrsaufkommen beider Verkehrsarten kontinuierlich an. Der gewerbliche Güterverkehr konnte einen Zuwachs von 610,2 Mio. Tonnen, der Werkverkehr von 947,9 Mio. Tonnen verbuchen. Das Gros des Verkehrsaufkommens der Straße wurde in dieser Zeit im Werkverkehr befördert. Erst ab 1995 änderte sich das Verhältnis zwischen den beiden Verkehrsarten. Diese Trendumkehr lässt sich auf die Aufhebung der Tarifpreisbindung des gewerblichen Straßengüterverkehrs im Jahre 1994 zurückführen, durch die der Werkverkehr an Attraktivität verlor.[131] Er büßte allein in der Dekade zwischen 1990 und 2000 8,6% seines Verkehrsaufkommens ein, während der gewerbliche Güterverkehr eine deutliche Zunahme um 33,6% verzeichnen konnte.[132] Zwischen 2000 und 2002 verloren beide Verkehrsarten Transportaufkommen; insbesondere in der Gütergruppe „Steine und Erden". Ein Rückgang des Aufkommens um 9,6% war die Folge, wobei der gewerbliche Güterverkehr nur 84,8 Mio. Tonnen verlor, der Werkverkehr hingegen 203,4 Mio. Tonnen einbüßte.[133]

Eine ähnliche Entwicklung wie beim Verkehrsaufkommen ist bei der Verkehrsleistung zu erkennen. Sie stieg zwischen 1960 und 1990 bei beiden Verkehrsarten aufgrund der zunehmenden (inter-)nationalen Verflechtung der Wirtschaft drastisch an. Auch bei der Verkehrsleistung nahm der Anteil des Werkverkehrs bis 1990 leicht zu und brach in den folgenden zehn Jahren deutlich ein. Im Gegensatz zum Verkehrsaufkommen dominierte jedoch bereits während des gesamten Berichtszeitraums die Verkehrsleistung des gewerblichen Straßengüterverkehrs. 1960 lag der Anteil dieser Verkehrsart bei rund 65%. Nach einem zwischenzeitlichen leichten Absinken stieg der Marktanteil des Dienstleisterverkehrs bis 2002

[130] Da die veröffentlichte Verkehrsstatistik des BMVBW bei der Bahn und dem Binnenschiff keine Unterscheidung mehr zwischen gewerblichem Verkehr und Werkverkehr vornimmt – vgl. hierzu Abschnitt 3.1.2.1 – bezieht sich dieser Abschnitt nur auf den Straßengüterverkehr. Zum Vergleich der Verkehrsleistung und des Verkehrsaufkommens im Straßengüterverkehr mit dem der Bahn und dem Binnenschiff siehe Abschnitt 2.1.2.

[131] Vgl. Lammich, K. (1994), S. 20ff.

[132] Vgl. BMVBW (1991), S. 332ff, BMVBW (2002a), S. 230f.

[133] Vgl. KBA (2003), S. 18.

kontinuierlich an und erreichte 73,3% der Gesamtverkehrsleistung im Straßengüterverkehr.[134]

Tabelle 3.1: Verkehrsaufkommen und -leistung der Straße nach Verkehrsarten

Verkehrsaufkommen(in Mio. t)									
	1960	1965	1970	1975	1980	1985	1990	1995	2000
Gewerbl. Güterverkehr	541,3	747,4	873,8	872,3	1040,9	941,8	1151,5	1646,4	1538,9
Werkverkehr	643,5	885,1	1244,1	1244,2	1454,6	1289,1	1591,4	1518,8	1454,9
Verkehrsleistung (in Mrd. tkm)									
	1960	1965	1970	1975	1980	1985	1990	1995	2000
Gewerbl. Güterverkehr	28,6	37,2	45,6	49,3	62,4	63,4	79,1	145,1	177,6
Werkverkehr	15,6	21,8	26,6	32,9	40,6	42,0	51,9	72,1	73,0

Quelle: BMVBW (2002a), eigene Berechnungen.

Vergleicht man die Entwicklung der Verkehrsleistung mit der des Verkehrsaufkommens zwischen 1960 und 2000, so zeigt sich für den Straßengüterverkehr, dass bei beiden Verkehrsarten die Verkehrsleistung deutlich stärker als das entsprechende Verkehrsaufkommen gestiegen ist.[135] Als Ursache hierfür ist insbesondere der Güterstruktureffekt auszumachen. Einerseits führt dieser Effekt dazu, dass das Transportaufkommen durch die Ausweitung der Produktion in der Konsum- und Investitionsgüterindustrie zwar steigt, die Steigerung aufgrund des geringen durchschnittlichen Gewichts dieser Produkte jedoch moderat ausfällt.[136] Andererseits zeigt sich, dass die Unternehmen durch die höhere Wertigkeit der Produkte höhere Transportkosten in Kauf nehmen und somit neue, räumlich erweiterte Beschaffungs- und Absatzmärkte erschließen können. Dies führte im Mittel zu längeren Distanzen zwischen Produzent und Konsument und somit zu einem überproportional starken Anwachsen der Verkehrsleistung.[137]

Der Güterstruktureffekt und dessen Konsequenzen für den Güterverkehr lassen sich besonders deutlich an zwei Gütergruppen abbilden. Einerseits ist dies die Gütergruppe „Steine und Erden“, die für die Kategorie der Massengüter steht. Sie ist das aufkommensintensivste Marktsegment, muss allerdings rückläufige Transportmengen hinnehmen. Andererseits steht die Gütergruppe „Fahrzeuge, Maschinen, Halb- und Fertigwaren“ für das Segment der Gewinner des Güterstruktureffekts. Diese Gruppe verfügt über ein steigendes Verkehrsaufkommen und über eine bedeutende Verkehrsleistung.

---

134 Vgl. KBA (2003), S. 18.

135 Die Verkehrsleistung im gewerblichen Güterverkehr stieg in diesen vier Jahrzehnten um das 6,2-fache, das Verkehrsaufkommen um das 2,8-fache. Im Werkverkehr betrug das Verhältnis 4,7 : 2,3. Vgl. BMVBW (2002a), S. 230f.

136 Vgl. Ihde, G. (2001), S. 62f.

137 Vgl. die Ausführungen in Abschnitt 2.1.2.

Über die Hälfte des gesamten Verkehrsaufkommens der Bundesrepublik Deutschland ist 2000 der Gütergruppe „Steine und Erden“ zuzuordnen. Durch die sich verschlechternden Bedingungen im Baugewerbe – insbesondere in den vergangenen Jahren – hat „Steine und Erden“ ein rückläufiges Aufkommen.[138] Allein zwischen 1995 und 2000 ging das Transportaufkommen um 16,1% auf 1.588 Mio. Tonnen zurück. Da dieses Segment mit einer durchschnittlichen Transportentfernung von 35,3 km dem Nahverkehr zuzuordnen ist, liegt der Verkehrsleistungsanteil mit 56 Mrd. tkm trotz des immens hohen Verkehrsaufkommens bei nur 22,3% der gesamten Straßengüterverkehrsleistung.[139]

Der Wachstumsmarkt der vergangenen Jahrzehnte ist die Gütergruppe „Fahrzeuge, Maschinen, Halb- und Fertigwaren“. Allein in den fünf Jahren zwischen 1995 und 2000 ist das Transportaufkommen um 27,9% gestiegen. Dennoch entspricht das in diesem Marktsegment beförderte Aufkommen nur rund 15% des Gesamtverkehrsaufkommens der Straße und ist mit 447,0 Mio. Tonnen nur ein Drittel dessen, was in der Gütergruppe „Steine und Erden“ in 2000 transportiert wurde. In jenem Jahr trug diese Gütergruppe mit 80 Mrd. tkm zu rund einem Drittel an der Gesamtverkehrsleistung der Straße bei. Damit war die Verkehrsleistung der Gütergruppe „Fahrzeuge, Maschinen, Halb- und Fertigwaren“ etwa 43% größer als die der Gütergruppe „Steine und Erden“.

Der Güterstruktureffekt wirkt sich dabei unterschiedlich auf die Entwicklung des gewerblichen Güterverkehrs und des Werkverkehrs aus. Verantwortlich hierfür sind die jeweiligen Vor- und Nachteile der beiden Verkehrsarten sowie die Anforderungen der Verlader an das Leistungsprofil der Verkehre. Tabelle 3.2 veranschaulicht diese Zusammenhänge.

Aus dem Strukturvergleich zum Verkehrsaufkommen beider Verkehrsarten lässt sich erkennen, dass im Fernverkehr bedeutend größere Mengen als Dienstleistungsverkehr befördert wurden, während im Nahbereich – zumindest bis Anfang der 90er Jahre – der Werkverkehr dominierte. Bezogen auf das Gesamtverkehrsaufkommen im Straßengüterverkehr wird deutlich, dass der absolut größte Teil im Nahverkehr transportiert wird. So lag der Anteil des Nahverkehrs am Gesamtaufkommen 1960 bei 92%. Er sank in den folgenden 37 Jahren, betrug 1997 aber immer noch rund drei Viertel des Gesamtverkehrsaufkommens auf der Straße.

Untersucht man hingegen den für die Verkehrsverlagerung bedeutend relevanteren Indikator der Verkehrsleistung[140] beider Verkehrsarten im Nah- und Fernverkehrsmarkt, so stellt sich ein vollkommen anderes Bild dar. Seit 1970 gewinnt der Fernverkehr immer stärker an Bedeutung. Trotz eines Anteils am Gesamtverkehrsaufkommen von unter einem Viertel, liegt der Anteil bei der Gesamtverkehrsleistung 1997 bereits bei über 70%. Allein der gewerbliche Straßengüterfernverkehr trug mit 51,1% zur Gesamtverkehrsleistung bei.

---

138 Vgl. ifo-Institut (2003), S. 2.

139 Gemäß der offiziellen statistischen Einteilung erfolgt der Nahverkehr im Entfernungsbereich unter 50 km. Vgl. hierzu Aberle, G. (2003), S. 39.

140 Vgl. hierzu die Ausführung im Abschnitt 2.3.1.

Tabelle 3.2: Verkehrsaufkommen und Verkehrsleistung des Nah- und Fernverkehrs nach Verkehrsarten auf der Straße

Verkehrsaufkommen (in Mio. t)									
Nahverkehr	1960	1965	1970	1975	1980	1985	1990	1995	2000
Gewerbl. Güterverkehr	470,0	659,0	769,0	760,0	900,0	795,0	965,0	1300,8	1138,8
Werkverkehr	620,0	851,0	1203,0	1165,0	1355,0	1170,0	1445,0	1235,7	1176,3
Fernverkehr	1960	1965	1970	1975	1980	1985	1990	1995	2000
Gewerbl. Güterverkehr	71,3	88,4	104,8	112,3	140,9	146,8	186,5	345,7	401,9
Werkverkehr	23,5	34,1	41,1	79,2	99,6	119,1	146,4	283,1	257,9
Verkehrsleistung (in Mrd. tkm)									
Nahverkehr	1960	1965	1970	1975	1980	1985	1990	1995	2000
Gewerbl. Güterverkehr	10,1	13,9	16,9	17,5	21,3	19,6	23,6	42,3	37,3
Werkverkehr	11,7	16,0	19,2	19,2	23,1	21,0	25,8	29,5	29,2
Fernverkehr	1960	1965	1970	1975	1980	1985	1990	1995	2000
Gewerbl. Güterverkehr	18,5	23,3	28,7	31,8	41,1	43,8	55,5	102,8	114,0
Werkverkehr	3,9	5,8	7,4	13,7	17,5	21,0	26,1	42,6	42,7
Anteil Fernverkehr der Verkehrsart									
Verkehrsaufkommen	1960	1965	1970	1975	1980	1985	1990	1995	2000
Gewerbl. Güterverkehr	13,2%	11,8%	12,0%	12,9%	13,5%	15,6%	16,2%	21,0%	26,1%
Werkverkehr	3,7%	3,9%	3,3%	6,4%	6,8%	9,2%	9,2%	18,6%	18,0%
Verkehrsleistung	1960	1965	1970	1975	1980	1985	1990	1995	2000
Gewerbl. Güterverkehr	64,7%	62,6%	62,9%	64,5%	65,9%	69,1%	70,2%	70,8%	75,3%
Werkverkehr	25,0%	26,6%	27,8%	41,6%	43,1%	50,0%	50,3%	59,1%	59,4%

Quelle: BMVBW (2002a).

Wie Tabelle 3.2 ferner zeigt, lag der Anteil des gewerblichen Güterfernverkehrs an der Gesamtverkehrsleistung dieser Verkehrsart bereits 1960 bei rund 65% und stieg bis 1997 auf 75% an. Von einem erheblich geringeren Ausgangsniveau startend, entwickelte sich zwar auch der Werkverkehr in Richtung Fernverkehr, dieser Trend lässt sich jedoch für die Jahre ab 1997 nicht mehr feststellen, da insbesondere Langstreckenverkehre immer häufiger ausgelagert werden.[141]

---

141 In einer Umfrage des Bundesamts für Güterverkehr – vgl. BAG (1998), S. 1, S. 19 – gaben 18% der Unternehmen, die bisher ausschließlich Werkverkehr betrieben, ihr Interesse an einer Auslagerung von Transporten bekannt. 53% der Unternehmen, die partiell gewerbliche Verkehre durchführen ließen, zogen eine Auslagerung weiterer Verkehre in Betracht. Aufgrund der hohen Kosten bei Leerfahrten und bei Fahrten

Es lässt sich festhalten, dass Transporte von Massengütern über kurze Entfernungen zwischen Ballungsräumen in regelmäßigen Verkehren durch den Güterstruktureffekt seltener geworden sind. Gerade diese Voraussetzungen stimmten jedoch hervorragend mit den Vorzügen des Werkverkehrs überein. Der Verlust von Marktanteilen des Werkverkehrs kann folglich auch auf diese Ursache zurückgeführt werden. Heutzutage werden Produkte oft über weite Strecken aus dezentralen Produktionszentren transportiert und haben darüber hinaus oft nicht das Transportvolumen, um die Transportkapazität des Lkw voll auszulasten.[142] Für solche Verkehre sind wiederum besonders die gewerblichen Güterverkehrsbetreiber geeignet. Eine Verlagerungsdiskussion sollte sich folglich auf den gewerblichen Güterfernverkehr beziehen.

3.2 Alternative Konzepte zur Durchführung von Güterverkehren

3.2.1 Ausgestaltungsformen einer Transportkette

Neben der Frage nach dem Entscheidungsträger der Verkehrsmittelwahl stellt sich ferner die nach den Verkehrsträgern, die dem Organisator des Transportvorgangs optional zur Verfügung stehen. Für den Verlader des zu transportierenden Gutes ist entscheidend, dass er einen Komplett-Service angeboten bekommt, in dem der Transport vom Herstellungs- bis zum Verwendungsort garantiert wird. Diese „Haus-zu-Haus-Verkehre" können durch die Nutzung eines oder mehrerer Verkehrsmittel organisiert werden und schließen neben dem eigentlichen Transport oft auch mögliche Be-, Ent- und Umladevorgänge mit ein.[143] Diese so genannten Transportketten lassen sich anhand der Verkehrsträger und der erforderlichen Ladeeinheiten funktional differenzieren.[144]

---

mit geringer Auslastung, werden laut Umfrage eigene Lkw vornehmlich im Nahverkehr eingesetzt.

142 Vgl. Allemeyer, W. (1998), S. 61. Für einen Werkverkehrbetreiber bedeuten diese Voraussetzungen, dass er, bedingt durch die an den Werkverkehr gebundenen Anforderungen, oft nur eine geringe Auslastung und einen hohen Leerfahrtanteil hätte. Nur in den wenigsten Fällen gelingt es dem Verlader, „paarige Verkehre" mit voller Kapazitätsauslastung zu organisieren. Folglich wären die Kosten des Werkverkehrs im Vergleich zum gewerblichen Verkehr, der jegliche Möglichkeit zur Transportoptimierung nutzen kann, immens.

143 Vgl. Rehmann, D. (1988), S. 65ff.

144 Vgl. Eickemeier, S. (1997), S. 8ff.

Abbildung 3.2: Unterschiedliche Ausgestaltungsformen einer Transportkette

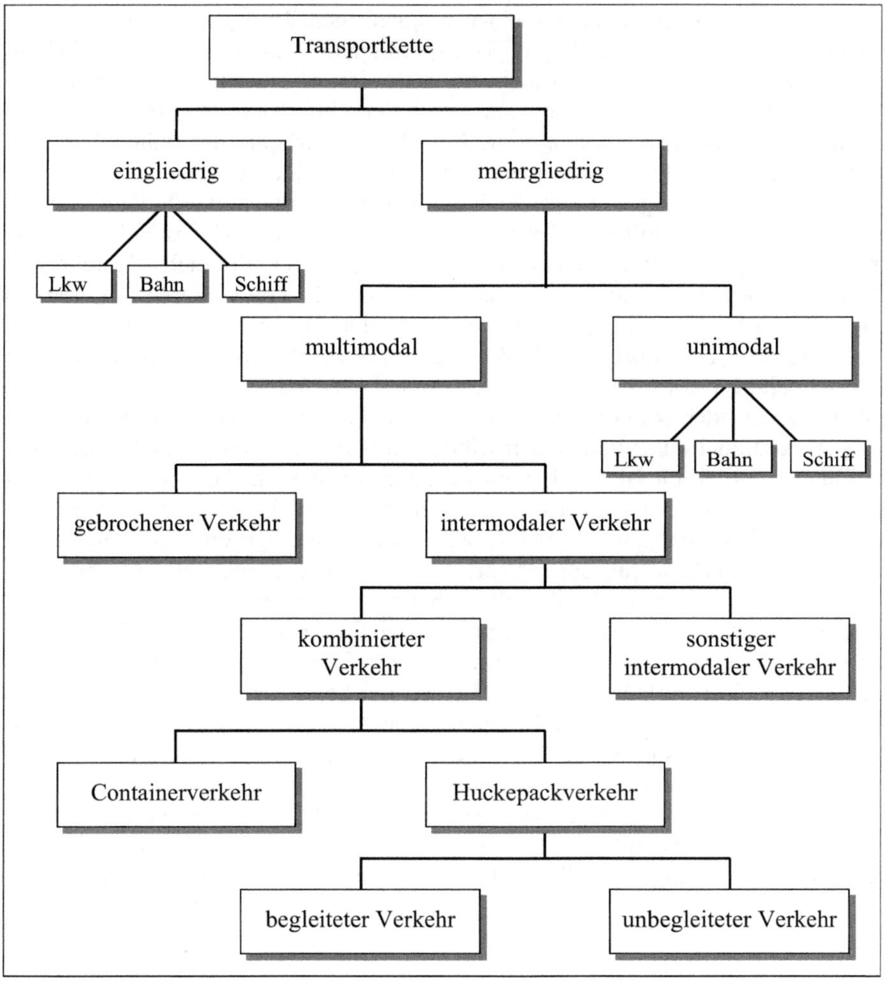

Abbildung 3.2 gibt einen Überblick über die Ausgestaltungsformen einer Transportkette. Auf einer ersten Ebene kann man Transportketten nach der Anzahl der benötigten Kettenglieder unterscheiden. Ein Transport kann als eingliedrige Verkehrsleistung im unimodalen Verkehr erfolgen. Grundsätzlich ist diese Form der Transportkette im bodengebundenen Landverkehr mit dem Lkw, der Bahn und dem Binnenschiff möglich. Dafür müssen sowohl der Quell- als auch der Zielstandort einen Anschluss an den entsprechenden Verkehrsträger besitzen. Darüber hinaus dürfen keine Umschlag- oder Rangiervorgänge durchgeführt werden. In der Regel sind diese Transporte Straßengüterverkehre. In den seltensten Fällen haben

der Quell- und der Zielstandort einen Anschluss an die Bahn und benötigen zur Durchführung des Transports keine weiteren Umschlag- oder Rangiervorgänge.[145]

Sind die Voraussetzungen für einen eingliedrigen Transport nicht erfüllt, so spricht man von mehrgliedrigen Transportketten. Unimodale, mehrgliedrige Transportketten zeichnen sich durch die zusätzlich erforderlichen Umschlagvorgänge bei gleichzeitiger Nutzung nur eines Verkehrsträgers aus. Beispielsweise sind dieser Gruppe von Verkehren die Einzelwagenverkehre der Bahn, aber auch Lkw-Verkehre mit zwischenzeitlicher Lagerhaltung zuzuordnen.

Die weitaus geläufigere Form der mehrgliedrigen Transportkette ist der „multimodale Verkehr". Multimodaler Verkehr schließt nach §452 des HGB jegliche Art von Transportketten ein, zu deren Durchführung zwei oder mehr Verkehrsmittel genutzt werden. Er steht somit als Oberbegriff für alle weiteren Differenzierungen dieser Verkehrsform, die rein verkehrstechnischer Natur sind.[146]

Multimodale Transportketten lassen sich in zwei Kategorien untergliedern. Die Unterscheidung erfolgt anhand der Transportmenge und somit anhand der Ladeeinheit, die bei der Durchführung des Transports genutzt wird. Als Ladeeinheit kann grundsätzlich alles verstanden werden, was als Hilfsmittel zur Beförderung der Güter erforderlich ist.[147] Als kleinste Ladeeinheit wird die Palette im Stückgutverkehr eingesetzt, die es dem Frachtführer ermöglicht, die Ware schnell von einem Verkehrsmittel auf das andere zu verladen. Werden einzelne Paletten im multimodalen Verkehr transportiert spricht man vom „gebrochenen Verkehr".

Der Container oder Wechselbehälter, aber auch der (Semi-)Trailer oder der gesamte Lkw werden ebenso als Ladeeinheiten definiert. Diese Ladeeinheiten können mit den entsprechenden Vorrichtungen vom Lkw auf die Bahn, das Binnen- oder Küstenschiff verladen werden. Bleiben die beförderten Güter während des gesamten Transportvorgangs in derselben Ladeeinheit und wird diese Ladeeinheit im Verlauf des Transportvorgangs von einem Verkehrsmittel auf ein anderes umgeladen, so spricht man vom intermodalen Verkehr.[148]

Oft wird diese Form einer Transportkette bereits als kombinierter Verkehr (KV) bezeichnet.[149] Damit jedoch ein intermodaler Verkehr zum KV wird, müssen weitere Voraussetzungen erfüllt werden. Zum einen muss die Transportentfernung

---

145 Die Anzahl der privaten Gleisanschlüsse und der Anschlüsse an Gewässer der Binnenschifffahrt ist bei Industrie- und Handelsunternehmen sehr gering. Laut Statistik des BMVBW (2002a), S. 61 gab es 2001 nur rund 5.000 private Bahnanschlüsse. Die Anzahl der Infrastrukturanschlüsse an Binnengewässer wird in der Statistik nicht erhoben. Die Anschlüsse sind nach Trost, D. (1999), S. 95 jedoch auf Großverlader aus dem Segment der Massengüter begrenzt und dürften somit noch geringer als bei der Bahn sein. Ferner sind aufgrund der geringen Transportaufkommen je Transportfall Direktzugverkehre bei der Transportabwicklung im unimodalen Güterverkehr der Bahn aus organisatorischen Gründen eher die Ausnahme.

146 Vgl. Teutsch, C. (2001), S. 53ff.

147 Vgl. Aberle, G. (2003), S. 29.

148 Vgl. Slack, B. (2001), S. 141f.

149 Für viele andere vgl. Seidenfus, H. (1974), S. 2.

zwischen dem Verlader und dem Versandterminal und diejenige zwischen dem Empfänger und dem Empfangsterminal möglichst kurz[150] sein. Als zweite Voraussetzung muss gewährleistet sein, dass der überwiegende Teil der zurückgelegten Strecke mit der Bahn, dem Binnen- oder dem Seeschiff bewältigt wird.[151] Der Europäische Rat der Verkehrsminister fordert in seiner Definition des KV ferner, dass die Vorzüge der jeweiligen Verkehrsträger bestmöglich genutzt werden sollen und dass der Umschlag der intermodalen Ladeeinheiten (ITU) so effizient wie möglich erfolgen soll.[152]

Bezogen auf die intermodalen Ladeeinheiten lässt sich der KV nochmals in zwei weitere Formen unterteilen. Zum einen gibt es die Gruppe der Containerverkehre. Diese Ladeeinheiten haben den Vorteil, dass sie in ihrer Größe international standardisiert sind und infolgedessen nicht auf spezielle Verkehrsmittel bzw. Umschlaganlagen angewiesen sind. Der Umschlag zwischen den Verkehrsmitteln birgt somit keine systembedingten, technischen Probleme in sich. Insbesondere bei internationalen Verkehren und hierbei vor allem in der Seeschifffahrt sind diese standardisierten Container zur Nutzung in intermodalen Verkehren geeignet.

Ferner wird der KV in die Kategorie der Huckepackverkehre untergliedert. Bei diesem KV werden Aufbauten, Anhänger oder gesamte Lkw des Straßengüterverkehrs genutzt, die auch auf die Bahn oder das Schiff verladen werden können. Je nach Ladeeinheit spricht man vom begleiteten KV oder unbegleiteten KV. Ist der Fahrer des Lkw beim Hauptlauf zwischen dem Versand- und Empfangsterminal an Bord des Verkehrsmittels, so spricht man vom begleiteten KV. In der Schifffahrt wird der begleitete KV als RoRo-Verkehr (roll-on/roll-off) bezeichnet, bei der Bahn als RoLa (rollende Landstraße). Werden lediglich die Aufbauten des Lkw auf dem Verkehrsmittel des Hauptlaufes transportiert, dann wird der Verkehr als unbegleitet definiert.[153] Das Konzept des Huckepackverkehrs entspricht dann dem des Containerverkehrs. Die vorhandenen Umschlagvorrichtungen sind in der Regel kompatibel, der Unterschied besteht lediglich in der mangelnden Stapelbarkeit der Wechselbehälter.

---

150 Möglichst kurz bedeutet nicht, das nächstgelegene Terminal nutzen zu müssen, sondern den geeigneten, nächstgelegenen Umschlagbahnhof wählen zu können. Die EU setzt deshalb in der Richtlinie 92/106/EWG bei der Förderung im KV als maximale Entfernung zwischen der Quelle oder dem Ziel des Transportprozesses und des entsprechenden Terminals des Binnen- oder Seehafens 150 km Luftlinie an. Vgl. BMVBW (2001a), S. 5. Darüber hinaus sollte der Anteil des Straßentransports gemäß ECMT nicht über 20% der Gesamtstreckenlänge betragen. Vgl. Beuthe, M. et al. (2002), S. 280.

151 Vgl. BMVBW (2001a), S. 5.

152 Vgl. ECMT (1996), S. 2f.

153 Vgl. Aberle, G. (2003), S. 22f.

3.2.2 Ausgestaltungsformen und Konzepte des kombinierten Verkehrs

Die Beförderungsbedingungen im KV besagen, dass die Transportkette effizient konzipiert sein muss. Dies schließt neben dem eigentlichen Transport auch den Umschlag zwischen den beteiligten Verkehrsmitteln mit ein. Damit die Bahn oder das Binnenschiff zum Transport über lange Entfernungen effizient eingesetzt werden kann, müssen die entsprechenden Kapazitäten der Verkehrsmittel ausgelastet werden. Hierzu müssen im Vergleich zum Lkw eine Vielzahl an Ladeeinheiten in der Art eines Containers, Wechselbehälters oder (Semi-)Trailers befördert werden. Die verschiedenen Konzepte des KV sollen anhand der Verkehrsmittelkombination Lkw-Bahn dargestellt werden.[154]

3.2.2.1 Der Direktzugverkehr

Ist täglich ein ausreichendes Aufkommen zwischen zwei Terminals vorhanden, so kann auf dieser Relation ein Direktverkehr eingesetzt werden.[155] Der Hauptlauf auf der Schiene wird in diesem Fall durchgehend betrieben, ohne dass ein weiterer Stopp zwischen dem Versand- und Empfangsterminal[156] erfolgen muss. Ist das Transportaufkommen im Verlauf eines Jahres annährend konstant, so wird eine besondere Form des Direktzuges eingesetzt. Der Shuttlezug ist ein Zugsystem, das sowohl in der Wagenanzahl als auch in der Wagenzusammenstellung während des gesamten Angebotszeitraums nicht verändert wird und nach einem festen Fahrplan verkehrt. Solche typischerweise von den Gesellschaften für kombinierten Verkehr Schiene-Straße (UIRR) eingeführten Verkehre haben den Vorteil der einfachen und effizienten Handhabung, bergen jedoch das Auslastungsrisiko in sich, das der Betreiber des Zuges tragen muss. Sind die Voraussetzungen für einen Shuttlezug nicht gegeben, werden die KV-Züge je nach Bedarf für den einzelnen Transport zusammengestellt.

Der Shuttle-/Direktzug hat sich für alle an der Transportorganisation beteiligten Unternehmen als besonders interessant herausgestellt. Die Bahn hat einen regelmäßigen Verkehr, der bei der Trassenplanung fix eingeplant werden kann und wenig organisatorischen Aufwand erfordert. Gleichzeitig sichert er der Bahn kontinuierliche Einnahmen. Der KV-Betreiber hat ein fahrplanmäßiges Angebot, das seinen Kunden Planungssicherheit bietet und ihm eine stabile Einnahmequelle ga-

---

154 Kombinierte Verkehre in der Binnenschifffahrt sind aufgrund der infrastrukturellen Voraussetzungen wenig komplex. Sie sind nach Planco (1998), S. 1 in der Regel Seehinterlandverkehre ohne weitere Umschlagvorgänge im Hauptlauf auf Flüssen. Die Vielfalt der KV-Konzepte wie bei der Bahn ist folglich nicht gegeben.

155 Vgl. Richey, A. (1997), S. 72.

156 Versand- und Empfangsterminals werden in dieser Arbeit als diejenigen Terminals definiert, in denen die Ware zwischen dem Vor-, Haupt- und Nachlauf umgeschlagen wird. Beide Terminals befinden sich in der jeweiligen Nähe des Versenders und des Empfängers und entsprechen somit den Anforderungen, die an den KV gestellt werden.

rantiert. Der Spediteur als Entscheidungsträger zugunsten des KV hat einen verlässlichen Vertragspartner für den Hauptlauf und durch die geringe Anzahl an Umschlagvorgängen eine kostengünstige, wenig schadensanfällige und fehlerbehaftete Lösung für den KV.[157]

Abbildung 3.3: Konzept des Direktzugverkehrs

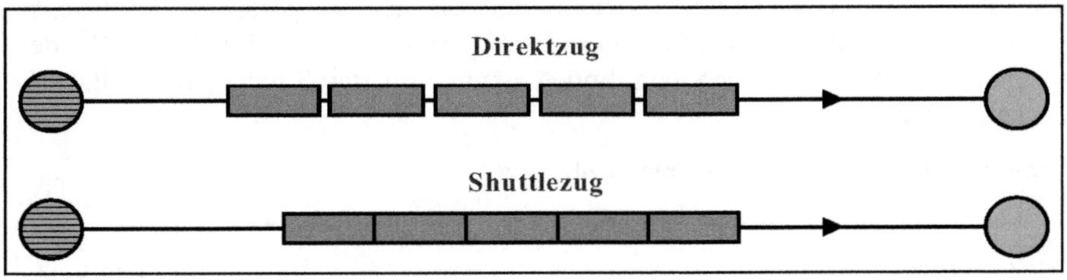

Quelle: Richey, A. (1997).

3.2.2.2 Konzepte des kombinierten Verkehrs mit zusätzlichen Umschlagvorgängen im Hauptlauf

Weil sich das Konzept des Direktzugverkehrs für den KV als optimal darstellt, versuchen die KV-Betreiber, vornehmlich Verkehre dieser Art einzuführen. Die Operateure richten ihr Augenmerk deshalb auf Relationen, die die entsprechenden Transportmengen für Direktzugverkehre garantieren. Dies sind größtenteils Relationen, die zwei Ballungszentren miteinander verbinden. Um den KV als Konkurrenzprodukt zum Lkw-Verkehr zu lancieren, sollten sich die Bahn und die KV-Betreiber jedoch nicht nur auf diese wenigen Hauptrelationen konzentrieren.[158] Sie müssen darüber hinaus auch ländlichere, aufkommensärmere Regionen bedienen. Insbesondere für das stark wachsende und vom Lkw-Verkehr dominierte Segment der Kaufmannsgüter mit seiner ausgeprägten Flächenintensität ist dies von besonderer Bedeutung.[159] Für Flächenverkehre ohne zielreines Transportaufkommen sind jedoch organisatorisch aufwändigere und kostenintensivere Lösungsansätze nötig.[160]

Damit die Bahn Marktanteile an den diffusen Verkehrsströmen der Kaufmannsgüter gewinnen kann, muss sie mit Hilfe der KV-Betreiber ein geeignetes Konzept für den Transport zwischen so genannten Ober- und Mittelzentren anbieten. Zwei Lösungsansätze werden in der Diskussion zur Förderung des KV propa-

---

157 Nach Kramer, H. (2000), S. 75 verschlechtert sich bei jedem Umschlagvorgang im Hauptlauf des kombinierten Verkehrs die Servicequalität und die Kosten steigen.

158 Derzeit wird nach Reim, U. (2003), S. 331 der größte Teil des KV-Aufkommens auf wenigen Relationen befördert.

159 Vgl. von Peter, F. (1999), S. 60.

160 Vgl. Bukold, S. (1993), S. 33.

giert – das „Drehscheibensystem" und das Hub-and-Spoke-System.[161] Die Transportketten des KV werden bei beiden Konzepten um ein weiteres Kettenglied verlängert. Damit sind zwei Absichten verbunden. Zum einen soll die Anzahl der erforderlichen Direktverkehre reduziert werden. Zum anderen sollen durch einen weiteren Umschlag im Hauptlauf nicht zielreine Verkehre in zielreine Verkehre umgewandelt werden, um somit Transportaufkommen zu bündeln, Transportprozesse mit dem Verkehrsmittel des Hauptlaufs effizient zu gestalten und die Entfernung im Vor- und Nachlauf mit dem Lkw zu reduzieren.[162] Welches der beiden genannten Konzepte Anwendung findet, hängt von der Streuungsintensität der Verkehrsströme ab.

Abbildung 3.4: Konzept des Drehscheibenzug

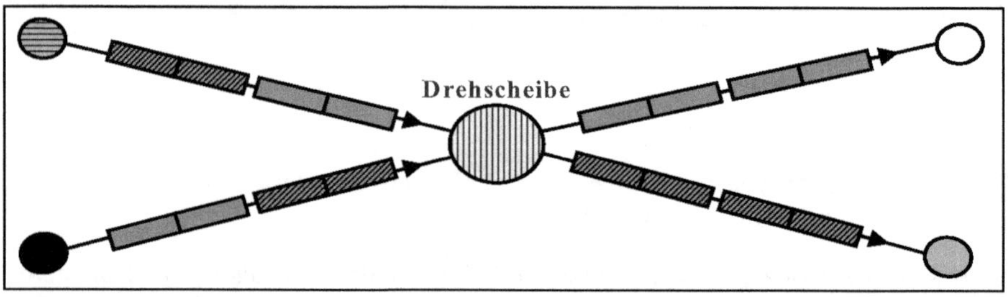

Quelle: Richey, A. (1997).

Das Drehscheibensystem wird oft als Grundkonzept eines KV-Operateurs für alle KV-Transporte seines Unternehmens angewandt.[163] Die Voraussetzungen für dieses Konzept sind einerseits ein für einen Direktzug zu geringes Verkehrsaufkommen. Andererseits muss das Aufkommen groß genug sein, um einzelne, nicht zielreine Wagengruppen von den verschiedenen Versandterminals bündeln und zielreine KV-Züge zu den entsprechenden Empfängerterminals transportieren zu können. Die „Drehscheibe" ist in der Regel ein großer Rangier- oder Umschlagbahnhof, in dem die zielreinen KV-Züge über einen Parallelumschlag oder über Rangierprozesse zusammengestellt werden.[164]

161 Ein Hub (Nabe) ist ein zentraler Umschlagplatz, der verschiedene regionale Terminals über Spokes (Speichen) miteinander verbindet. Stellvertretend für viele andere vgl. die Ausführungen von Beuthe, M. et al. (2002), S. 288.

162 Vgl. Richey, A. (1997), S. 81.

163 Die Transfracht Internationale Gesellschaft für kombinierten Güterverkehr mbH betreibt beispielsweise ein Drehscheibensystem in Maschen. Über diese Drehscheibe werden alle nationalen kombinierten Seehinterlandverkehre abgewickelt. Vgl. SGKV (2002), S. 21.

164 Vgl. Richey, A. (1997), S. 72.

Abbildung 3.5: Konzept des Hub-and-Spoke-Systems

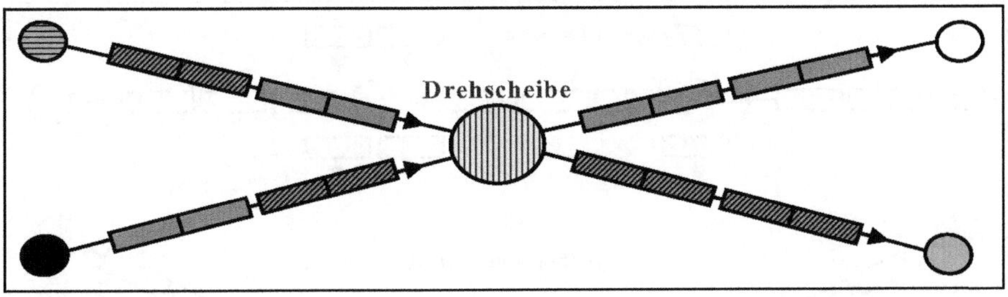

Quelle: Richey, A. (1997).

Für eine sinnvolle Anwendung eines Hub-and-Spoke-Systems müssen die Verkehrsmengen noch diffuser als beim Drehscheibensystem verteilt sein. Einzelne Wagen mit unterschiedlichen Zielen werden in den Versandterminals von der Straße auf die Bahn verladen und zu den regionalen Hubs befördert. Dort werden zielreine Züge zusammengestellt. Zielrein bedeutet in diesem Fall ein Direktverkehr zum Empfangsterminal oder aber ein Verkehr zu einem Hub in der großräumigen Region mehrerer Empfangsterminals, von wo aus dann wiederum die Versendung zu den Empfangsterminals erfolgt.[165]

Weiterentwicklungen und Kombinationen der genannten Konzepte des KV werden individuell auf die Bedürfnisse der Kunden ausgerichtet. So spielen beispielsweise die Taktung der Verkehre oder die Kosteneffizienz für den KV-Betreiber eine entscheidende Rolle für die Wahl des geeigneten KV-Konzeptes. „Linienzüge“ oder „Coupling and Sharing“-Züge sind nur zwei Konzepte, die in der Praxis diskutiert werden.

Der Linienzug fährt nach einem festen Zeitplan die Terminals zwischen einem Start- und einem Endpunkt einer Relation ab, oft in Form eines „Ringverkehrs“. In jedem dieser Terminals werden Ladeeinheiten bei Bedarf auf- oder abgeladen, wobei die Waggonzusammenstellung wie beim Shuttlezug unverändert bleibt. In der Regel ist einer der Terminals an ein Netz von überregionalen KV-Diensten angeschlossen.[166] „Coupling and Sharing“-Züge haben das Ziel der Kostenersparnis für den Hauptlauf. Damit die Kosten der Traktion reduziert werden können, müssen zwei kürzere KV-Züge mit unterschiedlichen Empfangsterminals bis zum Terminal in einem Ballungszentrum in der Nähe der Empfangsterminals aneinander gekuppelt werden. Dadurch kann eine Kostendegression pro Ladeeinheit erreicht werden.[167]

---

165 Diese Kettenerweiterung ist nur erforderlich, wenn die Entfernung zwischen dem Empfangs- oder Versandort zum entsprechenden Terminal des Ballungszentrums (Hub) für den Erhalt der Fördergelder des KV zu weit ist. Vgl. hierzu Fußnote 152 und 153.

166 Vgl. Müller, C. (2002), S. 175.

167 Vgl. Richey, A. (1997), S. 82.

Abbildung 3.6: Weiterführende Konzepte des kombinierten Verkehrs

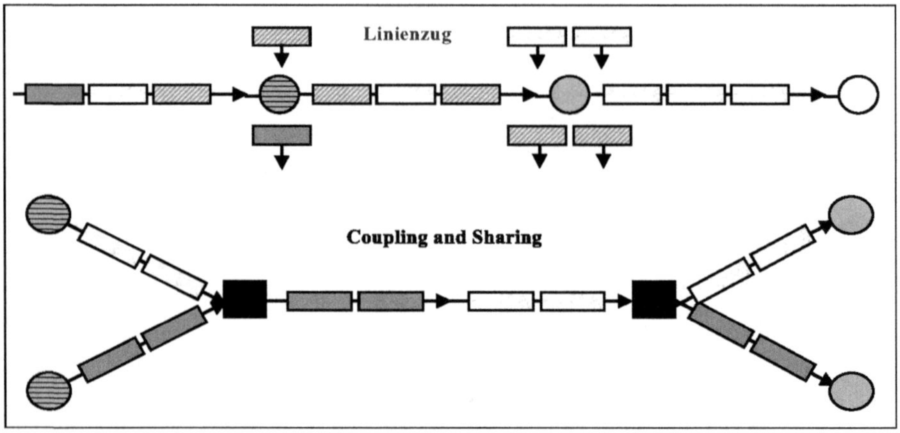

Quelle: Richey, A. (1997).

3.3 Determinanten der Verkehrsmittelwahl

3.3.1 Die Verkehrsmittelwahl als komplexer Entscheidungsprozess

Bei der Verkehrsmittelwahl trifft die Nachfrage nach Transportdienstleistungen im wettbewerbsintensiven Güterverkehrsmarkt auf ein breites Spektrum von Angeboten. Die Frachtführer bieten Transportdienstleistungen mit den verschiedensten Verkehrsmitteln an. Der Spediteur wählt daraus das Angebot aus, das mit der Nachfrage des verladenden Unternehmens bestmöglich übereinstimmt. Die Wahl des Verkehrsmittels ist dabei nicht nur vom Transportpreis abhängig, da die Transportleistung kein homogenes Gut ist, bei dem die erbrachte Verkehrsleistung ausschließlich durch den Preis erklärt werden kann.[168]

Neben dem Transportpreis sind die von Voigt als Verkehrswertigkeit definierten Transportqualitäten objektive Eigenschaften des Angebots und somit insbesondere auch für die Verkehrsmittelwahl von Bedeutung.[169] Diese Transportqualitäten werden zum einen von den rechtlichen Rahmenbedingungen des Güterverkehrsmarkts bestimmt. Zum anderen ist die Verkehrswertigkeit von den technisch-institutionellen Voraussetzungen der jeweiligen Verkehrsträger beeinflusst, die wiederum von der räumlichen Lage der Quelle-Ziel-Relation abhängen. Deshalb ist das potenzielle Qualitätsprofil der Verkehrsmittel – die Verkehrswertigkeit – als eine Art statistisches Durchschnittsprofil für das Angebot von Trans-

---

[168] Vgl. Schwarz, O. (1996), S. 29.

[169] Vgl. Voigt, F. (1973), S. 69ff.

portdienstleistungen für den einzelnen Nachfrager irrelevant. Bei der Auswahl des Angebots ist für ihn nicht das potenzielle, sondern das tatsächliche Qualitätsprofil ausschlaggebend. Dieses hängt wiederum von den real existierenden Produktionsbedingungen der Transportwirtschaft im konkreten Beförderungsfall ab und kann erheblich vom potenziellen Qualitätsprofil des Verkehrsmittels abweichen.[170]

Abbildung 3.7: Einflussfaktoren der Verkehrsmittelwahl

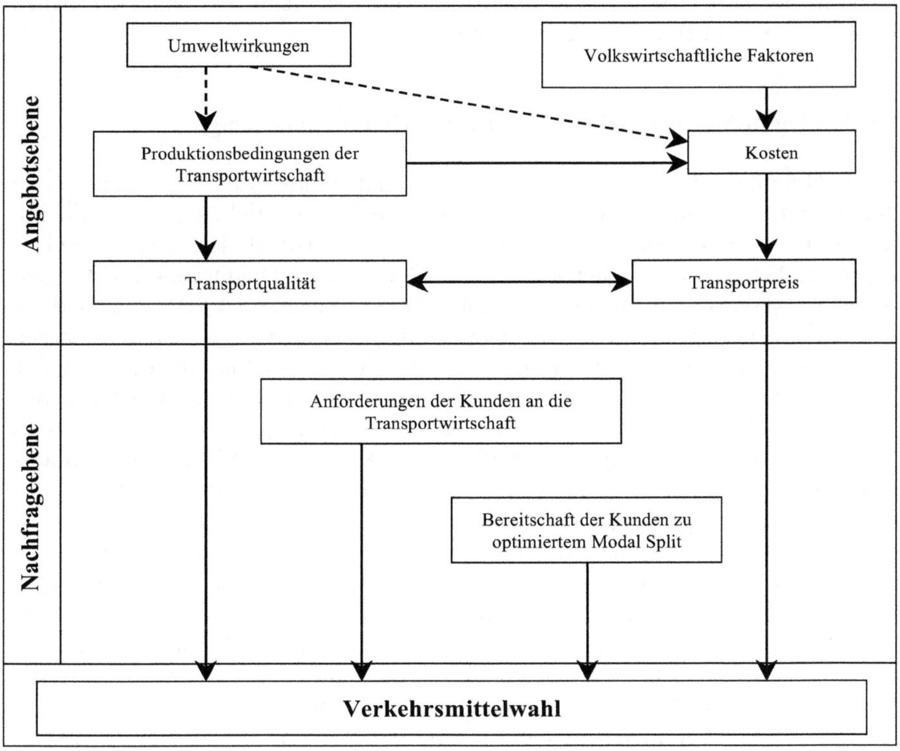

Quelle: Schulz, J. et al. (1996).

Schulz et al. stellen in ihrer Studie zur Verkehrsmittelwahl graphisch dar, dass sich angebotsseitig neben dem Transportpreis die Transportqualität, die dem von Voigt geprägten Begriff der Verkehrswertigkeit entspricht, auf die Verkehrsmittelwahl auswirkt.[171] Wie Abbildung 3.7 zeigt, wird die Verkehrsmittelwahl nach-

---

170 So ist bei der Bahn oder der Binnenschifffahrt – betrachtet man die potenzielle Verkehrswertigkeit – der Anschluss an die betriebliche Infrastruktur schlecht. Im Einzelfall kann jedoch sowohl beim Verlader als auch beim Empfänger der Ware ein Infrastrukturanschluss vorliegen. Damit würde die tatsächliche Verkehrswertigkeit in diesem Falle der des Straßengüterverkehrs entsprechen.

171 Schulz, J. et al. (1996), S. 5.

frageseitig durch die Bereitschaft der Kunden zum optimierten Modal Split und insbesondere auch durch die Anforderungen der Kunden an die Transportwirtschaft beeinflusst. Diese Anforderungen werden von Voigt als Verkehrsaffinitäten definiert.[172] Die Mindestaffinität beschreibt dabei die Anforderungen, die von den Verkehrsmitteln mindestens garantiert werden müssen, um die Nachfrage auf sich zu lenken. Sie wird im Allgemeinen durch die zu transportierenden Güter und die Sendungsgröße bestimmt. Darüber hinaus haben verladende Unternehmen weitere Wünsche bezüglich der Transportqualität, die die Spediteure als Rahmenvorgaben für den Transport berücksichtigen müssen.

3.3.2 Qualitätsmerkmal einer Verkehrsleistung nach Voigt

In der Grundlagenliteratur zur Verkehrswirtschaft wurde 1973 von Voigt[173] ein Qualitätsprofil angeführt, anhand dessen die Verkehrswertigkeit eines Verkehrssystems bzw. eines Verkehrsmittels und die Verkehrsaffinität der verladenden Unternehmen beschrieben werden kann.[174] Durch die sieben Qualitätsmerkmale Massenleistungsfähigkeit, Schnelligkeit, Fähigkeit zur Netzbildung, Berechenbarkeit, Häufigkeit der Verkehrsbedienung, Sicherheit und Bequemlichkeit wird eine Bewertung des Angebotsprofils ermöglicht. Ihde fügt zusätzlich zu diesen sieben Qualitätsmerkmalen die Umweltbeeinflussung als weitere, gleichgestellte Teilwertigkeit hinzu.[175] Nach Schulz el al. sind die Umweltwirkungen eines Transports jedoch kein eigenständiges Qualitätsmerkmal. Im Folgenden soll deshalb auch ausschließlich auf die sieben Qualitätsmerkmale von Voigt eingegangen werden.

- Massenleistungsfähigkeit:
  Sie wird als die Fähigkeit des Verkehrsmittels verstanden, „*Transporte unterschiedlich großer Massen von Gütern ... unter möglichst niedrigen Kosten durchzuführen.*“[176] Laut Definition kommt es bei dieser Eigenschaft der Verkehrsmittel nicht nur darauf an, dass große Transportaufkommen je Zeiteinheit befördert, sondern dass auch kleine Mengen entsprechend ihren Anforderungen kostengünstig transportiert werden können. Deshalb ist auch die Bereitstellung optimaler Behälter für die zu befördernden Güter in der Definition der Massenleistungsfähigkeit enthalten.
- Schnelligkeit:
  Sie beschreibt die Transportdauer, in der das jeweilige Verkehrsmittel den Transport zwischen der Quelle und dem Ziel der Relation durchführen kann.

---

172 Vgl. Voigt, F. (1973), S. 108ff.

173 Vgl. Voigt, F. (1973), S. 69ff.

174 Die Verkehrswertigkeit als Analyseinstrumentarium bietet sich besonders an, wenn ein Vergleich verschiedener Verkehrsleistungen erfolgen soll und kann somit insbesondere bei der Erklärung der Verkehrsmittelwahl eingesetzt werden. Vgl. Voigt, F. (1973), S. 78.

175 Vgl. Ihde, G. (2001), S. 197f.

176 Voigt, F. (1973), S. 83.

Die Schnelligkeit ist somit nicht – wie missverständlicherweise erwartet werden könnte – die Beschreibung der maximal möglichen Geschwindigkeit des Verkehrsmittels auf der Transportstrecke, sondern umfasst neben der durchschnittlichen Fahrgeschwindigkeit auch die erforderlichen Wartezeiten.

- Berechenbarkeit:
  Die Determinante der Berechenbarkeit besteht aus mehreren Komponenten. Neben der termingerechten Einhaltung des vereinbarten Anlieferungszeitpunkts beim Empfänger sind auch die zeitliche Zuverlässigkeit des Abfahrtszeitpunkts und die Einhaltung der Transportdauer Teilkriterien dieser Qualitätseigenschaft. Die Berechenbarkeit ist also im Sinne von Pünktlichkeit zu verstehen. Theoretisch ist bei der fahrplanmäßigen Beförderung von Gütern die Berechenbarkeit am größten, da in diesem Falle bereits vor der Durchführung des Transports der Abfahrts- und Ankunftszeitpunkt feststeht.
- Fähigkeit zur Netzbildung:
  Die Netzbildungsfähigkeit eines Verkehrsmittels soll die Fähigkeit beschreiben, Transporte möglichst ohne Umschlagvorgänge und zu möglichst geringen Kosten von der Quelle der Transportrelation zu allen anderen Orten in der Fläche betreiben zu können.[177] Für den Nachfrager nach einer Transportdienstleistung – also für die Verkehrsaffinität – zählt jedoch nicht, ob das Verkehrsmittel in der Lage ist, alle Orte in der Fläche bedienen zu können. Ihn interessiert lediglich, ob das verladende Unternehmen und der Empfänger der Ware im Falle des zu erbringenden Transportauftrags einen direkten Netzanschluss in ihren Betrieben haben oder ob im Rahmen des Transports Umschlagvorgänge erforderlich sind.
- Häufigkeit der Verkehrsbedienung:
  Die Häufigkeit der Verkehrsbedienung beschreibt die angebotene Anzahl der Fahrten, die von den Verkehrsmittelbetreibern zwischen der Quelle und dem Ziel einer Transportrelation betrieben werden. Dieses Qualitätsmerkmal ist deshalb insbesondere für Verkehrsmittel relevant, die an Fahrpläne gebunden sind. Im Straßengüterverkehr hingegen kann der Lkw jederzeit zur Erbringung der Verkehrsdienstleistung eingesetzt werden und den Transportauftrag durchführen.

---

[177] Die Rangfolge der Verkehrsmittel bezüglich dieser Teilwertigkeit ist offensichtlich. Der Lkw hat die höchste Netzbildungsfähigkeit, gefolgt von der Bahn und dem Binnenschiff. Der KV hat gemäß dieser Definition aufgrund der erforderlichen Umschlagvorgänge und den damit verbundenen Kosten per se eine schlechtere Netzbildungsfähigkeit als unimodale Verkehre. Während in der BRD im Jahr 2000 jedes verladende Unternehmen einen Anschluss an das Straßennetz hatte (230.700 km überörtliches Straßennetz), konnte die Deutsche Bahn AG im Jahr 2000 auf eine Gesamtstreckenlänge von 44.700 km zurückgreifen. Die Anzahl der Privatgleisanschlüsse lag bei rund 5.700. Die Wasserstraßen in Deutschland hatten 2000 eine Länge von etwa 7.500 km. Vgl. StaBA (2003b), S. 308, S. 311, S. 318f.

- Sicherheit:
  Die Sicherheit umschließt nach Voigt die Fähigkeit, die zu transportierende Ware ohne Einbußen des Warenwerts am Empfängerstandort abzuliefern. Die Beeinträchtigung der Qualität des beförderten Gutes kann sich zum einen durch dessen Beschädigung, zum anderen durch den Verlust eines Teils der Ware darstellen. Entscheidend für die Sicherheit sind somit die Unfallwahrscheinlichkeit des Verkehrsmittels sowie das Risiko eines Diebstahls.
- Bequemlichkeit:
  Die Bequemlichkeit scheint auf den ersten Blick ein Qualitätsmerkmal zu sein, das ausschließlich im Personenverkehr Geltung hat. Eine hohe Bequemlichkeit liegt für den Spediteur beispielsweise vor, wenn nur ein geringer logistischer Aufwand in der Transportorganisation oder ein geringer Aufwand bei der Verpackung der Ware erforderlich ist. Insofern kann die Bequemlichkeit auch einen Einfluss auf die Verkehrsmittelwahl im Güterverkehr haben.

3.3.3 Weitere Einflussfaktoren zur Erklärung der Verkehrsmittelwahl

Neben den in den beiden vorherigen Abschnitten genannten Bestimmungsfaktoren der Verkehrswertigkeit auf der Angebots- und der Verkehrsaffinität der verladenden Unternehmen auf der Nachfrageseite existieren weitere Einflussgrößen für die Verkehrsmittelwahl im Güterverkehr. Einige dieser Einflussfaktoren sind Parameter, die das Qualitätsprofil der Verkehrsmittel oder die Anforderungen der Verlader erklären. Andere hingegen stehen in keinem direkten Bezug zu den vier in Abbildung 3.7 dargestellten Einflussfaktoren der Verkehrsmittelwahl: die Transportqualität, der Transportpreis, die Anforderungen der Kunden an die Transportwirtschaft und die Bereitschaft der Kunden zur Optimierung des Modal Split.

In zahlreichen Arbeiten zur Verkehrsmittelwahl im Güterverkehr werden Faktorenlisten aufgeführt. Je nach Untersuchungsgegenstand und -methode sind diese Listen mehr oder weniger ausführlich. Arbeiten, die den Fokus auf eine makroökonomische Betrachtung legen, so beispielsweise diejenigen von Schwarz, Engel oder des DIHT, beziehen sich ausschließlich auf das Konzept der Verkehrswertigkeit von Voigt.[178] Andere, eher betriebswirtschaftlich orientierte Arbeiten, wie die von Schmidt oder Kramer, bzw. Arbeiten, die sich auf eine Breitenbefragung stützen, wie die der Prognos AG, der BVU, des BDI oder von Golias und Yannis, enthalten hingegen eine umfangreiche Liste von Verkehrsmittelwahl erklärenden Einflussparametern.[179] Tabelle 3.3 stellt eine komprimierte Liste aller relevanten Variablen dar, die in diesen Arbeiten zur Erklärung der Verkehrsmittelwahl genannt werden.[180]

---

178 Vgl. Schwarz, O. (1996), Engel, M. (1996), Thiele, P. (2001).

179 Vgl. Schulz, J. et al. (1996), Schneider, W. et al. (1996), BDI (2000), Golias, J. und G. Yannis (1998), Schmidt, K.-H. (1997), Kramer, H. (2000).

180 Zahlreiche, in den Arbeiten aufgelistete Einflussfaktoren stellen eher die Ausprägung einer Einflussgröße dar als einen eigenständigen Parameter. So ist beispielsweise bei

Tabelle 3.3: Überblick über Einflussfaktoren der Verkehrsmittelwahl

		Prognos AG	BVU	BDI	Kramer	Golias, Yannis	Schmidt
Kriterien der VM-Wahl nach Voigt							
• Transportpreis/Transportkosten		+	+	+	+	+	+
• Massenleistungsfähigkeit/mengenmäßige Flexibilität		+				+	
• Berechenbarkeit/Pünktlichkeit		+	+	+	+	+	
• Schnelligkeit/Transportdauer		+	+	+	+	+	+
• Häufigkeit der Verkehrsbedienung/zeitliche Flexibilität		+	+			+	+
• Fähigkeit zur Netzbildung		+					+
• Sicherheit/Erhalt des Warenwertes der Transportgüter		+	+	+	+	+	
• Bequemlichkeit							
Weitere Kriterien der VM-Wahl*							
• Unternehmensstruktur des Transportdienstleisters			+			+	
• Transportrelation	• Verladerstandort	+	+		+	+	
	• Transportentfernung	+	+			+	
• Fragen zum transportierten Gut	• Güterart	+	+		+		
	• Ladungsmenge	+	+		+		
• Qualität des Transportdienstleisters	• Haftungssicherheit im Schadenfall		+		+		+
	• Schadensabwicklung		+			+	
	• Kundenbetreuung/Qualität der Ansprechpartner			+	+		
	• Gewachsenes Vertrauensverhältnis				+		
	• Informationsleistungen/ Datenaustausch				+	+	+
• Transportmittelbereitstellung	• Zeitnahe Bestellung der Transportleistung			+		+	
	• Qualität des Transportmittels					+	
	• Übersicht über Verkehrsmittelangebot				+		
• Sendungsverfolgung/Sendungsortung		+	+	+	+	+	+
• Gesetzliche Interventionen						+	
• Umweltverträglichkeit					+		

Anmerkung: * Die Kriterien sind in den sechs Studien unterschiedlich bezeichnet. Sie wurden deshalb gemäß deren Inhalt zusammengefasst.

Kramer oder bei Schmidt eine 24h/48h Transportdauer als eigenständiger Einflussfaktor aufgelistet. Tatsächlich ist dies jedoch eine Ausprägung der Teilwertigkeit „Schnelligkeit".

Diese Liste zeigt einerseits, dass die Bequemlichkeit als Teilwertigkeit der Verkehrswertigkeit nach Voigt bei den sechs genannten Studien unberücksichtigt bleibt. Die mangelnde Bequemlichkeit – organisatorischer Mehraufwand und logistische Mehrleistungen – ist jedoch oft ein Hinderungsgrund für eine Verlagerung auf den KV.[181] Andererseits zeigt Tabelle 3.3 die bei Voigt gänzlich unberücksichtigten Einflussfaktoren, die die Transportrelation und die Unternehmensstruktur des Transportdienstleisters beschreiben. Sie spielen bei Untersuchungen zur Verlagerung eine bedeutende Rolle. Auch der Einflussfaktor „Qualität des Transportdienstleisters" und Variablen, die logistische Zusatzleistungen beschreiben, wie die Sendungsverfolgung und -ortung, werden von Voigt nicht aufgeführt. Die Einflussfaktoren, die sich auf das zu transportierende Gut beziehen, sind bei Voigt Bestimmungsgrößen der Verkehrsaffinität. Ebenso verhält es sich mit den gesetzlichen Interventionen, die angebotsseitig die Qualitätsmerkmale bestimmen.

3.4 Fazit

Für eine Verkehrsverlagerung von straßengebundenen Güterverkehren stehen neben den zwei Verkehrsträgern Bahn und Binnenschiff noch eine Reihe von Kombinationen der bodengebundenen Verkehrsträger im intermodalen Verkehr zur Verfügung. In den meisten Fällen stellen die unimodalen Verkehre der Bahn und des Binnenschiffs aufgrund des fehlenden Infrastrukturanschlusses bei der Verladerschaft die Ausnahme dar. Deshalb bleibt als Konkurrenzprodukt zum unimodalen Lkw-Verkehr in der Regel nur der intermodale Verkehr.

Zwar ist eine Verkehrsverlagerung von Straßengüterverkehren grundsätzlich bei allen Transportentfernungen denkbar, aufgrund der Infrastrukturdichte der Bahn, des Binnenschiffs und der intermodalen Umschlagbahnhöfe ist die Verlagerung jedoch nur beim Fernverkehr wirtschaftlich sinnvoll. Dieser im Vergleich zum Nahverkehr überproportional stark wachsende Markt trägt durch seinen großen Anteil an der Güterverkehrsleistung in besonderem Maße zu den Engpässen auf der Straße und zu negativen externen Effekten des Güterverkehrs bei. Eine Ausrichtung der Untersuchung auf den Fernverkehr ist folglich sowohl unter ökonomischen als auch unter ökologischen Gesichtspunkten empfehlenswert.

Der Fernverkehr ist ein vom gewerblichen Güterverkehr dominiertes Marktsegment.[182] Während der Verlader in der Vergangenheit oft aus Mangel an Alternativen oder aus Kostengründen die Transporte in Eigenregie durchführte, nutzt er heute den sehr differenzierten, wettbewerbsintensiven Güterverkehrsmarkt zur

---

181 Vgl. Voigt, F. (1973), S. 92, S. 132.

182 Während sich der gewerbliche Güterverkehr bedingt durch die Outsourcing-Prozesse in der Industrie und aufgrund der komparativen Vorteile im Transport von kleinen Mengen über lange Entfernungen auf das Marktsegment der Langstreckenverkehre spezialisiert hat, hat sich der Werkverkehr mit der Umstrukturierung des Fuhrparks auf Kurzstrecken- und Auslieferungsverkehre konzentriert.

Auswahl eines geeigneten Transportdienstleisters. Spediteure als Organisatoren von Transportdienstleistungen sind die Vermittler zwischen dem Angebot der Frachtführer und der Nachfrage der Verladerschaft. Sie sind bei der Wahl des Verkehrsmittels grundsätzlich verkehrsträgerneutral und entscheiden zugunsten eines Verkehrsmittels anhand des Preis-Leistungs-Verhältnisses der zur Auswahl stehenden Transportangebote in Abstimmung mit dem Nachfrageprofil der Verlader. Eine Beschränkung auf den Preis und die Qualität des Transports ist für eine detaillierte Untersuchung der Verkehrsmittelwahl im Güterverkehr nicht ausreichend. In der Regel sind bei der Wahlentscheidung ferner auch die Unternehmensstruktur und die Serviceleistungen des Spediteurs von Bedeutung.

4 Das diskrete Entscheidungsmodell zur Bestimmung der Güterverkehrsmittelwahl

4.1 Überblick über Modal-Split-Modelle

4.1.1 Klassifizierung verschiedener Modellansätze

Zur Analyse der Verkehrsmittelwahl liegt eine Vielzahl an Modellansätzen vor. Bevor das in Kapitel 5 zu schätzende diskrete Entscheidungsmodell dargestellt wird, soll ein kurzer Überblick über die Klasse der Verkehrsmittelwahlmodelle gegeben werden. In bisherigen Arbeiten finden sich unterschiedliche Klassifizierungsansätze dieser Modelle. Dabei verschwimmt jedoch oft die Trennung zwischen den methodischen Ansätzen einerseits und den zur Quantifizierung des Modal Split erforderlichen Daten andererseits. Zu nennen sind etwa die Arbeiten von Langdon, Knapp oder von Small und Winston.[183]

In einem ersten Schritt empfiehlt sich eine Kategorisierung der Modellansätze bezüglich der wissenschaftlichen Disziplinen, denen die Modelle zugeordnet werden können. In der verkehrswissenschaftlichen Forschung unterscheidet man dabei insbesondere ökonomische und ingenieurswissenschaftliche Modelle. Während ingenieurswissenschaftliche Modelle in dieser Arbeit ausgeblendet werden, erfolgt bei den ökonomischen Modellen eine detailliertere Kategorisierung.

Die Basis aller ökonomischen Modelle zur Schätzung der Verkehrsnachfrage und des Modal Split ist das so genannte Vier-Stufen-Modell.[184] Zur Beschreibung der Gesamtverkehrsnachfrage müssen die Verkehrsentstehung, die Verkehrsverteilung, die Verkehrsmittelwahl und die Streckenwahl untersucht werden. Die „Modal-Split-Modelle" im engeren Sinne richten sich demnach ausschließlich auf die dritte Bestimmungsgröße des Vier-Stufen-Modells. Neben den Ansätzen, die

---

183 Vgl. Langdon, M.G. (1982), S. 6f, Knapp, F. (1998), S. 119f sowie Small, K. und C. Winston (1998), S. 13ff. Die fehlende Trennung zwischen dem Aggregationsgrad der Daten und den Modellklassen ist oft bedingt durch die Zielstellung der zu untersuchenden Frage. Ist das Untersuchungsziel beispielsweise die Bestimmung des Effektes einer Mineralölsteuererhöhung auf die Wertschöpfung verschiedener Sektoren, so kann die Analyse auf Unternehmensebene oder auch auf der Ebene der zu analysierenden Sektoren erfolgen. In beiden Fällen kann – wie insbesondere Abschnitt 4.1.2.3 zeigen wird – jedoch die gleiche Modellklasse gewählt werden.

184 Einen umfassenden Überblick über das Vier-Stufen-Modell gibt McNally, M.G.. (2000a).

die Verkehrsmittelanteile direkt bestimmen, existieren auch Modelle, die über die Berechnung der modalen Verkehrsnachfrage zum Modal Split gelangen. Deshalb wird in dieser Arbeit eine weitere Definition des Begriffs „Modal-Split-Modell" gewählt.[185]

Im zweiten Schritt der Klassifizierung erfolgt die Aufteilung ökonomischer Modelle nach deren verhaltenstheoretischer Fundierung. Nicht verhaltenstheoretische Modelle versuchen über mehr oder weniger plausible Ad-hoc-Annahmen die Nachfrage nach den einzelnen Verkehrsmitteln abzubilden.[186] Die Entscheidung zur Aufnahme einer Variablen in das Modell hängt oft nur davon ab, ob sie zur Abbildung einer politischen Maßnahme und deren Wirkung auf den Modal Split erforderlich ist.[187] In verhaltenstheoretischen Modellen basiert das Nachfrageverhalten der Verkehrsmittelnutzer hingegen auf ökonomischen Prinzipien wie der Kostenminimierung, der Gewinn- oder der Nutzenmaximierung.

Die verhaltenstheoretisch geleiteten Ansätze lassen sich weiter nach zwei Kriterien einteilen. Zum einen werden die Modelle in Wahl- und Nachfragemodelle unterschieden. Zum anderen erfolgt eine Unterteilung in deterministische und probabilistische Modelle.[188] Während Nachfragemodelle ausschließlich als deterministische Modelle vorliegen, treten Wahlmodelle sowohl als probabilistische Modelle als auch als deterministische Modelle auf.[189]

Soll der Modal Split mit Hilfe der verschiedenen Modelle bestimmt werden, so können je nach Fragestellung unterschiedliche Datensätze Anwendung finden. Sind die Auswirkungen einer (verkehrs-)politischen Maßnahme auf das unternehmerische Verkehrsmittelwahlverhalten zu untersuchen, so ist die Nutzung einer auf Individualdaten basierenden Datenquelle erforderlich. Soll hingegen untersucht werden, welche Wirtschaftssektoren des produzierenden oder verarbeitenden Gewerbes beispielsweise durch eine preispolitische Maßnahme im Straßengüterverkehr besonders betroffen sind oder wie sich diese Maßnahme auf das Wirtschaftswachstum oder die Umweltbelastungen durch den gesamten Verkehrssektor auswirkt, so ist eine aggregiertere Betrachtungsweise oft ausreichend.[190]

---

185 Vgl. Langdon, M.G. (1982), S. 2f.

186 Diese Nachfragemodelle werden in der Regel in Partialmarktmodelle eingebettet. Nach McNally, M.G. (2000b), S. 54 wird die Angebotsseite jedoch häufig nicht ausreichend spezifiziert.

187 Vgl. Small, K. und C. Winston (1998), S. 14.

188 Vgl. Knapp, F. (1998), S. 146. Langdon, M.G. (1982), S. 7 unterscheidet in der Klasse der verhaltenstheoretischen Modelle diskriminierende und probabilistische Ansätze. Barff, R. et al. (1982), S. 373 weisen jedoch darauf hin, dass diskriminierende Modelle auch eine probabilistische Fundierung besitzen können. Im Rahmen dieser Arbeit wird deshalb der Kategorisierung von Knapp gefolgt.

189 Vgl. Langdon, M.G. (1982), S. 21ff.

190 Beispielsweise verwendet Schwarz, O. (1996) für sein Güterverkehrsmodell nationale Daten für die Verkehrsmittel Lkw und Bahn und für seine Schätzung Jahresdaten der BRD. Er befindet sich bezüglich der Fragestellung – Mineralölsteuererhöhung und deren Auswirkung auf den Modal Split – auf der höchsten Aggregatsebene. In das Modell von Proost, S. und K. van Dender (1999) gehen bei gleicher Fragestellung

In der verkehrsökonomischen Literatur haben sich aus den vorliegenden Modellströmungen drei Hauptstränge herauskristallisiert:

- das direkte Nachfragemodell,
- das Kostenminimierungsmodell,
- das diskrete Entscheidungsmodell.

Die drei aufgeführten Modelle werden im Folgenden in die genannten Modellkategorien der Verkehrsmittelwahlmodelle eingeordnet und anschließend beschrieben. Dabei wird insbesondere auf den Aufbau und die Anwendungen der Modelle eingegangen. Eine Gegenüberstellung der unterschiedlichen Modal-Split-Modelle hinsichtlich ihres Erklärungsgehalts rechtfertigt die besondere Stellung der disaggregierten, diskreten Entscheidungsmodelle.[191]

4.1.2 Funktionsweise und Vorteile ausgewählter Modellansätze in der Verkehrswirtschaft

4.1.2.1 Das direkte Nachfragemodell

Das direkte Nachfragemodell ist der Kategorie der deterministischen, nicht verhaltenstheoretischen Modelle zuzuordnen. Während im Vier-Stufen-Modell die vier Dimensionen der Verkehrsentstehung, Verkehrsverteilung, Verkehrsmittelwahl und Streckenwahl in einem sequenziellen Prozess analysiert werden, erfolgt beim direkten Nachfragemodell die Bearbeitung der ersten drei Komponenten in einem Schritt, was als Vorteil gegenüber dem ursprünglichen Vier-Stufen Modell angesehen wird.[192]

Direkte Nachfragemodelle basieren häufig auf aggregierten Querschnittsdaten und quantifizieren die Verkehrsnachfrage der verfügbaren Verkehrsmittel.[193] Darauf aufbauend kann dann der Modal Split ermittelt werden. Der funktionale Zusammenhang zwischen der modalen Verkehrsnachfrage als endogene Variable und den erklärenden Modellvariablen wird durch den Modellierer unabhängig von einer theoretischen Fundierung definiert. Die modale Güterverkehrsnachfrage wird dabei üblicherweise differenziert für oder in Abhängigkeit von verschiedene(n) Gütergruppen abgebildet. Darüber hinaus erfolgt bei Querschnittsuntersuchungen in der Regel eine Einteilung in verschiedene geographische Zonen. Alle

stärker disaggregierte Daten ein. Sie differenzieren in die Kategorien nationale und internationale Verkehre sowie Verkehre in Haupt- und Nebenverkehrszeiten. Daten zum Verkehrsmittelnutzungsverhalten auf Unternehmensebene nutzen beispielsweise Jiang, F. et al. (1999). Sie befragten Unternehmen nach jeweils einem spezifischen Transportvorgang. Die Daten liegen somit auf der am stärksten disaggregierten Ebene vor.

191 Vgl. Kitamura, R. (2000), S. 114ff.

192 Dies liegt nach Knapp, F. (1998), S. 126 an der Untrennbarkeit der drei Teilfragen zur Verkehrsentstehung, Verkehrsverteilung und Verkehrsmittelwahl.

193 Vgl. Small, K. und C. Winston (1998), S. 14.

Transporte, deren Start- und Zielpunkte sich in derselben Zone befinden, werden zu einem stilisierten intrazonalen Transport zusammengefasst. Alle Verkehre, bei denen sich der Start- und der Zielpunkt in zwei unterschiedlichen Zonen befinden, werden zu stilisierten interzonalen Transporten zwischen den entsprechenden Zonen zusammengefasst.[194] Die Schätzung der modalen Verkehrsnachfrage erfolgt für die jeweiligen stilisierten Transporte und basiert somit auf Durchschnittswerten der erklärenden Variablen.

In der verkehrsökonomischen Forschung wurde dieser Modellansatz insbesondere in den 60er Jahren angewandt. Gleichwohl werden direkte Nachfragemodelle als Planungsinstrumente teilweise noch heute genutzt.[195] Sie sind vor allem für die Analyse von Streckenausbauplanungen und deren Folgen für die Verkehrsnachfrage auf der entsprechenden Strecke oder aber zur Darstellung der Wechselwirkungen zwischen Wirtschafts- und Verkehrsentwicklung konzipiert worden. Deshalb enthalten die Modelle neben den Charakteristika der zur Verfügung stehenden Verkehrsmittel oft auch erklärende Variablen wie makroökonomische, sozioökonomische und infrastrukturelle Faktoren sowie Variablen zum demographischen Trend.[196]

Verglichen mit den verhaltenstheoretischen Modellen ist der entscheidende Nachteil nicht verhaltenstheoretischer Modelle, dass sie ausschließlich die ökonomischen und verkehrlichen Bedingungen des Untersuchungszeitpunktes widerspiegeln und nicht den Zusammenhang zwischen der Verkehrsnachfrage und dem Verhalten der Entscheidungsträger der Verkehrsmittelwahl abbilden.[197] Die Abbildung dieses Zusammenhangs ist jedoch zentral für die Verkehrsmittelnachfrage. Dabei ist es nach Winston irrelevant, ob die Entscheidungsfindung der Verkehrsmittelwahl auf disaggregierter oder auf aggregierter Ebene modelliert wird.[198] Entscheidend ist nur, dass die Präferenzstruktur der Entscheidungsträger im Modell abgebildet wird.

Ein weiterer Kritikpunkt an den direkten Nachfragemodellen ist, dass sowohl die funktionale Form des Modells als auch die verwendeten exogenen Variablen auf Ad-hoc-Annahmen des Modellierers basieren.[199] Die Annahmen werden dabei so gewählt, dass die modale Verkehrsnachfrage möglichst exakt reproduziert wird und ein gewünschter Kausalzusammenhang zwischen der endogenen und einer exogenen Variablen abgebildet werden kann. Durch diese flexible Modellstruktur

---

194 Vgl. Langdon, M.G. (1982), S. 11ff.

195 So findet in Großbritannien noch heute ein direktes Nachfragemodell zur Bestimmung der Schienenverkehrsnachfrage seine Anwendung. Vgl. Wardman, M. (1997).

196 Vgl. Shankar, V.N. und R.M. Pendyala (2001), S. 660.

197 Da sich die Kritik an den direkten Nachfragemodellen auf die modellimmanenten Schwächen aller nicht verhaltenstheoretischen Modelle bezieht, soll die kritische Würdigung auch die gesamte Klasse dieser Modelle einschließen. Vgl. Barff, R. et al. (1985), S. 370.

198 Vgl. Winston, C. (1985), S. 69f.

199 Vgl. Barff, R. et al. (1982), S. 370.

entsteht somit der Eindruck, dass die Verkehrsmittelnachfrage beliebig bestimmt werden kann.

4.1.2.2 Das Kostenminimierungsmodell

Das Kostenminimierungsmodell gehört zu der Klasse der deterministischen, verhaltenstheoretischen Modelle. Diese Modelle gehen vom verladenden Unternehmen als Untersuchungsobjekt aus. Will ein Unternehmen Ware produzieren und zu seinen Kunden versenden, muss es neben den Produktionsfaktoren Arbeit und Kapital weitere Faktoren wie beispielsweise Transportleistungen einsetzen.[200] Das Ziel des Unternehmens ist dabei, einen gegebenen Output kostenminimal zu produzieren und an die Kunden auszuliefern. Dieses Ziel erreicht das Unternehmen, indem es das Einsatzverhältnis aller Inputfaktoren optimiert. Besitzen die verschiedenen Verkehrsmittel unterschiedliche Eigenschaften, wird im Rahmen der Kostenminimierung auch der Modal Split bestimmt.[201] Die modale Transportnachfrage resultiert folglich aus der unternehmerischen Kostenminimierungsstrategie.

Bei der Bestimmung der kostenminimierenden Verkehrsmittelnachfrage gibt es zwei Ansätze. Einer baut auf einem ingenieurswissenschaftlichen Konzept auf. Bei diesem Ansatz werden die Kosten für alle zur Verfügung stehenden Transportmittel auf allen optionalen Strecken ermittelt. Die Transportkosten eines Verkehrsmittels auf einer gegebenen Strecke resultieren dabei aus der Summe aller Teilabschnittskosten dieser Transportkette. Die Kostenminimierung ist somit das Ergebnis aus einer Kombination der Strecken- und Verkehrsmittelwahl.[202] Der ökonomisch-verhaltenstheoretische Ansatz der Kostenminimierung leitet unter Anwendung von Shepard's Lemma aus der Kostenfunktion die Faktornachfrage nach den zur Verfügung stehenden Verkehrsmitteln ab.[203] Die Kostenfunktion wird in den verschiedenen Studien unterschiedlich spezifiziert; während frühe Arbeiten ausschließlich die Transportkosten der Verkehrsmittel berücksichtigten, folgen neuere Studien dem so genannten „generalisierten Kostenansatz".[204]

Seit den 70er Jahren findet dieses methodische Vorgehen zur Analyse des Verkehrsnachfrageverhaltens in zahlreichen Arbeiten Anwendung. Für empirische Studien wird auf unterschiedliche Datensätze zurückgegriffen. Oum untersucht

---

200 Vgl. Regan, A.C. und R.A. Garrido (2001), S. 193f.

201 Vgl. Oum, T.H. (1979a), S. 465.

202 Solche Modelle werden als multi-modale Netzwerkmodelle bezeichnet. Vgl. hierzu die Arbeiten von Bar-Gera, H. und D. Boyce (2003), Beuthe, M. et al. (2001) sowie von Geerts, J.-F. und B. Jourquin (2001).

203 Vgl. Oum, T.H. (1979a), S. 464.

204 Im generalisierten Kostenansatz sind nach Ceuster, G. de et al. (2004), S. 24ff neben den eigentlichen Transportkosten auch die Steuern und Subventionen, die monetarisierte Transportdauer und externe Kosten enthalten. Andere Arbeiten wie die von Friedlaender, A.F. und R.H. Spady (1980), S. 433 berücksichtigen die Lagerhaltungskosten. Oum, T.H. (1979a) schließt die monetarisierte Transportzuverlässigkeit in die Analyse ein.

das Nachfrageverhalten beispielsweise mittels Zeitreihendaten auf nationaler Ebene und verwendet dazu verschiedene Schätzverfahren.[205] Westbrook und Buckley wenden das Modell auf Unternehmensebene an.[206] Im Allgemeinen werden zur Schätzung dieser Modelle jedoch aggregierte Querschnittsdaten verwendet.[207]

Ähnlich dem direkten Nachfragemodell wird beim Kostenminimierungsmodell nicht nur der Modal Split, sondern gleichzeitig auch die Verkehrsleistungsnachfrage der zur Auswahl stehenden Transportmittel berechnet. Somit werden auch bei diesen Modellen die drei ersten Dimensionen des Vier-Stufen-Modells in einem Schritt untersucht. Im Gegensatz zum direkten Nachfragemodell beruht das Kostenminimierungsmodell jedoch auf einer mikroökonomischen, verhaltenstheoretischen Annahme und liefert bei der Abbildung der modalen Verkehrsmittelnachfrage deshalb robustere Schätzergebnisse als das direkte Nachfragemodell.[208]

Gegenüber diskreten Entscheidungsmodellen haben deterministische Kostenminimierungsmodelle den Nachteil, dass sie nur die Nachfrage nach dem tatsächlich gewählten Verkehrsmittel abbilden und keine Wahlwahrscheinlichkeiten für die alternativen Verkehrsmittel angeben. Der Ansatz des Kostenminimierungsmodells wird deshalb auch „first choice"-Ansatz genannt.[209] Er gibt nicht an, wie eng die Wahlwahrscheinlichkeiten der zur Auswahl stehenden Alternativen beieinander liegen und hat somit – im Vergleich zu den diskreten Entscheidungsmodellen – einen bedeutend geringeren Informationsgehalt über das Verkehrsmittelwahlverhalten.[210]

4.1.2.3 Das diskrete Entscheidungsmodell[211]

Diskrete Entscheidungsmodelle gehören in die Kategorie der probabilistischen, verhaltenstheoretischen Modelle. Sie beziehen sich ausschließlich auf die Verkehrsmittelwahl und somit auf die dritte Dimension des Vier-Stufen-Modells. Soll eine Entscheidung zwischen mehreren zur Auswahl stehenden Verkehrsmittelalternativen getroffen werden, wählt der Entscheidungsträger eine der verfügbaren Alternativen mit einer bestimmten Wahrscheinlichkeit aus. Bei diesem Entscheidungsprozess wird davon ausgegangen, dass sich der Entscheidungsträger rational verhält und entsprechend einer objektiv nachvollziehbaren Entscheidungsregel

---

205 Vgl. Oum, T.H. (1979b), S. 157f.

206 Vgl. Westbrook, M.D. und P.A. Buckley (1990), S. 623f.

207 Für viele andere vgl. Oum, T.H. (1979a), S471f. Bei dieser Arbeit wurden – ähnlich dem Vorgehen beim Zonenmodell – verschiedene Transportverbindungen untersucht. Ferner wurden die Jahresdaten aggregiert nach Gütergruppen.

208 Vgl. Friedlaender, A.F. und R.H. Spady (1980), S. 440.

209 Vgl. Backhaus, K. et al. (1992), S. 122.

210 Vgl. Winston, C. (1985), S. 70.

211 An dieser Stelle soll ein kurzer Überblick über diskrete Entscheidungsmodelle und deren Anwendungen bei der Güterverkehrsmittelwahl gegeben werden. Ferner erfolgt eine kritische Würdigung der Modellklasse. Die ausführliche Darstellung des Modellansatzes und der verschiedenen Modellvarianten folgt in Abschnitt 4.2.

handelt.[212] Diskrete Entscheidungsmodelle gehen dabei von der Verhaltensannahme der Nutzenmaximierung aus.[213] Die Nutzenmaximierung im diskreten Entscheidungsmodell erfolgt im Gegensatz zur klassischen Nutzentheorie jedoch nicht über die nachgefragte Menge verschiedener Verkehrsmittel, sondern über die Eigenschaftsbündel der zur Auswahl stehenden Alternativen. Die Entscheidungsregel lautet: Wähle das Verkehrsmittel mit dem nutzenmaximierenden Eigenschaftsbündel.[214]

Erste Anwendungen diskreter Entscheidungsmodelle im weiteren Sinne wurden im Güterverkehr mit aggregierten Datensätzen durchgeführt. Diese Modelle beruhen auf der funktionalen Form eines binären Logit-Modells, ohne dass eine Verhaltensannahme bezüglich des Entscheidungsprozesses unterstellt wird. Exemplarisch zu nennen sind die Arbeiten von Boyer oder Nijkamp et al. (1997), die auf Basis eines binären Logit-Modells den Modal Split schätzen.[215] Eine weitere Arbeit von Nijkamp et al. (2004) und das Forschungsprojekt SCENES basieren zwar auf aggregierten Datensätzen, sie beruhen im Gegensatz zu den Arbeiten von Boyer und Nijkamp et al. (1997) jedoch auf der Entscheidungsregel nutzenmaximierenden Verhaltens.[216] Nijkamp et al. untersuchen das Wahlverhalten mittels binären Logit- und Probit-Modellen, SCENES mittels genisteten Logit-Modellen.

Während im Personenverkehr zahlreiche Untersuchungen zum Verkehrsmittelwahlverhalten auf Basis disaggregierter Datensätze existieren, sind diese Studien im Güterverkehr rar. Erste Anwendungen diskreter Entscheidungsmodelle mit disaggregierten Daten erfolgten in den 70er und 80er Jahren in den USA, in

---

212 Entscheidungsregeln nach Ben-Akiva, M. und S. Lerman (1985), S. 35ff sind die Dominanzregel, die Anspruchsniveauregel, die lexikographische Präferenzregel und die Nutzenmaximierung.

213 Streng genommen dürfte bei der Frage der Verkehrsmittelwahl von Unternehmen nicht von Nutzenmaximierung gesprochen werden. Das Ziel einer Unternehmung ist die Gewinnmaximierung. Das Unternehmen setzt die Inputfaktoren deshalb so ein, dass das Unternehmensziel erreicht wird. Die verschiedenen Alternativen sind zur Erfüllung der beiden Ziele unterschiedlich attraktiv, so dass man von der Maximierung eines Attraktionsmaßes sprechen sollte. In der Literatur zur Verkehrsmittelwahl wird jedoch sowohl im Personen- als auch im Güterverkehr von der Nutzenmaximierung gesprochen. Vgl. exemplarisch Winston, C. (1981a), S. 983. Diese Konvention soll auch in dieser Arbeit gelten.

214 Zur Herleitung der diskreten Entscheidungstheorie aus der Konsumtheorie vgl. Ben-Akiva, M. und S. Lerman (1985), S. 39ff.

215 Vgl. Boyer, K. (1977) und Nijkamp, P. et al. (1997). Bezüglich ihrer Güte stuft Garrido, R. (2003), S. 416 die nicht verhaltensbasierten diskreten Entscheidungsmodelle von Boyer und Nijkamp et al. ähnlich den direkten Nachfragemodellen ein. Sie haben die gleichen Defizite hinsichtlich der Erklärung und der Prognose des Verkehrsmittelwahlverhaltens.

216 Vgl. Nijkamp, P. et al. (2004), S. 589f und Marcial Echenique & Partners Ltd. (2000), D4 Technical Description, S. 66ff.

den 90er Jahren vereinzelt auch in Europa.[217] Zu nennen ist hier die Untersuchung von Golias und Yannis zur Verkehrsmittelwahl von Spediteuren und Frachtführern.[218] Bolis und Maggi, Schneider et al., Jiang et al., Valley und de Jong, Jovicic sowie Fosgerau richteten sich in ihren Analysen auf die Verkehrsmittelwahl verladender Unternehmen.[219]

Häufig wird bei diskreten Entscheidungsmodellen im Güterverkehr auf aggregierte Datensätze zurückgegriffen. Als Argument wird in diesen Fällen angeführt, dass die Ergebnisse aus der Analyse der Verkehrsmittelwahl nur zur Prognose der modalen Verkehrsnachfrage dienen. Da die zu erklärende Variable somit eine Aggregatsgröße ist, kann auch die Analyse der Verkehrsmittelwahl auf aggregierten Daten basieren.[220] Der wohl entscheidende Grund dürfte jedoch darin liegen, dass die Daten für die verkehrsmittelwahlerklärenden Determinanten im Unternehmensbereich einen vertraulichen Charakter besitzen und dass deshalb nur wenige Unternehmensdatensätze zur Güterverkehrsmittelwahl verfügbar sind. Eine eigene Unternehmensbefragung ist in der Regel sehr teuer. Dennoch sollten aus den folgenden Gründen diskrete Entscheidungsmodelle zur Erklärung des Modal Split auf disaggregierten Daten basieren:

- Im Fall von verhaltenstheoretischen, aggregierten diskreten Entscheidungsmodellen muss die Annahme getroffen werden, dass nicht das einzelne Unternehmen die Entscheidung der Verkehrsmittelwahl trifft, sondern eine homogene Gruppe von Entscheidungsträgern.[221] Dies widerspricht jedoch der theoretischen Fundierung des Modells, das sich auf das individuelle Wahlverhalten bezieht.[222]
- Trotz der Unterschiede in den verkehrsmittelwahlerklärenden Variablen werden bei aggregierten Datensätzen die beobachteten Unternehmen zu homogenen Gruppen zusammengefasst.[223] Aus den Unternehmensdaten werden Durchschnittsdaten für die homogenen Gruppen gebildet. Damit reduziert

---

217 Amerikanische Arbeiten aus den 70er und 80er Jahren sind z.B. Miklius, W. et al. (1976), Winston, C. (1981a), Winston, C. (1981b) oder McFadden, D. et al. (1985). Die europäischen Arbeiten werden im fünften Kapitel zur Abgrenzung des eigenen Forschungsvorhabens detaillierter beschrieben.

218 Vgl. Golias, J. und G. Yannis (1998).

219 Vgl. Bolis, S. und R. Maggi (2001), Jiang, F. et al. (1999), Schneider, W. et al. (1996), Jovicic, G. (1998) und Vellay, C. und G. de Jong (2003), Fosgerau, M. (1996).

220 Vgl. Oppewal, H. und H. Timmermans (2001), S. 298.

221 Vgl. Small, K. und C. Winston (1998), S. 15.

222 Vgl. Winston, C. (1985), S. 70. Dieser Nachteil ist jedoch nicht nur für aggregierte diskrete Entscheidungsmodelle, sondern vielmehr für die gesamte Klasse der aggregierten Verhaltensmodelle relevant.

223 Hierbei wird unterstellt, dass das individuelle Verkehrsmittelwahlverhalten eines Unternehmens in der homogenen Gruppe dem Verkehrsmittelwahlverhalten der homogenen Gruppe entspricht. Nach Knapp, F. (1998), S. 125f ist dieser Zusammenhang jedoch nicht zwingend erfüllt.

sich die Streuung in den erklärenden Variablen.[224] Um das unterschiedliche Wahlverhalten der Beobachtungseinheiten abbilden zu können, benötigen diskrete Entscheidungsmodelle jedoch eine breite Streuung in den erklärenden Variablen. Eine Breitenbefragung auf Unternehmensebene garantiert eben diese breite Streuung und führt somit zu einer exakteren Schätzung der Parameter und Elastizitäten.[225]

- Diskrete Entscheidungsmodelle mit disaggregierten Daten bieten die Möglichkeit einer umfassenderen Spezifikation der Wahlentscheidung. Erstens sind bei disaggregierten Datensätzen – im Vergleich zu aggregierten Datensätzen – oft detailliertere Informationen zur Beschreibung eines Transports verfügbar.[226] Zweitens können bei diskreten Entscheidungsmodellen mit disaggregierten Daten neben den produkt-, transport- und verkehrsmittelspezifischen Merkmalen insbesondere auch Variablen in das Modell aufgenommen werden, die das verkehrsmittelwahltreffende Unternehmen charakterisieren.[227] Dies ermöglicht die Bestimmung des Einflusses von Unternehmensstrukturen auf die Verkehrsmittelwahl.

Aus der Gegenüberstellung der Vor- und Nachteile der dargestellten Modellansätze zur Analyse der Verkehrsmittelwahl lässt sich die besondere Eignung verhaltenstheoretischer Modellansätze basierend auf disaggregierten Datensätzen ableiten.[228] Dabei sind insbesondere die diskreten Entscheidungsmodelle den Kostenminimierungsmodellen vorzuziehen. Der Vorteil diskreter Entscheidungsmodelle beruht dabei auf deren Modellkonzeption. Diese Modellklasse bildet die Wahl eines Unternehmens in einer gegebenen Entscheidungssituation zwischen einer diskreten Anzahl an Alternativen ab. Kostenminimierungsmodelle quantifizieren hingegen die nachgefragte Menge aller Alternativen über einen bestimmten Zeitraum. Daraus abgeleitet können zwar Aussagen über den Modal Split, nicht aber über die eigentliche Entscheidungsfindung gemacht werden. Da bei diskreten Entscheidungsmodellen ferner Wahlwahrscheinlichkeiten für alle Verkehrsmitteloptionen gegeben werden, ist darüber hinaus der Informationsgehalt im Vergleich zu den Kostenminimierungsmodellen größer.

---

224 Richards und Ben-Akiva (1975), S. 12f veranschaulichen dieses Problem anhand des Vor- und Nachlaufes in einem Zonenmodell.

225 Vgl. Small, K. und C. Winston (1998), S. 14.

226 In diskreten Entscheidungsmodellen mit aggregierten Datensätzen werden in der Regel die Transportkosten und die Transportdauer als verkehrsmittelspezifische Variablen in die Schätzung aufgenommen. In Modellen mit disaggregierten Daten werden hingegen oft bedeutend mehr Variablen berücksichtigt. Vgl. Schneider, W. et al. (1996).

227 Vgl. Jiang, F. et al. (1999).

228 Vgl. Small, K. und C. Winston (1998), S. 14f.

4.2 Das Konzept diskreter Entscheidungsmodelle

4.2.1 Die Zufallsnutzenmaximierung in diskreten Entscheidungsmodellen

Bei diskreten Entscheidungsmodellen wird angenommen, dass das Nachfrageverhalten vom Nutzen abhängt, den die zur Auswahl stehenden Alternativen stiften. Den Nutzen erhält man dabei aus den spezifischen Eigenschaften der Güter. In der Theorie zum diskreten Wahlverhalten werden diese Eigenschaften als kategorienspezifische Variablen bezeichnet. Sie variieren zwischen den Alternativen und Spediteuren. Ferner hängt der Nutzen von den individuenspezifischen Eigenschaften ab. Die Variablen dieser Kategorie unterscheiden sich zwischen den Spediteuren, nicht jedoch zwischen den Alternativen.[229] Zur Klasse der individuenspezifischen Eigenschaften werden die sozioökonomischen Eigenschaften der Spediteure und die Charakteristika zur Beschreibung der Rahmenbedingungen eines Transportfalls gezählt.

Gleichung (4.1) stellt den formalen Zusammenhang zwischen dem Nutzen V_{in}, den Alternative i dem Spediteur n stiftet, und den nutzenerklärenden Eigenschaften dar.[230] Vektor $z_n = \begin{pmatrix} z_{n1} \\ \vdots \\ z_{nK} \end{pmatrix}$ enthält die individuen-, $x_{in} = \begin{pmatrix} x_{in1} \\ \vdots \\ x_{inL} \end{pmatrix}$ die kategorienspezifischen Variablen. $\beta = \begin{pmatrix} \beta_1 \\ \vdots \\ \beta_L \end{pmatrix}$ und $\alpha_i = \begin{pmatrix} \alpha_{i1} \\ \vdots \\ \alpha_{iK} \end{pmatrix}$ sind die zu schätzenden Parametervektoren.

$$V_{in} = \beta' \cdot x_{in} + \alpha_i' \cdot z_n \qquad i = 1,\ldots,I; \;\; n = 1,\ldots,N \tag{4.1}$$

Wird die Wahlwahrscheinlichkeit einer Alternative auf Basis der Gleichung (4.1) ermittelt, spricht man von einem „constant utility model“.[231] Der Nutzen dieser Modellklasse wird ausschließlich über den deterministischen Zusammenhang zwischen dem Nutzen und den nutzenbestimmenden Eigenschaften erklärt. Es lassen sich jedoch vier Gründe identifizieren, weshalb die Verkehrsmittelwahl nicht ausschließlich über die deterministische Beziehung im „constant utility“-Ansatz abgebildet werden kann und weshalb eine stochastische Komponente in die Nutzenfunktion aufgenommen werden sollte:[232]

---

229 Vgl. Ronning, G. (1991), S. 70f.

230 Im Folgenden soll in dieser Arbeit eine linear-additive Spezifikation der Nutzenfunktion betrachtet werden. Zur Darstellung eines nicht linearen Zusammenhangs zwischen dem Nutzen einer Alternative und deren nutzenerklärenden Variablen vgl. Mandel, B. et al. (1994), S. 92f.

231 Vgl. Knapp, F. (1998), S. 146.

232 Vgl. Ben-Akiva, M. und S. Lerman (1985), S. 56f.

- Unbeobachtete Eigenschaften der Alternativen:
  Der Vektor der kategorienspezifischen Eigenschaften schließt nicht alle erklärenden Einflussgrößen ein. Die nicht erfassten, aber erklärenden Eigenschaften müssen vom Beobachter demnach als Zufallsvariable im Modell berücksichtigt werden.
- Unbeobachtete Präferenzvariationen:
  Der Vektor der individuenspezifischen Variablen umfasst nicht alle erklärenden Variablen, die die Präferenzen der Konsumenten definieren. Unterscheiden sich die unbeobachteten Variablen zwischen den Konsumenten, so muss auch hier eine Zufallsvariable in die Nutzenfunktion aufgenommen werden.
- Messfehler in den Variablen:
  Eine erklärende Variable wird nicht richtig beobachtet. Die Ausprägung, mit der sie in das Entscheidungsmodell eingeht, entspricht nicht der tatsächlichen Ausprägung der Variablen. Diese Differenz muss in der Nutzenbetrachtung berücksichtigt werden, indem eine Zufallsvariable aufgenommen wird.
- Instrumentvariablen:
  Eine nutzenerklärende Variable ist nicht beobachtbar. Um deren Einfluss auf den Nutzen erfassen zu können, wird eine beobachtbare Indikatorvariable erhoben. Ist diese nicht vollkommen mit der eigentlichen Variable korreliert, so tritt eine Fehlerquelle auf, die sich als Zufallsvariable in der Nutzenfunktion wiederfindet.

Wird diese Unsicherheit in der Nutzenabbildung berücksichtigt, spricht man vom so genannten „random utility model" (RUM). Trotz der stochastischen Nutzenkomponente gilt weiterhin die Annahme, dass sich der Spediteur bezüglich seiner Alternativenauswahl rational verhält. Die Begründung für die Aufnahme der Zufallskomponente in die Nutzenfunktion liegt in der mangelhaften Nutzenabbildung durch den Beobachter des Wahlverhaltens.[233] Gleichung (4.2) stellt die Zufallsnutzenfunktion U_{in} dar. V_{in} ist der in Gleichung (4.1) abgebildete deterministische Nutzen, ε_{in} der stochastische Nutzen.

$$U_{in} = V_{in} + \varepsilon_{in} \quad \text{mit} \quad V_{in} = \beta' \cdot x_{in} + \alpha_i' \cdot z_n \qquad i = 1,\dots,I; \; n = 1,\dots,N \tag{4.2}$$

Im diskreten Entscheidungsmodell wird unter der Bedingung der Nutzenmaximierung erklärt, welche der Alternativen gewählt wird. Der Nutzen stellt dabei eine latente Variable dar. Beobachtet werden kann die getroffene Wahlentscheidung, nicht jedoch der Nutzen, den die gewählte Alternative stiftet. Zwischen der beobachteten Entscheidung und dem zugrunde liegenden Nutzen gilt dabei folgender Zusammenhang:

$$D_{in} = \begin{cases} 1 & wenn \quad U_{in} > U_{jn} \qquad i, j = 1,\dots,I; \; i \neq j \\ 0 & sonst \end{cases} \tag{4.3}$$

---

233 Vgl. Manski, C. (1977), S. 235f.

D_{in} ist eine Indikatorvariable, die die Wahlentscheidung des Individuums n für Alternative i abbildet. Unter der Annahme, dass der Nutzen U_{in} der Alternative i für Spediteur n größer ist als der Nutzen U_{jn} jeder beliebigen anderen Alternative, wird Alternative i gewählt. Gibt es hingegen eine Verkehrsmittelalternative j mit $j \neq i$, die einen größeren Nutzen als Alternative i stiftet, so fällt die Wahl nicht auf Alternative i. Die Indikatorvariable nimmt den Wert null an.

Aus Gleichung (4.3) ist somit abzulesen, für welche Alternative sich der Spediteur entscheidet. Aufgrund der stochastischen Nutzenmaximierungshypothese lässt sich die Auswahlwahrscheinlichkeit $P_n(i)$ des Spediteurs n für Alternative i wie folgt darstellen:

$$P_n(i) = P\left(D_{in} = 1 \middle| x_{in}, z_n\right) \tag{4.4}$$

Setzt man die entsprechende Bedingung aus Gleichung (4.3) in Gleichung (4.4) ein, ergibt sich für die Wahlwahrscheinlichkeit $P_n(i)$ der folgende Zusammenhang.[234]

$$P_n(i) = prob\left[U_{in} > U_{jn} \qquad \forall i, j;\ i \neq j\right] \tag{4.5}$$

4.2.2 Statistische Grundlagen diskreter Entscheidungsmodelle

Wird in Gleichung (4.5) die Funktion für den linearen Zufallsnutzen U_{in} und U_{jn} aus Gleichung (4.2) eingefügt und löst man die Gleichung nach den stochastischen Nutzenkomponenten ε_{jn} und ε_{in} auf, ergibt sich die herkömmliche Schreibweise zur Herleitung der verschiedenen diskreten Entscheidungsmodelle.

$$P_n(i) = prob\left[\varepsilon_{jn} - \varepsilon_{in} < \beta' \cdot \left(x_{in} - x_{jn}\right) + \left(\alpha_i' - \alpha_j'\right) \cdot z_n \qquad \forall i, j;\ i \neq j\right] \tag{4.6}$$

Gleichung (4.6) zeigt, dass die Wahrscheinlichkeit für Alternative i von der Differenz zweier stochastischer Störterme ε_{jn} und ε_{in} abhängt. Je nach Verteilungsannahme bezüglich der stochastischen Nutzenkomponenten entstehen unterschiedliche Zufallsnutzenmodelle. Domencich und McFadden unterscheiden zwischen einer linearen und drei nicht linearen Verteilung(en) der Störterme.[235] Dabei finden die lineare und die so genannte Cauchy-Verteilung in diskreten Entscheidungsmodellen kaum Anwendung.[236] Im Folgenden sollen die zwei gängigsten

---

234 Vgl. Ben-Akiva, M. und M. Bierlaire, (1999), S. 8.

235 Vgl. Domencich, T. und D. McFadden (1975), S. 53ff.

236 Die Cauchy-Verteilung der Störterme führt zum Arctan-Modell, die lineare Verteilungsannahme zum linearen Wahrscheinlichkeitsmodell. Vgl. Domencich, T. und D. McFadden (1975), S. 56. Zur Modellbeschreibung beider diskreter Entscheidungsmodelle vgl. Ben-Akiva, M. und S. Lerman (1985), S. 67ff.

Verteilungsannahmen und die daraus resultierenden diskreten Entscheidungsmodelle dargestellt werden.

4.2.2.1 Das multinomiale Logit-Modell

Im multinomialen Logit-Modell (MNL) von McFadden wird für beide stochastischen Nutzenkomponenten ε_{jn} und ε_{in} eine Extremwertverteilung von Typ 1 unterstellt.[237] Die Wahrscheinlichkeit, dass Spediteur n sich für Alternative i entscheidet, ist entsprechend Gleichung (4.7) jedoch von der Differenz der Zufallsvariablen ε_{jn} und ε_{in} abhängig. Sind beide Zufallsvariablen unabhängig und identisch verteilt (iid), ist die Differenz der beiden Zufallsvariablen $\varepsilon_{ijn} = \varepsilon_{jn} - \varepsilon_{in}$ logistisch verteilt. Gleichung (4.7) stellt die Verteilungsfunktion der standardlogistisch verteilten Zufallsvariablen ε_{ijn} dar.

$$F\left(\varepsilon_{ijn}\right)=\frac{1}{1+e^{-\varepsilon_{ijn}}} \qquad -\infty<\varepsilon_{ijn}<\infty \tag{4.7}$$

Zur Bestimmung der Wahlwahrscheinlichkeit von Alternative i erfolgt im MNL ein paarweiser Vergleich des Nutzens, den Alternative i stiftet, mit dem Nutzen, den alle übrigen zur Auswahl stehenden Alternativen $j = 1,...,I$ und $i \neq j$ stiften. Somit ist die Wahlwahrscheinlichkeit nicht von einer standardlogistisch verteilten Zufallsvariablen ε_{ijn}, sondern von $I-1$ standardlogistisch verteilten Zufallsvariablen abhängig. Dieser standardlogistisch verteilte Zufallsvektor $\tilde{\varepsilon}_{ijn}=\left(\varepsilon_{i1n},\ldots,\varepsilon_{i(i-1)n},\varepsilon_{i(i+1)n},\ldots,\varepsilon_{iIn}\right)$ ist wie folgt verteilt:

$$F\left(\tilde{\varepsilon}_{ijn}\right)=\frac{1}{1+\sum\limits_{\substack{j=1\\ j\neq i}}^{I} e^{-\varepsilon_{ijn}}} \qquad -\infty<\varepsilon_{ijn}<\infty \tag{4.8}$$

Somit ist die Wahlwahrscheinlichkeit des Spediteurs n für Alternative i unter der Annahme der Standardlogistikverteilung aller ε_{ijn} gegeben durch:

$$P_n(i)=\frac{1}{1+\sum\limits_{\substack{j=1\\ j\neq i}}^{I} e^{\beta'\cdot\left(x_{in}-x_{jn}\right)+\left(\alpha_i'-\alpha_j'\right)\cdot z_n}}=\frac{e^{\beta'\cdot x_{in}+\alpha_i'\cdot z_n}}{\sum\limits_{j=1}^{I} e^{\beta'\cdot x_{jn}+\alpha_j'\cdot z_n}} \tag{4.9}$$

Der Vorteil des MNL liegt in der einfachen Berechnung der Wahlwahrscheinlichkeiten. Aufgrund der Standardlogistikverteilung lassen sich im MNL die unbekannten Parameter α_i, α_j und β des zu schätzenden Parametervektors θ mit Hilfe

237 Vgl. McFadden, D. (2001), S. 354.

der Maximum-Likelihood-Methode (ML) problemlos schätzen. Gleichung (4.10) stellt die ML-Schätzfunktion dar.

$$L(\theta)=\prod_{n=1}^{N} P_n(1)^{D_{1n}} \cdot \ldots \cdot P_n(i)^{D_{in}} \cdot \ldots \cdot P_n(I)^{D_{In}} \tag{4.10}$$

Zur Schätzung der Parameter wird Gleichung (4.10) logarithmiert und nach den zu schätzenden Parametern abgeleitet. Die Log-Likelihood-Funktion ist in Gleichung (4.11) dargestellt.

$$\mathfrak{L}(\theta)=\sum_{n=1}^{N}\sum_{i=1}^{I} D_{in}\cdot \ln P_n(i|\theta) \tag{4.11}$$

Die Log-Likelihood-Funktion besteht im Kern aus dem Produkt der Indikatorvariable D_{in} und der logarithmierten Wahlwahrscheinlichkeiten $P_n(i|\theta)$ des Individuums n für Alternative i. Dieses Produkt wird über alle Individuen N und über alle zur Auswahl stehenden Alternativen $i,j=1,...,I$ mit $i \neq j$ summiert. Da die Indikatorvariable D_{in} bei jedem Entscheidungsträger $n=1,...,N$ nach Gleichung (4.3) jeweils nur dann den Wert eins annimmt, wenn ihm die Alternative i einen größeren Nutzen als jede andere zur Auswahl stehende Alternative stiftet, reduziert sich die Log-Likelihood-Funktion in Gleichung (4.11) auf die Summe aus den tatsächlich getroffenen Wahlentscheidungen aller N Spediteure.

Dem Vorteil der einfachen Berechnung der Wahlwahrscheinlichkeiten stehen drei Nachteile gegenüber, wobei in der Literatur insbesondere auf die Eigenschaft der „Unabhängigkeit irrelevanter Alternativen" (IIA) eingegangen wird.[238] Diese Eigenschaft besagt, dass die Wahl zwischen zwei beliebigen Alternativen unabhängig von der Existenz einer dritten Alternative ist.[239] Ist diese Unabhängigkeit nicht gegeben, führt das MNL zu verzerrten Schätzergebnissen.

Die IIA-Eigenschaft soll im Folgenden kurz anhand der Verkehrsmittelwahl zwischen drei Verkehrsmitteln beschrieben werden. Zur Auswahl stehen entsprechend Abbildung 4.1 ein Lkw und zwei KV-Alternativen, die sich lediglich durch die Nationalität des Operateurs unterscheiden. Der Spediteur muss sich somit zwischen diesen drei Alternativen entscheiden. Die erste Entscheidung, die der Spediteur zu treffen hat, ist die Wahl zwischen dem Lkw und dem KV. Fällt die Wahl des Spediteurs auf den KV, muss er sich für den Operateur aus Land A oder aus Land B entscheiden. Würde die Entscheidung wie beschrieben verlaufen und unterstellt man, dass der deterministische Nutzen des Lkw und beider KV-Alternativen identisch ist, so würde der Spediteur entsprechend der Baumstruktur aus Abbildung 4.1 mit einer Wahrscheinlichkeit von 50% den Lkw und zu jeweils 25% die beiden KV-Operateure wählen.

Die MNL-Schätzung würde in diesem Fall hingegen für die drei Verkehrsmittelalternativen eine Wahlwahrscheinlichkeit von jeweils einem Drittel ermitteln

---

238 Zu den drei Nachteilen des MNL vgl. Train, K. (2003), S. 46ff.

239 Vgl. Koppelman, F.S. und V. Sethi (2000), S. 213.

und somit fehlerhafte Ergebnisse liefern. Dieser Schätzfehler folgt aus der unplausiblen Annahme des MNL, dass die Störterme der beiden KV-Alternativen voneinander unabhängig sind. Da sich beide Alternativen alle unbeobachteten Charakteristiken des Verkehrsmittels „kombinierter Verkehr" teilen, sind die Störterme der beiden KV-Alternativen jedoch nicht unabhängig, sondern korreliert.[240] Die Wahlentscheidung zwischen dem Lkw und der KV-Alternative des Operateurs A ist somit nicht unabhängig von der KV Alternative des Operateurs B.

Abbildung 4.1: Verkehrsmittelwahlproblem im MNL

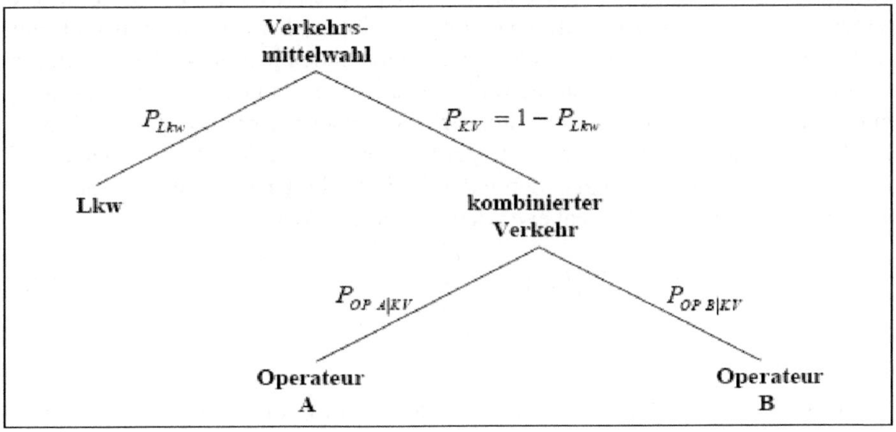

Quelle: Vgl. Ronning, G. (1991), S. 76.

4.2.2.2 Das genistete Logit-Modell

Um die Korrelationen zwischen den sich ähnelnden Alternativen zu berücksichtigen, aber dennoch die Vorteile des MNL bei der Berechnung der Wahlwahrscheinlichkeiten nutzen zu können, wurde das genistete Logit-Modell (NMNL) entwickelt.[241] Entsprechend ihrer substitutiven Beziehungen werden im NMNL die sich ähnelnden Alternativen in so genannte Nestern zusammengefasst. Innerhalb eines Nestes hat die IIA-Eigenschaft Gültigkeit, zwischen zwei Alternativen aus unterschiedlichen Nestern nicht.[242]

Die Wahrscheinlichkeit, dass Alternative i gewählt wird, errechnet sich im NMNL durch die Multiplikation der marginalen Wahrscheinlichkeit $P_n(m)$ mit einer konditionalen Wahlwahrscheinlichkeit $P_n(i|m)$.[243] $P_n(m)$ stellt dabei die Wahrscheinlichkeit dar, mit der sich der Spediteur n für das Nest m entscheidet. $P_n(i|m)$

240 Vgl. Ben-Akiva, M. und S. Lerman (1085), S. 109.

241 Andere Ansätze, wie mit der Restriktion der IIA-Eigenschaft umgegangen werden kann, sind in McFadden, D. (2001), S. 358ff aufgeführt.

242 Vgl. Train, K. (2003), S. 81.

243 Vgl. Oppewal, H. und H. Timmermans (2001), S. 301.

entspricht der Wahrscheinlichkeit, dass n die Alternative i aus dem Nest m wählt. Die Korrelationen zwischen den Alternativen werden durch Strukturparameter berücksichtigt.[244] Formal lässt sich im NMNL die Wahrscheinlichkeit, dass Spediteur n die Alternative i wählt, wie folgt darstellen:

$$P_n(i) = P_n(m) \cdot P_n(i|m) \qquad i = 1,\dots,I; \;\; m = 1,\dots,M \tag{4.12}$$

Gleichung (4.13) gibt die formale Form der marginalen und der konditionalen Wahrscheinlichkeiten an. μ ist im Folgenden der genannte Strukturparameter, der die Korrelation der Alternativen in den entsprechenden Nestern des Entscheidungsbaums abbildet. Der Parameter liegt im Intervall zwischen null und eins, wobei schwache Korrelationen Werte nahe eins annehmen. μ ist der Strukturparameter des Nestes m, dem die gewählte Alternative i zugehört. V_m ist der deterministische Nutzen, den Entscheidungsträger n dadurch erfährt, dass er Nest m wählt. Dabei hat der Entscheidungsträger zwischen M Nestern zu entscheiden. $\tilde{V}_i$ ist der deterministische Nutzen, den n durch die Wahl der Alternative i des Nestes m erfährt. Im Nest m stehen dabei c Alternativen zur Auswahl.

$$P_n(m) = \frac{e^{V_m}}{\sum_{l=1}^{M} e^{V_l}} \; ; \qquad P_n(i|m) = \frac{e^{\mu \tilde{V}_i}}{\sum_{j=1}^{c} e^{\mu \tilde{V}_j}} \tag{4.13}$$

Die Schätzung der Parameter kann im NMNL auf zwei Arten erfolgen. Zum einen kann ein zweistufiges Verfahren angewandt werden. In einem ersten Schritt wird dabei die Maximierung der Log-Likelihood-Funktion für die konditionale Wahl vorgenommen. Die hieraus gewonnenen Schätzparameter werden in die Maximierung der Log-Likelihood-Funktion der marginalen Wahl aufgenommen. Zum anderen kann die Schätzung jedoch auch über die volle Log-Likelihood-Funktion in einem Arbeitsschritt erfolgen.[245]

In der Praxis ist die Anwendung des NMNL problematisch. Oft kann keine eindeutige Zuordnung der Alternativen zu einzelnen Nestern vorgenommen werden. Exemplarisch kann dies am Beispiel der Verkehrsmittelwahl im Güterverkehr veranschaulicht werden. Wie Abbildung 4.2 zeigt, gibt es keine eindeutige Abgrenzung korrelierender Alternativen.

- Es kann ein Nest gebildet werden, das sich auf die Vergabe des Transports an Dritte bezieht. In diesem Nest kann dann unterschieden werden in Lkw- und KV-Transporte. Es zeigt sich, dass sowohl beim Selbsteintritt als auch bei der Vergabe des Transports an Dritte der Lkw als Transportmittel aufgeführt ist.
- Es kann ein Nest gebildet werden, das sich auf das Verkehrsmittel Lkw bezieht. Hier kann dann zwischen Selbsteintritt und Vergabe an Dritte unter-

244 Zur detaillierteren Beschreibung des NMNL vgl. Koppelman, F.S. und V. Sethi (2000), S. 214ff.

245 Vgl. Ronning, G. (1991), S. 78.

schieden werden. In Fremdvergabe erfolgt jedoch ebenso der KV, so dass auch hier eine Korrelation zwischen den Alternativen zu erwarten ist.

Abbildung 4.2: Entscheidungsbäume im gewerblichen Güterverkehr

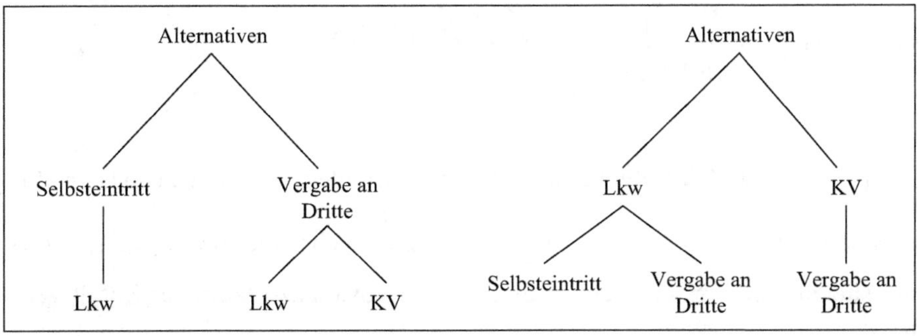

Da die Gruppierung von Alternativen in verschiedene Nester einen erheblichen Einfluss auf die Wahlwahrscheinlichkeiten und somit auf die Güte der Ergebnisse aus der ML-Schätzung hat, sind die NMNL fehleranfällig. Bei einer nicht eindeutigen Baumstruktur ist dieses Modell daher nicht geeignet.[246]

4.2.2.3 Das multinomiale Probit-Modell

Das multinomiale Probit-Modell (MNP) gestattet eine beliebige Korrelation zwischen den stochastischen Komponenten. Ferner ermöglicht dieses Modell, Unterschiede in der individuellen Wahrnehmung der kategorienspezifischen Variablen zu erfassen und – im Falle von Paneldaten – intertemporale Korrelationen in den stochastischen Komponenten abzubilden.[247] Das MNP hat somit die flexibelsten Anwendungsmöglichkeiten der genannten diskreten Entscheidungsmodelle. Die Flexibilität erreicht das Modell, indem die restriktive Annahme des MNL, dass die stochastischen Nutzenkomponenten zwischen den Alternativen unabhängig verteilt sind, aufgehoben wird. Auf den Nebendiagonalen der Varianz-Kovarianz-Matrix können folglich Kovarianzen stehen, die von null verschieden sind. Unter der Annahme normalverteilter Zufallsnutzen gilt für jedes Individuum *n*: $\varepsilon_n = \left(\varepsilon_{n1},\ldots,\varepsilon_{nI}\right)' \sim NV\left(0,\Sigma\right)$. Da die Differenz zweier normalverteilter Zufallsvariabeln wiederum normalverteilt ist, und da beim MNP – wie auch beim MNL – ein paarweiser Vergleich des Nutzens der Alternative *i* mit dem aller anderen zur Verfügung stehenden Alternativen erfolgt, kann die Wahlwahrscheinlichkeit der Alternative *i* wie folgt formuliert werden:

---

[246] Vgl. Ben-Akiva, M. und M. Bierlaire (1999), S. 21.

[247] Vgl. Train, K. (2003), S. 101.

$$P_n(i) = \int_{-\infty}^{V_i - V_1} \cdots \int_{-\infty}^{V_i - V_J} f_i\left(\tilde{\varepsilon}_{ijn}\right) d\tilde{\varepsilon}_{ijn} \tag{4.14}$$

mit: $$f(\tilde{\varepsilon}_{ijn}) = \frac{1}{\sqrt{(2\pi)\det\left|\tilde{\Omega}_i\right|}} \exp\left(-\frac{1}{2}\tilde{\varepsilon}'_{ijn} \cdot \left|\tilde{\Omega}_i^{-1}\right| \cdot \tilde{\varepsilon}_{ijn}\right) \tag{4.15}$$

$f_i\left(\tilde{\varepsilon}_{ijn}\right)$ ist die Dichtefunktion des normalverteilten, (I-1) dimensionalen Zufallsvektors $\tilde{\varepsilon}_{ijn} = \left(\varepsilon_{i1n}, \ldots, \varepsilon_{i(1-i)n}, \varepsilon_{i(1+i)n}, \ldots, \varepsilon_{iJn}\right)'$, wobei die jeweiligen ε_{ijn} definiert sind als $\varepsilon_{ijn} = \varepsilon_{jn} - \varepsilon_{in}$. $\tilde{\Omega}_i$ ist die Varianz-Kovarianz-Matrix des Zufallsvektors $\tilde{\varepsilon}_{ijn}$.[248]

Wegen der Existenz von Mehrfachintegralen in den Wahlwahrscheinlichkeiten ist bei einer großen Anzahl von Alternativen das ML-Schätzverfahren aus Gleichung (4.11) nicht anwendbar. Die Wahlwahrscheinlichkeiten müssen im MNP deshalb simuliert werden. Hierfür wurden verschiedene Schätzverfahren entwickelt.[249] Die drei gängigsten simulierten Schätzverfahren sind die simulierte Maximum-Likelihood-Methode (SMLM), die simulierte Momenten-Methode (MSM) und Bayes'sche Methoden.[250] Die SMLM in Verbindung mit dem GHK-Simulator[251] hat sich in der Anwendung bewährt. Ziegler und Eymann weisen darauf hin, dass sich bei der SMLM/GHK-Schätzung keinerlei Probleme bei der Konvergenz der Log-Likelihood-Funktion zu einem Maximum ergeben und dass sie unverzerrte Schätzungen der Parameter liefert. Dies ist hervorzuheben, da insbesondere die MSM diesbezüglich Schwächen aufweist.[252]

4.2.2.4 Das gemischte Logit Modell

Die Idee des gemischten Logit-Modells ist, die methodisch einfache Berechnung der Wahlwahrscheinlichkeit des MNL zu nutzen, gleichzeitig aber die modellimmanente, ungewünschte IIA-Eigenschaft zu umgehen. Hierzu wird die stochasti-

---

248 Für die Varianz-Kovarianz-Matrix wird beim MNP keinerlei Restriktion angenommen. Zur Varianz-Kovarianz-Matrix im Probit-Modell vgl. Ziegler, A. und A. Eymann (2001), S. 323ff.

249 Einen Überblick über die verschiedenen Ansätze geben Golob T. und A. Regan (2002), S. 215f und McFadden, D. (1986), S. 283f.

250 Vgl. Lerman, S.R. und C. Manski (1981), McFadden, D. (1989) und Brownstone, D. (2001), S. 103ff.

251 Vgl. Ziegler, A. (2001), S. 36ff.

252 Vgl. Ziegler, A. und A. Eymann (2001), S. 339f.

sche Komponente ε_{in} in zwei Teile aufgeteilt, nämlich in η_{in} und γ_{in}. Die Zufallsnutzenfunktion lässt sich demnach wie folgt darstellen:

$$U_{in} = \beta' \cdot x_{in} + \alpha_i' \cdot z_n + \varepsilon_{in} \qquad \text{mit} \qquad \varepsilon_{in} = \eta_{in} + \gamma_{in} \tag{4.16}$$

Da γ_{in} wie beim MNL über die Alternativen unabhängig identisch standardextremwertverteilt ist, stellt Gleichung (4.17) die funktionale Form des Logit-Modells entsprechend Gleichung (4.9) dar.[253]

$$LK_{in}\left(\alpha_i, \beta \middle| \eta_{in}\right) = \frac{e^{\beta' \cdot x_{in} + \alpha_i' \cdot z_n + \eta_{in}}}{\sum_{j=1}^{J} e^{\beta' \cdot x_{jn} + \alpha_j' \cdot z_n + \eta_{jn}}} \tag{4.17}$$

Würde η_{in} einen fest definierten Wert annehmen, könnte die Wahlwahrscheinlichkeit mittels MNL geschätzt werden. η_{in} wird jedoch als eine stochastische Komponente einer Zufallsvariable definiert, die über die Alternativen korreliert und heteroskedastisch ist. Die Wahlwahrscheinlichkeit für Alternative i lässt sich somit als Integral über den Logit-Kern multipliziert mit der Dichtefunktion der η_{in} errechnen. Dabei wird für die η_{in} üblicherweise eine Normal-, Lognormal- oder Dreiecksverteilung angenommen. Im gemischten Logit-Modell ist die Wahlwahrscheinlichkeit entsprechend Gleichung (4.18) darzustellen und demnach wie beim MNP durch Mehrfachintegrale bestimmt.

$$P_n(i) = \int_{-\infty}^{V_i - V_1} \dots \int_{-\infty}^{V_i - V_J} LK_n\left(\alpha_i, \beta \middle| \eta_{in}\right) \cdot f(\eta_{in})\, d\eta_{in} \tag{4.18}$$

Im Gegensatz zum MNP kann beim gemischten Logit jedoch auf den aufwändigen GHK-Simulator verzichtet und stattdessen ein einfacher Häufigkeitssimulator wie der Accept-Reject-(AR)-Simulator genutzt werden.[254] Dies führt – im Gegensatz zum GHK-Simulator beim MNP – zu einer kürzeren Berechnungsdauer der Wahlwahrscheinlichkeiten und des Parametervektors θ.

4.3 Revealed oder Stated Preferences – Methoden zur Datengewinnung

Wie im vorherigen Kapitel gezeigt, sollten bei der Untersuchung zur Verkehrsmittelwahl im Güterverkehr Variablen berücksichtigt werden, die die Verkehrswertigkeit der Verkehrsmittel abbilden. Dies stellt sich im Güterverkehr üblicherweise als ein Problem dar. Oft ist dem Befragten die Preis- und Leistungscharakteristik insbesondere der nicht gewählten Verkehrsmittel für die zu untersuchende Ent-

253 Vgl. Hensher, D. und W. Greene (2003), S. 135.

254 Vgl. Train, K. (2003), S. 148f.

scheidungssituation nicht bekannt, oder aber die Daten haben einen vertraulichen Charakter, so dass keine Angaben zu den kategorienspezifischen Eigenschaften gemacht werden.[255]

Diesem Problem kann auf zwei Arten Rechnung getragen werden. Der Revealed-Preference-(RP)-Ansatz bezieht sich trotz der oben genannten Probleme auf eine reale Verkehrsmittelwahlsituation, beschränkt sich in der Analyse dann jedoch auf objektive oder technische Eigenschaften der Alternativen.[256] Fehlende Informationen zu den Verkehrsmitteln können dem Datensatz beigefügt werden. Der Stated-Preference-(SP)-Ansatz analysiert das Wahlverhalten anhand einer hypothetischen Wahl zwischen fiktiven Alternativen. Somit können Eigenschaften in der Analyse berücksichtigt werden, die subjektiv unterschiedlich wahrgenommen werden. Beide Verfahren werden im Folgenden kurz beschrieben und bewertet.

Der RP-Ansatz geht vom tatsächlich beobachtbaren Verhalten aus. Aus dem durch die Wahlentscheidung offenbarten Verhalten der befragten Personen werden Rückschlüsse auf deren Präferenzen gezogen.[257] Unter der Annahme, dass der Befragte alle für die Wahl relevanten Preis- und Qualitätseigenschaften der zur Auswahl stehenden Produkte kennt und sich nutzenmaximierend verhält, kann von der Wahl auf die Bedeutung der verschiedenen Produkteigenschaften geschlossen werden. Dieser Zusammenhang kann jedoch nur ex post analysiert werden und hängt insbesondere von den gegebenen Rahmenbedingungen ab, unter denen die Entscheidung getroffen wurde.

Hingegen wird der Befragte beim SP-Ansatz mit einer hypothetischen Entscheidungssituation konfrontiert, in der er nicht sein Wahlverhalten offenbart, sondern seine Präferenzen bezüglich der Eigenschaften bekundet, die das gewählte Produkt besitzen soll.[258] Der Ansatz bezieht sich somit direkt auf den Nutzenbildungs- und nicht auf den Auswahlprozess. Erst durch die vom Interviewer vorgenommene Zuordnung der Eigenschaften zu den Produkten kann auf das Wahlverhalten geschlossen werden.[259] Da sich dieses Vorgehen nicht auf real existierende Produkte und Entscheidungssituationen bezieht, können die Rahmenbedingungen, unter denen die Präferenzen bekundet werden, frei gewählt werden.

Es existieren verschiedene Konzepte, um bei SP-Ansätzen die Abhängigkeit der Präferenzen von den Eigenschaften zu bestimmen.[260] Ein Konzept soll im Fol-

---

255 Vgl. Danielis, R. und L. Rotaris (1999), S. 31f.

256 Vgl. Kroes, E.P. und R.J. Sheldon (1988), S. 13.

257 Vgl. Knapp, F. (1998), S. 183.

258 Vgl. Knapp, F. (1998), S. 186.

259 Die Zuordnung der Produkteigenschaften zu verschiedenen Verkehrsmitteln kann entweder willkürlich vorgenommen werden oder durch eine gesonderte Befragung erfolgen, wie dies bei Beuthe, M. et al. (2003), S. 10 empfohlen wird.

260 Louvriere, J. und D. Street (2000), S. 137ff unterscheiden in ihrer Arbeit paarweise und multiple Verfahren, Loureiro M.L. et al. (2003), S. 44 kontigente Evaluation, kontigentes Verhalten und Laborexperimente und Knapp, F. (1998), S. 186f und S. 195f unterscheidet kompositionelle und dekompositionelle Verfahren.

genden kurz skizziert werden. Beim dekompositionellen Verfahren werden verschiedene, fiktive Alternativen einander gegenübergestellt, die durch unterschiedliche Ausprägungen der Eigenschaften gekennzeichnet sind. Durch die Entscheidung für eine Alternative wird nicht nur die Präferenz des Befragten bezüglich der gewählten Alternative, sondern auch bezüglich der dieser Alternative zugrunde liegenden Eigenschaften erkennbar.[261]

Die gängigste Methode der dekompositionellen Verfahren ist die Conjoint-Analyse. Da die Eigenschaften beliebig zu einem fiktiven Produkt zusammengefasst werden können, kann die Conjoint-Analyse insbesondere auch zur Bestimmung des Marktpotenzials von Produkten oder Leistungen angewandt werden, die derzeit noch nicht auf dem Markt sind, oder die bisher nur einen geringen Bekanntheitsgrad haben.[262] Ein weiteres originäres Anwendungsgebiet ist die monetäre Bewertung von Gütern, für die keine Marktpreise existieren.[263]

In der verhaltenstheoretischen Literatur werden verschiedene Vor- und Nachteile der RP- und SP-Methoden aufgeführt. Die folgende Auflistung der Argumente gibt einen Überblick über Pro und Contra der beiden Ansätze.

- Dem RP-Ansatz wird eine höhere Prognosequalität und Politikrelevanz zugesprochen. Da die offenbarten Präferenzen eng an die zur Zeit der Befragung vorherrschenden Rahmenbedingungen geknüpft sind, ist die Übertragbarkeit der Ergebnisse auf andere Regionen und Situationen zweifelhaft.[264]
- Aus folgenden Gründen kann das hypothetische Verhalten im SP-Ansatz vom tatsächlichen Verhalten im RP-Ansatz abweichen:
  a) Der Befragte entscheidet sich unbewusst falsch, weil er sich die fiktive Entscheidungssituation nicht vorstellen kann oder sie nicht versteht.
  b) Der Befragte entscheidet sich bewusst falsch, da er dem Interviewer zu guten Ergebnissen verhelfen will oder das Ergebnis der Studie in eine bestimmte Richtung beeinflussen will.

---

261 Zum methodischen Vorgehen beim SP-Ansatz vgl. die Sonderausgabe des Journal of Transport Economics und Policy 22 (1). Insbesondere zum Design der Befragung vgl. Fowkes, T. und M. Wardman (1988), S. 33ff, zum Vorgehen bei der Befragung vgl. Kroes, E.P. und R.J. Sheldon (1988), S. 14ff und zur Methodik vgl. Hensher, D. et al. (1988), S. 46ff. Hierzu ist jedoch anzumerken, dass – im Gegensatz zur Darstellung in der Arbeit von Hensher, D. et al. (1988) – in neueren Arbeiten auch der SP-Ansatz ökonomisch fundiert und mittels diskreter Entscheidungsmodelle geschätzt wird. Vgl. Louviere, J. und D. Street (2000), S. 132ff.

262 Vgl. Danielis, R. und L. Rotaris (1999), S. 31.

263 Hierbei ist insbesondere auf die Bewertung von Umweltgütern – vgl. Endres, A. und K. Holm-Müller (1998), S. 70ff – oder auf die Monetarisierung von Leistungseigenschaften von Verkehrsmitteln – vgl. Jong, G. de (2000), S. 557ff, Bates, J. (2001), S. 535 und Ortuzar, J. de D. und L.I. Rizzi (2001), S. 856ff – zu verweisen.

264 Vgl. Knapp, F. (1998), S. 183.

Während im ersten Fall die Abweichung des hypothetischen vom tatsächlichen Verhalten weniger problematisch ist, führt es im zweiten Fall zu einer systematischen Verzerrung.[265]

- Der Ausschluss eines für das Wahlverhalten relevanten Einflussfaktors führt zu einer Reduktion der Erklärungskraft des Modells. Da beim Conjoint Experiment nur wenige Variablen aufgenommen werden können und da im SP-Ansatz nur eine relative Nutzenmessung der betrachteten Variablen erfolgt, kann sich der Einfluss der einbezogenen Variablen im Subset des SP-Ansatzes von dem einer realen Entscheidungssituation unterscheiden. In diesem Fall würde die Qualität der Modellergebnisse weiter reduziert werden.[266]
- Dem SP-Ansatz wird eine höhere statistische Zuverlässigkeit unterstellt. Zum einen kann – bedingt durch die willkürliche Festlegung der Produkteigenschaften – die Streuung in den Variablen erhöht werden. Zum anderen besteht beim SP-Ansatz die Möglichkeit, die unter realen Bedingungen oft korrelierten Variablen unabhängig voneinander darzustellen und somit deren isolierten Einfluss auf das Wahlverhalten zu schätzen.[267]
- Beim SP-Ansatz sind die Kosten der Datenbeschaffung – insbesondere bei der Frage der Verkehrsmittelwahl im Güterverkehr – geringer als beim RP-Ansatz. Begründet wird diese These mit folgenden Argumenten:
  a) Um eine für die Schätzung der Parameter ausreichende Streuung in den kategorienspezifischen Variablen zu erhalten, muss beim SP-Ansatz aufgrund der vielen Entscheidungssituationen pro Individuum eine geringe Anzahl an Interviews geführt werden.[268] Die im Vergleich zum RP-Ansatz kleinere Stichprobe beim SP-Ansatz führt jedoch zu einer Reduktion in der Streuung der individuenspezifischen Variablen.
  b) Die Qualitätseigenschaften lassen sich leichter erfassen und quantifizieren. Der SP-Ansatz benötigt somit keine zeitintensive Datenrecherche in Sekundärstatistiken.
- In vielen Fällen ist der SP-Ansatz leichter umzusetzen oder ausschließlich anwendbar. Neben der bereits aufgeführten Anwendung auf neue, noch nicht im Markt befindliche Produkte, die mittels RP-Ansatz nicht analysiert werden können, ist die Beschaffung von hochgradig vertraulichen Daten oft ein Ausschlusskriterium für eine RP-Analyse.[269]

Üblicherweise beziehen sich die Vergleiche der RP- und SP-Methoden auf die „interne" Validierung der Ansätze. Nur wenige Studien haben bisher einen systematischen Vergleich von Schätzergebnissen aus RP- und SP-Untersuchungen durchgeführt.[270] Dieser Vergleich wäre jedoch als objektive Entscheidungshilfe für

265 Vgl. Wardman, M. (1988), S. 71.
266 Vgl. Knapp, F. (1998), S. 189.
267 Vgl. Danielis, R. und L. Rotaris (1999), S. 32 und Fowkes, T. und M. Wardman (1988), S. 33.
268 Vgl. Kroes, E.P. und R.J. Sheldon (1988), S. 13.
269 Vgl. Fowkes, A.S., C.A. Nash und G. Tweddle (1991), S. 162.
270 Vgl. Bradley, M. (1988), S. 122ff.

einen der beiden Ansätze hilfreich. Da das Ziel einer Untersuchung des Wahlverhaltens immer die exakte Wiedergabe der realen Entscheidung sein sollte, steht die Schätzgenauigkeit der Ansätze im Fokus der folgenden Betrachtungen.

Die Ergebnisse von RP- und SP-Vergleichsstudien sind sehr heterogen. Blamey et al., Carson et al., Loomis et al., Cummings et al., Ben-Akiva und Morikawa, Wardman und Whelan sowie Ortuzar und Iacobelli zeigen am Beispiel unterschiedlicher Produkte, dass die offenbarten Präferenzen nicht den Ergebnissen von SP-Verfahren entsprechen.[271] Allerdings lässt sich keine einheitliche Über- oder Unterschätzung des tatsächlichen Verhaltens durch die Schätzung der bekundeten Präferenzen feststellen. Im Gegensatz dazu zeigen Haener et al., Loureiro et al. oder Bradley, M. auf, dass SP-Ansätze das offenbarte Entscheidungsverhalten gut abbilden können.[272]

Aus den Vergleichsstudien lässt sich folglich keine Vorteilhaftigkeit einer der beiden Ansätze ableiten. Berücksichtigt man jedoch die bereits aufgeführten Vor- und Nachteile beider Verfahren und gewichtet deren Relevanz für die Analyse des Wahlverhaltens, so spricht vieles dafür, in dieser Arbeit den RP-Ansatz zu verwenden.[273]

- Ziel dieser Arbeit ist die Analyse der Verkehrsmittelwahl im Güterverkehr und die Bestimmung der Auswirkung von Politikmaßnahmen auf das Wahlverhalten. Hierfür ist der RP-Ansatz unumgänglich.[274]
- Beim SP-Ansatz liegt ein erheblicher Unsicherheitsfaktor in den Antworten des Befragten. Das Problem des verzerrten Antwortverhaltens durch (un-)bewusst falsche Angaben der Interviewten kann zu systematischen Verzerrungen der Schätzergebnisse führen. Da sich dieses Problem nur schwer kontrollieren lässt, kann man durch die Wahl des RP-Ansatzes die Unsicherheit im Antwortverhalten ausschließen.[275]

---

271 Vgl. Blamey, R.K. et al. (1999), Loomis, J. et al. (1996), Carson, R.T. et al. (1996), Cummings, R.G. et al. (1995), Ben-Akiva, M. und T. Morikawa (1990), Wardman, M. und G. Whelan (2001) und Ortuzar, J. de D. und A. Iacobelli (1998).

272 Vgl. Haener, M.K. et al. (2001) und Loureiro, M.L. et al. (2003), Bradley, M. (1988), S. 126.

273 Zahlreiche Untersuchungen – wie die von Brownstone, D. und K. Train (1999) – beziehen sowohl eine RP- als auch eine SP-Befragung in ihre Analyse ein. Diese Erhebungsvariante verbindet zwar zahlreiche Vorteile beider Ansätze, hat allerdings den Nachteil, dass sich der Befragungsaufwand für die Interviewten deutlich erhöht und sich die Rücklaufquote folglich drastisch reduziert. Zudem bleiben insbesondere die genannten Nachteile des SP-Designs erhalten.

274 Vgl. Vellay, C. und G. de Jong (2003), S. 47. Sie sprechen sich jedoch – falls möglich – für die Nutzung von RP- und SP-Daten aus, um die Vorteile des SP-Ansatzes nutzen zu können. Aufgrund der Schwierigkeit, eine zweistufige Umfrage bei Spediteuren durchzuführen, wird in dieser Arbeit ausschließlich ein RP-Experiment angewandt.

275 Unternehmen haben wenig Anreiz, sich intensiv mit einer Befragung auseinander zu setzen. Die Fragen sollten deshalb direkt mit dem Tagesgeschäft verbunden sein. Viele Spediteure sind nicht bereit, sich in eine hypothetische Entscheidungssituation ein-

- Die Kritik am RP-Ansatz bezüglich der Schwierigkeiten bei der Erhebung der Qualitätsmerkmale – insbesondere bei nicht genutzten Alternativen – kann durch eine intensive Datenrecherche abgemildert werden. Der Transportpreis, der in diesem Zusammenhang stets als Beispiel aufgeführt wird, ist für das Wahlverhalten des Spediteurs irrelevant.[276] Stattdessen sollten die Transportkosten in die Analyse aufgenommen werden. Sie diskriminieren zwischen den Alternativen, korrelieren nicht mit den Leistungseigenschaften der Verkehrsmittel und sind einfach zu erheben und zu berechnen.

4.4 Fazit

Der Modal Split wird in der Verkehrsforschung durch verschiedene Modellansätze ermittelt. Ökonomische Modelle mit verhaltenstheoretischen Ansätzen werden dabei als vorteilhaft angesehen. Diese Modelle unterstellen ökonomisch rationales Verhalten der Verkehrsmittelnutzer. Soll die Verkehrsmittelwahl eines Verkehrsmittelnutzers bei einem gegebenen Transport erklärt werden, ist die Klasse der diskreten Entscheidungsmodelle den mikroökonomischen Kostenminimierungsmodellen vorzuziehen.

Das ursprüngliche multinomiale Logit-Modell wurde im Hinblick auf dessen modellimmanente Schwächen überarbeitet. Ausgehend von der IIA-Eigenschaft des multinomialen Logit-Modells entstanden das multinomiale Probit-Modell, das genistete und das gemischte Logit-Modell. Im Gegensatz zu den Modellen mit standardextremwertverteilter Zufallsvariable unterliegt das multinomiale Probit-Modell einer Normalverteilung. Sowohl das gemischte Logit-Modell als auch das multinomiale Probit-Modell ermöglichen eine flexible Korrelationsstruktur zwischen den verfügbaren Alternativen. Im Mehralternativenfall sollte demnach auf eines dieser beiden Modelle zurückgegriffen werden, wobei derzeit nur das multinomiale Probit-Modell in entsprechender Standardsoftware implementiert ist.

Da der Verkehrsmittelwahl eine annahmegemäß individuelle Nutzenmaximierung zugrunde liegt, sollte sich das Modell auf Individual- bzw. Unternehmensda-

zudenken, was die Bereitschaft zur Teilnahme reduziert oder aufgrund des fehlenden Verständnisses zu einem falschen Antwortverhalten führt. Ferner liegt die Vermutung nahe, dass Lkw-Spediteure unabhängig vom Leistungsprofil der Verkehrsmittel immer die Durchführung des Transports im Selbsteintritt wählen. Dies führt zu verzerrten Präferenzstrukturen und somit zu einer Minderung der Schätzqualität.

[276] Zum einen unterscheidet sich der Transportpreis nicht zwischen den zur Auswahl stehenden Alternativen. Gibt ein Spediteur ein Angebot zur Durchführung eines Transports ab, so gilt dieses Angebot unabhängig davon, mit welchem Verkehrsmittel er den Transport letztlich durchführt. Nach Herry, M. (2001), S. 21f bestimmt der Spediteur den Transportpreis entsprechend dem Angebot und der Nachfrage im jeweiligen Güterverkehrsmarktsegment. Zum anderen enthält der Transportpreis Aufschläge für vereinbarte Zusatzleistungen des Transports. Vgl. Beilock, R. et al. (1986), S. 235f.

ten stützen. Da Unternehmensdaten im Allgemeinen streng vertraulich sind, werden insbesondere sensible Daten oft im Rahmen des Stated-Preference-Ansatzes erhoben. Stated-Preference-Befragungen können jedoch zu unzuverlässigen Schätzergebnissen führen. Deshalb wird im Folgenden dem Revealed-Preference-Ansatz in Verbindung mit einer intensiven Datenrecherche aus Sekundärstatistiken der Vorzug gegeben.

5 Empirische Untersuchung zur Verkehrsmittelwahl im Güterverkehr

5.1 Einbettung der Arbeit in bisherige Forschungsaktivitäten

Wie bereits in Abschnitt 4.1.2.3 beschrieben, sind bisher nur wenige Studien zur Verkehrsmittelwahl im Güterverkehr auf Unternehmensebene mittels diskreten Entscheidungsmodellen durchgeführt worden. Die dort genannten Untersuchungen sollen im Folgenden kurz dargestellt und anschließend zu dieser Arbeit abgegrenzt werden. Die Darstellung erfolgt bezüglich der befragten Wirtschaftszweige, der untersuchten Transportrelationen, der verfügbaren Verkehrsmittelalternativen, der Befragungstechniken und der Art des genutzten diskreten Entscheidungsmodells.

Golias und Yannis analysieren das Verkehrsmittelwahlverhalten griechischer Spediteure und Frachtführer auf den Korridoren Griechenland-Köln und Griechenland-Mailand.[277] Die Relationen führen zum einen über den Seekorridor zwischen Griechenland und Süditalien, zum anderen über den Balkan auf dem Festlandkorridor. Entsprechend wurde ein Vergleich zwischen dem unimodalen Lkw-Transport und dem KV vorgenommen. Es wurde ein binäres Logit-Modell auf Basis eines SP-Experiments geschätzt. Neben den Ergebnissen des SP-Experiments wurden in der Schätzung Angaben zum befragten Unternehmen berücksichtigt.

Auch die Studien von Fosgerau und der BVU et al. geben jeweils eine Transportrelation vor. Bei Fosgerau ist es die Überquerung des Großen Belts, bei BVU et al. die Überquerung des Fehmarn-Belts.[278] Da das Ziel der Studien die Ermittlung des Verkehrsaufkommenspotenzials für die jeweils über den entsprechenden Belt geplante Brücke war, wurde die Befragung der Spediteure und Frachtführer auf den Fähren und an den Terminals des unbegleiteten KV durchgeführt. Das genistete Logit-Modell wurde bei beiden Analysen mittels RP- und SP-Daten geschätzt.[279] Die verfügbaren Verkehrsmittelalternativen sind in beiden Fällen der unimodale Lkw- und Bahnverkehr sowie der KV.

---

277 Vgl. Golias, J. und G. Yannis (1998).

278 Vgl. Fosgerau, M. (1996), BVU et al. (1999).

279 Aufgrund der verbundenen Fragestellung der Verkehrsmittel- und der Streckenwahl ist das Modell genistet. Auf der ersten Stufe wird die Entscheidung der Verkehrsmittelwahl abgebildet, auf der zweiten Stufe die Streckenwahl.

Häufiger als auf Spediteure beziehen sich die Studien zum Wahlverhalten im Güterverkehr jedoch auf verladende Unternehmen. Frühere Arbeiten wie beispielsweise von Miklius et al. führen diese Untersuchungen für ausgewählte Strecken und für bestimmte Produktgruppen durch.[280] Auch Jovicic analysiert die Verkehrsmittelwahl auf vorgegebenen Transportrelationen, indem er Datensätze aus verschiedenen Erhebungen kombiniert.[281] Die Schätzung des genisteten Logit-Modells erfolgt auch bei Jovicic auf Grundlage von RP- und SP-Daten. In neueren Arbeiten werden hingegen keine Transportrelationen mehr vorgegeben. Bolis und Maggi richten ihre Untersuchung beispielsweise auf die gesamte Schweiz aus.[282] Wie bei Golias und Yannis basiert auch bei dieser Arbeit das geschätzte binäre Logit-Modell – zwischen dem Lkw und der Bahn – auf bekundeten Präferenzen bezüglich der Preis- und Qualitätsmerkmale sowie auf charakteristischen Eigenschaften des Transportfalls.

Die Arbeiten von Schneider et al. sowie von Vellay und de Jong unterscheiden sich hauptsächlich durch die zu untersuchende Region.[283] Während Valley und de Jong ihre Untersuchung auf das Wahlverhalten in einer Region im Norden von Frankreich richten, untersuchen Schneider et al. die Verkehrsmittelwahl in Deutschland. Beide Modelle bestimmen den Modal Split auf Basis eines genisteten und eines multinomialen Logit-Modells. In die Schätzungen der diskreten Entscheidungsmodelle der zwei Arbeiten sind sowohl RP-Daten zu den Transportfällen als auch SP-Daten zu den Qualitätseigenschaften der Verkehrsmittel aufgenommen.

Die Arbeit von Jiang et al. basiert hingegen ausschließlich auf einem RP-Ansatz.[284] Der Schwerpunkt in dieser Arbeit liegt darin, den Einfluss der Unternehmenscharakteristiken verladender Unternehmen in Frankreich und den Einfluss der Rahmenbedingungen der durchzuführenden Transporte zu untersuchen. Die Verkehrsmittelwahl wird dabei für den Werkverkehr, den gewerblichen Lkw-Verkehr, den KV und den unimodalen Bahnverkehr bestimmt. Qualitätsmerkmale wurden in dieser Studie nicht berücksichtigt. Der Modal Split wird in dieser Untersuchung auf Basis eines genisteten Logit-Modells quantifiziert. Tabelle 5.1 klassifiziert die bisher durchgeführten Arbeiten zur Verkehrsmittelwahl im Güterverkehr nach den Wirtschaftszweigen der befragten Unternehmen und den geographischen Vorgaben, für die die Untersuchung des Wahlverhaltens erfolgen soll. Daraus abgeleitet wird die Forschungslücke aufgezeigt, die mit dieser Arbeit geschlossen werden soll.

Wie bereits dargestellt, kann man bei den Wirtschaftszweigen zwischen verladenden Unternehmen und Spediteuren, bei der geographischen Vorgabe zwischen „Vorgabe einer Transportrelation" und „keine Vorgabe einer Transportrelation" unterscheiden. Die Tabelle zeigt, dass nach Kenntnis des Autors bisher keine Un-

---

280 Vgl. Miklius, W. et al. (1976).

281 Jovicic, G. (1998).

282 Vgl. Bolis, S. und R. Maggi (2001).

283 Vgl. Schneider, W. et al. (1996) und Vellay, C. und G. de Jong (2003).

284 Vgl. Jiang, F. et al. (1999).

tersuchung der Verkehrsmittelwahl im Güterverkehr existiert, die das Wahlverhalten von Spediteuren ohne Vorgabe einer Transportrelation untersucht.[285]

Tabelle 5.1: Einordnung bisheriger Arbeiten zur Güterverkehrsmittelwahl

	Vorgabe einer Transportrelation	keine Vorgabe einer Transportrelation
Verladende Unternehmen	Miklius, W. et al. (1976) Jovicic, G. (1998)	Bolis, S. und R. Maggi (2001) Schneider, W. et al. (1996) Vellay, C. und G. de Jong (2003) Jiang, F. et al. (1999)
Speditionen	Golias, J und G. Yannis (1998) Fosgerau, M. (1996) BVU et al. (1999)	—

In dieser Arbeit sollen die in Abbildung 3.7 dargestellten Einflussfaktoren berücksichtigt werden. Einerseits soll die Nachfrageebene betrachtet werden. Dies bedeutet, dass die von den verladenden Unternehmen an die Spediteure gestellten Anforderungen in die Analyse aufgenommen werden müssen.[286] Da ein verladendes Unternehmen nicht selbst die Transporte disponiert, ist die Transportdurchführung für den betroffenen Verlader eine Art „Black Box".[287] Der Verlader kann nicht erkennen, mit welchem Verkehrsmittel der Transport erfolgt. Die Bereitschaft zur Verlagerung kann somit vom verladenden Unternehmen vorausgesetzt werden, vom Spediteur hingegen nicht. Bei ihm hängt die Bereitschaft zur Modal-Split-Optimierung davon ab, ob das jeweilige Verkehrsmittel den Anforderungen des Auftraggebers, aber auch seinen eigenen Ansprüchen genügt. Folglich muss andererseits die Angebotsseite und somit das Qualitätsprofil in der Analyse berücksichtigt werden.

5.2 Untersuchungsdesign

5.2.1 Methodik und Aufbau des Fragebogens

5.2.1.1 Computerunterstützte Telefonbefragung

Eine Vielzahl von Arbeiten beschäftigt sich mit den Vorzügen und Nachteilen der verschiedenen Formen mündlicher und schriftlicher Erhebungsmethoden.[288] Eini-

---

[285] Die in Schneider, W. et al. (1996) aufgeführte Befragung von Spediteuren wird aufgrund des geringen Stichprobenumfangs von N = 58 als nicht repräsentativ für die Verkehrsmittelwahl von Spediteuren angesehen.

[286] Die Anforderungen, die an die Spediteure gestellt werden, entsprechen den vorgegebenen Rahmenbedingungen für den zu erbringenden Transportfall.

[287] Vgl. Trost, D. (1999), S. 100.

[288] Exemplarisch zu nennen sind die Aufsätze in StaBA (2000).

ge Studien führen ferner einen Vergleich zur Qualität der Ergebnisse verschiedener Befragungsmethoden durch.[289] Ein Resultat dieser Vergleichsstudien ist, dass die Vorteilhaftigkeit einer Befragungsmethode oft vom Untersuchungsgegenstand abhängig ist und keine Methode bei allen zu vergleichenden Kriterien die anderen Methoden dominiert.[290]

Für die Frage des Verkehrsmittelwahlverhaltens von Spediteuren kann aus den in Abschnitt 5.1 aufgeführten Studien keine Präferenz zugunsten einer bestimmten Erhebungsmethode abgeleitet werden. Die Befragungen wurden teilweise schriftlich, teilweise mündlich durchgeführt. Manche Erhebungen fanden vor Ort bei den Befragten statt; manche Kontakte erfolgten per Post oder Telefon. Im Rahmen dieser Arbeit fiel die Methodenentscheidung auf eine mündliche, computerunterstützte Telefonbefragung (CATI). Folgende Gründe sprechen für diese Befragungsmethode:

- Im Fragebogen zu dieser Arbeit sind zahlreiche Filterfragen enthalten. Um die Beantwortung des Fragebogens für den Interviewten zu erleichtern, leitet der Interviewer mittels Unterstützung der CATI-Software den Befragten durch den Fragebogen. Dies garantiert einen fließenden Ablauf in der Befragung, reduziert die Wahrscheinlichkeit fehlerhafter Angaben, erleichtert dem Befragten die Beantwortung und verkürzt somit die Bearbeitungsdauer.
- Aufgrund unterschiedlichen Sprachgebrauchs können die Interviewten trotz ausgiebiger Pre-Tests bei manchen Fragen Verständnisschwierigkeiten haben. Bei mündlichen Befragungsmethoden hat der Befragte dann die Möglichkeit, nochmals klärend nachzufragen.[291] Dies ermöglicht somit eine fehlerlose Beantwortung der Fragen.
- Im Rahmen einer CATI-Befragung können die Befragten bereits während der Befragung auf fehlerhafte Angaben hingewiesen und um Korrektur gebeten werden. Die im computergestützten Fragebogenprogramm integrierten Konsistenzchecks garantieren somit eine Reduzierung der Wahrscheinlichkeit fehlerhafter Angaben.
- Durch die computerunterstützte Befragung werden die Antworten der Interviewten zeitgleich während der Befragung in die Datenbank übertragen. Hierdurch werden Übertragungsfehler, die aufgrund der manuellen Eingabe der Antworten aus dem Fragebogen in die Datenbank auftreten können, vermieden.
- Bei mündlichen Befragungen kann der Befragte vom Interviewer nochmals explizit auf die Wichtigkeit einzelner Fragen hingewiesen werden, die für die Befragung von großer Bedeutung sind. Dies kann die Bereitschaft der Interviewten eventuell erhöhen, die Frage zu beantworten.

---

289 Vgl. Holbrook, A. et al. (2003), Roster, C. et al. (2004) und Newman, J. et al. (2002).

290 Vgl. Roster, C. et al. (2004), S. 361ff.

291 Dieses Problem ist insbesondere dann von großer Bedeutung, wenn der Sprachgebrauch beim Befragten von dem des Fragenden abweicht. Vgl. Mayer, H. (2002), S. 99ff.

- Im Vergleich der unterschiedlichen Methoden verursacht die computerunterstützte Telefonbefragung die geringsten Kosten je realisiertem Interview.[292] Dies führt bei gegebenem Budget zu einer großen Anzahl an erfolgreich durchgeführten Interviews.

5.2.1.2 Inhalte und Aufbau des Fragebogens

Der Inhalt des Fragebogens ist durch die Zielsetzung der Studie und die verkehrswirtschaftliche Theorie zum Verkehrsmittelwahlverhalten bestimmt. Der Aufbau der Befragung ist so konzipiert, dass sich dem Befragten die Fragenfolge inhaltlich erschließt und er den Fragebogenaufbau somit nachvollziehen kann.

Aus Abschnitt 3.1 folgt, dass der Spediteur als Entscheidungsträger der Verkehrsmittelwahl zu befragen ist. Aufgrund der in Abschnitt 3.2 aufgeführten Zugangsbeschränkung zum unimodalen Bahn- oder Schiffsverkehr richtet sich die Untersuchung des Wahlverhaltens auf den Vergleich zwischen dem Lkw und dem KV.[293] Die Wahlentscheidung soll dabei anhand eines tatsächlich durchgeführten Transportvorgangs beschrieben werden. Ein zentraler Bestandteil des Fragenbogens ist deshalb die Abbildung dieses Transportvorgangs sowie die Gegenüberstellung der zur Verfügung stehenden Alternativen – unbegleiteter KV, begleiteter KV, Lkw-Verkehr im Selbsteintritt und Lkw-Verkehr mit einem Frachtführer.

Entsprechend Abbildung 3.7 kann aus der verkehrswirtschaftlichen Theorie zu den Einflussfaktoren der Verkehrsmittelwahl im Güterverkehr eine Strukturierung des Fragebogens abgeleitet werden. Es bietet sich hierfür an, die angebots- und nachfrageseitigen Faktoren entsprechend der Arbeit von Golias und Yannis sowie entsprechend der BDI-Studie über die Einschätzung der Bahn aus Sicht der industriellen Nachfrager abzubilden.[294] Während die in Abschnitt 3.3 aufgeführten Qualitätsmerkmale der Verkehrsmittel von den jeweiligen Autoren als angebotsseitige Einflussfaktoren der Wahlentscheidung unverändert übernommen werden, unterteilen sie die nachfrageseitigen Einflussfaktoren in Faktoren, die die charakteristischen Merkmale der Quelle-Ziel-Relation beschreiben und in Faktoren, die die charakteristischen Merkmale der zu befördernden Produkte abbilden.

Für einen nachvollziehbaren Aufbau des Fragebogens müssen die angebots- und nachfrageseitigen Einflussfaktoren der Verkehrsmittelwahl in eine zur Beschreibung eines Transportfalls sinnvolle Reihenfolge gebracht werden. Abbildung 5.1 zeigt die Struktur des Fragebogens, der aus acht Blöcken mit insgesamt

---

292 Zum Vergleich der Interviewkosten bei unterschiedlichen Befragungsalternativen vgl. Kumar, R. (1999).

293 Im Vergleich zu anderen Arbeiten wie z.B. der von Schneider W. et al. (1996) wird hier auf eine hypothetische Entscheidung zwischen nicht verfügbaren Alternativen verzichtet.

294 Vgl. Golias, J. und G. Yannis (1998); S. 252 und BDI (2000), S. 17.

75 Fragen besteht. Die Fragenbogenblöcke werden im Folgenden kurz beschrieben.[295]

Abbildung 5.1: Struktur des Fragebogens

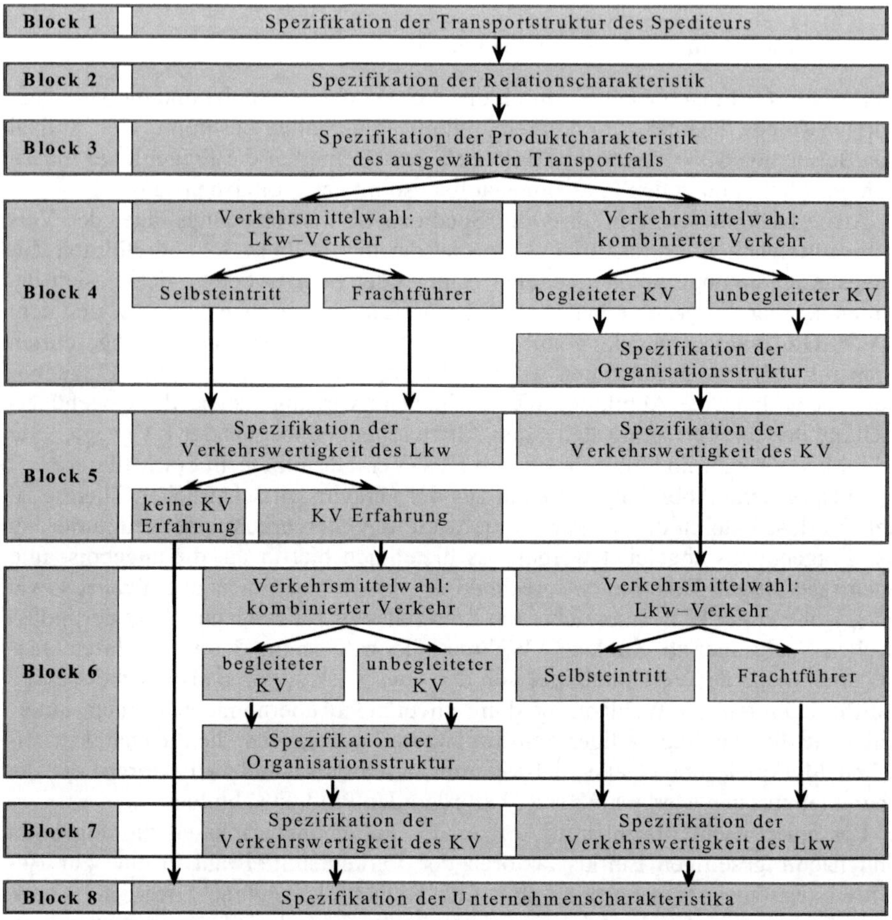

- Spezifikation der Transportstruktur des Spediteurs:
  Der erste Fragebogenblock richtet sich ausschließlich auf die Transportstruktur des befragten Unternehmens. Das Ziel dieser Fragen ist es, den Spediteuren entsprechend ihrer Transportstruktur Vorgaben zu geben, nach denen sie einen Transportfall zur Analyse des Verkehrsmittelwahlverhaltens auswählen sollen. Sofern die Speditionen in den vergangenen fünf Arbeitstagen – bezo-

[295] Der Fragebogen ist im Anhang zu dieser Arbeit beigefügt. Da die Befragung mittels einer computergestützten Telefonbefragung durchgeführt wurde, ist die Fragebogenversion beigefügt, die zur Erstellung des CATI-Fragebogens diente.

gen auf den Tag des Telefoninterviews – einen europäischen Transport disponiert hatten, wurden die Spediteure gebeten, einen dieser Transporte auszuwählen. Für den Fall, dass der Spediteur in dieser Zeitspanne keine europäischen Transporte betrieben hatte, sollte er einen nationalen Ferntransport auswählen, der möglichst repräsentativ für die breite Masse der Transportaktivitäten seines Unternehmens ist.[296]

- Spezifikation der Relationscharakteristik:
  In den Fragen dieses Fragebogenabschnitts wird die Quelle-Ziel-Relation des Transports spezifiziert. Die Fragen richten sich auf die Charakteristik der Transportrelation. Dazu gehören Fragen zum Verlader und Empfänger, zur Transportentfernung und zum Transportaufkommen. Darüber hinaus werden die die Nachfrageebene bestimmenden Einflussfaktoren erhoben.[297] Sie beinhalten die zeitlichen Vorgaben für den Transport und die Zusatzvereinbarungen, die zwischen dem beauftragenden Unternehmen und dem Spediteur ausgehandelt werden.
- Spezifikation der Produktcharakteristik des ausgewählten Transportfalls:
  Der dritte Fragebogenblock bezieht sich auf das zu transportierende Gut. In der vorliegenden Arbeit erfolgt eine Klassifizierung in die Kategorien Lebensmittel, Kaufmannsgut, schweres sperriges Ladungsgut und Massengut. Weiterhin werden in der verkehrswirtschaftlichen Theorie die Produkteigenschaften der zu transportierenden Güter als Verkehrsmittelwahl beeinflussend angesehen und in den Fragebogen aufgenommen.[298] Es wird deshalb nach der Gefahrguteigenschaft, der Verderblichkeit und der Zerbrechlichkeit der zu befördernden Ware gefragt.
- Verkehrsmittelwahl:
  Im diesem Abschnitt des Fragebogens benennt der Spediteur das gewählte Verkehrsmittel. Im Falle des Lkw-Verkehrs muss er ferner angeben, ob der Transport im Selbsteintritt erfolgte oder an einen Frachtführer übertragen wurde. Die bestellten Lkw-Frachtführer werden nochmals differenziert nach ihrer nationalen Herkunft. Im Falle des KV soll die Transportkette genauer spezifiziert werden. Dazu gehören die Terminalauswahl mit den entsprechenden Umschlagbedingungen und die Beschreibung der gewählten Verkehrsmittelkombination. Ebenso muss der Spediteur in diesem Fragebogenblock die Art und Länge der Ladeeinheit angeben, die er zur Durchführung des Transports genutzt hat.

---

296 Auf eine genauere Definition des Begriffs „repräsentativer Transportvorgang" wurde bewusst verzichtet, da die Spediteure die Repräsentativität von jeweils unterschiedlichen Eigenschaften abhängig machen. Die Repräsentativität könnte sich beispielsweise auf die Transportrelation zwischen zwei Städten, auf die Häufigkeit der Durchführung des Transports, auf das zu befördernde Gut oder aber auch auf die Art des Transports beziehen.

297 Vgl. Schulz et al. (1996), S. 5.

298 Vgl. Voigt, F. (1973), S. 109ff.

- Spezifikation der Verkehrswertigkeit des gewählten Verkehrsmittels:
  Der fünfte Fragebogenblock bezieht sich auf die angebotsseitigen Einflussfaktoren und die Transportkosten des gewählten Verkehrsmittels. Die in Abschnitt 3.2 aufgeführten Qualitätsmerkmale werden in diesem Fragebogenabschnitt erfragt. Um eine möglichst exakte Abbildung der KV-Alternative zu erhalten, werden die Qualitätsmerkmale Schnelligkeit sowie die Transportkosten für die einzelnen Teilabschnitte des Transports gesondert erhoben.
- Alternatives Verkehrsmittel:
  Die Fragen dieses Fragebogenblocks entsprechen denen des vierten Blocks. Der Spediteur soll nun jedoch die nicht gewählte Verkehrsmittelalternative beschreiben. Wurde entsprechend Abbildung 5.1 vom Spediteur im vierten Abschnitt der Lkw angegeben, so beziehen sich Block 6 und 7 des Fragebogens auf die Ausgestaltungsform der KV-Alternative. Umgekehrt ist das Vorgehen, wenn im vierten Fragebogenblock die Alternative KV angegeben wurde. Sind die Spediteure tatsächlich verkehrsträgerneutral und würden sie – wie in Abschnitt 3.3 beschrieben – für jeden Transportfall die beste Alternative zur Durchführung des Transports suchen, so müssten sie immer die entsprechende Verkehrsmitteloption kennen und angeben können. Im Rahmen der Pre-Tests zeigte sich jedoch, dass dies beim KV als Alternative zum Lkw nicht immer der Fall ist. Um den Kenntnisstand des befragten Spediteurs zu erfahren, wird in diesem Abschnitt explizit nach der Expertise im KV gefragt. Falls der Spediteur keine Erfahrungen mit dem KV hat, wird diese Frage als Filter genutzt, um direkt zum Fragebogenabschnitt „Spezifikation der Unternehmenscharakteristik" zu springen.
- Spezifikation der Verkehrswertigkeit des optionalen Verkehrsmittels:
  Die Fragen in diesem Fragebogenblock entsprechen denen des fünften Blocks. Deshalb wird an dieser Stelle auf die Ausführungen zur „Spezifikation der Verkehrswertigkeit des gewählten Verkehrsmittels" verwiesen.
- Spezifikation der Unternehmenscharakteristika:
  Der Fragebogen schließt mit Angaben zum befragten Unternehmen. Obwohl in der Unternehmensdatenbank, aus der die Ziehung der zu befragenden Unternehmen erfolgt, Angaben zu Beschäftigten- oder Umsatzzahlen enthalten sind, wurden diese Kenngrößen nochmals erhoben und mit den Angaben aus der Unternehmensdatenbank verglichen. Darüber hinaus wird nach dem Fahrzeugbestand, dem Fernverkehrsanteil und dem Modal Split des Unternehmens gefragt.

5.2.2 Ziehung der Stichprobe

5.2.2.1 Marktgröße und Marktstruktur der Speditionsbranche

Für die Ziehung einer repräsentativen Stichprobe sind Informationen über die Struktur und die Größe der zu untersuchenden Branche erforderlich. Die Branchengröße lässt sich mit Hilfe der Klassifikation der Wirtschaftszweige ermitteln. Die Zuordnung erfolgt gemäß dem Haupttätigkeitsbereich der Unternehmen. Die

Beschreibung des Tätigkeitsbereichs gibt das Unternehmen selbst an. Aufgrund der deutschen Sonderregelung zum Selbsteintritt einer Spedition ist eine eindeutige Zuordnung eines Unternehmens zu einem der beiden Wirtschaftszweige WZ-Code 63.40.1 „Speditionen" und WZ-Code 60.24 „Güterbeförderung im Straßenverkehr" nur schwer vorzunehmen. Dies wiederum führt zu Abgrenzungsschwierigkeiten zwischen den beiden Wirtschaftszweigen und somit zu Problemen bei der exakten Bestimmung der Branchengröße.

In der Statistik „Strukturerhebung im Dienstleistungsbereich: Verkehr und Nachrichtenübermittlung" des Statistischen Bundesamts ist die Unternehmenszuordnung nur als Dreisteller-Code in der Wirtschaftszweigklassifizierung (WZ93) angegeben. Die Statistik führt für den WZ-Code 63.4 „Spedition, sonstige Verkehrsvermittlung" eine Anzahl von 9.483 Unternehmen auf.[299] Dieser Wirtschaftszweig besteht aus den Branchen „Speditionen", „Schiffsmaklerbüros und -agenturen" und „Verkehrsvermittlung a.n.g.". Dem für diese Arbeit relevanten Wirtschaftszweig „Spedition" waren 2001 laut Auskunft des Statistischen Bundesamts 8.551 Unternehmen zugeordnet.[300]

Tabelle 5.2 stellt den Wirtschaftszweig der Speditionen in Deutschland dar. Sie ist nach der Anzahl der Beschäftigten und nach den Standorten der Unternehmen in Ost- oder Westspeditionen segmentiert. Unternehmen mit mehreren Betrieben sind entsprechend dem Standort der Hauptgeschäftsstelle zugeteilt. Die Einteilung der Unternehmen gemäß ihren Beschäftigtenzahlen erfolgt für Unternehmen mit weniger als 250 Mitarbeitern entsprechend der Definition von KMU.[301] Großunternehmen mit 250 Mitarbeitern und mehr sind der vierten Kategorie zugeordnet. Das Statistische Bundesamt führt in der bereits genannten Fachserie für den Fünfsteller-Code keine entsprechende Klassifizierung der Unternehmen auf. Für die nach dem Dreisteller-Code klassifizierten Speditionen und sonstigen Verkehrsvermittlungsunternehmen enthält die amtliche Statistik nur die Anzahl der Beschäftigten und den Unternehmensumsatz. Eine geographische Zuordnung der Speditionen nach west- und ostdeutschen Unternehmen existiert für beide Klassifizierungen nicht. Deshalb wurde bei der Schichtung auf die Datenbank des Verbandes der Vereine Creditreform e.V. (VVC) zurückgegriffen.[302]

---

299 Vgl. StaBA (2004b), Kapitel 1.2.

300 Diese Anzahl der Unternehmen ist als Fünfsteller-Codierung in keiner offiziellen Statistik verfügbar. Sie ist jedoch auf Anfrage beim Statistischen Bundesamt erhältlich.

301 Vgl. die 2005 in Kraft getretene Unternehmensklassifizierung der EU 2003/361/EG. Darin werden Unternehmen als KMU definiert, wenn sie weniger als 250 Angestellte und weniger als 10 Mio. EUR Umsatz haben.

302 Aufgrund der bereits genannten Zuordnungsproblematik weist die VVC-Datenbank für den WZ-Code 63.401 eine andere Grundgesamtheit als die Dienstleisterstatistik des Statistischen Bundesamts auf. Die relativen Häufigkeiten der jeweiligen Zellen in der VVC-Datenbank wurden deshalb – gemäß dem Vorgehen beim Mannheimer Innovationspanel – auf die Grundgesamtheit des Statistischen Bundesamts übertragen. Zum Vorgehen vgl. Janz, N. et al. (2002), S. 3ff.

Tabelle 5.2 zeigt, dass Speditionen in Deutschland typischerweise kleine und mittelgroße Unternehmen sind. Nicht einmal 2% der Unternehmen dieses Wirtschaftszweiges werden zur Gruppe der Großunternehmen gerechnet, etwa 88% aller Speditionen sind Kleinst- und Kleinunternehmen. Die Marktstruktur bezüglich der Beschäftigtenzahlen ist bei ost- und westdeutschen Unternehmen annähernd identisch. Je nach Größenklasse stammen zwischen 4,4 und 12,5% der Unternehmen aus Ostdeutschland. Dabei liegt der Anteil der ostdeutschen Speditionen in der Gruppe der KMU deutlich über dem in der Klasse der Großunternehmen.

Tabelle 5.2: Anzahl der Speditionen in Deutschland

		Anzahl der Mitarbeiter				
		< 10	10 – 49	50- 249	> 249	Summe
Unternehmensstandort	West	4.365	2.438	690	130	7.623
	Ost	486	349	87	6	928
	Summe	4.851	2.787	777	136	8.551

Quelle: StaBA, eigene Berechnung.

5.2.2.2 Grundgesamtheit und Anzahl realisierter Interviews

Die empirische Analyse der Verkehrsmittelwahl im gewerblichen Güterverkehr soll in dieser Arbeit auf einer geschichteten Stichprobe basieren. Deshalb wird in einem ersten Schritt die für diese Befragung relevante Grundgesamtheit definiert, aus der in einem zweiten Schritt die Stichprobe gezogen wird. In dieser Studie werden alle Unternehmen mit weniger als drei Mitarbeitern ausgeschlossen, da diese Unternehmen im Allgemeinen der Gruppe der reinen Lkw-Spediteure und somit dem Wirtschaftszweig „Güterbeförderung im Straßenverkehr" zuzuordnen sind.[303] Für die Segmentierung der Grundgesamtheit werden die KMU-Größenklassen der Kleinst- und Kleinunternehmen sowie die mittelgroßen und großen Unternehmen zu jeweils einer Kategorie zusammengefasst. Die Einteilung in Ost- und Westunternehmen wird übernommen. Tabelle 5.3 gibt somit die Grundgesamtheit der Stichprobe sowie die sich aus der Segmentierung ergebende Zellenbelegung der vier Kategorien an.

Aus der Grundgesamtheit der 6.924 Speditionen wird eine geschichtete Ziehung vorgenommen.[304] Die Schichtung erfolgt anhand beider in Tabelle 5.3 aufgeführten Klassifizierungen. Sowohl der Unternehmensgröße als auch der geographischen Lage des Unternehmensstandortes wird bei der Wahl zwischen dem Lkw und dem KV eine entscheidende Rolle zugeschrieben. Die Unternehmensgröße

303 Die besagten Unternehmen sind üblicherweise Familienbetriebe, in denen eine Person den Lkw fährt, während die andere Person die Disposition des Lkw übernimmt.

304 Zum Nutzen verschiedener Erhebungsverfahren vergleiche die Ausführungen in Hauser, S. (1981), S. 51ff.

kann sich über das zu disponierende Aufkommen, der Unternehmensstandort über die regionale Anbindung an die Infrastruktur des intermodalen Verkehrs auf die Verkehrsmittelwahl auswirken.[305]

Tabelle 5.3: Grundgesamtheit der Untersuchung

		Anzahl der Mitarbeiter		
		3 – 49	> 49	Summe
Unternehmensstandort	West	5.332	820	6.152
	Ost	678	94	772
	Summe	6.010	914	6.924

Quelle: StaBA, eigene Berechnung.

Für die Umfrage im Rahmen dieser Arbeit wurden insgesamt 3.051 Unternehmen gezogen. 50 Unternehmen aus der Ziehung waren für den Pre-Test zur Schulung der Interviewer und zur finalen Evaluation des Fragebogens für die Telefoninterviews vorgesehen, 3.001 Unternehmen für die eigentliche Befragung. Diese 3.001 Unternehmen wurden telefonisch kontaktiert. Nach Abschluss der Telefonbefragung lagen 716 realisierte Interviews vor. Dies entspricht einer Rücklaufquote von 23,9%. Tabelle 5.4 stellt die realisierten Interviews in Abhängigkeit der Schichtungsparameter dar.

Tabelle 5.4: Anzahl der realisierten Interviews

		Anzahl der Mitarbeiter		
		3 – 49	> 49	Summe
Unternehmensstandort	West	479	158	637
	Ost	57	22	79
	Summe	536	180	716

Tabelle 5.5 stellt einen Vergleich zwischen den Datensätzen der realisierten Interviews und der Grundgesamtheit dar. Dabei werden die relativen Häufigkeiten der vier Unternehmenskategorien und der Randverteilungen beider Datensätze ge-

305 Beispielsweise haben kleine Speditionen – im Gegensatz zu großen Speditionen – üblicherweise nicht das nötige Aufkommen für regelmäßige Verkehre auf einer bestimmten Transportrelation. Achnitz, R. et al. (2000), S. 2-2 sowie die Ausführungen in Abschnitt 3.2.2 zeigen, dass sich dies negativ auf die intermodale Verkehrsnachfrage auswirkt. Wie in Abschnitt 3.2.2 ferner ausgeführt ist, hat der Netzanschluss bzw. die Netzdichte einen entscheidenden Einfluss auf die Verkehrsmittelwahl. Die Netzdichte von Umschlaganlagen des KV in den alten und den neuen Bundesländern kann aus der Terminalkarte der Studiengesellschaft für den kombinierten Verkehr e.V. (2004) entnommen werden. Es zeigt sich, dass die Terminaldichte im Osten geringer ist als im Westen.

genübergestellt. Vergleicht man die Wahrscheinlichkeiten der jeweils entsprechenden Zellen, so sind deutliche Unterschiede erkennbar, die sich in der Randverteilung der Größenklassen wiederfinden. Auf einem Signifikanzniveau von 1% kann gezeigt werden, dass der Anteil der Unternehmen mit weniger als 50 Mitarbeitern in der Stichprobe kleiner als der Anteil dieser Unternehmensklasse in der Grundgesamtheit ist. In Bezug auf den Unternehmensstandort sind die relativen Häufigkeiten der Stichprobe und der Grundgesamtheit hingegen sehr ähnlich. Es kann selbst auf einem Signifikanzniveau von 10% nicht verworfen werden, dass sich die Anteile der west- bzw. ostdeutschen Unternehmen aus der Grundgesamtheit und die Anteile der Stichprobe entsprechen.

Tabelle 5.5: Vergleich der Verteilungen der Grundgesamtheit und der realisierten Interviews

		Grundgesamtheit			Realisierte Interviews		
Mitarbeiterzahl		3 – 49	> 49	Summe	3 – 49	> 49	Summe
Unternehmens-standort	West	77,0%	11,8%	88,8%	66,9%	22,1%	89,1%
	Ost	9,8%	1,4%	11,2%	7,8%	3,1%	10,9%
	Summe	86,8%	13,2%		74,8%	25,2%	

Quelle: StaBA, eigene Erhebung.

Da sich an der Umfrage demnach überproportional viele mittelgroße und große Unternehmen beteiligten, während kleine Unternehmen seltener für Interviews zur Verfügung standen, ergibt sich ein verzerrtes Abbild der Grundgesamtheit. Aufgrund des guten Antwortverhaltens großer Speditionen ist dadurch allerdings eine gesonderte Schätzung für das Verkehrsmittelwahlverhalten großer Speditionen und somit ein Vergleich zum Wahlverhalten kleiner Speditionen möglich.[306] Die Aufbereitung der Stichprobe für die Schätzung wird im sechsten Kapitel beschrieben. Die statistische Auswertung der gewonnenen Stichprobe wird im folgenden Abschnitt dargestellt.

5.3 Ergebnisse der Befragung

Die Darstellung der Ergebnisse aus der Telefonumfrage gliedert sich in fünf Abschnitte. Der erste Abschnitt gibt einen Überblick über die Ergebnisse zur Unternehmensstruktur der befragten Speditionen und stellt diese den Angaben aus der

---

306 Im Folgenden sind unter dem Begriff „kleine Spedition" die Kleinst- und Kleinunternehmen, unter „große Spedition" die mittelgroßen und großen Unternehmen des Wirtschaftszweiges WZ-Code 63.40.1 zu verstehen.

Mitgliederumfrage des Bundesverbands Spedition und Logistik e.V. (BSL) „Zahlen, Daten, Fakten aus Spedition und Logistik 2000“ gegenüber.[307]

In Abschnitt 5.3.2 wird die Transportstruktur der befragten Speditionen dargestellt. Hierzu gehört neben der für diese Analyse entscheidenden Frage zum Modal Split bodengebundener Verkehrsträger auch die Frage nach der Ausrichtung der Speditionstätigkeit auf das nationale oder internationale Transportmarktsegment.[308] Entsprechend der Ergebnisdarstellung in der BSL-Studie wird bei den verschiedenen Tätigkeitsfeldern einer Spedition in Leistungsbereiche und in Leistungsschwerpunkte unterschieden.[309]

In Abschnitt 5.3.3 werden die Transportrelationen beschrieben, die im Rahmen der Befragung erhoben wurden. Entsprechend dem Fragebogenaufbau wird in einem ersten Schritt die Quelle-Ziel-Relation genauer definiert. Hierzu gehören die Charakterisierung der Verlader und Empfänger sowie deren Standorte und folglich auch die damit verbundenen Transportentfernungen. Ferner werden in Abschnitt 5.3.3 die beförderten Güter klassifiziert und die Transportaufkommen dargestellt. Als zentraler Bestandteil dieses Abschnitts wird ein Überblick über die Verkehrsmittelwahl auf den ausgewählten Transportrelationen gegeben.

Die Rahmenbedingungen, die der Verlader dem Spediteur bei der Durchführung des Transports vorgibt, werden in Abschnitt 5.3.4 dargestellt. Die Rahmenbedingungen werden definiert durch den zeitlichen Rahmen des Transports und durch die Zusatzleistungen, die vom Spediteur für den Verlader erbracht werden müssen. Ebenso wird in diesem Abschnitt die Dauer der vertraglichen Beziehung zwischen dem Spediteur und dem Verlader analysiert. Besteht eine lange Kundenbindung zwischen zwei Vertragspartnern, so beschreibt die Bereitschaft des Spediteurs zur Nutzung der Bahn und des Binnenschiffs den Rahmen des Transports.

Im fünften Abschnitt werden zum einen die Antworten der Spediteure zu den Qualitätsmerkmalen dargestellt. Insbesondere bei der nicht gewählten Verkehrsmitteloption zeigt sich dabei, dass die subjektiv empfundene Verkehrswertigkeit nicht der tatsächlichen, objektiv quantifizierbaren Verkehrswertigkeit des Verkehrsmittels entspricht. In den Transportfällen, bei denen ein Vergleich möglich

---

307 Diese Befragung erfolgt nicht jährlich. Die letzte veröffentlichte Erhebung ist aus dem Jahr 2000. Vgl. BSL (2000).

308 Der Teilmarkt der internationalen Fernverkehre kann nochmals in europäische und weltweite Transporte unterschieden werden. Diese Arbeit beschränkt sich auf die nationalen und europäischen bodengebundenen Verkehre, da sie den Vergleich des Straßengüterverkehrs und des KV zum Ziel hat. Sie schließt aufgrund der erforderlichen Seeschifffahrt bzw. der Luftfracht transatlantische Transporte per se aus. Eine Verlagerung im Rahmen dieser Verkehre ist nur auf den Vorläufen zu bzw. auf den Nachläufen von den Überseehäfen möglich, wo der KV ein großes Wachstumspotenzial hat. Vgl. Lenkungskreis „Häfen und Schifffahrt“ im Deutschen Verkehrsforum (2001), S. 8. Diese Teilabschnitte der interkontinentalen Verkehre können ebenso berücksichtigt werden.

309 Als Leistungsschwerpunkt einer Spedition wird diejenige Ausprägung des entsprechenden Leistungsbereichs definiert, bei der der Befragte mindestens einen 50%-Anteil angegeben hat.

ist, wird deshalb zum anderen auch die objektive Verkehrswertigkeit der Verkehrsmittel abgebildet. Der Unterschied zwischen der subjektiven und der objektiven Verkehrswertigkeit kann beim nicht gewählten Verkehrsmittel als Informationsdefizit bezüglich der Alternative gewertet werden. Dies ergibt sich aus der mangelnden Bereitschaft des Spediteurs, sich mit den Verkehrsmittelalternativen zu beschäftigen.

5.3.1 Unternehmensstruktur der befragten Speditionen

Speditionsstandorte

Das Speditionsgewerbe ist geprägt von Einbetriebsunternehmen. 460 der 716 befragten Unternehmen haben nur einen Standort. Die restlichen 256 Speditionen, die sich an der Umfrage beteiligten, haben bis zu 350 Niederlassungen[310] in Europa. Die Dichtefunktion über die Standortanzahl der befragten Speditionen in dieser Erhebung ist somit rechtsschief und weist eine große Streuung auf. Das arithmetische Mittel liegt bei rund sieben Standorten je befragte Spedition.

In der BSL-Statistik werden die Mehrbetriebsunternehmen in fünf Kategorien segmentiert: Unternehmen mit einer Niederlassung, zwischen zwei und fünf Niederlassungen, zwischen sechs und zehn Niederlassungen, zwischen 11 und 20 Niederlassungen und mit mehr als 20 Niederlassungen. Entsprechend dieser Einteilung gaben rund 30% der im Rahmen dieser Arbeit befragten Speditionen mit mehr als einem Standort an, über genau eine Niederlassung zu verfügen. Eine bis einschließlich fünf Niederlassungen haben rund 65% der Mehrbetriebsunternehmen. Zehn Niederlassungen und weniger haben 80% aller Speditionen mit mehreren Standorten. Nur 12,5% der befragten Speditionen gehören zur Klasse der Unternehmen mit mehr als 20 Niederlassungen.

Betrachtet man die Entwicklung der Niederlassungszahl je Spedition, die seit den 90er Jahren vom BSL ausgewiesen wird, so bestätigen die Ergebnisse dieser Umfrage die bisherige Tendenz. Die Anzahl der Niederlassungen nimmt bei den Speditionen mit mehreren Standorten auch weiterhin zu. In den Jahren zwischen 1990 und dem Beobachtungsjahr stieg der Anteil der Mehrbetriebsspeditionen in der Kategorie von sechs bis zehn Niederlassungen um sieben Prozentpunkte an, in der Kategorie von elf bis 20 Niederlassungen um vier Prozentpunkte und in der Kategorie über 20 Niederlassungen um sechs Prozentpunkte. Hingegen ging die Anzahl der Speditionen mit wenigen Niederlassungen zurück. Hatten 1990 noch 46% der Mehrbetriebsspeditionen genau eine Niederlassung, so waren es – hochgerechnet auf die Grundgesamtheit – im Beobachtungsjahr nur noch 34%. In der Kategorie von zwei bis fünf Niederlassungen reduzierte sich der Anteil von 42% in 1990 auf 36% in 2003.

---

310 Alle Unternehmensstandorte außer dem Hauptsitz des Unternehmens werden als Niederlassungen bezeichnet. Wird hingegen von Standorten gesprochen, so schließt diese Definition neben den Niederlassungen auch den Hauptsitz der Unternehmung mit ein.

Tabelle 5.6 stellt die Unternehmensstruktur der befragten Speditionen dar. Sie zeigt, dass der Anteil der großen Speditionen wie zu erwarten mit der Anzahl der Niederlassungen sowohl für ost- als auch für westdeutsche Unternehmen steigt. Von den Kleinst- und Kleinunternehmen haben ca. 25% der Speditionen mehr als einen Standort. Davon wiederum haben über drei Viertel maximal fünf Niederlassungen. Bei den großen Speditionen hingegen hat jeweils rund ein Drittel aller Unternehmen keine, weniger als oder gleich fünf bzw. mehr als fünf Niederlassungen. Nur rund 10% der Großspeditionen haben 50 und mehr Niederlassungen in Europa.

Tabelle 5.6: Geographische Lage und Anzahl der Speditionsstandorte

Anzahl der Standorte	Einbetriebs-unternehmen	Anzahl der Niederlassungen 1	2 – 5	6 – 10	11 – 20	> 20
Westdeutschland	400	70	82	35	19	31
davon große Speditionen	11,75%	28,57%	42,68%	54,29%	73,68%	74,19%
davon kleine Speditionen	88,25%	71,43%	57,32%	45,71%	26,32%*	25,81%*
Ostdeutschland	60	6	8	4	0	1
davon große Speditionen	20,00%	33,33%	62,50%	50,00%	--	100,00%
davon kleine Speditionen	80,00%	66,67%	37,50%	50,00%	--	0,00%
Gesamt	460	76	90	39	19	32

* Die kleinen Speditionen mit weniger als 50 Mitarbeitern aber mehr als 10 Niederlassungen sind zwar rechtlich eigenständige Gesellschaften, gehören aber zu einer größeren Muttergesellschaft oder sind mit anderen Franchiseunternehmen verbunden. Diese Speditionen gaben im Rahmen der Befragung alle Standorte – auch die ihrer Partnerspeditionen – an.

Beschäftigtenzahlen

Tabelle 5.4 ordnet die Speditionen entsprechend der Beschäftigtenanzahl in die Kategorie der Unternehmen mit weniger als 50 Mitarbeitern – so genannte kleine Unternehmen – und in die Kategorie mit 50 Mitarbeitern und mehr – so genannte große Unternehmen – ein. Diese Einteilung erfolgte gemäß den angegebenen Beschäftigtenzahlen aus der VVC-Unternehmensdatenbank.[311] Im Vergleich zur VVC-Unternehmensdatenbank zeigen die in dieser Befragung erhobenen Beschäftigtenzahlen eine Verschiebung zu großen Unternehmen. Unter den Unternehmen, die sich an der Umfrage beteiligten, sind bei der VVC-Unternehmensdatenbank 536 Speditionen als kleine und 180 als große Unternehmen registriert. Jedoch sind

[311] In der VVC-Unternehmensdatenbank sind ca. 800.000 wirtschaftsaktive Unternehmen mit Eintrag im Handelsregister enthalten. Dies entspricht näherungsweise einer Vollerhebung.

es laut eigener Erhebung 503 kleine und 206 große Speditionen. Sieben Spediteure gaben keine Auskunft zur Unternehmensgröße. Insgesamt sind laut Auskunft der befragten Speditionen 41.445 Mitarbeiter in den 716 Unternehmen beschäftigt. Pro Spedition sind somit im Durchschnitt 58 Mitarbeiter angestellt. Vergleicht man die Beschäftigtenanzahl pro Spedition aus der eigenen Erhebung mit der langfristigen Beschäftigungsentwicklung aus der BSL-Statistik, so liegt der erhobene Wert nahe am Trend der BSL-Statistik seit Anfang der 80er Jahre.[312]

Abbildung 5.2: Beschäftigungsstruktur in Speditionen

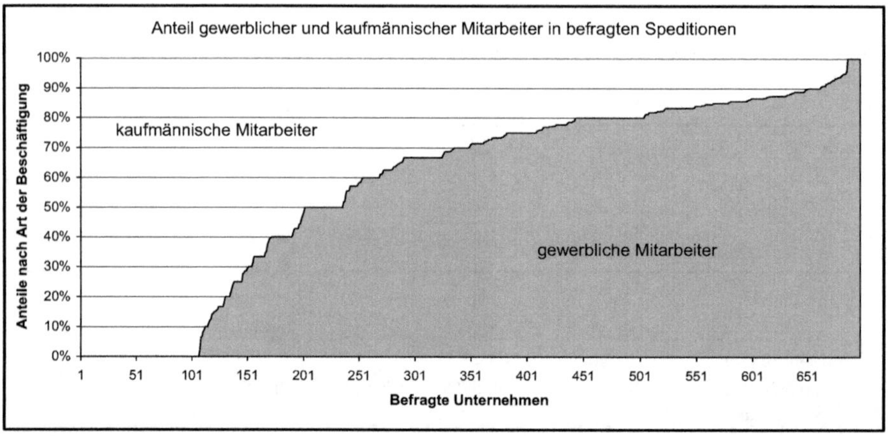

Wie Abbildung 5.2 zeigt, ist die Beschäftigtenstruktur der Speditionen sehr heterogen. Dies lässt sich aus den unterschiedlichen Tätigkeitsbereichen der Unternehmen ableiten. Speditionen, die ausschließlich die organisatorische Abwicklung von Transporten anbieten, benötigen keinen gewerblichen (gew.) Angestellten. 107 der 716 befragten Speditionen sind dieser Kategorie zuzuordnen, wobei 87,9% der 107 Unternehmen der Gruppe der kleinen Unternehmen angehören. Große Speditionen können heutzutage nicht auf Aktivitäten außerhalb ihrer eigentlichen Kernkompetenz – der Transportorganisation – verzichten. Sie müssen logistische Zusatzleistungen wie z.B. Lagerhaltung anbieten und folglich gew. Mitarbeiter beschäftigen. Aufgrund dieser Ausweitung des Logistikangebots liegt der Anteil der kaufmännischen (kfm.) Mitarbeiter in den befragten Speditionen im Mittel bei 41,1%. Rund zwei Drittel aller befragten Speditionen beschäftigen zu mehr als 50% gew. Mitarbeiter. In rund der Hälfte aller befragten Unternehmen sind mehr als 70%, in 12 Unternehmen sogar ausschließlich gew. Mitarbeiter angestellt. Die 12 Speditionen gehören der Klasse der kleinen Unternehmen an und haben einen Modal-Split-Anteil des Lkw von 100%. Daraus lässt sich schließen, dass diese Unternehmen der Branche des gewerblichen Güterkraftverkehrs ange-

---

312 Vgl. BSL (2000), S. 27.

hören und folglich aus der Analyse der Verkehrsmittelwahl ausgeschlossen werden müssen.

Die Beschäftigungsstruktur unterscheidet sich ferner zwischen west- und ostdeutschen Speditionen. Die befragten westdeutschen Unternehmen haben im Vergleich zu ostdeutschen Speditionen im Mittel einen höheren Anteil an kfm. Mitarbeitern. Bei ostdeutschen Speditionen liegt das arithmetische Mittel bei 26,7%, bei westdeutschen Speditionen bei 42,9%. Der Median der Verteilung kfm. Angestellter liegt in Ostdeutschland bei 20%, in Westdeutschland bei 29,7%. Somit zeigt sich, dass die Dichtefunktion ostdeutscher Speditionen stärker linkssteil ist als die der westdeutschen Speditionen.

Unternehmensumsatz

Ebenso wie bei der Beschäftigung ist der Umsatz der Speditionen in der VVC-Unternehmensdatenbank enthalten und wurde nochmals im Rahmen der Befragung erhoben. Die Umsätze werden für KMU entsprechend der oben genannten Definition in drei Klassen aufgeteilt. Darüber hinaus werden alle Großunternehmen der Unternehmenskategorie mit über 50 Mio. EURO Umsatz zugeteilt.

Tabelle 5.7: Speditionen nach KMU-Umsatzklassen klassifiziert

	Eigene Erhebung		VVC-Datenbank	
	Anzahl der Speditionen	Anteil der Speditionen	Anteil der Speditionen	Anzahl der Speditionen
≤ 2 Mio.	231	37,3%	259	37,3%
≤ 10 Mio.	263	42,5%	291	42,0%
≤ 50 Mio.	89	14,4%	103	14,9%
> 50 Mio.	36	5,8%	40	5,8%
Summe	*619*	*86,5%*	*693*	*96,8%*
Keine Angabe	*97*	*13,5%*	*23*	*3,2%*
Gesamtsumme	716		716	

Quelle: VVC-Unternehmensdatenbank und eigene Erhebung.

Tabelle 5.7 gibt einen Überblick über den Umsatz der befragten Speditionen und stellt diesen den Angaben aus der VVC-Datenbank gegenüber. Es zeigt sich, dass die Angaben der befragten Spediteure repräsentativ für die gesamte Branche sind. In der Befragung findet sich eine nahezu identische Verteilung der Unternehmensumsätze wie in der VVC-Datenbank, die näherungsweise eine Vollerhebung aller wirtschaftsaktiven Unternehmen mit Handelregistereintrag darstellt.

97 Unternehmen gaben in dieser Erhebung keine Auskünfte zum Unternehmensumsatz. Nur 5,8% der Speditionen sind der Klasse der Großspeditionen mit einem Umsatz von mehr als 50 Mio. EUR pro Jahr zuzuordnen. Diese Speditionen erwirtschaften jedoch rund 72% des gesamten Umsatzes in der Erhebung. Die etwa 80% kleinen Speditionen mit einem Umsatz von weniger als 10 Mio. EUR pro Jahr haben einen Umsatzanteil von 11,8% in der Erhebung.

Bezogen auf die Beschäftigtenklassen liegt der Umsatzanteil der Speditionen mit weniger als 50 Mitarbeitern – sie stellen rund zwei Drittel der befragten Unternehmen – lediglich bei 26,8%. Die 24 großen Unternehmen der Befragung mit 250 Mitarbeitern und mehr, die Angaben zum Unternehmensumsatz machten, haben mit 28% einen höheren Anteil am Branchenumsatz als die genannten 446 kleinen Speditionen. Der durchschnittliche Umsatz je Unternehmen aus der Stichprobe liegt bei 20,2 Mio. EUR.

5.3.2 Transportstrukturen der befragten Speditionen

5.3.2.1 Verkehrsmittelnutzung – Lkw, Bahn, Binnen- und Küstenschiff

Der Indikator für die Nutzung von Verkehrsträgern ist der Modal Split. Er spiegelt das Wahlverhalten wider, das ein Spediteur über alle von ihm disponierten Transporte in einem gegebenen Zeitraum gezeigt hat. Im Rahmen der Umfrage zu dieser Arbeit wurden die Spediteure deshalb nach den Verkehrsmittelanteilen am Gesamttransportaufkommen des vergangenen Jahres in ihrem Unternehmen befragt.

Der Modal Split bezogen auf das Verkehrsaufkommen bodengebundener Verkehrsträger in der Bundesrepublik Deutschland setzte sich laut offizieller Statistik im Jahr 2003 wie folgt zusammen: 84,0% Straßengüterverkehr, 9,3% Bahnverkehr und 6,7% Binnenschifffahrt.[313] Der Anteil, der von Spediteuren im unimodalen Bahn- und Binnenschiffsverkehr disponiert wird, ist gering.[314] Stattdessen disponieren sie üblicherweise Transporte im KV. In der Verkehrsmittelkombination Straße-Schiene wurden in 2000 35,5 Mio. Tonnen befördert. Dies entspricht einem Anteil von 12,4% des Bahnaufkommens und rund 1,1% des Gesamtbeförderungsvolumens des Jahres.[315]

In der Erhebung zu dieser Arbeit liegt der Modal Split der Verkehrsmittelnutzung bei 93,1% im Straßengüter-, 3,6% im Bahn- und 3,3% im Binnenschiffverkehr. Schließt man die rund 50% reinen Lkw-Spediteure[316] aus der Modal-Split-

313 Vgl. StaBA (2005), S. 7.

314 Bei den Bahn- und Binnenschiffsverkehren werden vor allem Massengüter befördert. Wie in Abschnitt 3.1.1 beschrieben, wird die Transportorganisation in diesem Marktsegment üblicherweise direkt zwischen dem verladenden Unternehmen und dem jeweiligen Carrier durchgeführt.

315 BMVBW (2001a), S. 15. Darüber hinaus gibt es nach Seidelmann, C. (2003), S. 31 auch Speditionen, die unimodale Bahnverkehre organisieren. So z.B. die Hoyer Group und die Bertschi AG, die für die BASF und in Zusammenarbeit mit der VTK Lehnkering eine eigene Eisenbahngesellschaft zur Abwicklung der Bahnverkehre der BASF gründeten. Der Anteil der Verkehrsleistung der Spediteure am Bahnverkehr liegt somit leicht über den angegebenen 12,1%.

316 Zu dieser Gruppe wurden die Speditionen gerechnet, die einen Lkw-Anteil am Modal Split von 100% haben und darüber hinaus ihre Transporte im Selbsteintritt durchführen. Diese Unternehmen gehören der Klasse 60.24 „Güterbeförderung im Straßenverkehr“ an.

Berechnung aus, so liegt der Verkehrsmittelanteil des Lkw bei 85,4%, der der Bahn bei 7,6% und der des Binnenschiffs bei 7,0%. Selbst wenn man den Nah- und Regionalverkehr aus der Modal-Split-Betrachtung ausschließt, besteht weiterhin eine deutliche Präferenz zugunsten des Lkw. Der Anteil der Lkw-Nutzung liegt dann noch bei 81,7%, der der Bahn-Nutzung bei 9,6% und der in der Binnenschifffahrt bei 8,6%.[317] Die in Abschnitt 3.1.1 zitierte Verkehrträgerneutralität der Spediteure lässt sich somit nicht bestätigen.

Der hohe Modal-Split-Anteil des Lkw führt dazu, dass 95,9% der 690 Unternehmen, die Angaben zu dieser Frage machten, den Lkw-Verkehr als Leistungsschwerpunkt haben. Zusätzlich zu den 50,7% reinen Lkw-Spediteuren wählten folglich weitere 45,2% der befragten Speditionen den Lkw bei mindestens 50% aller Transporte. Bei der Bahn gaben nur 1,9%, in der Binnenschifffahrt nur 2,3% der Speditionen an, Transporte mit dem jeweiligen Verkehrsmittel schwerpunktmäßig zu betreiben. Vielmehr wurden im Vorjahr von 80,4% aller befragten Spediteure keine Bahnverkehre durchgeführt, in der Binnenschifffahrt waren es sogar 82,0%.

Tabelle 5.8: Nutzungsstrukturen bodengebundener Verkehrsmittel

		Lkw	Bahn	Binnenschiff
alle Speditionen	Nutzung (generell)	99,7%	19,6%	18,2%
	als Schwerpunkt	95,9%	1,9%	2,3%
kleine Speditionen	Nutzung (generell)	100,0%	22,2%	16,7%
	als Schwerpunkt	97,5%	0,0%	2,0%
große Speditionen	Nutzung (generell)	99,6%	18,6%	18,8%
	als Schwerpunkt	95,3%	2,5%	2,4%

Tabelle 5.8 gibt die Verkehrsmittelnutzung der Spediteure aus der Erhebung an. Es wird dabei zum einen zwischen dem Leistungsbereich und dem Leistungsschwerpunkt der Spedition unterschieden.[318] Zum anderen werden die Angaben für große und für kleine Speditionen getrennt ausgewiesen.

Die Tabelle zeigt, dass unabhängig von der Unternehmensgröße die Verkehrsmittelwahl der befragten Spediteure Lkw-lastig ist. Strukturell gibt es dabei keine bedeutenden Unterschiede in der Nutzung der Verkehrsmittel zwischen kleinen und großen Speditionen. Während die Prozentangaben der Leistungsschwerpunkte in der Bahn- und Binnenschiffsnutzung unter den entsprechenden Werten der

317 Bei der Berechnung wird unterstellt, dass alle Transporte im Nahverkehr mit dem Lkw vorgenommen wurden. Die Anzahl der Bahn- und Binnenschifftransporte konnte somit auf die Fernverkehre übertragen werden.

318 Der Leistungsbereich des Spediteurs spiegelt die grundsätzliche Bereitschaft zur Nutzung des entsprechenden Verkehrsmittels wider. Der Leistungsschwerpunkt entspricht einer Nutzung des Verkehrsmittels von mindestens 50%. Diese Definition erlaubt folglich zwei Leistungsschwerpunkte je Spedition. Die Prozentangaben in den entsprechenden Feldern müssen sich folglich nicht zu 100% aufsummieren.

BSL-Statistik liegen, sind die Angaben zur generellen Nutzung der beiden Verkehrsmittel weit über den Angaben des BSL aus 2000.[319] Hieraus lässt sich die wachsende Bereitschaft der Speditionen ableiten, ihr Leistungsspektrum auszuweiten und vermehrt die Bahn und das Binnenschiff zur Durchführung von Teilstücken der Transporte zu nutzen.

Vergleicht man die Verkehrsmittelnutzung der west- und der ostdeutschen Spediteure, so lässt sich festhalten, dass 100% der ostdeutschen Speditionen Lkw-Verkehre als Leistungsschwerpunkt betreiben, während in Westdeutschland 4,6% der befragten Spediteure angegeben haben, den Lkw nicht schwerpunktmäßig zu nutzen. Immerhin 80,5% der ostdeutschen Spediteure betreiben ausschließlich Lkw-Verkehre. Der Anteil der reinen Lkw-Spediteure in Westdeutschland liegt zehn Prozentpunkte unter dem in Ostdeutschland. Das zweite Ergebnis aus dem Vergleich west- und ostdeutscher Speditionen ist die intensivere Nutzung der Bahn – 20,9% zu 9,1% – und des Binnenschiffs – 18,4% zu 14,3% – in Westdeutschland.[320] Für die ökonometrische Analyse im sechsten Kapitel lässt sich somit die These aufstellen, dass die KV-Wahlwahrscheinlichkeit negativ beeinflusst wird, wenn die Spedition aus Ostdeutschland stammt.

Tabelle 5.9: Korrelationskoeffizienten zwischen dem Anteil kfm. Mitarbeiter und dem Modal-Split-Anteil bodengebundener Verkehrsträger

		Modal-Split-Anteil		
		Lkw	Bahn	Binnenschiff
Anteil kfm. Mitarbeiter	insgesamt	-0,3198	0,2324	0,2483
	große Spedition	-0,2649	0,2192	0,1803
	kleine Spedition	-0,3434	0,2401	0,2810

Ferner lässt sich die These aufstellen, dass die KV-Wahlwahrscheinlichkeit mit dem Anteil kfm. Mitarbeiter in der Spedition steigt. Betrachtet man den Korrelationskoeffizienten zwischen dem Anteil kfm. Mitarbeiter in den befragten Speditionen und dem jeweiligen Modal-Split-Anteil des Lkw, so ist das Vorzeichen negativ. Hingegen haben die Korrelationskoeffizienten zwischen dem Anteil kfm.

319 Vgl. BSL (2000), S. 10.

320 Diese Ergebnisse lassen sich vermutlich auf die schlechteren infrastrukturellen Voraussetzungen bei der Bahn und Binnenschifffahrt in Ostdeutschland zurückführen. Beispielsweise verbindet der Rhein als Hauptverbindungsachse mit sämtlichen schiffbaren Nebenflüssen zahlreiche Industriezentren in Mittel- und Süddeutschland mit den großen internationalen Seehäfen Europas. Durch die großen Transportvolumen auf dieser Relation können fahrplanmäßige Verkehre zwischen den See- und den Binnenhäfen angeboten werden, die das Schiff zu einer interessanten Alternative zum Lkw werden lässt. Noch deutlicher ist der Unterschied zwischen ost- und westdeutschen Speditionen in der Bahnnutzung. Vergleicht man die räumliche Dichte der Umschlagbahnhöfe und Güterverkehrszentren, so liegt diese in Westdeutschland deutlich über der in Ostdeutschland. Vgl. BMVBW (2001a), S. 8. Dementsprechend ist die Möglichkeit zur Bahnnutzung in Ostdeutschland deutlich eingeschränkt.

Mitarbeiter und dem Modal-Split-Anteil der Bahn und des Schiffs ein positives Vorzeichen.

5.3.2.2 Verkehrsmittelnutzung – Lkw vs. kombinierter Verkehr

Wie bereits im Abschnitt zum Aufbau des Fragebogens dargestellt, wurde im Rahmen dieser Arbeit insbesondere nach den Kenntnissen über den KV und dessen Nutzung gefragt. Die Ergebnisse dieser zusätzlichen Frage zur allgemeinen Verkehrsmittelnutzung unterstreichen die einseitige Verkehrsmittelwahl deutscher Spediteure. Obwohl sich der KV aus theoretischer Sicht die Vorteile der verschiedenen Verkehrsmittel zu Nutze macht, wird auch diese spezielle Art der Bahn- und Schiffsnutzung als Verkehrsmittel im Hauptlauf des KV größtenteils abgelehnt. 67,3% der insgesamt 716 befragten Spediteure gaben an, bisher keine Erfahrungen mit dem KV gesammelt zu haben und sich darüber hinaus auch nicht über diese Alternative informiert zu haben. Weitere 6,8% der Spediteure haben den KV bisher zwar noch nicht genutzt, sich aber schon einmal über die Angebote der KV-Operateure informiert. Lediglich ein Viertel aller 716 befragten Spediteure haben den KV bereits genutzt. Sechs Unternehmen machten keine Angaben.

In der Gruppe der Spediteure, die sich bisher noch nicht einmal über den KV informierten, betrieben 73,2% den im Abschnitt 5.3.3 beschriebenen Transport im Selbsteintritt. Die übrigen übergaben die Transportdurchführung an einen Frachtführer. Wie in Abschnitt 5.3.3.1 zu sehen sein wird, betrieben 103 der insgesamt 716 befragten Spediteure den ausgewählten Transportfall kombiniert. Bei 179 Spediteuren, die den KV in der Vergangenheit bereits nutzten, entspricht dies einem Anteil von 57,5%.

Tabelle 5.10: KV-Erfahrung und -Kenntnisstand

KV-Nutzung	insgesamt	West-Speditionen	Ost-Speditionen	Große Speditionen	Kleine Speditionen
Ja	25,00%	26,06%	16,46%	28,89%	23,69%
Nein, aber informiert	6,84%	7,06%	5,06%	7,78%	6,53%
Nein	67,32%	65,93%	78,48%	61,67%	69,22%
Summe	*99,16%*	*99,05%*	*100,00%*	*98,34%*	*99,44%*
Keine Angabe	*0,84%*	*0,95%*	--	*1,66%*	*0,56%*
Gesamtsumme	716	637	79	180	536

Tabelle 5.10 stellt die KV-Erfahrung und den Kenntnisstand der befragten Speditionen in Abhängigkeit der Unternehmenscharakteristika dar. Untersucht man die KV-Erfahrung oder -Kenntnisse nach den charakteristischen Merkmalen der Speditionen, so zeigt sich auf einem 1%-Signifikanzniveau, dass der Anteil derer, die den KV bereits als Verkehrsmitteloption gewählt haben, bei der Gruppe der ostdeutschen Speditionen geringer als bei allen Speditionen in der Grundgesamtheit ist. Ebenso verhält es sich in der Klasse derer, die den KV zwar noch nicht genutzt, sich aber über KV-Angebote informiert haben. Hier kann man den Unterschied auf einem 5%-Signifikanzniveau nachweisen.

Untersucht man die KV-Erfahrung in Abhängigkeit von der Unternehmensgröße, so zeigt sich das gleiche Bild wie bei der Abhängigkeit vom Speditionsstandort. Auch hier kann man für beide Antwortkategorien auf einem 5%-Signifikanzniveau feststellen, dass die Anteile bei den großen Speditionen über dem der gesamten Stichprobe liegen. Somit wird die im vorherigen Abschnitt aufgestellte These zum Einfluss des Unternehmensstandortes auf die KV-Wahlwahrscheinlichkeit untermauert. Darüber hinaus lässt sich die These aufstellen, dass große Unternehmen einen signifikant positiven Einfluss auf die KV-Wahlwahrscheinlichkeit haben.

5.3.2.3 Nationale vs. europäische Transporte

Die Internationalisierung der Produktions- und Absatzmärkte führt in der Transportwirtschaft zu einer immer stärkeren Bedeutung der grenzüberschreitenden Verkehre. Vermehrt konzentrieren sich die Speditionen deshalb auch auf diesen Wachstumsmarkt, der aufgrund der langen Transportentfernungen prädestiniert für den KV ist. Im Rahmen dieser Untersuchung wurden die Spediteure deshalb gefragt, wie groß der Anteil nationaler und europäischer Transporte in ihrem Unternehmen ist. 72,7% der befragten Speditionen gaben an, europäische Transporte zu disponieren. Bei 35,4% der Speditionen sind sogar mehr als 50% aller Transporte dieser Kategorie zuzuordnen. Würde man neben den europäischen auch die interkontinentalen Transporte berücksichtigen, so wäre der Anteil der internationalen Verkehre vermutlich noch höher.[321] Verglichen mit den Zahlen aus der BSL-Statistik setzt sich der anhaltende Trend zur Internationalisierung der Speditionsaktivitäten demnach fort. Nach Angaben des Bundesverbands führten in 2000 68% der Spediteure internationale Transporte durch, 33% gaben dies als Leistungsschwerpunkt ihrer Tätigkeit an.[322]

Bezogen auf die Unternehmensgröße zeigt sich, dass insbesondere große Speditionen eine internationale Ausrichtung haben. So betreiben 81,7% dieser Speditionen europäische Transporte. Bei den kleinen Speditionen ist die internationale Ausrichtung ihrer Transportdienstleistungen nicht so deutlich ausgeprägt. Rund 30% dieser Speditionen führen nach eigenen Angaben keinerlei europäische Transporte durch. Betrachtet man jedoch die Leistungsschwerpunkte in den jeweiligen Speditionen, so kehrt sich das Verhältnis um. 53,2% der kleinen Speditionen, die international tätig sind, geben europäische Verkehre als ihren Leistungsschwerpunkt an. Bei großen Speditionen sind es jedoch nur 37,1%, die

---

321 Die Importe und Exporte zwischen der BRD und den übrigen europäischen Ländern haben einen Anteil von 71% am weltweiten Außenhandel Deutschlands. Vgl. StaBA (2004b). Zwar muss nicht zwingend davon ausgegangen werden, dass ein größerer Anteil der Speditionen internationale Verkehre disponiert, wenn alle internationalen Transporte berücksichtigt werden, doch wird innerhalb der Gruppe der international agierenden Speditionen der Anteil derer steigen, die internationale Transporte als Leistungsschwerpunkt betreiben.

322 Vgl. BSL (2000), S. 10f.

vorwiegend europäische Transporte betreiben. Ein Grund hierfür ist der größere Anteil interkontinentaler Verkehre im Angebotsspektrum großer Speditionen, der den Anteil europäischer Verkehre am Gesamtaufkommen reduziert.

Tabelle 5.11: Transporthäufigkeit und -struktur befragter Unternehmen pro Woche

		europäische Transporte			
		0	1 – 50	51 – 250	> 250
Transporte insgesamt	1 – 50	82	159	--	--
	51 – 250	77	109	104	--
	> 250	27	31	46	48

Tabelle 5.11 ordnet die befragten Unternehmen nach deren Gesamttransportanzahl und der Anzahl europäischer Transporte pro Woche ein. Es ist aus der Tabelle zu entnehmen, dass der Anteil der ausschließlich national agierenden Speditionen mit der Transportanzahl pro Woche abnimmt. Während der Kategorie „keine europäischen Transporte" noch 34% der Speditionen mit 50 Transporten und weniger pro Woche zuzuordnen sind, sind es in der Kategorie mit mehr als 250 Transporten pro Woche nur noch 17,8%. Neben der für große Speditionen dringend erforderlichen Beteiligung am stark boomenden europäischen Güterverkehrsmarkt ist jedoch auch ein gegenläufiger Effekt zu erkennen. Der Anteil der europäischen Transporte am gesamten Transportaufkommen der Unternehmen nimmt mit der Speditionsgröße ab. Während in der Größenkategorie von 50 Transporten pro Woche und weniger noch 22,8% der Spediteure ausschließlich europäische Transporte disponieren, sind es in der Klasse mit 51-250 Transporten 11,7% und in der Klasse der Speditionen mit 250 Transporten und mehr 7,9%. Fasst man diejenigen Unternehmen zusammen, die vorwiegend europäische Verkehre organisieren, so sind es in den entsprechenden Größenklassen 37,3%, 37,2% und 28,3%.

5.3.3 Charakterisierung der ausgewählten Transportrelationen

Die im Rahmen dieser Arbeit von den befragten Speditionen ausgewählten Transportrelationen lassen sich anhand verschiedener Merkmale klassifizieren, die nach Abschnitt 3.3 die Verkehrsmittelwahl beeinflussen. Entsprechend dem Fragebogenaufbau werden die charakteristischen Transportmerkmale im Folgenden dargestellt. Hierzu erfolgt zuerst eine Spezifikation der Transportstruktur und der Rahmenbedingungen der Transportrelation. Die zu untersuchenden Merkmale beziehen sich dabei auf den Typ und den Standort der jeweiligen Verlader und Empfänger sowie auf die sich daraus ergebenden Transportentfernungen. Anschließend sollen die Produkteigenschaften der zu befördernden Güter beschrieben werden. Zentral in diesem Abschnitt ist die Darstellung des Verkehrsmittelwahlverhaltens der Spediteure. Entsprechend der zur Auswahl stehenden Verkehrsmitteloptionen werden die Transporte unterschieden in begleitete und unbegleitete kombinierte Verkehre, Lkw-Verkehre im Selbsteintritt und in Lkw-Verkehre durch Dritte.

5.3.3.1 Beschreibung der ausgewählten Quelle-Ziel-Relationen

Klassifizierung der Verlader und Empfänger

Zur Beschreibung des Verladers und des Empfängers standen den Spediteuren bei der Befragung folgende Optionen zur Auswahl: Industrieunternehmen, Handelsunternehmen, Speditionslager, Privatpersonen und sonstige Einrichtungen. Aus diesen Optionen lassen sich die unterschiedlichsten Arten von Quelle-Ziel-Relationen ableiten.[323] Tabelle 5.12 gibt einen Überblick über die Anzahl der Transporte, die den unterschiedlichen Verlader-Empfänger-Kombinationen zuzuordnen sind.

Bei 68,5% aller in der Umfrage erhobenen Transporte ist der Verlader ein Industrieunternehmen. Mit 67,3% erfolgt der Großteil dieser Verkehre zwischen zwei Industrieunternehmen, weitere 20,9% als Distributionsverkehr zwischen Industrie- und Handelsunternehmen. Der Direktbelieferungsverkehr zum Endkunden (2,5%), der Transport zum Speditionslager (7,3%[324]) sowie der Transport zu Empfängern sonstiger Art (2,1%) spielen bei den Transporten, die von Industrieunternehmen ausgehen, eine untergeordnete Rolle. In 13,7% aller Transportfälle dieser Erhebung ist der Verlader ein Handelsunternehmen. Bei diesen Transporten haben wiederum rund 67,9% ein Handelsunternehmen, 22,6% ein Industrieunternehmen und nur 2,9% einen Endkunden als Empfänger der Ware angegeben. Ein für die Verkehrsmittelwahl interessanter Bereich sind die Transporte, die von einem Speditionslager ausgehen. Diese Verkehre können in der Regel so konzipiert werden, dass das Zeitfenster für den Transport zum Empfänger nicht den Engpass für die Verkehrsmittelwahl darstellt.[325] Rund 30% dieser Transporte gehen direkt in die Produktion von Industrieunternehmen, 25,2% werden zu Handelsunternehmen transportiert und 38,5% sind Verkehre zu anderen Lagerstätten bzw. Häfen. 3,1% aller Transporte sind Verkehre zwischen Privatpersonen und Endkunden. Diese Transporte gehören ausnahmslos der Kategorie der Umzugsverkehre an, disponiert und durchgeführt von Möbelspeditionen.[326]

---

323 Zur Klassifizierung der Quelle-Ziel-Relationen vgl. Speidel, V. (2000), S. 120ff.

324 Hiervon sind wiederum 1,5% der Transporte zu Umschlagplätzen der Speditionen in Überseehäfen.

325 Vgl. hierzu die Ausführungen in Abschnitt 5.3.4.2.

326 Für die ökonometrische Analyse der Verkehrsmittelwahl ist eine Eingrenzung der 25 Verlader-Empfänger-Kombinationen erforderlich. Vgl. hierzu die Ausführungen in Abschnitt 6.1.

Tabelle 5.12: Arten der Quelle-Ziel-Relationen

Quelle-Ziel-Relation		Empfänger: Industrieunternehmen	Handelsunternehmen	Spedition / Hafen	Endkunde	Sonstige	*Summe*
Verlader	Industrieunternehmen	46,1%	14,3%	5,0%	1,7%	1,4%	68,5%
	Handelsunternehmen	3,1%	9,3%	0,9%	0,4%	--	13,7%
	Spedition	4,0%	3,4%	5,2%	0,6%	0,3%	13,5%
	Privat	--	--	--	3,1%	--	3,1%
	Sonstige	0,3%	--	0,3%	--	0,6%	1,2%
	Summe	53,5%	27,0%	11,4%	5,8%	2,3%	699

Geographische Strukturen der Quelle-Ziel-Relationen

In der Umfrage wurde bevorzugt nach europäischen Verkehren gefragt. Sofern die befragte Spedition in den vergangenen fünf Arbeitstagen keine innereuropäischen bodengebundenen Transporte durchgeführt hatte, sollte eine nationale Relation angegeben werden. Das Resultat dieser Vorgabe ist die folgende Aufteilung der angegebenen Verkehre: 51,4% der 716 Transporte sind europäische, 48,0% sind nationale Verkehre. 0,6% Unternehmen haben keine Angaben zur Quelle-Ziel-Relation gemacht und ein Spediteur gab einen interkontinentalen Verkehr an.

Eine detaillierte Aufschlüsselung der erhobenen europäischen Verkehre zeigt, dass bei 4,1% der Transporte sowohl der Verlader- als auch der Empfängerstandort im europäischen Ausland liegen. Bei den übrigen 95,9% der europäischen Verkehre befindet sich entweder der Verlader- oder der Empfängerstandort in Deutschland. Die Aufteilung in Im- und Exporte ist stark exportlastig. In der Erhebung waren 88,7% der europäischen Verkehre Exporte, 11,3% Importe.[327]

Analysiert man die Gruppe der europäischen Transporte weiter, so zeigt sich, dass 75,8% der Verkehre in den EU15-Ländern erfolgten. Weitere 7,1% wurden

327 Zumindest bei den Spediteuren, die den Transport im Selbsteintritt oder mit eigenen Ladeeinheiten betreiben, entspricht diese Aufteilung nicht den tatsächlichen Transportaktivitäten. Diese Spediteure sind aus Kostengründen daran interessiert, den Lkw oder die Ladeeinheit nicht ohne Beladung zurückfahren zu lassen. Deshalb müsste man erwarten, dass der Importanteil ähnlich groß ist wie der Exportanteil. Die Verteilung der europäischen Transporte in Im- und Exporte dürfte somit ein rein zufälliger Effekt sein.

zwischen Deutschland und der Schweiz oder Norwegen durchgeführt.[328] Nur 6,3% der europäischen Transportrelationen sind Verkehre zwischen Deutschland und den zehn neuen EU-Mitgliedern. Diese Verteilung entspricht der Handelsverflechtung der Bundesrepublik Deutschland innerhalb der EU15-Länder inklusive Schweiz und Norwegen. Lediglich die Verkehre zwischen der EU15 und den neuen Mitgliedsländern liegen in der Erhebung etwas über den Werten aus den offiziellen Statistiken.[329] Die Erhebung spiegelt die tatsächliche Handelsverflechtung gut wider und kann somit als repräsentativ angesehen werden.

Tabelle 5.13: Im- und Exporte der ausgewählten Transportrelationen

	EU15-Länder			sonstiges Europa	
Zwischen Deutschland und ...	Export	Import	Zwischen Deutschland und ...	Export	Import
Belgien	19	3		Neue EU-Länder	
Dänemark	1	1	Lettland	1	1
Finnland	3	0	Litauen	1	0
Frankreich	63	6	Polen	4	5
Griechenland	3	1	Slowenien	3	0
Italien	61	10	Tschechien	5	1
Irland	0	0	Ungarn	2	0
Luxemburg	1	0		Nicht-EU-Länder	
Niederlande	24	5	Norwegen	5	0
Österreich	29	0	Russland	6	1
Portugal	2	0	Schweiz	18	3
Schweden	10	1	Türkei	9	1
Spanien	30	1	sonstige	8	0

Tabelle 5.13 stellt die Anzahl der Transporte zwischen Deutschland und den europäischen Handelspartnern dar. Sie zeigt, dass 70,6% der erhobenen EU-Transporte Verkehre zwischen Deutschland und den Ländern entlang der Haupthandelsachse in Europa erfolgen.[330] Dabei hat Frankreich als größter Außenhandelspartner der Bundesrepublik einen Anteil an den in der Erhebung genannten

328 Die Verkehre in Richtung Norwegen sind ebenso wie die Transporte zwischen Deutschland und Finnland bzw. Schweden als unimodale Lkw-Transporte durchführbar. Zum einen ist es möglich, den Transport über die baltischen Staaten zu betreiben. Zum anderen kann der Transport auch über die Öresund- und die Storebelt-Brücken erfolgen. Deshalb werden die Skandinavienverkehre im Gegensatz zu den Transporten in Richtung Großbritannien nicht aus der Analyse ausgeschlossen.

329 Vgl. Bjornland, D. (2000), S. 38ff.

330 Der Haupthandelskorridor Europas erstreckt sich entlang des Schiffskorridors beginnend in England über die Rheinlinie in die Schweiz und weiter bis nach Norditalien. Vgl. Brunet, R. (2002).

EU15-Transporten von 24,7%, Belgien und die Niederlande zusammen 18,3% und Italien – als zweitgrößter Außenhandelspartner – 25,4%.

Transportentfernungen

Insgesamt wurde im Rahmen der erhobenen Transporte eine Transportentfernung von ca. 525.000 km zurückgelegt. Dies ergibt eine mittlere Transportentfernung von 745 km. Auf nationalen Relationen ist die mittlere Transportentfernung 464 km, bei internationalen Verkehren 1.014 km.

Tabelle 5.14: Straßentransportentfernungen der ausgewählten Relationen

Entfernungsklassen	gesamt	davon national	davon international
1 - 149	2,84%	65,00%	35,00%
150 - 499	34,94%	70,73%	29,27%
500 - 749	28,98%	63,73%	36,27%
750 - 999	13,64%	27,08%	72,92%
1000 - 1499	10,65%	--	100,00%
1500 -	8,95%	--	100,00%
Total	704	343	361

In Tabelle 5.14 sind die von den Spediteuren ausgewählten Transportrelationen abgebildet, klassifiziert in sechs Entfernungsklassen. Die Entfernungsklassen beziehen sich auf die Distanzen des Straßenverkehrs. Die Grenze zwischen der ersten und zweiten Entfernungsklasse entspricht der Definition für die Mindestentfernung eines Fernverkehrs. Die Grenzen der übrigen Entfernungsklassen folgen der Einteilung der „Internationalen Vereinigung der Gesellschaften für den kombinierten Verkehr Schiene – Straße“ (UIRR).[331]

Für die ökonometrische Analyse der Verkehrsmittelwahl im Fernverkehr müssen 20 Transportfälle mit einer Entfernung von unter 150 km per Definition ausgeschlossen werden. Für den KV als wirtschaftlich lohnend wird üblicherweise eine Mindestentfernung von 500 km angesehen.[332] Bei Transporten mit einer geringeren Entfernung ist die Intermodalität nur unter besonderen Rahmenbedingungen interessant. Diese These wird auch von den Ergebnissen dieser Arbeit gestützt. Von den 246 Transporten mit einer Transportentfernung zwischen 150 und 500 km werden nur 5,7% im KV betrieben, bei den Transporten über 500 km sind es 20,1% der Verkehre.

In der ökonometrischen Analyse zur KV-Wahlwahrscheinlichkeit im sechsten Kapitel können demnach zwei Thesen überprüft werden. Zum einen gilt es die These zu überprüfen, dass die Transportentfernung als stetige Variable einen positiven Einfluss auf die Wahlwahrscheinlichkeit des KV hat. Zum anderen sollte

---

331 Vgl. Wenger, H. (2001), S. 114ff.

332 Vgl. Wenger, H. (2001), S. 204.

ökonometrisch analysiert werden, ob sich eine Transportentfernung von über 500 km – abgebildet in einer Dummy-Variablen – positiv auf die KV-Wahlwahrscheinlichkeit auswirkt.

70,7% der Fernverkehre unter 500 km erfolgen auf nationalen Relationen. Aufgrund der geographischen Ausdehnung der Bundesrepublik Deutschland und der Lage der großen Wirtschaftszentren liegt der Anteil der nationalen Verkehre mit einer Mindesttransportentfernung von 500 km bei 35,6% aller Ferntransporte dieser Kategorie. 64,4% der Verkehre mit einer Mindesttransportentfernung von 500 km erfolgen somit auf internationalen Relationen. Bei diesen Transporten ist der Anteil des KV mit 24,7% mehr als doppelt so groß wie der der nationalen Verkehre über 500 km. Bei diesen Verkehren liegt der KV-Anteil bei 10,2%.

Vergleicht man die Transportentfernung der Lkw-Verkehre mit den entsprechenden kombinierten Verkehren, so zeigt sich, dass bei den KV-Transporten im Mittel eine größere Distanz zurückgelegt werden muss. Beim nationalen Verkehr ist die KV-Transportentfernung durchschnittlich um 60 km, im internationalen Verkehr um 291 km länger. Ursache hierfür ist das im Vergleich zum Straßennetz weniger dicht ausgebaute Terminal- und Schienennetz und der Leitungsweg der jeweiligen KV-Angebote.

Tabelle 5.15: Differenz der Transportentfernungen der Verkehrsmittel

Differenz KV- zu Lkw-Transportentfernung		gesamt	davon	
			national	international
KV Entfernung ist kürzer	x ≤ -10,0%	2,15%	0,00%	100,00%
	-10,0% < x ≤ 0,0%	8,03%	48,21%	51,79%
Lkw Entfernung ist kürzer	0,0% < x ≤ 10,0%	31,28%	62,39%	37,61%
	10,0% < x ≤ 20,0%	22,67%	53,16%	46,84%
	20,0% < x ≤ 50,0%	23,53%	45,73%	54,27%
	x > 50, %	12,34%	19,77%	80,23%
	Total	697	339	358

Wie Tabelle 5.15 zeigt, haben nur 10,2% der KV-Alternativen eine im Vergleich zum Lkw kürzere Transportentfernung. Zwei Drittel dieser Verkehre sind jedoch nur um maximal 5% kürzer. Nur in wenigen Fällen fällt der Unterschied zwischen den beiden Verkehrsmitteln deutlich zugunsten des KV aus. Diese Verkehre erfolgen ausnahmslos zwischen Deutschland und Skandinavien oder dem Baltikum, so dass die große Differenz auf die Umfahrung der Ostsee per Lkw zurückzuführen ist. In 58,5% der 697 vergleichbaren Transportfälle hat hingegen der KV eine mindestens 10% längere Transportentfernung als der entsprechende Lkw-Transport. In 21,1% dieser Fälle überschreitet die zusätzlich erforderliche Fahrleistung im KV die eigentliche Lkw-Transportentfernung um mindestens 50%.

Tabelle 5.16: Verhältnis der KV-Entfernung zur Lkw-Entfernung

gewähltes Verkehrsmittel	Anzahl Beobachtungen	Entfernungsverhältnis KV zu Lkw		
		arithmet. Mittel	Minimalwert	Maximalwert
KV	100	1,137	0,639	1,788
Lkw	597	1,312	0,822	3,966

Tabelle 5.16 stellt das Entfernungsverhältnis zwischen dem KV und dem Lkw in Abhängigkeit von der gewählten Verkehrsmittelalternative dar. Die Tabelle zeigt, dass dieses Entfernungsverhältnis bei den Transporten, die im KV betrieben wurden, im Mittel kleiner ist als bei den Transporten, die mit dem Lkw erfolgten. Dieser Zusammenhang lässt sich auf einem 1%-Signifikanzniveau nachweisen. Für die Untersuchung der KV-Wahlwahrscheinlichkeit könnte somit die These formuliert werden, dass sich das Entfernungsverhältnis KV zu Lkw negativ auf die KV-Wahlwahrscheinlichkeit auswirkt. Da die Transportentfernung jedoch mit dem Qualitätsprofil der Verkehrsmittel und hierbei insbesondere mit der Transportdauer korreliert ist, wird diese These im sechsten Kapitel dieser Arbeit nicht überprüft.[333]

5.3.3.2 Eigenschaften der beförderten Güter und Transportaufkommen

Transportierte Güter

Wie in Abschnitt 5.2.1 beschrieben, wird in dieser Arbeit eine vom Statistischen Bundesamt abweichende Einteilung der Gütergruppen vorgenommen.[334] Für die Frage der Verkehrsmittel ist eine Klassifizierung in die Gütergruppen Massengut, schweres, sperriges Ladungsgut, Kaufmannsgut und Lebensmittel ausreichend. Bedeutender für das Verkehrsmittelwahlverhalten sind die Produkteigenschaften. Sie definieren die Anforderungen an das für den Transport ausgewählte Verkehrsmittel.[335] Tabelle 5.17 stellt die Produkteigenschaften und die Güterklassifi-

---

333 Zur Untersuchung der Auswirkung des Qualitätsprofils auf die KV-Wahlwahrscheinlichkeit vgl. Abschnitt 5.3.5.

334 Hierfür gibt es zwei Gründe. Einerseits orientiert sich die Klassifizierung an veralteten Produktstrukturen der Wirtschaft mit Schwerpunkt auf Massengüter wie Kohle, Mineralölerzeugnisse oder Steine und Erden. Wie in Abschnitt 3.1.2 beschrieben, werden diese Verkehre üblicherweise im unimodalen Bahn- oder Binnenschiffsverkehr durchgeführt und nicht von Spediteuren disponiert. Andererseits sind die KV-relevanten Gütergruppen wie beispielsweise „Fahrzeuge, Maschinen, Halb- und Fertigwaren“ sehr heterogen, so dass aus der Produktgruppenzugehörigkeit nicht auf die Anforderungen an das Verkehrsmittel geschlossen werden kann.

335 Vgl. Voigt, F. (1973), S. 111.

zierungen der beförderten Güter dar und setzt sie in Beziehung zu den Güterklassen.

2,9% der 716 Spediteure, die sich an der Umfrage beteiligten, gaben keine Auskunft zu diesen Fragen. Von den übrigen 695 Spediteuren gaben 21,6% der befragten Spediteure an, Massengüter wie verschiedene Arten von Schütt- oder Flüssiggütern befördert zu haben. Der relativ große Anteil an Massenguttransporten ist für Speditionen untypisch.[336] Bei den restlichen 78,4% der erhobenen Transportfälle wurden die für Spediteure typischen Gütergruppen – Kaufmannsgut, schweres sperriges Ladungsgut und Lebensmittel – transportiert. So sind in 57,6% der 545 Transportfälle mit spediteurstypischen Gütergruppen Kaufmannsgüter befördert worden. Weitere 29,4% dieser Transporte gehören der Kategorie schwere, sperrige Ladungsgutverkehre, weitere 13,0% den Lebensmitteltransporten an.

Tabelle 5.17: Güterklassen und Gütereigenschaften

		davon Güter				
	insgesamt	ohne entsprechende Gütereigenschaften	ausschließlich Gefahrgut	ausschließlich verderbliches Gut	ausschließlich zerbrechliches Gut	Kombination der Gütereigenschaften
Kaufmannsgut	*45,2%*	27,9%	2,6%	0,7%	10,5%	3,5%
Lebensmittel	*10,2%*	2,3%	--	5,2%	1,2%	1,5%
schweres, sperriges Ladungsgut	*23,0%*	17,1%	0,4%	--	5,3%	0,2%
Massengut	*21,6%*	14,4%	2,6%	0,6%	2,4%	1,6%
insgesamt	*695*	*61,7%*	*5,6%*	*6,5%*	*19,4%*	*6,8%*

Bei 31,5% der 695 Transportfälle wurde ein Gut befördert, das entweder ein Gefahrgut, ein verderbliches Gut oder ein zerbrechliches Gut war. In weiteren 6,8% der Transporte hatte das beförderte Gut mehrere der genannten Gütereigenschaften. Insgesamt wurden somit bei 61,7% der 695 Transporte Güter befördert, die keine der drei genannten Gütereigenschaften aufweisen. Die Anforderungen an das gewählte Verkehrsmittel sollten bei diesen Transporten somit ausschließlich

336 Vgl. BSL (2000), S. 10. Die Vermutung liegt deshalb nahe, dass die Unternehmen keine Spediteure entsprechend der WZ-Klassifizierung 63.40.1, sondern vielmehr Frachtführer im gewerblichen Güterverkehr sind. Der mit rund 80% hohe Anteil an Selbsteintritten in diesem Produktsegment bestätigt diese These.

durch die von den Verladern vorgegebenen Rahmenbedingungen definiert werden.[337] In den übrigen Fällen sind darüber hinaus auch die Eigenschaften der zu transportierenden Güter für die Verkehrsmittelwahl entscheidend. Die Gefahrguteigenschaft entscheidet in 10,3% aller Transportfälle über den erforderlichen Sicherheitsstandard des zu wählenden Verkehrsmittels. Bei 9,4% der Verkehre haben die zu transportierenden Güter aufgrund ihrer Verderblichkeit einen besonderen Einfluss auf das Wahlverhalten zugunsten eines schnellen Transportmittels. 25,8% der befragten Unternehmen gaben an, zerbrechliche Ware zu transportieren, was besondere Anforderungen bezüglich der Schadensfreiheit an das Verkehrsmittel stellt. Ob die genannten Gütereigenschaften tatsächlich den in der Literatur beschriebenen Einfluss auf die Güterverkehrsmittelwahl zwischen dem KV und dem Lkw haben, wird in der ökonometrischen Schätzung des sechsten Kapitels analysiert.

Transportaufkommen

Neben den Gütereigenschaften wurde in der Erhebung zu dieser Arbeit nach der Transportmenge gefragt. Die Spediteure sollten zum einen angeben, wie groß das beförderte Aufkommen war und zum anderen, ob der Transport als Komplett- oder als Sammelladungsverkehr erfolgte. 89,5% der 716 untersuchten Transporte wurden als Komplettladungsverkehr und nur 6,3% als Sammelladungsverkehr durchgeführt.[338] Die übrigen Speditionen gaben keine Auskunft zu dieser Frage, und auch aus der Transportmenge konnte nicht eindeutig auf eine der beiden Transportvarianten geschlossen werden.

Tabelle 5.18: Transportaufkommen der ausgewählten Transporte

Aufkommen	insgesamt	Sammelladungs-verkehr	Komplettladungs-verkehr	keine Angabe
0 – 10,0 Tonnen	208	5,3%	19,9%	3,9%
10,1 – 20,0 Tonnen	245	--	34,2%	--
20,1 – 26,0 Tonnen	209	--	29,2%	--
26,1 – 50,0 Tonnen	21	--	2,9%	--
50,1 – 100.0 Tonnen	4	--	0,6%	--
100,1 – ... Tonnen	5	--	0,7%	--
keine Angabe	24	1,0%	2,0%	0,3%
insgesamt	*716*	*6,3%*	*89,5%*	*4,2%*

Die Angaben zum Transportaufkommen sind in Tabelle 5.18 aufgelistet. Sie wurden in sechs Klassen eingeteilt. Die Grenze zwischen der dritten und vierten

337 Vgl. Trost, D. (1999), S. 99.

338 Die Sammelladungsverkehre müssen aufgrund der Definition des KV aus der ökonometrischen Analyse des sechsten Kapitels ausgeschlossen werden.

Aufkommensklasse stellt dabei die maximal mögliche Nutzlast eines für den Fernverkehr typischen 40t-Lkw oder einer äquivalenten Ladeeinheit dar.

Sammelladungsverkehre treten in dieser Erhebung nur in der Klasse bis zehn Tonnen auf. Verkehre mit mehr als zehn Tonnen Transportaufkommen sind ausnahmslos Komplettladungsverkehre. Bei 92,5% aller Transporte wird die maximale Transportkapazität eines für den Fernverkehr typischen 40t-Lkw oder einer entsprechenden Ladeeinheit nicht überschritten. Bezogen auf das Transportaufkommen wäre in 111 der erhobenen Transportfälle auch ein Lkw mit zulässigem Gesamtgewicht von 7,5 Tonnen ausreichend. Bei 66,7% dieser Transporte wurden dennoch Ladeeinheiten mit einer Nutzlast bis 26 Tonnen eingesetzt. Im Komplettladungsverkehr mit einem Transportaufkommen unter 10 Tonnen sind es sogar 70,2%. Dies kann auf eine Unterauslastung des Lkw oder aber auf den Transport eines Volumengutes hinweisen, das sich durch ein geringes Gewicht, aber einen großen Raumbedarf auszeichnet.

Obwohl das zulässige Gesamtgewicht für einen Lkw auf 40 Tonnen beschränkt ist, wurden in den Aufkommensklassen über 26 Tonnen Nutzlast weitere 18 Transporte mit nur einem Lkw oder mit einer Lkw-äquivalenten Ladeeinheit durchgeführt. In drei dieser Fälle wurden Wechselbehälter oder Container im KV befördert.[339] Bei den übrigen Transporten wurden Sattelauflieger genutzt. Diese Verkehre waren in drei Fällen der Kategorie der Schwertransporte mit Transportaufkommen über 45 Tonnen zuzuordnen. Aufgrund der Besonderheiten dieser Schwertransporte werden diese aus der ökonometrischen Schätzung der Verkehrsmittelwahl ausgeschlossen. In 12 Fällen mit einem Transportaufkommen über 26 Tonnen lag eine Sondererlaubnis zur Beförderung von Nutzlasten bis 30 Tonnen vor. Zuzüglich des Fahrzeuggewichts läge das zulässige Gesamtgewicht in diesen Fällen immer noch unter der gesetzlich zulässigen Obergrenze für den Vor- und Nachlauf auf der Straße von 44 Tonnen und wäre im KV somit ohne Sondererlaubnis durchführbar. Bei allen anderen Verkehren mit einer Nutzlast über 26 Tonnen wurde mehr als ein Lkw genutzt.

5.3.3.3 Verkehrsmittelwahl auf den ausgewählten Transportrelationen

Verkehrsmittelwahl im Überblick

Zur Erklärung der Verkehrsmittelwahl zwischen dem Lkw und dem KV mussten die befragten Spediteure angeben, mit welcher Alternative sie den zu beschreibenden Transportfall durchgeführt haben. Dabei standen ihnen mehrere Möglichkeiten zur Auswahl. Beim Lkw-Verkehr konnte zwischen dem Selbsteintritt und der Vergabe des Transportauftrages an einen deutschen oder ausländischen Frachtführer, beim KV zwischen dem unbegleiteten und dem begleiteten KV unterschieden

339 Aufgrund der gesetzlichen Sonderregelung im KV kann das zulässige Gesamtgewicht des Lkw im Vor- und Nachlauf auf der Straße auf 44 Tonnen erhöht werden. Vgl. hierzu BMVBW (2001a), S. 50.

werden. Dabei ist den Spediteuren eine beliebige Zusammenstellung der Verkehrsmittel im KV ermöglicht worden.

Tabelle 5.19: Art der Transportdurchführung

	Summe	Selbsteintritt	Frachtführer	kombinierter Verkehr
Lkw (Deutschland)	553	59,27%	18,40%	--
Lkw (Ausland)	56	--	7,87%	--
kombinierter Verkehr	103	--	--	14,47%
Summe	*712*	*59,27%*	*26,26%*	*14,47%*

Tabelle 5.19 gibt einen Überblick über die gewählten Verkehrsmittel. 85,5% der angegebenen Transporte wurden mit dem Lkw durchgeführt. In 39,5% dieser Fälle wurde dem Spediteur der Lkw als das zu nutzende Verkehrsmittel vorgeschrieben. 87,8% aller Lkw-Transporte wurden mit in Deutschland zugelassenen Fahrzeugen betrieben. Innerhalb dieser Gruppe sind 76,3% der Transporte im Selbsteintritt erfolgt. 26,3% der 712 befragten Speditionen, die Angaben zu dieser Frage machten, übergaben die Transportdurchführung an einen Lkw-Frachtführer. In 29,9% dieser Fälle wurden ausländische Frachtführer mit der Durchführung der entsprechenden Transporte betraut. 54,5% dieser Lkw-Transporteure stammen aus den osteuropäischen Ländern.

14,5% der 712 angegebenen Transporte wurden als KV-Transporte durchgeführt. Davon erfolgten 32,0% auf Wunsch des Verladers intermodal. Beim Lkw liegt der Anteil der Transporte, die auf Wunsch des Verladers mit dem Lkw betrieben wurden, bei 39,5%. Somit kann selbst auf einem Signifikanzniveau von 10% nicht verworfen werden, dass die Anteile gleich sind. Etwa zwei Drittel der KV-Transporte sind im unbegleiteten, ein Drittel im begleiteten KV betrieben worden. Die Verkehrsträgerkombination Lkw-Bahn ist mit 68,9% die am häufigsten genutzte Variante, gefolgt von der Kombination Lkw-Schiff in 26,2% aller KV-Fälle. Trimodale KV-Transporte haben einen verschwindend geringen Anteil (4,9%). Fasst man die Transporte zusammen, die im KV oder im fremdvergebenen Lkw-Verkehr betrieben wurden, so können 40,7% aller angegebenen Quelle-Ziel-Relationen der in Abschnitt 3.1.1 beschriebenen idealtypischen Transportstruktur zugerechnet werden.

Verkehrsmittelwahl entsprechend den Spediteurscharakteristika

Je nach Größenklasse und Hauptsitz der Spedition ist die in Tabelle 5.19 abgebildete Verkehrsmittelwahl unterschiedlich. Im Gegensatz zu kleinen Speditionen mit weniger als 50 Mitarbeitern ist der Anteil der Selbsteintritte in großen Speditionen geringer. Während 62,2% der kleinen Speditionen die Transporte im Selbsteintritt durchführten, sind es bei großen Speditionen nur 50,6%. Auf einem 5%-Signifikanzniveau kann somit gezeigt werden, dass sich der Anteil der Selbsteintritte in der Kategorie der großen und der kleinen Speditionen unterscheidet. Beim KV kann auf einem 10%-Signifikanzniveau hingegen nicht verworfen werden, dass sich die Anteile bei beiden Größenklassen unterscheiden. Die KV-Anteile liegen bei 14,6% für kleine und bei 13,9% für große Speditionen.

Unterschiede in der Verkehrsmittelwahl sind bei west- und ostdeutschen Speditionen zu finden. Ostdeutsche Speditionen betrieben in rund drei Viertel aller beschriebenen Transporte Lkw-Verkehre im Selbsteintritt, weitere 19,0% der Verkehre sind an deutsche, 3,8% an ausländische Frachtführer vergeben worden. Nur 5,1% der beobachteten Transporte ostdeutscher Speditionen erfolgten im KV. Westdeutsche Speditionen hingegen transportierten in 15,6% aller untersuchten Transportfälle intermodal. 8,4% der westdeutschen Speditionen betrieben Lkw-Verkehre mit ausländischen und 18,8% mit deutschen Frachtführern. 76,1% der westdeutschen Spediteure führten folglich Lkw-Verkehre mit deutschen Fahrzeugen durch. Dieser Anteil ist signifikant (α=1%) geringer als bei ostdeutschen Speditionen. Der Unterschied beträgt 15,0%.

Tabelle 5.20: Verkehrsmittelnutzung nach Spediteursklassifizierung

KV-Nutzung	insgesamt	West-Speditionen	Ost-Speditionen	Große Speditionen	Kleine Speditionen
Selbsteintritt	422	57,3%	72,1%	50,5%	61,8%
Frachtführer (Deutsch)	135	18,8%	19,0%	28,9%	15,4%
Frachtführer (Ausland)	56	8,3%	3,8%	6,7%	8,2%
unbegleiteter KV	70	10,5%	3,8%	11,1%	9,3%
begleiteter KV	33	5,1%	1,3%	2,8%	5,3%
Summe	716	89,0%	11,0%	25,1%	74,9%

Verkehrsmittelwahl nach geographischer Struktur der Quelle-Ziel-Relation

Untersucht man die Verkehrsmittelwahl entsprechend der geographischen Struktur der Quelle-Ziel-Relation, bestätigen sich die Erwartungen. Im nationalen Verkehr erfolgen 94,2% aller untersuchten Transportfälle mit in Deutschland zugelassenen Lkw, entweder im Selbsteintritt der Spediteure (79,0%) oder mit deutschen Frachtführern (21,0%). Keine der befragten Speditionen ließ den zu analysierenden Transport als Kabotageverkehr[340] durchführen. Das Ergebnis der Erhebung entspricht bei einer Irrtumswahrscheinlichkeit von 5% der der offiziellen Statistik, die einen Kabotageanteil bei Güterkraftverkehren in Deutschland von 0,5% Prozent ausweist.[341] Ausländische Frachtführer wurden in dieser Erhebung ausschließlich auf internationalen Relationen eingesetzt. In rund 80% der Fälle wurden sie bei den Transporten eingesetzt, bei denen sich entweder die Quelle oder das Ziel der Transportrelation in ihrem Heimatland befindet. Bei den übrigen Verkehren wurde in sieben der elf Fälle ein preisgünstiger osteuropäischer Frachtführer mit der Transportdurchführung betraut.

340 Der Kabotageverkehr ist definiert als ein Transport eines ausländischen Frachtführers auf einer inländischen Transportrelation. Vgl. Aberle, G. (2003), S. 80.

341 Vgl. Oberhausen, J. (2003), S. 2f.

Tabelle 5.21: Verkehrsmittelnutzung nach Quelle-Ziel-Relation

	Anzahl der Transportfälle	Lkw (Deutsch)	Lkw (Ausland)	Kombinierter Verkehr
nationaler Verkehr	344	94,2%	0,0%	5,8%
Westeuropaverkehr	121	81,8%	8,3%	9,9%
Osteuropaverkehr	48	29,2%	47,9%	22,9%
Nordeuropaverkehr	26	30,8%	3,8%	65,4%
Südeuropaverkehr	156	63,5%	10,9%	25,6%
sonstiger europ. Verkehr	15	46,7%	33,3%	20,0%

Tabelle 5.21 zeigt, dass der KV im Segment der nationalen Fernverkehre aufgrund der üblicherweise sehr kurzen Transportentfernungen einen geringen Marktanteil von 5,8% hat. Bei internationalen Verkehren ist der KV laut dieser Erhebung kein Nischenprodukt mehr. Hier liegt der KV-Anteil bei 22,7%. Der Anteil internationaler KV-Transporte bezogen auf alle KV-Transporte liegt in dieser Arbeit bei 80,6% und entspricht somit der Statistik des BMVBW.[342]

Aufgrund der geographischen Begebenheiten kommt dem KV auf einigen internationalen Relationen eine sehr große Bedeutung zu. Bedingt durch die erforderliche Ostseeüberquerung werden 76,2% aller im Rahmen dieser Umfrage erfassten Skandinavienverkehre kombiniert durchgeführt.[343] 68,8% dieser Transporte erfolgen als begleitete KV. Ähnlich wichtig ist der KV für Transporte in Richtung Italien. Hier stellen die Alpen einen geographisch bedingten Infrastrukturengpass für Lkw-Verkehre dar, der durch die anderen Verkehrsträger aufgefangen werden muss. In dieser Erhebung wurden beispielsweise 43,8% der angegebenen Verkehre zwischen Deutschland und Italien kombiniert durchgeführt.

Auf der West-Ost-Achse Europas ist der Anteil des KV im Allgemeinen geringer als auf der Nord-Süd-Achse. Zum einen sind zwischen Deutschland und den BeNeLux-Ländern oder Frankreich keine geographischen Hindernisse, die die Entwicklung des KV wie im Falle der Nord-Süd-Achse unterstützen könnten. Zum anderen sind die Transportentfernungen der Quelle-Ziel-Relationen für ein kompetitives KV-Angebot oft zu kurz.[344] In der Erhebung dieser Studie führte dies zu einem KV-Marktanteil bei Westeuropaverkehren von 9,9%. Wenngleich der Osteuropaverkehr für das bisherige Gesamtverkehrsaufkommen des KV kaum eine Rolle spielt, ist er in der Zukunft ein Wachstumsmarkt.[345]

In dieser Umfrage ist der KV-Anteil bei den Osteuropaverkehren mit 22,9% relativ hoch. Die Gründe hierfür sind vielfältig. Zwei KV-Transporte führen ins Bal-

---

342 Laut BMVBW (2001a), S. 13 liegt der Anteil bei rund 80%.

343 Es ist anzumerken, dass die Skandinavientransporte vorwiegend als begleiteter KV durchgeführt werden. Im Allgemeinen sind diese Fährverbindungen nicht dem KV gemäß der Definition in Abschnitt 3.2 zuzurechnen. In der Verkehrswissenschaft wird diese Verkehrsform dennoch zum KV gerechnet.

344 Vgl. Wenger, H. (2003), S. 116ff.

345 Vgl. Wenger, H. (2003), S. 117.

tikum. Hier ist der Seeweg bedeutend kürzer als die entsprechende Lkw-Verbindung und erfordert weniger zeitintensive Grenzübertritte. Vier KV-Transporte erfolgen zwischen Deutschland und der Türkei, einer zwischen Deutschland und Rumänien. Bei diesen Verkehren ist die Qualität der Straßeninfrastruktur schlecht. In Verbindung mit den zahlreichen Grenzübergängen und den damit verbundenen Wartezeiten führt dies zu einer im Vergleich zum KV verhältnismäßig langen Lkw-Transportdauer.[346]

Der Zusammenhang zwischen Verkehrsmittelwahl und Speditionsniederlassung in der Region des Empfängerstandortes

Zur Disposition eines unbegleiteten KV muss der Spediteur für jeden Teilabschnitt des Transports einen Frachtführer finden, der den Transport durchführt. Üblicherweise hat der mit dem Transport beauftragte Spediteur seinen Hauptsitz in der Nähe des Verladerstandortes, so dass er den Vorlauf selbst durchführen kann. Für den Hauptlauf greift er auf einen KV-Operateur zurück. Die Organisation des Nachlaufs stellt für die Spediteure ein Problem dar, die keine eigene Speditionsniederlassung oder keinen Kooperationspartner in der Region des Empfängers haben. In diesem Fall müsste der Spediteur auch einen Frachtführer für den Nachlauf organisieren, was den Dispositionsaufwand nochmals erhöht und die Zuverlässigkeit der Transportkette üblicherweise verringert.

Im Rahmen der Erhebung wurden die Spediteure deshalb gefragt, ob sie eine Niederlassung oder einen engen Kooperationspartner in der Region des Empfängers haben. 39,8% der 714 Speditionen, die diese Frage beantworteten, gaben an, dass dies bei ihnen der Fall ist. Betrachtet man jedoch nur die unbegleiteten KV-Transporte, so liegt der Anteil der Speditionen mit einer Niederlassung oder einem Kooperationspartner in der Region des Empfängers bei 62,9%. Bei einem 1%-Signifikanzniveau kann somit aufgezeigt werden, dass der genannte Anteil beim unbegleiteten KV über dem der gesamten Stichprobe liegt. Somit dürfte diese Variable einen positiven Einfluss auf die Verkehrsmittelwahl zugunsten des unbegleiteten KV haben. Tabelle 5.22 stellt die Verkehrsmittelwahl in Abhängigkeit von der Verfügbarkeit eines Kooperationspartners oder einer Niederlassung in der Region des Empfängers dar.

Tabelle 5.22: Kooperationspartner in Empfängerregion und Verkehrsmittelwahl

	Selbsteintritt	Frachtführer Deutsch	Frachtführer Ausland	unbegleiteter KV	begleiteter KV
Ja	30,1%	54,8%	44,6%	62,9%	*48,4%*
Nein	69,9%	45,2%	55,4%	37,1%	*51,6%*
Summe	***419***	***135***	***56***	***70***	***31***

346 Die erforderlichen Zolltätigkeiten werden beim KV bereits vor Abfahrt des Zuges durchgeführt, so dass die Grenzübertritte nur wenig Zeit erfordern.

5.3.4 Nachfrageebene der ausgewählten Transporte

5.3.4.1 Rahmenbedingungen der ausgewählten Transporte

Neben den bereits genannten charakteristischen Eigenschaften des jeweiligen Transports ermöglichen auch die von den Verladern vorgegebenen Rahmenbedingungen eine Klassifikation des Transports. Zu diesen Rahmenbedingungen zählen sowohl die vom Verlader gewünschten und vom Spediteur zu erbringenden Zusatzleistungen als auch der zeitliche Rahmen des Transports. Der zeitliche Ablauf eines Transportfalls umschließt nach Abbildung 5.3 nicht nur die Zeitspanne, die für den eigentlichen Transportvorgang zur Verfügung steht. Vielmehr beginnt der Transportfall mit der Beauftragung des Spediteurs und endet mit der Anlieferung der Ware beim Empfänger. Dabei sind die folgenden zeitlichen Vorgaben[347] von Bedeutung:

- Die Zeitspanne zwischen der Beauftragung des Spediteurs mit dem Transportauftrag und der Abholung der Ware beim Standort des Verladers. Sie definiert die für die Disposition des zu wählenden Verkehrsmittels maximal zur Verfügung stehende Zeit. Bei langfristigen Kooperationen zwischen dem Verlader und dem Spediteur werden manchmal bereits in den Rahmenverträgen Vereinbarungen über den zeitlichen Rahmen der Transporte abgeschlossen.[348] Dennoch erfolgt in diesen Fällen die Beauftragung des Spediteurs üblicherweise erst durch eine weitere, kurzfristige Absprache zwischen den beiden Vertragspartnern, in der dann lediglich noch die genauen Uhrzeiten für die Abholung und Anlieferung festgelegt werden.
- Die Zeitspanne für die Abholung der Ware beim Verlader. Dabei spielt nicht nur die Dauer der Zeitspanne, sondern auch die Tageszeit der Abholung eine entscheidende Rolle für die Verkehrsmittelwahl. Eine Abholung am späten Abend schließt häufig die Alternative des KV aus, da in diesem Fall der Lkw nicht mehr rechtzeitig beladen werden kann, um am selben Abend im Nachtsprung zum Verladeterminal starten zu können. Die Transportlaufzeit würde sich in diesem Fall um einen Tag verlängern.
- Die Zeitspanne, die zur Durchführung des eigentlichen Transports zur Verfügung steht. Üblicherweise erfolgen hier tagesgenaue Vorgaben. Bei nationalen Verkehren sind 24h-Lieferdienste die Regel. Ist ein Wochenende zwischen Abhol- und Anlieferungszeitpunkt, so erfolgt die Anlieferung für gewöhnlich am Montag. Internationale Verkehre sind, sofern es die Entfernung zwischen Verlader und Empfänger erlaubt, üblicherweise 48h-Lieferservices.

---

347 Zu den Rahmenbedingungen der Transporte zählen nur die im Folgenden aufgeführten Vorgaben. Die Transportdauer oder die Dispositionsdauer sind hingegen Leistungseigenschaften der Verkehrsmittel und gehören somit zu den Qualitätsaspekten der Transporte.

348 Beispielsweise kann vereinbart werden, dass der Transport zu einem bestimmten Empfänger einmal wöchentlich an einem bestimmten Arbeitstag erfolgen soll.

- Die Zeitspanne für die Anlieferung der Ware beim Empfänger. Sie entspricht konzeptionell der Zeitspanne zur Abholung der Ware beim Verlader. Ihr kommt jedoch eine bedeutendere Position zu. Neben den im Punkt zwei genannten Einflussfaktoren der Zeitspanne und der Tageszeit spielt bei der Anlieferung insbesondere auch die erforderliche Zuverlässigkeit eine entscheidende Rolle. Eine kurze Anlieferungszeitspanne in Verbindung mit einer gewünschten Just-in-Time-Warenanlieferung stellt die höchste Anforderung an die Anlieferungsmodalitäten.

Abbildung 5.3: Zeitliche Struktur eines Transportfalles

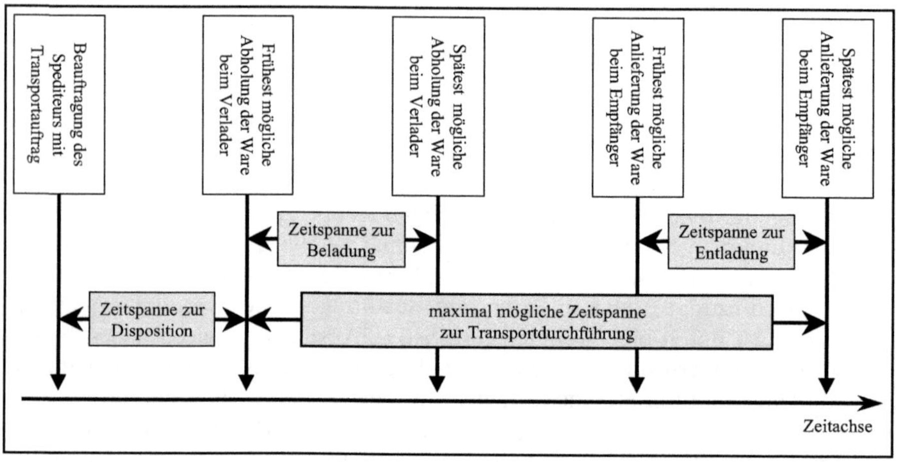

Im Folgenden sollen die zeitlichen Rahmenbedingungen und die Zusatzleistungen analysiert werden. Beginnen wird die Darstellung mit den vier Vorgaben zur zeitlichen Transportstruktur. Anschließend werden die Rahmenvereinbarungen zwischen dem Verlader und dem Spediteur dargestellt. Diese beziehen sich zum einen auf physisch zu erbringende Zusatzleistungen wie die Lagerhaltung, zum anderen auf zusätzliche Vertragsvereinbarungen, zu denen sich der Spediteur verpflichtet hat. Ferner wird in diesem Abschnitt die Dauer der Kundenbindung analysiert. Diese kann bei einer langfristigen Bindung an einen Spediteur und unter Berücksichtigung von dessen Modal Split einen Einfluss auf die Verkehrsmittelwahl in dem betrachteten Fall haben.

5.3.4.2 Zeitliche Rahmenvoraussetzungen der Transporte

Dispositionszeitspanne

Die Angaben zur Zeitspanne zwischen der Bestellung des Spediteurs und der Abholung der Ware beim Verlader bewegen sich zwischen einer Stunde und 10 Tagen. In dieser Zeit muss der Spediteur die gesamte Transportdisposition erbringen. Insbesondere muss er sich für das Verkehrsmittel entscheiden, mit dem der Transport durchgeführt werden soll. Die absolute Mehrheit der Spediteure wird maximal einen Arbeitstag vor der Abholung der Ware beim Verlader über die Transportbedingungen informiert. In 9,1% aller Transportfälle verbleiben dem Spediteur maximal sechs Stunden Zeit, den eingegangenen Transportauftrag zu disponieren. In rund der Hälfte dieser Fälle ist die Dispositionszeitspanne sogar kürzer als drei Stunden. 53,8% der auf diese Frage antwortenden Spediteure gaben an, zwischen 7 Stunden und 24 Stunden Vorlaufzeit zur Disposition zu haben. Weitere 17,1% hatten zwei Arbeitstage Vorlauf, 17,5% zwischen zwei Tagen und einer Woche. In nur 2,5% aller untersuchten Transportfälle verblieb dem Spediteur mehr als eine Woche Vorlaufzeit, die er zur Disposition nutzen konnte. Vergleicht man die Ergebnisse dieser Arbeit mit denen einer BDI-Studie aus dem Jahr 2000, so zeichnet sich ein Anhalten des Trends zu kürzeren Dispositionszeitspannen im gewerblichen Güterverkehr ab. Der BDI gab für 2000 an, dass bei 58% der Transporte maximal ein Arbeitstag Dispositionszeit bleibt.[349]

Tabelle 5.23: Verkehrsmittelwahl in Abhängigkeit von der Dispositionszeitspanne

	insgesamt	Selbsteintritt	Frachtführer	kombinierter Verkehr
1-6 Stunden	58	60,3%	24,2%	15,5%
7-24 Stunden	344	63,7%	26,7%	9,6%
1-2 Tage	109	56,0%	29,3%	14,7%
3 Tage und länger	128	41,4%	28,1%	30,5%
insgesamt	639	*57,8%*	*27,0%*	*15,2%*

Tabelle 5.23 stellt die Dispositionszeitspanne der Spediteure den jeweils gewählten Verkehrsmitteln gegenüber. Dabei ist zu erkennen, dass der Anteil der Lkw-Selbsteintritte mit der Verlängerung der Dispositionszeitspanne ab-, der Anteil des KV deutlich zunimmt. Eine ausreichend lange Zeitspanne zur Disposition des Transports kann somit zur Steigerung des KV-Anteils am Modal Split führen. Mit 15,5% ist der Anteil der KV-Transporte mit einer Dispositionszeitspanne von sechs Stunden und weniger jedoch auffällig hoch. Hierfür lassen sich zwei Gründe ausmachen. Zum einen wird in dieser Kategorie die Mehrheit der Transporte als begleiteter KV durchgeführt, der ähnlich dem unimodalen Lkw-Verkehr keine lange Vorlaufzeit zur Disposition bedarf. Zum anderen führen die Spediteure, die trotz der geringen Dispositionszeitspanne einen unbegleiteten KV betreiben, zwischen 25 und 120 Transporte pro Monat auf der angegebenen Relation durch, so dass davon ausgegangen werden kann, dass die Spediteure die entsprechende Anzahl an Stellplätzen unabhängig vom abgefragten Transportfall auf dem Verkehrsmittel des Hauptlaufs vorhalten.

Einfluss auf die Dispositionsdauer hat auch die Quelle-Ziel-Relation. So sind insbesondere bei nationalen Verkehren kurze Dispositionszeitspannen erwünscht. In der Kategorie der Verkehre mit weniger als sechs Stunden Dispositionsdauer

349 Vgl. BDI (2000), S. 8.

haben die nationalen Transportrelationen einen Anteil von 62,1%, bei den Verkehren mit einer Dispositionszeitspanne zwischen sechs und 24 Stunden 53,5%. In nur 18,8% der erhobenen Transporte mit einer Dispositionszeitspanne von über einer Woche lag sowohl die Quelle als auch das Ziel der Transportrelation in Deutschland. Im Umkehrschluss bedeutet dies folglich, dass bei internationalen Transportrelationen mehr Zeit zur Disposition gewährt wird. In Verbindung mit dem bereits genannten positiven Zusammenhang zwischen einer längeren Dispositionsdauer und der KV-Wahlwahrscheinlichkeit zeigt sich, dass insbesondere die internationalen Verkehre für den KV geeignet sind.

Zeitspanne zur Abholung und Anlieferung

Die vorgegebene Zeitspanne zur Be- und Entladung kann sich von der Öffnungszeit der Warenausgabe und -annahme unterscheiden. Je nach Anforderungsprofil des Auftraggebers kann diese Zeitspanne von der maximalen Öffnungszeit der Warenausgabe und -annahme bis zu einem fixen Zeitpunkt variieren.

Im Rahmen dieser Erhebung wurde in 31 Transportfällen ein fixer Zeitpunkt vorgeschrieben, zu dem der Spediteur die Ware beim Verlader abholen muss. Nur eine Zeitangabe machten 75 Spediteure, wobei diese Zeitangabe in 88,0% der Fälle als eine Art frühestmöglicher und in 12,0% der Fälle als eine Art spätestmöglicher Abholzeitpunkt interpretiert werden muss. Die übrigen Spediteure bekamen eine Zeitspanne zur Abholung der Ware beim Verlader vorgeschrieben.

Tabelle 5.24: Zeitfenster für die Warenabholung

Zeitfenster	insgesamt		Lkw-Frachtführer		kombinierter Verkehr	
	relative Häufigkeit	kumuliert	relative Häufigkeit	kumuliert	relative Häufigkeit	kumuliert
0h	15,4%	15,4%	16,2%	16,2%	10,7%	10,7%
0,1h – 3,0h	22,6%	38,0%	23,9%	40,1%	15,5%	26,2%
3,1h – 6,0h	14,2%	52,2%	14,2%	54,3%	14,6%	40,8%
6,1h – 9,0h	20,8%	73,0%	20,6%	74,9%	21,4%	62,2%
9,1h – 12,0h	8,7%	81,7%	8,7%	83,6%	8,7%	70,9%
mehr als 12h	12,0%	93,7%	10,8%	94,4%	19,4%	90,3%
tagesgenaue	6,3%	100,0%	5,6%	100,0%	9,7%	100,0%
insgesamt	689		586		103	

Tabelle 5.24 gibt einen Überblick über die Angaben der Spediteure zum Zeitfenster der Warenabholung ausgedrückt in Stunden. Dabei zeigt sich, dass bei 52,2% der Verlader die Warenabholung auf einen halben Arbeitstag – maximal sechs Stunden – begrenzt ist. Bei 38,0% der antwortenden Spediteure erstreckt sich das Zeitfenster sogar nur über einen Zeitraum von maximal drei Stunden. Vergleicht man die kumulierten Häufigkeiten der genannten Zeitfenster für die Warenabholung in Abhängigkeit der Verkehrsmittelwahl, so zeigt sich der Vorteil des Lkw bei kurzen Zeitfenstern. In der Kategorie von maximal sechs Stunden er-

folgten nur 40,8%, in der Kategorie von maximal drei Stunden nur 26,2% aller Transporte im KV.

Neben der Zeitspanne zur Beladung des Verkehrsmittels kann auch die zeitliche Lage des Zeitfensters für die Verkehrsmittelwahl entscheidend sein. Um den unbegleiteten KV nutzen zu können, muss der Spediteur die Ware rechtzeitig zum Umschlagbahnhof transportieren können. Da der KV-Hauptlauf mit der Bahn üblicherweise im Nachtsprung erfolgt und somit der späteste Beladungszeitpunkt im Versandterminal am frühen Abend ist, sollte die Warenabholung beim Verlader spätestens am frühen Nachmittag erfolgen können.[350] Die Ergebnisse dieser Arbeit zeigen, dass in 73,4% der erhobenen Transportfälle die Abholung schon am Morgen möglich ist. Weitere 10,0% der Spediteure können die Warenabholung am frühen Nachmittag beginnen und bis spätestens 16 Uhr abschließen.

Will man einen KV-Transport betreiben, so muss neben der Lage des Zeitfensters zur Abholung der Ware beim Verlader auch die Warenanlieferung beim Empfänger in die zeitliche Struktur eines typischen KV-Ablaufs passen. Die frühest mögliche Abholung der Ware im Umschlagbahnhof erfolgt üblicherweise am frühen Morgen. Inklusive der Wartezeit beim Umschlag und der Transportzeit im Nachlauf ist eine Anlieferung am Nachmittag beim Empfänger für den KV besonders geeignet. In dieser Erhebung gaben 55,2% der Spediteure an, die Ware im Laufe des Nachmittags abliefern zu können. Weitere 16,3% der Transportfälle haben ein Anlieferungszeitfenster, das spätestens gegen 10 Uhr vormittags endet, so dass – je nach Ablaufoptimierung im Terminal und je nach Länge des Nachlaufs – auch in diesen Fällen ein unbegleiteter KV möglich sein sollte.

Tabelle 5.25: Zeitfenster für die Warenanlieferung

Zeitfenster	insgesamt		Lkw-Frachtführer		kombinierter Verkehr	
	relative Häufigkeit	kumuliert	relative Häufigkeit	kumuliert	relative Häufigkeit	kumuliert
0h	23,2%	23,2%	24,9%	24,9%	13,6%	13,6%
0,1h – 3,0h	18,0%	41,2%	18,4%	43,3%	15,5%	29,1%
3,1h – 6,0h	11,9%	53,1%	12,0%	55,3%	11,7%	40,8%
6,1h – 9,0h	18,6%	71,7%	18,1%	73,4%	21,4%	62,2%
9,1h – 12,0h	6,1%	77,8%	6,1%	79,5%	5,8%	68,0%
mehr als 12h	11,8%	89,6%	11,6%	91,1%	12,6%	80,6%
tagesgenaue	10,4%	100,0%	8,9%	100,0%	19,4%	100,0%
insgesamt	689		586		103	

Das Zeitfenster zur Warenanlieferung bei den Empfängern der jeweiligen Transportrelationen ist in Tabelle 5.25 aufgeführt. Bei 23,2% der erhobenen

350 Bei der Schifffahrt kann man nicht wie bei der Bahn von einer „üblichen" Zeitstruktur ausgehen, da die Fahrpläne sich zwischen den verschiedenen Relationen unterscheiden. Da die überwiegende Mehrheit der KV-Alternativen jedoch auf der Bahn erfolgen wird, wird im Folgenden ein für die Bahn typischer Zeitablauf unterstellt.

Transportfälle wurde ein einziger Anlieferungszeitpunkt vorgegeben. Davon gehörten wiederum 64,4% der Kategorie von Transporten an, bei denen nur eine Zeitangabe gemacht wurde. Bei rund einem Viertel dieser Transporte war diese Zeitvorgabe als spätest möglicher, bei rund drei Viertel als frühest möglicher Anlieferungszeitpunkt zu verstehen. Wie auch bei der Warenabholung geben bei der Warenanlieferung etwas mehr als die Hälfte der Spediteure an, eine Zeitspanne von maximal sechs Stunden zur Verfügung zu haben. Auffällig bei der Warenanlieferung ist der mit 22,2% hohe Anteil an Transporten, bei denen theoretisch eine Zeitspanne von mehr als zwölf Stunden zur Verfügung gestellt wurde, um die Ware beim Empfänger abzuliefern. Bei rund der Hälfte dieser Spediteure wurde sogar ausschließlich der Anlieferungstag und nicht eine entsprechende Zeitspanne vereinbart.

Dem KV wird oft eine große Unzuverlässigkeit unterstellt, weshalb das Anlieferungszeitfenster für die Wahl des Verkehrsmittels eine wichtige Rolle spielt.[351] Die Erhebung zu dieser Arbeit bestätigt diese These. Bei Transporten mit restriktiven Vorgaben bezüglich des Anlieferungszeitfensters werden üblicherweise Lkw genutzt. Der Anteil der im KV betriebenen Transporte steigt mit der Größe des Zeitfensters, das zur Anlieferung von Transporten vorgegeben wird. Dieser Zusammenhang gilt dabei sowohl für unbegleitete und begleitete KV-Transporte als auch für die Verkehrsmittelkombination Lkw-Bahn und Lkw-Schiff. Für die Verkehrsmittelwahl bedeutet dies somit, dass sich ein langes Warenanlieferungszeitfenster positiv auf die KV-Wahlwahrscheinlichkeit und negativ auf die Lkw-Wahlwahrscheinlichkeit auswirkt.

Tabelle 5.26: Anteil des kombinierten Verkehrs in Abhängigkeit des Anlieferungszeitfensters[352]

	Anteil des KV bei entsprechender Vorgabe bezogen auf alle Transporte der entsprechenden Kategorie				
Zeitfenster	insgesamt	unbegleiteter KV	begleiteter KV	Lkw-Bahn	Lkw-Schiff
0h	8,8%	6,3%	2,5%	6,3%	2,5%
0,1h – 6,0h	13,6%	9,2%	4,4%	11,1%	2,5%
6,1h – 12,0h	16,5%	8,9%	7,6%	11,2%	4,7%
mehr als 12h	21,6%	17,0%	4,6%	12,4%	6,5%
insgesamt	103	*70*	*33*	*71*	*27*

Im Zusammenhang mit dem Zeitfenster zur Anlieferung der Ware beim Empfänger steht insbesondere auch das transportfallcharakteristische Merkmal „Just-in-Time-Lieferung“[353]. 44,9% der befragten Spediteure dieser Erhebung gaben an,

351 Vgl. Trost, D. (1999), S. 117.

352 Da nur fünf trimodale KV-Transporte in der Erhebung angegeben worden sind, werden diese nicht in Tabelle 5.31 aufgeführt.

353 Just-in-Time-Verkehre haben die Besonderheit, dass der Anlieferungszeitpunkt so definiert wird, dass die Ware direkt der Verwendung zugeführt wird. Dennoch ist die

einen Just-in-Time-Transport durchgeführt zu haben. Betrachtet man die Just-in-Time-Transportbedingung in Abhängigkeit der Verkehrsmittelwahl, so zeigt sich, dass der Anteil bei den Lkw-Transporten signifikant höher ist als bei den KV-Transporten. Dieser Unterschied lässt sich auf einem 1%-Signifikanzniveau nachweisen. Der Just-in-Time-Anteil im KV liegt bei 28,2%, bei den Lkw-Verkehren ist er 47,7%. Für die Schätzung im sechsten Kapitel dieser Arbeit lässt sich somit die These aufstellen, dass die Just-in-Time-Bedingung einen negativen Einfluss auf die KV-Wahlwahrscheinlichkeit hat.

Transportzeitfenster

Wie in Abbildung 5.3 dargestellt, sind die Zeitfenster, die für den eigentlichen Transport der Ware zur Verfügung stehen, durch den frühest möglichen Abholzeitpunkt beim Verlader und den spätest möglichen Anlieferungszeitpunkt beim Empfänger begrenzt. Üblicherweise werden in veröffentlichten Studien die Angaben zu den Transportzeitfenstern nicht in Stunden, sondern in Tagen gemacht. Hier lassen sich drei Kategorien unterscheiden. Zur ersten Kategorie zählen Verkehre bei denen die Anlieferung der Ware spätestens binnen eines Arbeitstages nach der Abholung erfolgen muss. Diese Verkehre werden im Folgenden 24h-Lieferservice genannt. Sie lassen sich nochmals differenzieren in Transporte, bei denen die Abholung und die Anlieferung der Ware am selben Arbeitstag erfolgen sollen und in Transporte, bei denen die Ware am Folgetag des Versendungstags angeliefert werden muss.

Ist die Abholung der Ware auf den Freitag und die Anlieferung auf den Montag terminiert, so liegt ein Spezialfall der zweiten Unterkategorie vor, der in dieser Arbeit nicht dem 24h-Lieferservice zugeordnet wird.[354] Diese Verkehre werden dem 48h-Lieferservice zugerechnet. Sie stellen die zweite Kategorie dar. Hier muss die Anlieferung beim Empfänger binnen zwei Arbeitstagen nach der Abholung der Ware beim Verlader erfolgen. Die 48h-Lieferservice werden insbesondere bei internationalen Transporten nachgefragt, bei nationalen Relationen sind sie eher selten.

Aufgrund von besonders langen Transportentfernungen oder aufgrund von wenig restriktiven Zeitfenstern in der Prozesskette zwischen dem Verlader und dem Empfänger gibt es ferner Verkehre, die ein Transportzeitfenster von mehr als 48h haben. Diese Verkehre sind der dritten Kategorie zuzurechnen und werden im Folgenden als „sonstiger Lieferservice" bezeichnet.

Tabelle 5.27 stellt die Verkehrsmittelnutzung des Lkw und des KV in Abhängigkeit der drei Kategorien der Transportzeitfenster dar. Zwei markante Ergebnisse sind erkennbar. Zum einen nimmt der Anteil der Selbsteintritte mit größer wer-

Just-in-Time-Lieferung nicht gleichzusetzen mit einer Anlieferung zu einem vorher eindeutig festgelegten Zeitpunkt, sondern kann sich ebenso auf ein vorher definiertes Zeitfenster beziehen. Vgl. Taylor, S. (2001), S. 213f.

354 Obwohl die Anlieferung der Ware am folgenden Arbeitstag stattfindet, steht dem Spediteur mit dem Samstag ein zusätzlicher Transporttag zur Verfügung.

dendem Transportzeitfenster tendenziell ab.[355] Zum anderen steigt der Anteil des KV in den jeweiligen Kategorien entsprechend an. Während in der Kategorie des 24h-Lieferservice mit tagesgleicher Abholung und Auslieferung noch 82,7% aller Transporte im Selbsteintritt erfolgen, sind es in der Klasse der über zwei Tage dauernden Transporte nur noch 43,6%. Umgekehrt steigt der Anteil der KV von 2,7% in der genannten Klasse des 24h-Lieferservice auf 24,2% bei den Transporten mit den besonders langen Zeitfenstern.[356] Grund hierfür könnte neben dem im Vergleich zum KV einfach zu disponierenden Selbsteintritt auch die für Spediteure erforderliche flexible Einsatzbereitschaft des eigenen Fuhrparks sein. Durch einen zwei Tage dauernden Transport wird ein Lkw mindestens eine Arbeitswoche gebunden und kann somit nicht mehr flexibel für kurzfristig zu disponierende Transportaufträge genutzt werden. Deshalb werden die lang dauernden Verkehre bevorzugt ausgelagert, wovon der KV profitiert. In der ökonometrischen Analyse der Verkehrsmittelwahl im sechsten Kapitel dieser Arbeit muss deshalb die These überprüft werden, ob sich das Transportzeitfenster positiv auf die KV-Wahlwahrscheinlichkeit auswirkt.

Tabelle 5.27: Modal-Split-Anteile in Abhängigkeit des Transportzeitfensters

			24h-Lieferservice			48h	sonstiger
		Summe	0 Tage	1 Tag	insgesamt	Liefer-service	Liefer-service
Lkw	Selbsteintritt	*58,9%*	82,6%	67,4%	70,0%	36,8%	43,6%
	Frachtführer Deutsch	*18,7%*	12,0%	21,1%	19,5%	18,9%	16,4%
	Frachtführer Ausland	*7,9%*	2,7%	3,3%	3,2%	15,1%	15,8%
Kombinierter Verkehr		*14,5%*	2,7%	8,2%	7,3%	29,2%	24,2%
	insgesamt	*712*	*75*	*365*	*440*	*106*	*165*

5.3.4.3 Vertragsvereinbarungen zum angegebenen Transportfall

Entsprechend der Anzahl der im Vertrag geregelten Transporte können Verträge in so genannte Rahmen- und Einzelverträge unterteilt werden. Während Einzelverträge ausschließlich die vertraglichen Beziehungen zwischen dem Spediteur und dem Verlader für den einen Transportfall regeln, sind in den Rahmenverträgen Vereinbarungen für alle in der Vertragslaufzeit durchzuführenden Transporte enthalten. Diese Vereinbarungen können die Anzahl der Transportfälle und den entsprechenden Transportpreis festlegen. Sie können aber ferner Sonderleistungen wie zusätzliche Logistikaufgaben, Lagerhaltung, Sendungsverfolgung und -ortung

---

355 Zur Begründung vgl. die Ausführungen in Abschnitt 3.1 zur Auslagerung von Lkw-Verkehren an Transportdienstleister durch verladende Unternehmen.

356 Bei den kombinierten Verkehren, bei denen die Abholung und die Anlieferung am selben Tag erfolgen, sind spezielle Formen des unbegleiteten KV oder begleiteten KV erforderlich.

(SVO) sowie Haftungsregelungen beinhalten, die zwischen den Vertragspartnern ausgehandelt werden. Abbildung 5.4 stellt die Auswertung zu den Vereinbarungen dar, die im Rahmen der beobachteten Transportfälle vertraglich festgeschrieben wurden.

In Verträgen, die sich ausschließlich auf einen Transportfall beziehen, werden per Definition sowohl die Transportanzahl als auch der Transportpreis festgelegt. Bei den Transporten mit Rahmenverträgen haben hingegen nur 84,6% der befragten Spediteure angegeben, dass die genaue Transportanzahl im Vertrag festgeschrieben wurde. Den Transportpreis haben nur 14,3% aller Spediteure mit Rahmenvertrag festlegen lassen. Da die Laufzeiten der Rahmenverträge durchschnittlich auf vier Jahre terminiert sind, ist eine Fixierung des Transportpreises für beide Vertragspartner aus unternehmerischer Sicht nicht sinnvoll.[357] Transportkostensteigerungen müssten vollständig vom Spediteur getragen werden, Kostensenkungen könnte er als zusätzliche Gewinne verbuchen, ohne dass der Verlader davon profitieren würde.

Abbildung 5.4: Vereinbarungen des Rahmenvertrages

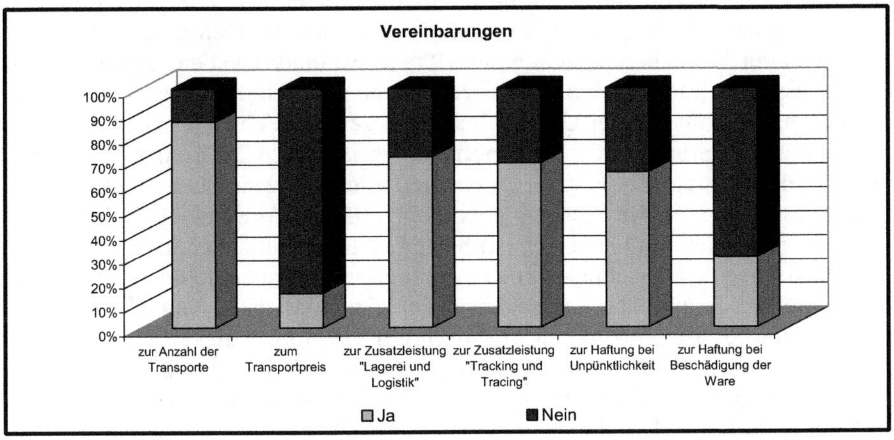

Wie in Abschnitt 5.3.1 beschrieben, bieten Spediteure vermehrt Zusatzleistungen an, die den Einsatz gewerblicher Mitarbeiter erfordern. Eine zentrale Position nimmt dabei die Lagerhaltung ein.[358] In der Erhebung wurde deshalb nachgefragt, ob die Speditionen diese logistische Leistung übernehmen. Drei Viertel aller befragten Speditionen gaben bei dieser Frage an, dass eine entsprechende Regelung im Vertrag mit dem Auftraggeber enthalten ist. Ein weiterer, zentraler Bereich von Zusatzleistungen ist das Angebot elektronischer Datenfernübertragungsmöglichkeiten, wobei in Verbindung mit der Verkehrsmittelwahl insbesondere auf die

357 Vgl. Consulting-Büro „Miebach-Logistik“ (2002), S. 31.

358 Vgl. BSL (2000), S. 22.

Sendungsverfolgung und -ortung (SVO) verwiesen wird.[359] In 68,6% aller erhobenen Transportfälle bieten die Spediteure dem Auftraggeber die Möglichkeit, den aktuellen Entwicklungsstand des Transportvorgangs abfragen zu können.

Ein Vergleich zwischen den zur Auswahl stehenden Alternativen zeigt jedoch die Schwäche des KV im Hinblick auf die SVO. Dies ist begründet durch die Problematik der bisher nicht vereinheitlichten Kommunikationssysteme der verschiedenen KV-Akteure.[360] Bei Lkw-Transporten war der Anteil der Spediteure, die SVO angeboten haben, mit 69,9% auf einem 5%-Signifikanzniveau höher als bei den Spediteuren, die den Transport im unbegleiteten KV in der Verkehrsmittelkombination Lkw-Bahn durchgeführt haben. Bei ihnen betrug der Anteil 15,0%. Da die Datenfernübertragung an das Verkehrsmittel gebunden ist, ist der Anteil der mit SVO betriebenen Transporte im begleiteten KV mit 69,7% wiederum gleich hoch wie im unimodalen Lkw-Verkehr. In der ökonometrischen Schätzung des sechsten Kapitels muss somit die These überprüft werden, ob die Wahlwahrscheinlichkeit des unbegleiteten KV negativ durch die SVO beeinflusst wird.

Neben den Vereinbarungen, die die Servicequalität einer zu erbringenden Transportdienstleistung steigern, werden oft auch Regelungen zur Haftung bei mangelhafter Leistungserbringung im Vertrag aufgenommen. Hierbei lassen sich Regelungen zum Haftungsrecht bei unpünktlicher Warenanlieferung beim Empfänger und zur Warenbeschädigung beim Transport unterscheiden. Bei etwa 65% aller Transporte dieser Erhebung sind vertragliche Klauseln festgelegt worden, die die Haftungsmodalitäten bei Unpünktlichkeit regeln. Bei einer Beschädigung der Ware durch den Erbringer der Transportleistung ist nur in 29,3% der 716 Transportfälle eine vertragliche Regelung getroffen, die ergänzend zum Beförderungsvertrag des internationalen Straßengüterverkehrs (CMR) Anwendung findet.

Wie auch bei der SVO lässt sich bei beiden Haftungsvereinbarungen ein Unterschied zwischen den verschiedenen Verkehrsmitteln erkennen. In 66,1% der Lkw-Transporte wurde eine Haftungsregelung zur Unpünktlichkeit vereinbart, wobei insbesondere bei osteuropäischen Frachtführern die Notwendigkeit einer solchen Regelung gesehen wurde. Deshalb liegt der Anteil hier bei 80,0%. Beim unbegleiteten KV in der Verkehrsmittelkombination Lkw-Bahn wurde in weniger als der Hälfte aller Fälle eine Regelung zur Unpünktlichkeit getroffen. Dieses Ergebnis ist aufgrund der oft zitierten Unpünktlichkeit der Bahnverkehre überraschend.[361] Es sprechen jedoch zwei Argumente für diese Zahl. Zum einen erfolgen Bahnverkehre nach Fahrplan und müssten demnach – systembedingt – eine hohe Zuverlässigkeit haben. Dies könnte die Vertragspartner dazu veranlassen, keine Sonderregelungen zur Unpünktlichkeit in den Vertrag aufzunehmen. Zum anderen kann es aufgrund der umstrittenen Haftungsproblematik im KV sein, dass Spediteure nur selten Verantwortung bei Unpünktlichkeit übernehmen wollen.[362]

---

359 Vgl. BSL (2000), S. 36ff.

360 Vgl. BSL (2000), S. 38ff.

361 Vgl. ECMT (1998), S. 23.

362 Vgl. Teutsch, C. (2001), S. 53ff.

Im Gegensatz zur Haftungsregelung bei Unpünktlichkeit werden entsprechende Bedingungen zur Beschädigung der Ware seltener in den Transportvertrag aufgenommen. In nur 29,3% aller Transportfälle dieser Erhebung wurden diesbezüglich Vereinbarungen zwischen dem Spediteur und dessen Auftraggeber getroffen. In den übrigen Fällen gilt Haftung nach geltendem Recht. Auch hier werden bei osteuropäischen Frachtführern überproportional oft die Haftungsbedingungen vertraglich festgelegt. In 43,3% der Transportfälle dieser Kategorie wurden gesonderte Regelungen vereinbart. Beim KV ist hingegen der Anteil der Transportverträge, die besondere Haftungsregelungen zur Beschädigung der Ware enthalten, ähnlich dem der übrigen Lkw-Frachtführer und liegt bei 30,1%.

5.3.4.4 Kundenbindung

Obwohl die durchschnittliche Laufzeit eines Rahmenvertrages im Speditionsgewerbe bei etwa vier Jahren liegt, zeichnet sich dieser Markt durch langfristige Kooperationen zwischen der Verladerschaft und den Spediteuren aus. Meersman und Van de Voorde begründen diese langfristigen Bindungen einerseits durch das Bestreben zur Reduzierung der Transaktionskosten, die mit der Suche eines neuen Vertragspartners entstehen würden. Andererseits begründen sie sie mit einer größeren Zufriedenheit mit der Dienstleistung, die über die Kundenbindungsdauer hinweg auf die individuellen Bedürfnisse beider Kooperationspartner abgestimmt wurde.[363]

Die Ergebnisse dieser Erhebung zeigen, dass rund ein Viertel der befragten Spediteure seit vier Jahren oder weniger mit ihren Auftraggebern kooperieren.[364] 36,9% der Spediteure gaben an, zwischen fünf und zehn Jahren für ihren Auftraggeber tätig zu sein. Weitere 23,2% arbeiten bereits zwischen elf und 20 Jahre und 10,4% zwischen 21 und 30 Jahre für den entsprechenden Verlader. Die restlichen 4,8% der diese Frage beantwortenden Spediteure streuen stark bezüglich der Dauer ihrer vertraglichen Bindung zu den Auftraggebern. So gaben sechs Spediteure sogar an, bereits seit mehr als 50 Jahren mit dem entsprechenden Verlader zusammenzuarbeiten. Die durchschnittliche Kundenbindung von Spediteuren und Verladern liegt in dieser Erhebung bei 12,3 Jahren.

Betrachtet man die Kundenbindungsdauer in Abhängigkeit der zu befördernden Güter, so zeigen sich Unterschiede hinsichtlich der Dichtefunktion. Zwar nimmt die Dichtefunktion für die Gütergruppen Massengut, schweres sperriges Ladungsgut und Kaufmannsgut ihren dichtesten Wert in der gleichen Kategorie – zwischen fünf und zehn Jahren – an, für Lebensmittel liegt dieser Wert jedoch in der Kategorie zwischen elf und 20 Jahren. Ebenso liegen auch die mittlere Kooperationsdauer und der Median über den entsprechenden Lageparametern der übrigen Pro-

---

363 Meersman, H. und E. van De Voorde (2001), S. 75.

364 Bedingt durch den vom BGL (www.bgl-ev.de/web/daten/insolvenzen_absolut.htm) ausgewiesenen starken Anstieg an Insolvenzen in den Jahren 1999–2003 im Speditionsgewerbe, könnte der relativ hohe Anteil von 24,6% die Folge der erforderlichen Suche nach neuen Kooperationspartnern für verladende Unternehmen sein.

duktgruppen. So ist das arithmetische Mittel der Kundenbindungsdauer bei Lebensmitteln 14,9 Jahre, bei den übrigen Produkten 12,0 Jahre. Der Median der Kundenbindungsdauer ist in dieser Erhebung bei den Spediteuren, die Lebensmittel transportieren, 9,6 Jahre. Bei den Spediteuren, die sonstige Ware transportieren, liegt der Median bei 8,4 Jahren. Verladende Unternehmen greifen somit insbesondere dann auf altbewährte Kooperationspartner zurück, wenn sensible Produkte transportiert werden müssen, die ein besonderes Vertrauensverhältnis zwischen Spediteur und Verlader erfordern.[365] Dieses Ergebnis wird auch dadurch bekräftigt, dass die Kooperationsdauer für Produkte mit speziellen Eigenschaften wie „Gefahrgüter", „verderbliche Waren" oder „zerbrechliche Waren" im Mittel über der der übrigen Produkte liegt.[366]

Würde sich ein deutlicher Unterschied in der Verteilung und den Lageparametern der Kundenbindungsdauer in Abhängigkeit vom gewählten Verkehrsmittel ergeben, so könnte die Verkehrsmittelwahl auch von dieser Variablen abhängig sein. Dies wäre im Hinblick auf eine Verlagerung auf den KV insbesondere dann von Nachteil, wenn die Kundenbindung bei denjenigen Spediteuren besonders lang wäre, die ihre Verkehre zu 100% mit dem Lkw organisieren. Andererseits könnte eine langfristige Kooperation zwischen Spediteuren und Verladern ein positives Signal darstellen, wenn der Transport im KV betrieben wird. Dies würde zeigen, dass es für einen Spediteur über einen langen Zeitraum hinweg möglich ist, ein für den Verlader zufrieden stellendes KV-Angebot unterbreiten zu können.

Abbildung 5.5 stellt die Häufigkeitsverteilung und verschiedene Verteilungsparameter in Abhängigkeit der gewählten Verkehrsmittel dar. Es wird dabei zwischen dem Lkw insgesamt, der ausschließlichen Lkw-Nutzung und dem KV unterschieden. Die Ergebnisse dieser Untersuchung zeigen geringe Unterschiede in den Häufigkeitsverteilung des Lkw und KV. Die Wahrscheinlichkeiten in den acht Kategorien zur Kundenbindungsdauer variieren zwischen den beiden Verkehrsmitteln leicht; die generelle Struktur der Häufigkeitsverteilung ist aber sehr ähnlich. Die durchschnittliche Kundenbindung beim Lkw liegt mit 12,3 Jahren folglich nur um 0,3 Jahre unterhalb der des KV, der Median ist mit 9,1 Jahren hingegen um 0,6 Jahre höher als beim KV. Für beide Mittelwerte kann jedoch selbst auf einem 10%-Signifikanzniveau nicht verworfen werden, dass sie für die Verkehrsmittel Lkw und KV gleich sind.

365 Bei Transporten von sensiblen Gütern ist das Vertrauensverhältnis zwischen dem Verlader und dem Spediteur von zentraler Bedeutung. Besteht großes Vertrauen zwischen den Kooperationspartnern, sind die Wechselkosten hoch. Demzufolge führen solche Transportaufträge üblicherweise zu einer langen Kundenbindung. Vgl. Eifert, D. (2004), S. 129f.

366 Bei Produkten ohne besondere Anforderungen an den Spediteur ist die Kooperationsdauer im Schnitt 11,9 Jahre. Die mittlere Kooperationsdauer bei Gefahrgütern liegt in dieser Erhebung bei 13,9 Jahren. Bei verderblichen und zerbrechlichen Waren ist sie 13,1 bzw. 13,5 Jahre.

Abbildung 5.5: Kundenbindung in Abhängigkeit der Verkehrsmittelwahl

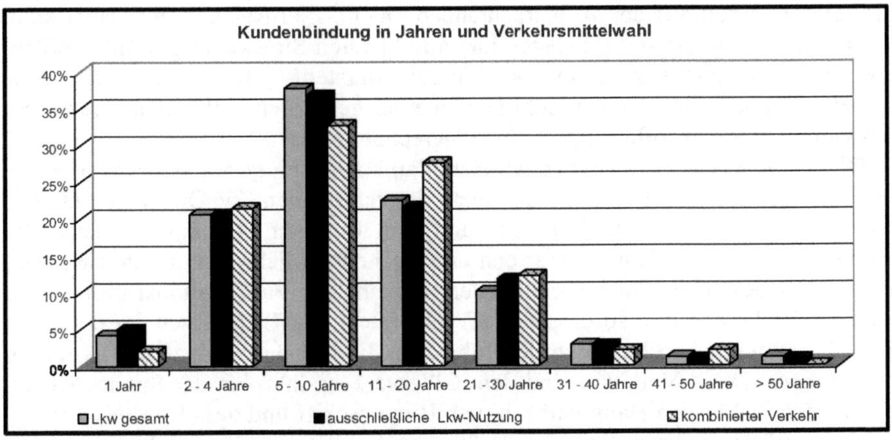

Vergleicht man jedoch das Teilsegment „unbegleitete KV-Transporte" mit dem der übergeordneten Segmente „KV-Transporte insgesamt" und „Lkw-Transporte insgesamt", so zeigt sich, dass im Gegensatz zum Lkw-Transport kein Spediteur unbegleitete KV-Transporte betreibt, der nur ein Jahr mit dem Verlader kooperiert. Nur wenn eine längerfristige Kooperation besteht, lohnt sich für den Spediteur der organisatorische Aufwand zur Einführung eines unbegleiteten KV.

5.3.5 Qualitätsprofil des Lkw und kombinierten Verkehrs auf den ausgewählten Transportrelationen des Fernverkehrs

5.3.5.1 Eigene Berechnungen zum Qualitätsprofil der Verkehrsmittel

Im fünften und siebten Fragebogenblock wurde nach den Qualitätsmerkmalen der Verkehrsmittel gefragt. Aus den in der Befragung erhobenen Werten werden die objektiv überprüfbaren Qualitätsmerkmale Transportdauer, Pünktlichkeit und Transportkosten selbst berechnet. Dieses Vorgehen dient dazu, die Qualität der empirisch erhobenen Variablen anhand objektiver Datenquellen zu validieren.[367] Darüber hinaus hat dieses Vorgehen den Vorteil, dass die Anzahl der Beobachtungen erhöht werden kann, die in die Schätzung einfließen.[368]

Für die Transportdauer und die Transportkosten gibt es verschiedene Quellen, die eine objektive Quantifizierung ermöglichen. Zur Bestimmung der Transport-

367 Da davon auszugehen ist, dass die Angaben bei den Interviews gerundet angegeben wurden, kann durch die Quantifizierung der objektiv überprüfbaren Qualitätskriterien die Qualität der erklärenden Variablen erhöht werden.

368 Durch die Methode des Data Mining können fehlende Werte durch plausible Werte ersetzt werden. Vgl. Hippner, H. und K. Wilde (2001), S85ff.

dauer beim unimodalen Lkw-Verkehr oder beim Vor- und Nachlauf des KV kann beispielsweise auf einen Routenplaner für Lkw zurückgegriffen werden.[369] Er gibt die reine Fahrzeit auf der zu betrachtenden Quelle-Ziel-Relation an. Dabei kann zwischen der kürzesten, schnellsten und attraktivsten Strecke ausgewählt werden, die für den Spediteur die sinnvollste Vorgabe darstellt.[370] Die erforderlichen Ruhezeiten können dann – unter Zuhilfenahme der gesetzlichen Regelungen und der individuellen Streckenführung[371] – hinzugerechnet werden.

Die Transportdauer des Schienen-Hauptlaufs kann hingegen auf zweierlei Arten bestimmt werden. Existiert von einem der zahlreichen KV-Operateure ein Direktverkehr zwischen dem Verlader- und dem Empfängerterminal, so kann die Fahrzeit im Hauptlauf direkt über den entsprechenden Fahrplan ermittelt werden. Dies ist insbesondere im internationalen Verkehr der Fall. National gibt es nur wenige Direktverkehre, so dass der KV-Operateur die Ladeeinheit im normalen Einzelwagenverkehr über zentrale Hubs zum Empfängerterminal transportieren lassen muss. Diese Verkehre sind dem Güterverkehrsfahrplan der Stinnes AG zu entnehmen.[372] Für den Hauptlauf mit dem Binnenschiff und dem Küstenschiff findet man auf den Internet-Seiten der Häfen die Schifffahrtspläne. Addiert man die Fahrzeiten der drei Teilabschnitte eines KV sowie die Warte- und Umschlagzeiten, so ergibt sich schlussendlich die gesamte KV-Transportdauer.

Zur Quantifizierung der Transportkosten des unimodalen Lkw können verschiedene Quellen herangezogen werden. Eine unverbindliche Empfehlung zur Transportpreisbestimmung für Spediteure und Frachtführer wird vom Bundesverband der Transportunternehmen e.V. (BVT) herausgegeben.[373] In ihr werden unter Zuhilfenahme einer Kostenkalkulation, die getrennt für kilometer- und zeitabhängige Kosten vorgenommen wird, und einem Gewinnaufschlag die Transportpreise deutscher Frachtführer bestimmt.[374] Diese Kostenkalkulation kann jedoch nur als Richtwert dienen, da die Maut- und insbesondere die Kraftstoffkosten, die einen erheblichen Anteil an den variablen Kosten des Transports darstellen, von der ge-

---

369 http://www.dr-staedtler.de/

370 Die Streckenführung zwischen der Quelle und dem Ziel der Transportrelation kann nach der Fahrzeit oder nach der Entfernung optimiert werden. Die Streckenführung, die sich für den Frachtführer als optimal darstellt, wird beim Routenplaner als „attraktivste Strecke" definiert.

371 So können die Lenkzeiten dahingehend angepasst werden, dass die Wartezeiten an den Grenzübergängen als Ruhezeiten angerechnet werden. Zum Vorgehen vgl. Prognos (2001), S. A-3.

372 http://www.stinnes-freight-logistics.de/deutsch/eStinnes/transportplanung/gueterfahrplan.html

373 Vgl. BVT (2003).

374 Eventuell auftretende Kosten für zu erbringende Zusatzleistungen werden in der Transportpreiskalkulation nicht berücksichtigt. Diese müssten gesondert berechnet und zu den Transportkosten addiert werden. Es wird folglich nur eine Schablone zur reinen Transportkostenkalkulation dargestellt. Der Gewinnaufschlag wird in der Transportpreisempfehlung mit 10% der Transportkosten veranschlagt.

fahrenen Strecke abhängen.[375] Die Abschreibungskosten des Lkw sowie die Personalkosten hängen von der Transportdauer ab und variieren je nach eingesetztem Lkw und je nach Nationalität des Frachtführers.[376] Die Transportkosten ausländischer Frachtführer werden mit Hilfe einer Studie der Internationalen Straßentransportvereinigung (IRU) kalkuliert, die die Kostenstruktur und -höhe osteuropäischer Frachtführer untersucht.[377]

Tabelle 5.28: Annahmen zur Kostenberechnung im unimodalen Lkw-Verkehr

Jahresfahrleistung des Lkw	150.000 km	bei einem Fernverkehrsanteil	≥ 95%
	125.000 km	bei einem Fernverkehrsanteil	80% – 95%
	100.000 km	bei einem Fernverkehrsanteil	≤ 79%
Durchschnittsverbrauch	12,0 l/100km	Sprinter	
	31,1 l/100km	Lkw mit einer Nutzlast < 15t	
	35,5 l/100km	Lkw mit einer Nutzlast ≥ 15t	
Einsatzzeit des Fahrzeugs*	250 Tage a 10h	für einen Lkw	
	250 Tage a 8h	für einen Sprinter	
Nutzungsdauer	7 Jahre	für den Lkw	
	10 Jahre	für einen Anhänger	

* Um die Personalkosten an die Einsatzzeit der Fahrzeuge anzugleichen, muss die jeweilige nationale Arbeitszeit des Fahrers pro Jahr mit einem Multiplikator multipliziert werden. (vgl. Prognos (2001)).

Quelle: Prognos (2001), BVT (2003) und Black, I. et al. (2003).

Als Kostenberechnungsgrundlage für den Lkw-Transport dient die Studie der Prognos AG.[378] Im Gegensatz zur Studie der IRU und des BVTs errechnet die Prognos-Studie die Transportkosten streckenspezifisch und kann somit als Vorbild für die Kostenberechnung in dieser Arbeit dienen. Im Gegensatz zur Prognos-

375 Aufgrund der großen Kraftstoffpreisunterschiede in den europäischen Ländern wird die Betankung des Fahrzeugs auf der Strecke vorgenommen, so dass die Summe der Kraftstoffkosten auf der Transportstrecke minimiert wird. Beispielsweise können bei einem üblichen Tankvolumen eines Lkw im Fernverkehr von 1000 Litern und einer Preisdifferenz von 0,16 EUR zwischen Deutschland und Österreich pro Betankung 160 EUR gespart werden. Bei einem Durchschnittsverbrauch von 35,5 Litern werden dadurch die entfernungsabhängigen Kosten um etwa 0,06 EUR/km gesenkt. Gemäß der Kalkulation des BTVs (2003) entspricht dies einem variablen Kostenanteil von etwa 10%.

376 Vgl. IRU (2001), Anhang A1.2 und BTV (2003), S. 53ff.

377 Vgl. IRU (2001).

378 Vgl. Prognos (2001).

Studie wird in dieser Arbeit jedoch nicht davon ausgegangen, dass der Lkw ausschließlich auf der vorgegebenen Relation eingesetzt wird. Dies spiegelt sich in den Annahmen der Kostenberechnung wider, die in Tabelle 5.28 dargestellt sind.

Weitere Unterschiede in der Kostenberechnung resultieren aus folgenden Punkten:

- Die Kostenberechnung in der Prognos-Studie erfolgt lediglich auf Grundlage eines „Standard-40t-Sattelaufliegers". In dieser Arbeit müssen jedoch auch die Kosten für Gliederzüge, Lkw zur Container- und Wechselbehälterbefrachtung und Lkw mit Kühl- oder Tankaufbauten berechnet werden.
- Prognos unterstellt nach Ablauf der Abschreibungsfrist einen Veräußerungswert von 10% des Anschaffungspreises. Die Abschreibungskosten in dieser Arbeit werden hingegen auf Grundlage von Marktpreisen für die Anschaffungs- und Veräußerungswerte der jeweils gewählten Lkw inklusive Anhänger berechnet.[379]
- Im Vergleich zur Prognos-Studie werden in dieser Arbeit die Gemeinkosten auf Grundlage der Personalkosten für die kaufmännischen Angestellten der Spedition in der Kostenberechnung berücksichtigt.

Die Kosten im KV setzen sich aus den reinen Transportkosten der einzelnen Teilabschnitte des KV und den Umschlagkosten zusammen. Die Vor- und Nachlaufkosten per Lkw werden entsprechend den bereits genannten Kostenstudien berechnet, wobei dem um 25% höheren Leerfahrtenanteil des Lkw im Vor- und Nachlauf bei der Kostenkalkulation Rechnung getragen wird.[380] Die Kosten des Spediteurs für den KV-Hauptlauf entsprechen den Transportpreisen der KV-Operateure. Deshalb wurden die Transportpreise der KV-Gesellschaften direkt den zur Verfügung gestellten Preislisten entnommen. Verkehre, die nicht im Direktverkehr zwischen dem Verlade- und Empfängerterminal erfolgen, müssen anhand der einzelnen Teilabschnittskosten über die km-Tarife der KV-Operateure und über die Transportkosten entsprechend dem EU-Projekt RECORDIT kalkuliert werden.[381]

In den folgenden Abschnitten dieses Kapitels werden die empirischen Angaben zu den Qualitätsmerkmalen aufgeführt und den berechneten Daten gegenübergestellt. Die Gliederung der Einflussfaktoren folgt der Auflistung aus Abschnitt

---

379 Auf Grundlage von verfügbaren Online-Datenbanken für Neu- und Gebrauchtfahrzeuge wurde der mittlere Anschaffungs- und Veräußerungswert für jeden Lkw- und Anhänger-Typ ermittelt. Mit diesen Marktpreisen kann ein Spediteur bzw. Frachtführer rechnen, wenn er ein Neufahrzeug kauft oder ein Gebrauchtfahrzeug verkauft. Die Berechnung der Abschreibung sollte folglich auf diesen Werten beruhen. Dieses Vorgehen ist realistischer als das in der Prognos-Studie (2001).

380 Vgl. Black, I. (2003), S. 48. Für den Vor- und Nachlauf über 150 km Entfernung wird wie bei Vaghi, C. et al. (2002), S. 58 derselbe Leerfahrtenanteil wie beim unimodalen Lkw-Verkehr unterstellt.

381 Vgl. Black, I. et al. (2003).

3.3.2.[382] Die Transportkosten werden in Abschnitt 5.3.5.8 abgebildet. Auch hier erfolgt eine Gegenüberstellung der empirischen und der berechneten Transportkosten.

5.3.5.2 Schnelligkeit

Die Schnelligkeit kann mittels verschiedener Variablen abgebildet werden. Einerseits kann sie über die Transportdauer gemessen werden, die die gesamte Zeitspanne zwischen dem Verlassen des Verladerstandortes und der Ankunft beim Empfänger beinhaltet, andererseits jedoch auch über die Durchschnittsgeschwindigkeit der Verkehrsmittel. Im Folgenden soll der Verkehrsmittelvergleich deshalb sowohl für die Transportdauer als auch für die Durchschnittsgeschwindigkeit erfolgen.

Die empirisch erhobene Transportdauer der Verkehrsmittel

Laut Angaben der befragten Spediteure liegt die Transportdauer von Lkw im Fernverkehr, die mit deutschen Frachtführern oder im Selbsteintritt erfolgten, zwischen zwei Stunden und zehn Tagen. Im Mittel ergibt sich eine Transportdauer von 19 Stunden und 45 Minuten. Ausländische Frachtführer werden von deutschen Spediteuren auf längeren Transportstrecken eingesetzt. Die durchschnittliche Transportdauer der Fernverkehre, die mit ausländischen Frachtführern betrieben wurden, liegt bei 61 Stunden und 20 Minuten. Die Zeitspanne der Transportdauer erstreckt sich von vier Stunden bis zu 14 Tagen.

Eine Begründung für die Wahl eines ausländischen Frachtführers auf längeren und somit zeitintensiven Transportrelationen ist zum einen der Empfängerstandort, der wie in Abschnitt 5.3.3 beschrieben die Wahl der Nationalität des Frachtführers beeinflusst. Zum anderen ist die Wahl eines ausländischen Frachtführers in dessen Kostenstruktur begründet. Im Vergleich zu deutschen haben ausländische Frachtführer üblicherweise geringere zeitabhängige Kosten, was die Gesamtkosten auf den genannten Langstrecken deutlich reduziert.[383]

Die durchschnittliche Transportdauer des KV beträgt laut Angaben der Spediteure der Erhebung auf den Transportrelationen, auf denen der KV tatsächlich gewählt wurde, 52 Stunden und 25 Minuten. Die kürzeste Transportdauer im KV war sechs Stunden, die längste 18 Tage.

---

382 Die Determinante Massenleistungsfähigkeit ist für diese Arbeit nicht relevant, da in der ökonometrischen Analyse dieser Arbeit die Wahl zwischen dem Lkw und dem KV bei gegebenem Transportaufkommen abgebildet werden soll. Die beiden Indikatoren der Massenleistungsfähigkeit „Bereitstellung eines für den Transport optimalen Behälters“ und „potenzielle Transportkapazität der Verkehrsmittel“ sind somit nicht relevant. Für den Spediteur ist es ausreichend zu wissen, dass beide Alternativen das zu transportierende Aufkommen befördern können.

383 Vgl. hierzu die Ausführungen in Abschnitt 5.3.5.8.

Um die Transportdauer beider Verkehrsmittelalternativen und beider Lkw-Optionen auf den Transportrelationen vergleichen zu können, werden die angegebenen Transportdauern zueinander ins Verhältnis gesetzt. Ein Vergleich der Transportdauer zwischen dem KV und einem deutschen Frachtführer ist in 136 Transportfällen möglich. Dabei ist der KV laut Angabe der befragten Spediteure in 14,7% der Transportfälle schneller und in 16,9% gleich schnell wie der Lkw. In 68,4% der Fälle ist die Transportdauer des KV jedoch länger. In vier Fällen dauert der KV-Transport sogar mehr als fünf Mal so lang wie der entsprechende Lkw-Verkehr. Das Verhältnis der KV-Transportdauer zur Transportdauer mit einem in Deutschland zugelassen Lkw beträgt deshalb 1,724. Auf einem 1%-Signifikanzniveau kann somit gezeigt werden, dass der Transport des KV im Mittel länger als der entsprechende Lkw-Transport dauert.[384]

Das Verhältnis zwischen der Transportdauer des KV und derjenigen eines ausländischen Frachtführers fällt noch deutlicher zugunsten des Lkw aus. Lediglich in fünf der 49 vergleichbaren Transportfälle ist der KV laut Erhebung schneller als der Lkw, in zehn Fällen gleich schnell. Bei den übrigen vergleichbaren Transporten war der im Ausland zugelassene Lkw bis zu 8,57-mal schneller als der KV. Somit ergibt sich im Mittel eine um 96,9% längere Transportdauer der KV-Transporte auf den vergleichbaren Relationen.

Setzt man die Transportdauer deutscher und ausländischer Frachtführer bzw. Spediteure zueinander ins Verhältnis, so lässt sich selbst auf einem 10%-Signifikanzniveau nicht verwerfen, dass die jeweils angegebenen Transportdauern gleich sind. Von den 54 vergleichbaren Transportfällen hatten laut Angabe der Spediteure der deutsche und der ausländische Lkw in 40 Fällen die gleiche Transportdauer, in weiteren drei Fällen war die Abweichung maximal 10%.

Die berechnete Transportdauer der Verkehrsmittel im Verhältnis zu den empirisch erhobenen Angaben

Tabelle 5.29 stellt die empirisch erhobenen und die berechneten Transportdauern gegenüber. Bedingt durch die gerundeten Angaben der Spediteure lässt sich eine positive Korrelation zwischen der Ungenauigkeit der Angaben und der Transportentfernung erkennen. Bei den Transporten, die mit deutschen Lkw durchgeführt wurden, resultiert aus dem Verhältnis der empirisch erhobenen und der berechneten Transportdauer ein arithmetisches Mittel von 1,50. Die berechnete mittlere Transportdauer liegt bei 14 Stunden und fünf Minuten. Die kürzeste Transportdauer muss von zwei Stunden auf zweieinhalb Stunden nach oben korrigiert, die längste Transportdauer von angegebenen zehn Tagen auf knapp sechs Tage reduziert werden. Selbst auf einem 1%-Signifikanzniveau kann deshalb die These, dass sich die empirisch erhobenen und die berechneten Transportdauern entsprechen, verworfen werden.

Führt man dieselbe Untersuchung für die Transportfälle durch, bei denen ausländische Frachtführer eingesetzt wurden, so zeigt sich aufgrund der längeren

[384] Die Prüfhypothese lautet, dass das Verhältnis zwischen der KV-Transportdauer und der Transportdauer mit deutschen Lkw gleich eins ist.

Transportentfernung dieser Verkehre, dass das Verhältnis zwischen empirischer und berechneter Transportdauer noch größer ist. Das arithmetische Mittel liegt bei 1,77. Auch hier muss die Hypothese verworfen werden, dass das Verhältnis zwischen der empirischen und der berechneten Transportdauer dem Wert eins entspricht und sich die beiden Transportdauern demnach nicht unterscheiden. Beim KV unterscheidet sich die empirische Angabe im Vergleich zur berechneten Transportdauer zwar auch, sie fällt jedoch nicht so deutlich aus. Die Hypothese, dass die beiden Transportdauern gleich sind, kann selbst auf dem 10%-Signifikanzniveau nicht verworfen werden.

Tabelle 5.29: Empirische und berechnete Transportdauern im Vergleich

gewähltes Verkehrsmittel	Datenquelle	Anzahl Beobachtungen	Transportdauer in Stunden		
			arithmet. Mittel	Minimalwert	Maximalwert
Lkw (Deutsch)	Erhebung	513	19,73	2,00	240,00
	Berechnung	513	14,09	2,28	140,78
Lkw (Ausland)	Erhebung	51	61,37	4,00	336,00
	Berechnung	51	39,26	2,73	141,38
KV	Erhebung	94	52,38	6,00	432,00
	Berechnung	94	41,13	9,12	438,85
		Anzahl Beobachtungen	Verhältnis der Transportdauer im Verkehrsmittelvergleich		
Lkw (Deutsch) / Lkw (Ausland)		54	0,99	0,13	2,00
KV / Lkw (Deutsch)		136	1,72	0,29	8,00
KV / Lkw (Ausland)		49	1,97	0,06	8,57

Die empirisch erhobene Durchschnittsgeschwindigkeit der Verkehrsmittel

Die Durchschnittsgeschwindigkeit der Verkehrsmittel errechnet sich aus der Transportentfernung und der zur Bewältigung dieser Entfernung benötigten Transportdauer inklusive der Warte- und Ruhezeiten. Wie bereits in Abschnitt 5.3.3 gezeigt wurde, unterscheidet sich die Transportentfernung im KV und Lkw-Verkehr auf den meisten Transportrelationen. Deshalb kann die Durchschnittsgeschwindigkeit des KV auf zwei Arten bestimmt werden. Um einen Vergleich der Durchschnittsgeschwindigkeit des KV und des Lkw anstellen zu können, muss sich die Berechnung der mittleren Geschwindigkeit des KV auf die Transportentfernung des Lkw beziehen. Falls hingegen ein reiner Geschwindigkeitsvergleich erfolgen soll, muss die tatsächlich zurückgelegte Entfernung der Verkehrsmittel in die Berechnung einfließen.

Transporte mit deutschen Lkw werden laut Angaben aus der empirischen Erhebung mit einer Durchschnittsgeschwindigkeit von 50,06 km/h betrieben. Allerdings gaben 25 Spediteure eine im Verhältnis zur Transportentfernung zu kurze Transportdauer an. Schließt man die Angaben zu diesen Transporten aus, so reduziert sich die durchschnittliche Geschwindigkeit auf 46,31 km/h. Vergleicht man die Durchschnittsgeschwindigkeit auf den nationalen und internationalen Quelle-Ziel-Relationen, so zeigen sich erhebliche Unterschiede. Im nationalen Verkehr liegt die Durchschnittsgeschwindigkeit bei 51,74 km/h, während sie bei den internationalen Verkehren bei 40,24 km/h liegt. Dies lässt sich zum einen durch die auf internationalen Relationen üblicherweise erforderlichen Ruhezeiten zurückführen, die die Transportdauer verlängern. Zum anderen kann man die geringere Durchschnittsgeschwindigkeit auf internationalen Relationen auf die schlechtere Infrastrukturqualität und -ausstattung in zahlreichen europäischen Ländern zurückführen.[385]

Ausländische Frachtführer werden in dieser Erhebung ausschließlich auf internationalen Relationen eingesetzt. Folglich kann man die mittlere durchschnittliche Geschwindigkeit der ausländischen Frachtführer mit der der deutschen Frachtführer nur auf internationalen Relationen vergleichen. Bei diesem Vergleich ergibt sich für die ausländischen Frachtführer eine noch geringere Durchschnittsgeschwindigkeit als für deutsche Lkw-Transporteure. Sie beträgt 32,69 km/h.

Wie in diesem Kapitel bereits dargestellt, resultiert dies zum einen aus den längeren Quelle-Ziel-Relationen, für die internationale Frachtführer eingesetzt werden und somit am – bezogen auf die gesamte Transportdauer – größeren Anteil der Ruhezeit. Zum anderen ist die geringere Durchschnittsgeschwindigkeit der ausländischen Frachtführer bedingt durch den hohen Anteil von Osteuropaverkehren mit schlechter Infrastruktur. Vergleicht man beispielsweise die Durchschnittsgeschwindigkeiten der deutschen und der ausländischen Frachtführer bei Osteuropatransporten, so unterscheidet sich selbst auf einem 10%-Signifikanzniveau die Durchschnittsgeschwindigkeit beider Alternativen nicht. Die Differenz der Angaben beträgt im Mittel 1,20 km/h.

Die Durchschnittsgeschwindigkeit im KV bezogen auf die KV-Transportentfernung liegt im Rahmen dieser Erhebung bei 33,62 km/h. Auf nationalen Relationen wird der KV mit einer signifikant höheren Durchschnittsgeschwindigkeit als auf internationalen Relationen betrieben. Die Durchschnittsgeschwindigkeiten betragen 39,34 km/h und 31,22 km/h.[386] Der Unterschied lässt sich auf zwei Umstände zurückführen, die in Kombination zu diesem Ergebnis führen:

- Die verkehrsmittelbedingt langsame KV-Kombination Lkw-Schiff wird in der Befragung nur auf internationalen Relationen eingesetzt. Die Durchschnittsgeschwindigkeit der KV-Alternative Lkw-Schiff beträgt 26,24 km/h, die der Kombination Lkw-Bahn 33,97 km/h. Allerdings kann nur auf einem 10%-Signifikanzniveau gezeigt werden, dass sich die Durchschnittsgeschwindig-

---

385 So haben ost- und nordeuropäische Länder oft eine geringere Autobahndichte wodurch insgesamt eine geringere zulässige Höchstgeschwindigkeit vorgegeben ist. Als Konsequenz haben die Verkehre in Richtung Osteuropa somit eine Durchschnittsgeschwindigkeit von 22,19 km/h, die in Richtung Nordeuropa 35,22 km/h.

386 Getestet wird, ob die Durchschnittsgeschwindigkeit der nationalen Transporte der der internationalen Transporte entspricht. Die H_0-Hypothese kann auf einem 1%-Signifikanzniveau verworfen werden.

keiten beider Alternativen unterscheiden und die der Kombination Lkw-Bahn im Mittel signifikant größer ist als die der Alternative Lkw-Schiff.

- Wie bereits in Abschnitt 5.2.1 erwähnt, besteht beim internationalen KV mit der Bahn ein erhebliches Problem durch Wartezeiten bei den Grenzübergängen.[387] Internationale KV-Transporte haben in der Kombination Lkw-Bahn deshalb eine im Vergleich zum nationalen KV geringere Durchschnittsgeschwindigkeit. National liegt die Geschwindigkeit bei 37,12 km/h und international bei 32,58 km/h.

Führt man dieselben Untersuchungen für den KV unter der Bedingung der jeweiligen Lkw-Transportentfernung durch, so ist aufgrund der üblicherweise geringeren Entfernungen des Lkw als grundsätzliches Ergebnis festzuhalten, dass die Durchschnittsgeschwindigkeiten im Vergleich zu den obigen Ergebnissen sinken. Tabelle 5.30 stellt die Durchschnittsgeschwindigkeiten in Abhängigkeit von der Lkw- und KV-Transportentfernung dar.

Tabelle 5.30: Empirische Durchschnittsgeschwindigkeit des kombinierten Verkehrs in Abhängigkeit von den Angaben zur Transportentfernung

KV-Transport	Transport-Entfernung	Durchschnittsgeschwindigkeit in km/h		
		arithmet. Mittel	Minimalwert	Maximalwert
Insgesamt	des KV	32,82	1,02	95,46
	des Lkw	28,87	0,85	79,00
National	des KV	39,34	1,02	87,67
	des Lkw	34,86	0,85	79,00
International	des KV	31,21	1,57	95,46
	des Lkw	26,37	1,39	77,00
Lkw-Bahn	des KV	33,97	7,02	95,42
	des Lkw	30,50	6,25	79,00
Lkw-Schiff	des KV	26,24	1,57	87,27
	des Lkw	26,28	1,39	74,71

Bei der Verkehrsmittelwahl stellt sich für den Spediteur die Frage nach der Schnelligkeit der jeweiligen Verkehrsmittel, die zur Erbringung der Transportleistung auf der angegebenen Quelle-Ziel-Relation eingesetzt werden können. Der im Folgenden dargestellte Vergleich zwischen dem KV und dem Lkw wird deshalb

[387] Vgl. UIRR (2003), S. 12. Wartezeiten und Verspätungen ergeben sich an Grenzübergängen insbesondere durch Lok- und Lokführerwechsel. Die Lokwechsel sind erforderlich, da es in Europa unterschiedliche nationale Stromsysteme gibt und nur selten ein durchgehender Einsatz der Lokomotive möglich ist. Der Lokführerwechsel ist nötig, da es noch keinen internationalen Lokführerschein gibt.

auf der Lkw-Transportentfernung basieren. Tabelle 5.31 stellt die Differenz der Durchschnittsgeschwindigkeiten der Transportrelationen dar, für die ein Alternativenvergleich möglich ist.

Aus Tabelle 5.31 kann man erkennen, dass beide Arten des Lkw-Verkehrs auf den entsprechenden Relationen im Mittel schneller sind als die jeweiligen KV-Alternativen. Um zu überprüfen, ob im Mittel tatsächlich Unterschiede in den Durchschnittsgeschwindigkeiten vorliegen, müssen die in der Tabelle aufgeführten Mittelwerte signifikant von null verschieden sein. Die Nullhypothese lautet folglich, dass die Differenz der Durchschnittsgeschwindigkeiten im Mittel null ist. Während beim Vergleich beider Lkw-Optionen die Nullhypothese selbst bei einem Signifikanzniveau von 10% nicht verworfen werden kann, ist dies bei den beiden anderen Verkehrsmittelvergleichen auf einem 1%-Signifikanzniveau der Fall. Somit ist die Durchschnittgeschwindigkeit des KV signifikant kleiner als die entsprechende Durchschnittsgeschwindigkeit der beiden Lkw-Alternativen. Dieser Zusammenhang gilt dabei sowohl für den nationalen als auch für den internationalen Vergleich der jeweiligen Verkehrsmittel.

Tabelle 5.31: Durchschnittsgeschwindigkeit der Verkehrsmittel im Vergleich

Verkehrsmittelvergleich	Anzahl Beobachtungen	Differenz der Durchschnittsgeschwindigkeit in km/h		
		arithmet. Mittel	Minimal-wert	Maximal-wert
Lkw (Deutsch) – Lkw (Ausland)	54	0,02	-20,96	22,08
Lkw (Deutsch) – KV	136	11,77	-34,58	58,89
Lkw (Ausland) – KV	49	13,74	-23,32	45,56

Die berechnete Durchschnittsgeschwindigkeit der Verkehrsmittel im Vergleich zu den empirisch erhobenen Angaben

Tabelle 5.32 stellt den Vergleich der berechneten und der empirisch erhobenen Durchschnittsgeschwindigkeiten für die jeweils gewählte Verkehrsmittelalternative dar. Ein Ergebnis dieser Gegenüberstellung ist, dass die empirisch erhobenen Werte der Durchschnittsgeschwindigkeit unter den berechneten Werten liegen.

Der Unterschied ist jedoch nur beim unimodalen Lkw-Verkehr mit deutschen oder mit ausländischen Frachtführern auf einem 1%-Signifikanzniveau von null verschieden. Bei den KV-Transporten lässt sich auf dem gleichen Signifikanzniveau hingegen nicht verwerfen, dass sich die Durchschnittsgeschwindigkeiten aus der Erhebung und der Berechnung unterscheiden. Für den KV insgesamt und für den KV in der Verkehrsmittelkombination Lkw-Schiff gilt diese Aussage auf dem 10%-Signifikanzniveau.

Tabelle 5.32: Empirische und berechnete Durchschnittsgeschwindigkeiten der Verkehrsmittel im Vergleich

gewähltes Verkehrsmittel	Datenquelle	Anzahl Beobachtungen	Durchschnittsgeschwindigkeit in km/h		
			arithmet. Mittel	Minimal-wert	Maximal-wert
Lkw (Deutsch)	Erhebung	505	48,49	2,67	90,00
	Berechnung	505	54,75	21,24	102,04
Lkw (Ausland)	Erhebung	53	29,28	1,14	90,00
	Berechnung	53	40,86	21,36	65,85
KV (insgesamt)	Erhebung	93	29,20	1,39	79,00
	Berechnung	93	33,40	2,62	73,98
KV (Lkw-Bahn)	Erhebung	65	29,75	6,25	77,00
	Berechnung	65	35,85	4,76	73,80
KV (Lkw-Schiff)	Erhebung	25	29,27	1,39	100,91
	Berechnung	25	28,36	2,62	73,98

Fazit

Die Ergebnisse zur Transportdauer und zur Durchschnittsgeschwindigkeit weisen beim Vergleich der empirisch erhobenen und der berechneten Werte Unterschiede auf. Im Fall des KV sind diese Unterschiede nicht systematischer, sondern rein zufälliger Art. Hingegen liegen beim Lkw die Angaben zur Transportdauer in der Erhebung im Mittel signifikant über den errechneten Werten. Dies hat – wie bereits angedeutet – zum einen die Begründung in der Überschätzung der Transportzeiten besonders langer Verkehre. Zum anderen könnte es damit zusammenhängen, dass die Spediteure bereits einen Zeitpuffer für Staus und andere Verspätungsursachen in die Transportdauer einkalkulieren.

5.3.5.3 Berechenbarkeit

Wie bei der Schnelligkeit subsumiert auch der Begriff der Berechenbarkeit verschiedene Komponenten. Wie in Abschnitt 3.3 dargestellt, ist eine der Komponenten die Pünktlichkeit. Darüber hinaus ist bei Nichteinhaltung des vereinbarten Anlieferungszeitpunktes auch die Verspätungsdauer der Berechenbarkeit zuzuordnen. Im Rahmen dieser Arbeit wurden die Spediteure nach beiden Qualitätsmerkmale gefragt. Sie mussten angeben, wie viel Prozent der Verkehre auf den entsprechenden Quelle-Ziel-Relationen mit den jeweiligen Verkehrsmitteln erfahrungsgemäß verspätet ankommen. Sofern der Spediteur eine von null verschiedene Wahrscheinlichkeit für dieses Ereignis angab, sollte er eine Zeitangabe für die Verspätungsdauer machen.

Auch bei diesem Qualitätsmerkmal ist es möglich, die empirisch erhobenen Werte zu überprüfen. Die zugrunde liegende Überlegung ist, dass sich die Wahrscheinlichkeit einer Verspätung erhöht, je länger die Transportdauer im Verhältnis zur vorgegebenen Transportzeitspanne ist. Die Wahrscheinlichkeit einer Verspätung errechnet sich gemäß Gleichung (5.1) aus der Differenz von eins minus dem Quotienten aus dem Zeitpuffer, der der Differenz zwischen der Transportzeitspanne und der Transportdauer entspricht, dividiert durch die vorgegebene Transportzeitspanne.[388] Die Verspätungsdauer kann jedoch nicht berechnet werden.

$$VERSPAET = 1 - \frac{T_{Zeitspanne} - T_{Dauer}}{T_{Zeitspanne}} \qquad (5.1)$$

Die empirisch erhobene Pünktlichkeit der Verkehrsmittel im Vergleich

In Tabelle 5.33 sind die Verspätungswahrscheinlichkeiten abgebildet, die bei den angegebenen Transporten mit den jeweiligen Verkehrsmitteln aufgetreten sind. In der ersten Spalte der Tabelle steht die Verkehrsmittelalternative für die die Wahrscheinlichkeiten zur verspäteten Anlieferung beim Empfänger angegeben wurden, in Spalte zwei steht die Verkehrsmittelalternative, die tatsächlich zur Transportdurchführung gewählt wurde.

Als allgemeines Ergebnis ist der Tabelle zu entnehmen, dass die angegebene Verspätungswahrscheinlichkeit eines Verkehrsmittels immer bei derjenigen Alternative als besonders gering eingestuft wird, mit der der Transport tatsächlich erfolgt ist. Über die Verkehrsmittelalternativen hinweg kann auf einem 1%-Signifikanzniveau gezeigt werden, dass die Wahrscheinlichkeit für ein verspätetes Eintreffen beim Empfänger von den befragten Spediteuren für das jeweils gewählte Verkehrsmittel als signifikant kleiner eingeschätzt wird als für die entsprechenden Alternativen. Eine Ausnahme stellt dabei die Gruppe der Spediteure dar, die einen ausländischen Frachtführer mit der Transportdurchführung beauftragt haben und Angaben zur Pünktlichkeit eines in Deutschland zugelassenen Lkw gemacht haben. Selbst auf einem 10%-Signifikanzniveau kann bei diesem Vergleich nicht verworfen werden, dass die Wahrscheinlichkeit zur verspäteten Ankunft beim Empfänger im Mittel für beide Alternativen gleich ist.

---

388 Im engen Sinne ist dieser Quotient keine Wahrscheinlichkeit, da er rechnerisch negative Werte annehmen kann. Geht man jedoch davon aus, dass alle Verkehre mit einer Transportdauer, die länger ist als das zur Verfügung stehende Transportzeitfenster, definitiv verspätet beim Empfänger eintreffen, können die negativen Werte auf null normiert werden, so dass die Wahrscheinlichkeit einer Verspätung 100% beträgt. Im Folgenden wird deshalb von einer Verspätungswahrscheinlichkeit gesprochen.

Tabelle 5.33: Verspätungswahrscheinlichkeit der Verkehrsmittel im Vergleich

Angabe für Verkehrsmittel	gewähltes Verkehrsmittel	Anzahl Beobachtungen	Verspätungswahrscheinlichkeit in %		
			arithmet. Mittel	Minimal-wert	Maximal-wert
Lkw (Deutsch)	Lkw (Deutsch)	525	4,18	0	50
	Lkw (Ausland)	18	6,33	0	30
	KV (insgesamt)	64	11,25	0	55
Lkw (Ausland)	Lkw (Deutsch)	27	13,56	0	43
	Lkw (Ausland)	54	4,33	0	25
	KV (insgesamt)	24	19,21	0	55
KV (insgesamt)	Lkw (Deutsch)	72	18,36	0	100
	Lkw (Ausland)	15	15,13	0	35
	KV (insgesamt)	99	6,76	0	50
	KV (unbegleitet)	67	7,67	0	50
	KV (begleitet)	32	4,84	0	50

Ferner attestieren Spediteure, die den Transport mit einem deutschen Frachtführer oder im Selbsteintritt betrieben haben, ausländischen Frachtführern eine höhere Unpünktlichkeit als die Spediteure, die ausländische Frachtführer beauftragt haben. Auf einem 1%-Signifikanzniveau kann gezeigt werden, dass sich die angegebene Pünktlichkeit beider Alternativen unterscheidet. Dieses Ergebnis spiegelt die Einstellung deutscher Spediteure zur Konkurrenz ausländischer Frachtführer wider, wenngleich sie bisher noch keine eigenen Erfahrungen damit gemacht haben.[389] Ausländischen Frachtführern wird generell Preisdumping unterstellt, das man sich mit einer geringeren Zuverlässigkeit erkauft. Dass dies nicht der Fall sein muss, zeigen die in der Tabelle aufgeführten Einschätzungen der Spediteure, die die Transporte mit ausländischen Frachtführern durchführen ließen.[390]

Untersucht man die Angaben zur Pünktlichkeit der in Deutschland zugelassenen Lkw im nationalen und im internationalen Verkehr, so kann für die Spediteure, die einen entsprechenden Transport mit einem in Deutschland zugelassenen

389 Den Spediteuren wurde im Rahmen der Erhebung die Möglichkeit zur Kommentierung des Qualitätsprofils der nicht gewählten Verkehrsmittel gegeben, wenn sie bisher noch keine Erfahrung damit gesammelt haben. Dies sollte dazu dienen, die generelle Einstellung zur Verkehrsmittelwahl und zur Wahl ausländischer Frachtführer zu eruieren.

390 Vor dem Hintergrund, dass diese Spediteure Erfahrungen mit ausländischen Frachtführern gesammelt haben und sie deshalb die Leistung dieser Frachtführer besser einschätzen können, erscheinen diese Angaben aussagekräftiger.

Lkw betrieben haben, auf einem 10%-Signifikanzniveau gezeigt werden, dass die Wahrscheinlichkeit einer Verspätung im nationalen und im internationalen Verkehr im Mittel gleich ist. Erfolgt dieser Vergleich jedoch für alle Spediteure, so kann auf einem 5%-Signifikanzniveau gezeigt werden, dass die Pünktlichkeit internationaler Transporte aufgrund der langen Transportentfernungen erwartungsgemäß geringer ist als bei nationalen Transporten. Innerhalb der Kategorie der internationalen Transporte zeigt sich wiederum – unabhängig davon, ob der Verkehr mit einem deutschen oder einem ausländischen Frachtführer durchgeführt wurde –, dass es bei einer Irrtumswahrscheinlichkeit von 5% keine Unterschiede in der Pünktlichkeit bezogen auf die geographische Struktur der Transportrelationen gibt. Dies wiederum ist für den KV nicht der Fall. Spediteure, die den Transport im KV betrieben haben, gaben im Mittel auf einem 1%-Signifikanzniveau eine höhere Verspätungswahrscheinlichkeit bei Südeuropaverkehren als bei den anderen Relationen an. Dieses Ergebnis entspricht einer Untersuchung der UIRR, die die Pünktlichkeit von 20.000 Zügen erfasst und festgestellt hat, dass es aufgrund des Lok- und Lokführermangels insbesondere bei Spanien- und Italienverkehren zu Verspätungen kommt.[391]

Auch zwischen den verschiedenen KV-Arten gibt es statistisch signifikante Unterschiede in der Pünktlichkeit. Nach Angabe der Spediteure, die den Transport kombiniert betrieben haben, hat der unbegleitete KV eine höhere Unpünktlichkeit als der begleitete. Dies lässt sich auf einem 10%-Signifikanzniveau zeigen. Ebenso muss die Hypothese abgelehnt werden, dass der KV in der Verkehrsmittelkombination Lkw-Bahn im Mittel dieselbe Pünktlichkeit wie der KV in der Kombination Lkw-Schiff hat. Im Mittel ist die Kombination Lkw-Bahn auf einem 5%-Signifikanzniveau unpünktlicher als die Kombination Lkw-Schiff.

Die berechnete Verspätungswahrscheinlichkeit der Verkehrsmittel im Vergleich zu den empirisch erhobenen Angaben

Ein direkter Vergleich zwischen der empirischen Verspätungswahrscheinlichkeit und der berechneten Wahrscheinlichkeit zum verspäteten Erreichen des Empfängerstandortes ist nicht möglich. Dennoch ist eine Ergebnisüberprüfung der empirisch erhobenen Werte des jeweiligen Verkehrsmittels anhand der berechneten Pünktlichkeit sinnvoll. Der Vergleich muss sich dazu auf das Verhältnis der Verspätungswahrscheinlichkeit zwischen den drei Alternativen beziehen. Mit diesem Vorgehen kann überprüft werden, ob die berechneten Angaben zumindest im Verhältnis zueinander den Angaben aus der empirischen Erhebung entsprechen. Da für die Verkehrsmittelwahl das Verhältnis der Qualitätsmerkmale zwischen den Alternativen entscheidend ist, kann dieses Vorgehen einen sinnvollen Beitrag zur Erklärung des Wahlverhaltens liefern.

Tabelle 5.34 stellt für jede der drei Verkehrsmittelalternativen die empirisch erhobenen und die berechneten Werte für die Verspätungswahrscheinlichkeit dar. Die Tabelle zeigt, dass auch bei den berechneten Angaben zur Pünktlichkeit der Lkw die geringste Wahrscheinlichkeit eines verspäteten Eintreffens beim Emp-

391 Vgl. o.V. (2001).

fänger hat. Außerdem wird bei der berechneten Wahrscheinlichkeit der deutsche Frachtführer – auf den Relationen, auf denen er von den Spediteuren eingesetzt wird – besser eingestuft als der ausländische. Es kann damit aber nicht auf eine geringere Pünktlichkeit ausländischer Frachtführer geschlossen werden, da die ausländischen Frachtführer ausschließlich auf langen, internationalen Relationen eingesetzt werden und der verfügbare Zeitpuffer im Verhältnis zum Transportzeitfenster sehr klein ist. Die Wahrscheinlichkeit für eine Verspätung ist somit sehr groß. Wie beim empirischen Vergleich schneidet der KV hinsichtlich der Pünktlichkeit am schlechtesten ab. Auch bei der eigenen Berechnung ist die Wahrscheinlichkeit eines verspäteten Eintreffens im begleiteten KV geringer als beim unbegleiteten.

Tabelle 5.34: Vergleich der empirischen und der berechneten Verspätungsquote

gewähltes Verkehrsmittel	Datenquelle	Anzahl Beobachtungen	Verspätungswahrscheinlichkeit in %		
			arithmet. Mittel	Minimalwert	Maximalwert
Lkw (Deutsch)	Erhebung	525	4,18	0,00	50,00
	Berechnung	525	35,16	2,48	100,00
Lkw (Ausland)	Erhebung	54	4,33	0,00	25,00
	Berechnung	54	48,91	7,50	100,00
KV (insgesamt)	Erhebung	99	6,76	0,00	50,00
	Berechnung	99	60,18	8,36	100,00
KV (unbegleitet)	Erhebung	67	7,67	0,00	50,00
	Berechnung	67	62,61	8,36	100,00
KV (begleitet)	Erhebung	32	4,84	0,00	50,00
	Berechnung	32	55,03	14,98	100,00

Die empirisch erhobene Verspätungsdauer der Verkehrsmittel im Vergleich

Wie bereits zu Beginn dieses Abschnittes dargestellt, wurden die Spediteure, die eine positive Verspätungswahrscheinlichkeit angegeben haben, darum gebeten, die Verspätungsdauer beim Eintreffen am Empfänger anzugeben. Für diejenigen, die eine Pünktlichkeit von 100% angegeben haben, wurde die Verspätungsdauer gleich null gesetzt.

Untersucht man die Angaben der befragten Spediteure zur Verspätungsdauer beider Verkehrsmittelalternativen, so kann für die in Deutschland zugelassenen Lkw auf einem 1%-Signifikanzniveau gezeigt werden, dass sich im Mittel die Antworten zwischen den Nutzern und Nicht-Nutzern dieser Alternative unterscheiden. Selbst auf einem 10%-Signifikanzniveau kann hingegen nicht verworfen werden, dass die Antworten zur Verspätungsdauer des KV und der ausländischen Frachtführer zwischen den Nutzern und den Nicht-Nutzern der jeweiligen Alternativen im Mittel gleich sind. Im Gegensatz zur Pünktlichkeit zeigt sich somit bei der Verspätungsdauer, dass das Qualitätsniveau nur von den Spediteuren überschätzt wird, die den Transport mit einem in Deutschland zugelassenen Lkw betrieben haben. Die Nutzer des KV und der ausländischen Frachtführer schätzen die Qualität ihres Verkehrsmittels hingegen objektiv ein.

Bei der vergleichenden Untersuchung zwischen den verschiedenen Verkehrsmitteln zeigt sich, dass auch bei der Verspätungsdauer dem deutschen Lkw die beste Qualitätseigenschaft zugesprochen wird. Dies kann auf einem 1%-Signifikanzniveau gezeigt werden. Im Mittel war die Verspätungsdauer des KV am höchsten. Auch hier kann statistisch ein signifikanter Unterschied im Vergleich zum Lkw nachgewiesen werden. Das Signifikanzniveau beträgt hierbei 5%.

Vergleicht man die durchschnittliche Verspätungsdauer im nationalen und im internationalen Verkehr, so kann auf einem 5%-Signifikanzniveau gezeigt werden, dass sich die angegebene Verspätungsdauer für Transporte mit deutschen Lkw bei beiden Relationsarten nicht unterscheidet. Dieser Zusammenhang kann sowohl für die Nutzer von in Deutschland zugelassenen Lkw als auch für alle Spediteure gezeigt werden, die Angaben zur Verspätungsdauer dieser Verkehrsmittelalternative machten. Analysiert man das Antwortverhalten bezüglich der KV-Nutzung, so kann auch hier auf einem 5%-Signifikanzniveau gezeigt werden, dass die Quelle-Ziel-Relation keinen Einfluss auf das Antwortverhalten zur mittleren Verspätungsdauer hat und dass sich die Verspätungsdauer im Mittel bei nationalen und internationalen Transporten entspricht. Folglich kann daraus geschlossen werden, dass die Transportentfernung nur einen sehr geringen Einfluss auf die Verspätungsdauer hat.

Tabelle 5.35: Vergleich der empirischen und der berechneten Verspätungsdauer

Angabe für Verkehrsmittel	gewähltes Verkehrsmittel	Anzahl Beobachtungen	Dauer der Verspätung in Stunden		
			arithmet. Mittel	Minimalwert	Maximalwert
Lkw (Deutsch)	Lkw (Deutsch)	525	1,61	0,00	48,00
	Lkw (Ausland)	18	4,35	0,00	48,00
	KV (insgesamt)	66	3,94	0,00	36,00
Lkw (Ausland)	Lkw (Deutsch)	54	4,62	0,00	48,00
	Lkw (Ausland)	29	3,81	0,00	36,00
	KV (insgesamt)	25	7,64	0,00	36,00
KV (insgesamt)	Lkw (Deutsch)	77	6,63	0,00	24,00
	Lkw (Ausland)	15	11,93	0,00	72,00
	KV (insgesamt)	99	6,66	0,00	72,00
	KV (unbegleitet)	67	8,00	0,00	72,00
	KV (begleitet)	32	3,86	0,00	24,00

Betrachtet man das Antwortverhalten der KV-Nutzer für die unterschiedlichen Arten des KV, so muss auf einem 5%-Signifikanzniveau verworfen werden, dass die Verspätungsdauer des begleiteten und unbegleiteten KV im Mittel gleich ist. Wie Tabelle 5.35 zeigt, hat der begleitete KV eine geringere durchschnittliche Verspätung als der unbegleitete KV. Dies könnte zum einen daran liegen, dass das jeweilige Verkehrsmittel im begleiteten KV-Hauptlauf üblicherweise eine sehr gute Taktung hat.[392] Zum anderen kann es aber auch daran liegen, dass der Vor- und Nachlauf mit dem – laut Angabe der Spediteure – pünktlicheren Verkehrsmittel Lkw einen größeren Anteil an der Gesamttransportentfernung hat. Kein Unterschied in der Verspätungsdauer wird von den KV-Nutzern hingegen zwischen der KV-Alternative Lkw-Bahn und Lkw-Schiff gesehen. Auf einem 10%-Signifikanzniveau kann gezeigt werden, dass sich die Mittelwerte zur Verspätung der beiden KV-Alternativen entsprechen.

Fazit

Die empirischen Angaben zur Berechenbarkeit haben gezeigt, dass dieser Einflussfaktor sehr stark von der subjektiven Einstellung des Spediteurs zu dem jeweiligen Verkehrsmittel geprägt ist. Bei der Pünktlichkeit wird zur Rechtfertigung der Wahlentscheidung das gewählte Verkehrsmittel stets besser als die anderen Alternativen eingeschätzt. Die Güte der gegebenen Antworten ist demzufolge fraglich. Es ist in vielen Transportfällen objektiv nicht nachvollziehbar, dass die Verspätungswahrscheinlichkeit null sein soll, wenn dem Spediteur kaum ein Zeitpuffer gegeben wird. Für die ökonometrische Schätzung im sechsten Kapitel werden daher die berechneten Verspätungswahrscheinlichkeiten verwendet.

Die Angaben zur Verspätungsdauer sind mit der Verkehrsliteratur zumindest soweit im Einklang, dass der Lkw im Mittel eine geringere Verspätungsdauer aufweist als der KV.[393] Während der Lkw nur durch Staus – bedingt durch Unfälle, Pannen oder Überlastung der Infrastruktur – verspätet am Empfängerstandort eintreffen kann und diese Verspätungen üblicherweise nur wenige Stunden betragen, beträgt die Verspätungsdauer beim KV häufig einen Arbeitstag.[394]

5.3.5.4 Fähigkeit zur Netzbildung

Anzahl der Umschlagvorgänge

Wie in Abschnitt 3.2 definiert, ist ein intermodaler Verkehr gekennzeichnet durch den Umschlag der Ladeeinheit, nicht jedoch der Waren selbst. Im Komplettladungsverkehr als KV-relevantes Marktsegment des Straßengüterverkehrs erfolgt kein Umschlagvorgang. Die folgende Betrachtung dieses Einflussfaktors bezieht

---

392 Vgl. hierzu die Ausführungen im Abschnitt 5.3.5.5.

393 Vgl. ECMT (1998), S. 21ff. Diese Aussage gilt jedoch nur für deutsche Frachtführer bzw. Spediteure. Wie bereits im vorherigen Abschnitt dargestellt, wurde ausländischen Frachtführern nur eine statistisch insignifikant bessere Qualität als dem KV zugesprochen.

394 Trifft der Lkw nicht rechtzeitig im Versandterminal ein, verzögert sich der Hauptlauf in der Regel um einen vollen Tag und somit auch die Anlieferung.

sich demnach ausschließlich auf den intermodalen Verkehr. Der Begriff „Umschlag" wird im Rahmen dieser Arbeit definiert als das Verladen der Ware vom Lkw auf das Verkehrsmittel des Hauptlaufs und umgekehrt zuzüglich der Umschlagprozesse innerhalb des KV-Hauptlaufs.

Bei Direktverkehren im typischen KV-Ablauf gibt es definitorisch zwei Umschlagvorgänge; der eine im Versand-, der andere im Empfängerterminal. In der Erhebung dieser Arbeit sind 83,7% der 98 KV-Transporte als Direktverkehr erfolgt. Bei den restlichen KV-Transporten musste in 43,8% der Fälle einmal, in 56,2% der Fälle zweimal zusätzlich umgeschlagen werden. Bei den Transporten, die mit dem Lkw durchgeführt wurden und bei denen die Spediteure keine Angaben zur KV-Alternative machten, musste eine geeignete KV-Alternative gesucht werden.[395] Für diese Verkehre konnte in 33,0% der 575 Transportfälle ein Direktverkehr gefunden werden. Bei der großen Mehrheit der Verkehre müssen jedoch mindestens drei Umschlagvorgänge erfolgen. In 60,3% der Fälle, die nicht im Direktverkehr betrieben werden können, sind drei Umschlagvorgänge, in 39,2% der Fälle vier Umschlagvorgänge erforderlich. Nur in 0,5% der Transportfälle werden fünf und mehr Umschlagvorgänge benötigt.

Vergleicht man die Direktverkehranteile auf nationalen und internationalen Relationen, so zeigt sich, dass international häufiger Direktverkehre möglich sind als national. Rund die Hälfte aller internationalen Transportfälle dieser Erhebung können im Direktverkehr erfolgen, während es bei nationalen Verkehren nur rund ein Drittel der Transporte ist. Untersucht man den Direktverkehranteil bei nationalen Transporten, so zeigt sich, dass gerade die Verkehre auf nationalen Relationen kombiniert betrieben werden, bei denen Direktverkehre möglich sind. Der Anteil der Direktverkehre an allen nationalen KV-Transporten beträgt 70,0%. Auch bei den internationalen Verkehren werden vorwiegend die Verkehre kombiniert betrieben, die im Direktverkehr durchführbar sind. Hier liegt der Anteil der Direktverkehre an allen tatsächlich durchgeführten KV-Transporten bei 87,2%. Aufgrund dieser Ergebnisse ist für die Schätzung im sechsten Kapitel zu erwarten, dass sich die Möglichkeit eines Direktverkehrs positiv auf die Wahlentscheidung zugunsten des KV auswirkt.

Netzanbindung

In seiner ursprünglichen Form ist für diesen Einflussfaktor lediglich von Bedeutung, ob der Verlader und Empfänger einen Anschluss an die Infrastruktur der jeweiligen Verkehrsträger haben. Weiter gefasst kann man die Netzanbindung jedoch auch verstehen als die Entfernung, die zurückgelegt werden muss, um an die entsprechende Verkehrsinfrastruktur zu gelangen. Die Infrastruktur des KV-Hauptlaufs ist das KV-Terminal, die des Lkw ist die Anbindung an das Fernstraßennetz. Üblicherweise ist die Fernstraße mit der Autobahn gleichzusetzen. Deshalb wird im Folgenden für die vergleichende Betrachtung der Lkw-Hauptlauf mit

395 Die Suche erfolgte anhand der definitorisch begrenzten Entfernung für den Vor- und Nachlauf und anhand der Fahrpläne der verschiedensten KV-Operateure in Europa. Es wurde für jeden Transportfall die sinnvollste KV-Verbindung recherchiert.

den Autobahnkilometern gleichgesetzt. Wie bei der Schnelligkeit kann sich der Vergleich der KV-Netzanbindung sowohl auf die KV- als auch auf die Lkw-Transportentfernung beziehen. Für den Vergleich zwischen den Verkehrsmitteln sollte sich die Vor- und Nachlaufentfernung auf die Lkw-Transportentfernung beziehen.

Tabelle 5.36: Anbindung an das Autobahnnetz und das Verkehrsmittel des Hauptlaufs im kombinierten Verkehr

Angaben für Verkehrsmittel	gewähltes Verkehrsmittel	Anzahl Beobachtungen	Vor- und Nachlaufentfernung in km		
			arithmet. Mittel	Minimalwert	Maximalwert
Lkw	insgesamt	677	95,3	0*	2580
	Lkw	579	88,4	0*	2580
	KV	98	136,4	10	1810
KV	insgesamt	677	124,2	10	1810
	Lkw	579	83,8	20	590
	KV (insgesamt)	98	362,4	10	1810
	KV (unbegleitet)	67	152,4	10	1250
	KV (begleitet)	31	816,3	100	1810

* Die Entfernung von 0 km ergibt sich aus der Entfernungsberechnung. Da der Verlader- und Empfängerstandort nicht bis auf Straßen-, sondern auf Postleitzahlenebene angegeben wurden, können die Entfernungen nur auf 5 km-Schritte gerundet angegeben werden.

Tabelle 5.36 stellt die Netzanbindung für den Lkw und den KV dar. Da bei den Verkehren in Richtung Osteuropa nur sehr wenige Autobahnen zur Verfügung stehen, ergibt sich laut der oben genannten Definition für den Lkw-Verkehr ein sehr langer Vor- und Nachlauf. Schließt man diese Verkehre aus dem Vergleich aus, so ist der Vor- und Nachlauf bei den Transportfällen, die per Lkw betrieben wurden, auf einem 5%-Signifikanzniveau nachweisbar kürzer als bei den KV-Transporten. Schließt man die Osteuropaverkehre mit ein, so kann jedoch selbst auf einem 10%-Signifikanzniveau nicht verworfen werden, dass sich der Vor- und Nachlauf auf der Straße zwischen den Lkw- und den KV-Transporten bezüglich der Entfernung entsprechen.

Auch bei den Verkehren, die intermodal betrieben wurden, ist die zurückzulegende Entfernung des Lkw auf Stadt- und Landstraßen geringer als der Vor- und Nachlauf bei der KV-Alternative. Dies liegt an den zahlreichen begleiteten KV-Transportfällen, die mit 816,3 km im Mittel einen sehr langen Vor- und Nachlauf haben und an der gut ausgebauten Autobahninfrastruktur in den westeuropäischen Ländern. Somit kann auch für die intermodale Lösung auf einem 5%-Signifikanzniveau gezeigt werden, dass der Vor- und Nachlauf beim Lkw kürzer als beim KV ist.

Zum Vergleich des unimodalen Straßengüterverkehrs mit dem KV ist es nicht ausreichend, die Entfernung des Vor- und Nachlaufes in absoluten Werten auszuweisen. Beispielsweise hat bei einem KV-Transport mit einem langen Hauptlauf eine gegebene Vor- und Nachlaufentfernung einen kleineren Einfluss auf die Vorteilhaftigkeit der KV-Alternative als die gleiche Vor- und Nachlaufentfernung bei einem kurzen Hauptlauf. Deshalb soll im Folgenden ein Vergleich der Vor- und Nachlaufanteile an der Gesamttransportentfernung dargestellt werden.

Tabelle 5.37: Vor- und Nachlaufanteile im Straßen- und im kombinierten Verkehr

Verhältnis des Vor- und Nachlaufs bezogen auf die Gesamttransportentfernung	Häufigkeitsverteilung beim Lkw-Transport			Häufigkeitsverteilung beim KV-Transport		
	insgesamt	Lkw gewählt	KV gewählt	insgesamt	Lkw gewählt	KV gewählt
≤ 15%	80,5%	80,1%	82,7%	56,3%	56,8%	53,1%
16% - 30%	12,6%	13,1%	9,2%	27,5%	30,6%	9,2%
31% - 45%	4,0%	4,0%	4,1%	8,6%	9,3%	4,1%
46% - 60%	0,7%	0,5%	2,0%	3,0%	2,4%	6,1%
61% - 75%	2,2%	2,3%	2,0%	4,6%	0,9%	27,5%
insgesamt	*677*	*579*	*98*	*677*	*579*	*98*

Tabelle 5.37 stellt die Vor- und Nachlaufanteile der beiden Verkehrsmittel bezogen auf die Transportentfernung des Lkw und KV dar. Wie bereits aufgeführt, ist bei einigen der erhobenen Lkw-Transportfälle der Vor- und Nachlaufanteil relativ hoch. So haben rund 3% der Lkw-Verkehre einen Vor- und Nachlaufanteil von über 45%. Im Allgemeinen liegt der Vor- und Nachlaufanteil des Lkw bei maximal 15% der Gesamttransportentfernung. Dieser Klasse sind 80,5% aller Verkehre zuzuordnen.

Beim KV ist zwar auch die Hälfte aller Transporte mit einem Vor- und Nachlaufanteil von 15% oder weniger durchführbar, jedoch sind die übrigen Transportfälle stärker über die verschiedenen Verhältnisklassen verteilt. Dies führt dazu, dass das arithmetische Mittel des Vor- und Nachlaufs im KV um 53,6% größer als beim Lkw ist. Folglich kann auf einem 1%-Signifikanzniveau nachgewiesen werden, dass der Anteil des Vor- und Nachlaufs an der Gesamtentfernung des KV größer als bei der Lkw-Alternative ist.

Vergleicht man die Vor- und Nachlaufanteile des Lkw und KV auf den verschiedenen Quelle-Ziel-Relationen, so zeigt sich, dass bei den Osteuropaverkehren der KV im Mittel einen gleichen Vor- und Nachlaufanteil wie der Lkw hat. Dies kann auf einem 5%-Signifikanzniveau nachgewiesen werden. Auf den anderen Relationen hingegen kann auf einem 1%-Signifikanzniveau gezeigt werden, dass der KV einen größeren Vor- und Nachlaufanteil hat.

Netzdichte

Die Netzdichte ist in der Liste der Qualitätsmerkmale von Voigt zwar nicht aufgeführt, sie kann jedoch zur Erklärung der Verkehrsmittelwahl beitragen. Auch wenn der Vor- und Nachlauf jeweils nur innerstädtisch wäre und der Hauptlaufanteil an der gesamten Transportentfernung nahezu 100% betragen würde, so kann der KV aufgrund der Netzdichte dennoch einen erheblichen Nachteil gegenüber dem Lkw haben. Ist der Leitungsweg des KV so konzipiert, dass aufgrund von organisatorischen, infrastrukturellen oder geographischen Gegebenheiten ein großer Umweg im Vergleich zur Straße in Kauf genommen werden muss, so wirkt sich die geringere Netzdichte negativ auf das Wahlverhalten aus. Deshalb soll im Folgenden die Transportentfernung der Verkehrsmittelalternativen ins Verhältnis zur Luftlinienentfernung gesetzt werden. Dieser Indikator zeigt somit an, wie groß der „Umweg" ist, der mit dem entsprechenden Verkehrsmittel zurückgelegt werden muss. Ein großer Umweg ist demnach gleichzusetzen mit einer geringen Netzdichte.

Tabelle 5.38: Netzdichte des Straßen- und des kombinierten Verkehrs

Verhältnis der Transportentfernung bezogen auf die Luftlinienentfernung	Häufigkeitsverteilung beim Lkw-Transport			Häufigkeitsverteilung beim KV-Transport		
	insgesamt	Lkw gewählt	KV gewählt	insgesamt	Lkw gewählt	KV gewählt
1,00 - 1,25	35,6%	38,1%	21,4%	8,1%	6,7%	16,3%
1,26 - 1,50	59,8%	58,5%	67,4%	47,9%	48,2%	45,9%
1,51 - 1,75	3,7%	2,9%	8,2%	22,6%	22,3%	24,5%
1,76 - 2,00	0,6%	0,3%	2,0%	9,9%	10,2%	8,2%
> 2,00	0,3%	0,2%	1,0%	11,5%	12,6%	5,1%
insgsamt	*676*	*578*	*98*	*677*	*579*	*98*

Tabelle 5.38 stellt die Netzdichte der beiden Verkehrsmittel dar. Sie ist jeweils für alle Spediteure und für diejenigen Spediteure aufgeführt, die das jeweilige Verkehrsmittel gewählt haben. Ein zentrales Ergebnis dieser Erhebung ist, dass der Lkw im Mittel eine höhere Netzdichte als der KV hat. Während beim Lkw im Mittel über alle Beobachtungen ein Umweg von 30% – bezogen auf die Luftlinienentfernung – zurückzulegen ist, sind es beim KV 66%. Auf einem 1%-Signifikanzniveau kann somit gezeigt werden, dass die Netzdichte des Lkw höher als die des KV ist.

Vergleicht man die Lkw-Netzdichte zwischen der Gruppe der Lkw- und der KV-Nutzer, so zeigt sich ein wenig überraschendes Bild. Die Lkw-Netzdichte ist bei den Transportfällen, die mit dem Lkw betrieben wurden, auf einem 1%-Signifikanzniveau größer als bei den Transportfällen, bei denen der KV genutzt wurde. Führt man denselben Vergleich für den KV durch, so ergibt sich auf dem gleichen Signifikanzniveau das umgekehrte Ergebnis. In diesem Vergleich ist die KV-Netzdichte bei den Verkehren, die im KV erfolgten, größer als in den Fällen, in denen Lkw genutzt wurden.

Dieses Phänomen kann mit fehlenden Direktverkehren auf den Transportrelationen erklärt werden, die als Lkw-Transport betrieben wurden. Da bei einem mehrgliedrigen KV-Transport ein weiter Umweg gefahren werden muss, führt dies zu höheren Transportkosten, längeren Transportzeiten und aufgrund der häufigeren Umschlagvorgänge zu einer geringeren Berechenbarkeit dieser Verkehre.

Deshalb scheinen KV-Transporte mit geringer Netzdichte für die Spediteure uninteressant zu sein.

5.3.5.5 Häufigkeit der Verkehrsbedienung

Wie bereits in Abschnitt 3.3 dargestellt, ist dieses Qualitätsmerkmal nur für die an Fahrpläne gebundenen Verkehrsmittel relevant. Für den unimodalen Straßengüterverkehr ist dieser Einflussfaktor somit nicht von Bedeutung.[396] Die folgenden Ausführungen beziehen sich deshalb ausschließlich auf den KV.

Tabelle 5.39 stellt die Anzahl der Fahrten des Verkehrsmittels im KV-Hauptlauf pro Woche dar. Dabei wird zum einen zwischen den Nutzern und den Nicht-Nutzern und zum anderen zwischen der Verkehrsmittelkombination Lkw-Bahn und Lkw-Schiff unterschieden. Wie aus der Tabelle zu erkennen ist, unterscheidet sich die Taktung des KV pro Woche bei den Transporten, die von den Spediteuren im KV betrieben wurden und den Verkehren, die tatsächlich mit dem Lkw durchgeführt wurden. Der Unterschied kann jedoch nicht zwischen den Lkw-Transporten und dem unbegleiteten KV nachgewiesen werden. Hier lässt sich selbst auf einem 10%-Signifikanzniveau nicht verwerfen, dass die Taktung des Verkehrsmittels im Hauptlauf bei den Nutzern und den Nicht-Nutzern gleich ist.

Tabelle 5.39: Taktung des Hauptlaufs im kombinierten Verkehr

Taktung pro Woche	Beobachtungen							
	insgesamt	Lkw-Nutzer	KV-Nutzer					
			insgesamt	KV unbegleitet	KV begleitet	Lkw-Bahn	Lkw-Schiff	Trimodal
< 5	87	76	11	11	--	3	7	1
5	311	283	28	26	2	22	5	1
6 – 10	139	119	20	14	6	11	8	1
11 – 20	91	82	9	7	2	8	1	--
> 20	40	11	29	8	21	23	6	--
arithm. Mittel	9,28	7,36	20,64	8,79	45,87	20,04	23,78	5,67
insgesamt	*688*	*571*	*97*	*66*	*31*	*67*	*27*	*3*

Vergleicht man die Taktung des Hauptlaufs zwischen den KV-Transporten in der Kombination Lkw-Bahn und Lkw-Schiff, so kann auf einem Signifikanzniveau von 10% nicht verworfen werden, dass sich die Taktung der Schiffs- und

[396] Ein Lkw kann jederzeit zur Erbringung der Transportdienstleistung eingesetzt werden. Die einzige Einschränkung für die Häufigkeit der Verkehrsbedienung des Lkw ist die Dispositionsdauer, die benötigt wird, um einen geeigneten Lkw zur Transportdurchführung zu finden. Aufgrund der hohen Anzahl an Frachtführern, ist die Dispositionsdauer demnach vernachlässigbar.

Bahnverbindungen entsprechen. Dies gilt insbesondere auch für den begleiteten KV. Betrachtet man hingegen nur den unbegleiteten KV, so kann gezeigt werden, dass die Taktung der Bahn bei einem Signifikanzniveau von 5% größer ist als die der Schiffe.

5.3.5.6 Sicherheit

Das Qualitätsmerkmal Sicherheit bezieht sich in dieser Arbeit ausschließlich auf die unbeschädigte Anlieferung der transportierten Ware beim Empfänger. Ob im Fall eines Schadens die Ursache bedingt ist durch einen Unfall des Lkw, durch mangelnde Ladungssicherung oder durch Diebstahl, spielt dabei keine Rolle.

Als generelles Ergebnis zum Thema Sicherheit bei Gütertransporten lässt sich feststellen, dass kein Verkehrsmittel bei diesem Qualitätsmerkmal ein gravierendes Defizit hat. Sowohl der deutsche und ausländische Frachtführer als auch der KV haben in über 90% aller beobachteten Transportfälle eine Schadensquote von maximal 5%. Bei den drei Verkehrsmittelalternativen gaben mehr als die Hälfte der Spediteure, die diese Frage beantworteten, eine Schadensquote von 0% an. Nur wenige Spediteure gingen von einer Schadensquote von über 10% aus. Beim deutschen Lkw sind es drei Spediteure, beim ausländischen einer und im KV sind es neun.

Beim Verkehrsmittelvergleich zeigt sich, dass den drei Verkehrsmitteloptionen im Allgemeinen die gleichen Schadensquoten zugesprochen werden. Im direkten Antwortvergleich der Spediteure gaben 80,9% der Spediteure, die sowohl Angaben für den deutschen als auch den ausländischen Frachtführer machten, an, dass der deutsche Transporteur die gleiche Beschädigungswahrscheinlichkeit wie der ausländische hat. Im Vergleich zwischen dem KV und dem deutschen Frachtführer sind es 79,2%, im Vergleich zwischen dem KV und dem ausländischen Frachtführer 75,8%, die eine gleiche Schadensquote angaben. Auf einem 1%-Signifikanzniveau kann dennoch ein Unterschied zwischen dem deutschen Frachtführer und dem KV nachgewiesen werden, während bei den sonstigen Vergleichen selbst bei einem 10%-Signifikanzniveau kein Unterschied zu erkennen ist.

Vergleicht man die Einschätzungen zur Schadensquote von den Nutzern und den Nicht-Nutzern der jeweiligen Verkehrsmittel, so zeigt sich – wie bei den anderen subjektiv wahrnehmbaren Qualitätseigenschaften –, dass die Sicherheit bei allen drei Alternativen von den Nicht-Nutzern jeweils schlechter eingeschätzt wird als von den Nutzern. Während diese Abweichung beim deutschen Frachtführer nur sehr klein ausfällt und somit auf einem 10%-Signifikanzniveau kein Unterschied festzustellen ist, so lässt sich die Abweichung beim ausländischen Frachtführer und beim KV auf einem 5%- bzw. 1%-Signifikanzniveau aufzeigen.

Tabelle 5.40: Beschädigungswahrscheinlichkeit der Verkehrsmittel im Vergleich

Angabe für Verkehrsmittel	gewähltes Verkehrsmittel	Anzahl Beobach-tungen	Beschädigungswahrscheinlichkeit in %		
			arithmet. Mittel	Minimal-wert	Maximal-wert
Lkw (Deutsch)	Lkw (Deutsch)	525	0,94	0,00	25,00
	Lkw (Ausland)	18	1,17	0,00	10,00
	KV (insgesamt)	64	1,09	0,00	15,00
Lkw (Ausland)	Lkw (Deutsch)	54	0,76	0,00	10,00
	Lkw (Ausland)	30	2,23	0,00	10,00
	KV (insgesamt)	25	2,68	0,00	40,00
KV (insgesamt)	Lkw (insgesamt)	91	3,90	0,00	50,00
	KV (insgesamt)	98	0,87	0,00	15,00
	KV (unbegleitet)	67	0,90	0,00	15,00
	KV (begleitet)	31	0,81	0,00	10,00

5.3.5.7 Bequemlichkeit

Das Qualitätsmerkmal Bequemlichkeit wurde im Rahmen der Erhebung zu dieser Arbeit ausschließlich über den Zeitbedarf definiert, den der Spediteur zur Organisation des Transports aufwenden muss. Der Verpackungsaufwand, der üblicherweise auch der Bequemlichkeit zugeordnet wird, hat für diese Arbeit keine Bedeutung. Der Spediteur wird unabhängig vom gewählten Verkehrsmittel darauf achten, dass die Ware hinreichend gut verpackt ist. Der Verpackungsaufwand wird dabei durch die Eigenschaften der zu befördernden Güter vorgegeben.[397]

Die in Tabelle 5.41 angegebene Dispositionsdauer der Spediteure liegt zwischen einer Minute und zwei Tagen. Im Allgemeinen wird jedoch für alle Verkehrsmittel eine kurze Dispositionsdauer angegeben. Beim Transport mit deutschen Lkw wurde von zwei Dritteln der Spediteure, die Angaben zu dieser Frage machten, eine Dispositionsdauer von maximal 15 Minuten genannt. Innerhalb einer Stunde haben 95,6% aller Spediteure einen deutschen Lkw für den entsprechenden Transport disponiert. Auch beim ausländischen Lkw und beim KV gab etwa die Hälfte der befragten Spediteure an, den Transport innerhalb einer viertel Stunde disponieren zu können. 87,0% der Spediteure gehen davon aus, dass sie die Disposition innerhalb einer Stunde erledigen können.

---

397 Die Auswirkungen des Verpackungsaufwands auf die Verkehrsmittelwahl ist somit implizit bereits im Abschnitt 5.3.3.2 berücksichtigt und diskutiert worden.

Tabelle 5.41: Dispositionsdauer des Straßen- und kombinierten Verkehrs

Angabe für Verkehrsmittel	gewähltes Verkehrsmittel	Anzahl Beobachtungen	Dispositionsdauer in Minuten		
			arithmet. Mittel	Minimalwert	Maximalwert
Lkw (Deutsch)	Lkw (Deutsch)	492	25,39	1	2880
	Lkw (Ausland)	16	17,63	2	45
	KV (insgesamt)	65	22,85	1	330
Lkw (Ausland)	Lkw (Deutsch)	29	56,31	1	500
	Lkw (Ausland)	51	59,75	2	1200
	KV (insgesamt)	23	32,00	1	120
KV (insgesamt)	Lkw (insgesamt)	95	74,46	2	1200
	KV (insgesamt)	92	28,34	1	480
	KV (unbegleitet)	64	27,75	1	480
	KV (begleitet)	28	31,23	2	330

Vergleicht man die Dispositionsdauer zwischen einem deutschen Frachtführer und dem KV, wird ein deutlicher Vorteil beim Lkw gesehen. Hier geht etwa die Hälfte der Spediteure, die Angaben zu den jeweiligen Fragen machten, von einer kürzeren Dispositionsdauer des Lkw im Vergleich zum KV aus. Bei nur 5,9% der 152 vergleichbaren Transportfälle gaben die Spediteure an, dass der KV schneller zu disponieren sei als der Lkw-Transport. Im Vergleich zum ausländischen Frachtführer wird dem KV in 10,8% der Transportfälle eine kürzere Dispositionsdauer zugesprochen. Darüber hinaus gaben bei den 65 vergleichbaren Transportfällen 55,4% der befragten Spediteure an, dass die Dispositionsdauer der beiden Verkehrsmittel gleich lang ist.

Vergleicht man die Dispositionsdauer deutscher Lkw-Transporteure mit der der osteuropäischen Frachtführer, so kann auf einem 1%-Signifikanzniveau gezeigt werden, dass sich die Dispositionsdauer im Mittel unterscheidet. Die Spediteure, die einen osteuropäischen Frachtführer auswählen, investieren somit deutlich mehr Zeit in die Auswahl eines zuverlässigen Frachtführers als Spediteure, die einen deutschen Frachtführer mit dem Transport beauftragen wollen. Bei allen anderen europäischen Frachtführern ist im Vergleich zum deutschen Frachtführer bei einem 10%-Signifikanzniveau kein Unterschied in der Dispositionsdauer zu erkennen. Beim Vergleich zwischen dem deutschen Frachtführer und dem KV kann ebenso auf einem 1%-Signifikanzniveau nachgewiesen werden, dass der Lkw eine kürzere Dispositionsdauer als der KV hat. Zwischen dem KV und ausländischen Frachtführern kann hingegen auch auf einem 10%-Signifikanzniveau nicht verworfen werden, dass die beiden Mittelwerte sich entsprechen.

Vergleicht man die Dispositionsdauer der verschiedenen Transportalternativen zwischen den Spediteuren, die das jeweilige Verkehrsmittel nutzten, mit denen, die eine andere Transportalternative auswählten, so zeigt sich, dass bei den Lkw kein signifikanter Unterschied zwischen beiden Gruppen existiert. Beim KV hingegen kann auf einem 1%-Signifikanzniveau nachgewiesen werden, dass die Spediteure, die den KV nicht gewählt haben, eine längere Dispositionsdauer erwarten als diejenigen, die den KV nutzten.

5.3.5.8 Transportkosten

Die empirisch erhobenen Transportkosten der Verkehrsmittel

Die Angabe zu den Transportkosten erfolgte für die gewählte Verkehrsmittelalternative in Euro. Die der nicht gewählten Alternativen sollten im Verhältnis zum gewählten Verkehrsmittel angeben werden. Somit ist auch in den Fällen ein Vergleich zwischen den Alternativen möglich, wenn der Spediteur nicht bereit war, den Betrag zum gewählten Verkehrsmittel anzugeben. Für den prozentualen Vergleich werden die Transportkosten der gewählten Alternative auf 100% festgesetzt.

Vergleicht man das Kostenverhältnis zwischen den Verkehrsmittelalternativen, so lassen sich – in Abhängigkeit von der getroffenen Verkehrsmittelwahl – erhebliche Unterschiede erkennen. Die Spediteure, die einen ausländischen Frachtführer mit der Transportdurchführung beauftragt haben, gaben an, dass der Transport mit einem deutschen Frachtführer zwischen 5% und 40% teurer als mit dem gewählten ausländischen Frachtführer wäre. Für die Alternative KV gaben diese Spediteure hingegen an, dass der Transport in drei Fällen um bis zu 20% billiger, in sechs Fällen jedoch um bis zu 100% teurer sei als mit dem ausländischen Frachtführer.

Spediteure, die einen deutschen Frachtführer beauftragten oder den Transport im Selbsteintritt durchführten, gehen davon aus, dass der ausländische Frachtführer in 76,2% der vergleichbaren Transportfälle günstiger als der deutsche Lkw-Transporteur ist und nur bei einem Transportfall teurer. Dabei reicht der Kostenunterschied von -50% bis +20%. Hingegen nimmt dieselbe Gruppe von Spediteuren an, dass der KV einen Kostennachteil im Vergleich zum deutschen Lkw-Transporteur hat. In rund 70% der vergleichbaren Fälle sind nach Angabe dieser Spediteure die KV-Transportkosten um bis zu 100% teurer als ein entsprechendes Angebot mit einem deutschen Lkw. Nur 8,5% der Spediteure, die den Transport von einem deutschen Frachtführer durchführen ließen oder im Selbsteintritt betrieben, gehen von einem kostengünstigeren KV aus.

Die Spediteure, die sich für eine KV-Alternative entschieden haben, sehen die Kostensituation zwischen dem Lkw und dem KV-Angebot gespalten. In 50% der vergleichbaren Transporte sind nach Einschätzung der KV-Spediteure ausländische Frachtführer um bis zu 80% günstiger, in 25% der Fälle jedoch um bis zu 100% teurer. Die Transportkosten der in Deutschland zugelassenen Lkw schätzen die KV-Spediteure zu 38,9% kostengünstiger und zu 42,6% teurer als die des KV ein. Die Spanne dieser Angaben reicht von -80% bis zu +150%.

Tabelle 5.42: Transportkosten je Kilometer im Verkehrsmittelvergleich

Angabe für Verkehrsmittel	gewähltes Verkehrsmittel	Anzahl Beobachtungen	Transportkosten in EUR/km		
			arithmet. Mittel	Minimal-wert	Maximal-wert
Lkw (Deutsch)	insgesamt	277	1,14	0,13	3,76
	Lkw (Deutsch)	231	1,13	0,13	3,76
	Lkw (Ausland)	7	1,40	0,88	2,78
	KV (insgesamt)	39	1,13	0,26	2,88
Lkw (Ausland)	insgesamt	53	1,05	0,22	2,78
	Lkw (Deutsch)	14	0,78	0,22	1,84
	Lkw (Ausland)	28	1,19	0,27	2,78
	KV (insgesamt)	11	1,01	0,24	2,10
KV (insgesamt)	insgesamt	96	1,23	0,28	3,84
	Lkw (Deutsch)	34	1,35	0,21	3,84
	Lkw (Ausland)	7	1,56	0,82	3,47
	KV (insgesamt)	55	1,12	0,29	3,60
	KV (unbegleitet)	35	1,15	0,29	3,60
	KV (begleitet)	20	1,05	0,41	1,93

Tabelle 5.42 bildet die Transportkosten der Verkehrsmittel je Kilometer ab.[398] Sie zeigt, dass die Angaben zu den Transportkosten der jeweiligen Verkehrsmittel stark streuen, die arithmetischen Mittel jedoch eng beieinander liegen. Vergleicht man die Antworten der Spediteure zu den Transportkosten der drei Verkehrsmittelalternativen, so kann auf einem 10%-Signifikanzniveau nicht verworfen werden, dass sie im Mittel gleich sind. Dies gilt darüber hinaus auch für den Kostenvergleich zwischen dem Selbsteintritt und dem deutschen Frachtführer – beide gehören der Kategorie „Lkw (deutsch)“ an – wie auch zwischen den verschiedenen Arten und Verkehrsmittelkombinationen des KV.

Führt man dieselbe Untersuchung nur für die Spediteure durch, die aufgrund ihres Antwortverhaltens einen Vergleich zwischen zwei Alternativen ermöglichen, so kann auf einem 1%-Signifikanzniveau nachgewiesen werden, dass die Kostendifferenz je Kilometer zwischen dem deutschen und dem ausländischen Lkw-Transport positiv ist. Beim Vergleich zwischen dem KV und dem entsprechenden unimodalen Lkw-Transport kann man zeigen, dass die Kostendifferenz positiv und der KV im Mittel somit teurer als der jeweilige Lkw-Transport ist; zwischen dem

398 Wie bereits im Abschnitt 5.3.5.2 beschrieben, sollten sich für einen intermodalen Vergleich die Transportkosten des KV auf die jeweilige Entfernung des Straßengüterverkehrs beziehen.

KV und dem deutschen Lkw-Transport kann dies auf einem 5%-Signifikanzniveau, zwischen dem KV und dem ausländischen Lkw-Transport auf einem 1%-Signifikanzniveau gezeigt werden.

Betrachtet man jedoch ausschließlich die Transportkosten der Verkehrsmittel bei Osteuropaverkehren, so ist der KV auf einem 5%-Signifikanzniveau kostengünstiger als der Lkw-Transport mit deutschen Fahrern. Hingegen muss verworfen werden, dass sich die Transportkosten zwischen den ausländischen Frachtführern und dem KV unterscheiden. Zurückführen lässt sich dieses Ergebnis auf die langen Transportstrecken im Osteuropaverkehr, wo das kostengünstige Verkehrsmittel des KV-Hauptlaufs trotz kostenintensivem Vor- und Nachlauf einen Vorteil zum deutschen Lkw erreicht. Osteuropäische Frachtführer können hingegen aufgrund ihrer Kostenstruktur ein konkurrenzfähiges Angebot zum KV abgeben.

Die berechneten Transportkosten der Verkehrsmittel

Die berechneten Transportkosten pro Kilometer des jeweils eingesetzten Lkw liegen auf den angegebenen Quelle-Ziel-Relationen im Mittel bei 1,21 EUR/km. Dabei streuen die Kosten zwischen 0,60 EUR/km für einen Transportvorgang mit einem Kleintransporter und 2,30 EUR/km für einen Transport mit einem Gliederzug mit Spezialaufbau. Vergleicht man die Lkw-Transporte auf nationalen und internationalen Relationen, so lässt sich auf einem 1%-Signifikanzniveau zeigen, dass die Transportkosten eines Lkw pro Kilometer auf nationalen Relationen mit 1,09 EUR/km niedriger als auf internationalen sind. Hier betragen die mittleren Transportkosten 1,32 EUR/km. Dies lässt sich erstens auf den höheren Anteil der Verkehre im Selbsteintritt bei nationalen Transporten zurückführen, bei denen die Gemeinkosten und die Gewinnmarge der Frachtführer eingespart werden. Zweitens sind aufgrund der längeren Transportdauer auf internationalen Relationen längere Ruhezeiten erforderlich, die die zeitabhängigen Kosten und folglich auch die Gesamtkosten verteuern, ohne die zurückgelegte Transportentfernung zu erhöhen.

Betrachtet man die internationalen Transporte differenziert nach der Transportrichtung, so zeigt sich, dass die Transportkosten des jeweils eingesetzten Lkw bei Verkehren in Richtung Belgien, Niederlande und Luxemburg mit 1,02 EUR/km auf einem 1%-Signifikanzniveau unterhalb der Transportkosten auf nationalen und auf den übrigen internationalen Relationen liegen. Dies lässt sich auf die fehlende Autobahnmaut in den genannten Ländern sowie auf die niedrigen Treibstoff- und fixen Kosten zurückführen. Die mittleren Transportkosten des Lkw bei den übrigen internationalen Transporten liegen bei 1,32 EUR/km in Richtung Osteuropa, bei 1,43 EUR/km in Richtung Südeuropa und bei 1,56 EUR/km in Richtung Nordeuropa.

Die Transportkosten in Abhängigkeit der Nationalität des Frachtführers zeigen das erwartete Ergebnis. Osteuropäische Frachtführer bieten ihre Transporte zu niedrigeren Kosten als süd- und nordeuropäische Frachtführer an. Osteuropäer haben je Lkw im Mittel Transportkosten von 1,13 EUR/km, Südeuropäer von 1,42 EUR/km und Nordeuropäer von 1,79 EUR/km. Auch nationale Frachtführer und Spediteure, die ihre Transporte im Selbsteintritt betreiben, haben mit 1,18 EUR/km höhere Transportkosten je Kilometer als osteuropäische Frachtführer.

Für den paarweisen Vergleich zwischen den osteuropäischen und den nord- oder südeuropäischen Frachtführern kann auf einem 1%-Signifikanzniveau gezeigt werden, dass sich die Kosten eines Lkw im Mittel unterscheiden. Für den Vergleich mit dem westeuropäischen und nationalen Frachtführer kann dies auf dem gleichen Signifikanzniveau jedoch nicht gezeigt werden.

Betrachtet man hingegen die Transportkosten je Tonnenkilometer, die sich aus den gesamten Transportkosten dividiert durch die bei den jeweiligen Transportfällen zu erbringende Verkehrsleistung[399] ergeben, so kann selbst auf einem 10%-Signifikanzniveau nicht mehr gezeigt werden, dass sich diese Transportkosten auf nationalen und internationalen Relationen unterscheiden. Die Transportkosten je Tonnenkilometer im nationalen Verkehr liegen im Mittel bei 0,11 EUR/tkm, im internationalen Verkehr bei 0,12 EUR/tkm.

Um die größeren Transportaufkommen auf internationalen Relationen befördern zu können, müssen bei diesen Verkehren Lkw mit größerer Nutzlast eingesetzt werden, die höhere Transportkosten je Kilometer als kleine Lkw haben. Während in dieser Erhebung die Transportkosten eines Sattelaufliegers mit 1,25 EUR/km auf einem 1%-Signifikanzniveau höher sind als die Kosten von 1,16 EUR/km eines Transports mit einem Gliederzug, kehrt sich das Verhältnis der Transportkosten je Tonnenkilometer um. In diesem Vergleich kann ebenfalls auf einem 1%-Signifikanzniveau gezeigt werden, dass die Transportkosten je Tonnenkilometer eines Sattelaufliegers im Mittel mit 0,10 EUR/tkm unter denen eines Gliederzuges liegen, dessen verkehrsleistungsbezogene Transportkosten im Mittel 0,17 EUR/tkm betragen. Die höchsten Kosten je Tonnenkilometer haben die Kleintransporter. Aufgrund der geringen Zuladungsmöglichkeit ist das Verhältnis zwischen Transportkosten und beförderter Menge je Kilometer bei 0,69 EUR/tkm.

Auch die Transportkosten zwischen den unterschiedlichen Nationalitäten der Frachtführer gleichen sich an, wenn man diese auf die Verkehrsleistung bezieht. Nationale Transporteure haben in dieser Erhebung im Mittel Transportkosten von 0,12 EUR/tkm, ausländische Frachtführer 0,11 EUR/tkm. Es ist dabei nicht von Bedeutung, ob der ausländische Frachtführer aus Ost-, West-, Süd- oder Nordeuropa kommt. Auf einem 10%-Signifikanzniveau kann nicht verworfen werden, dass die Transportkosten je Tonnenkilometer für alle Frachtführer gleich sind. Auf den ersten Blick ist dieses Ergebnis überraschend. Es lässt sich jedoch damit erklären, dass die Frachtführer mit höheren Transportkosten ihre Fahrzeuge effizienter nutzen, indem sie die Auslastungsquote erhöhen und damit den Kostennachteil gegenüber günstigeren Osteuropäern kompensieren.

Tabelle 5.43 stellt die Transportkosten des jeweils eingesetzten Lkw-Typs im unimodalen Lkw-Verkehr und im Vor- und Nachlauf des KV dar. Vergleicht man die Kosten des Lkw im unimodalen Transport mit denen im Vor- und Nachlauf des KV, so ist unter Berücksichtigung der KV-spezifischen Annahmen des höheren Leerfahrtenanteils, der geringeren Jahresfahrleistung des Lkw, aber auch der

---

399 Die Verkehrsleistung eines Lkw errechnet sich aus der zurückgelegten Transportentfernung multipliziert mit dem beförderten Transportaufkommen auf dieser Transportrelation.

Befreiung von Kfz-Steuern[400] festzustellen, dass die Transportkosten im Vor- und Nachlauf signifikant über denen im unimodalen Lkw-Verkehr liegen. Das Signifikanzniveau beträgt 1%.

Tabelle 5.43: Transportkosten des Lkw je Transportkilometer

Lkw	Transport findet statt	Anzahl Beobachtungen	Transportkosten in EUR/km		
			arithmet. Mittel	Minimal-wert	Maximal-wert
unimodal	Gesamt	599	1,21	0,60	2,30
	im Inland	294	1,09	0,60	1,51
	zwischen BRD und Ausland	305	1,32	0,65	2,30
Vorlauf	Gesamt	599	2,07	0,76	5,37
	im Inland	563	2,09	0,76	5,37
	im Ausland	36	1,81	1,06	2,82
Nachlauf	Gesamt	599	2,24	0,39	6,77
	im Inland	330	2,25	0,80	4,64
	im Ausland	269	2,23	0,39	6,77

Die Variation in den Vor- und Nachlaufkosten je Transportkilometer in Deutschland und im Ausland resultiert aus den unterschiedlichen fixen Kostenanteilen der Frachtführer in den verschiedenen europäischen Ländern.[401] Im Mittel lässt sich jedoch nur im KV-Vorlauf ein signifikanter Unterschied in den Transportkosten pro Kilometer zwischen einem Vorlauf im Inland und einem im Ausland feststellen. Das Signifikanzniveau beträgt dabei 5%. Im KV-Nachlauf kann hingegen selbst auf einem 10%-Signifikanzniveau kein Unterschied zwischen dem Nachlauf im Inland und im Ausland aufgezeigt werden.

Um die Kostenvorteile der preiswerten Verkehrsmittel im KV-Hauptlauf nutzen zu können, sollte der Vor- und Nachlauf des KV möglichst kurz sein.[402] Deshalb ist eine Betrachtung der Transportkosten in Abhängigkeit der Vor- und Nachlaufentfernung von Relevanz. Wie Tabelle 5.44 zeigt, unterscheiden sich die Vor- und Nachlaufkosten des KV in Abhängigkeit von der zurückzulegenden Entfernung. Je länger der Vor- und Nachlauf ist, desto geringer sind die Transportkosten

400 Vgl. KraftStG § 3 Nr. 9 Buchst. a, § 10 Abs. 2; Richtlinie 92/106/EWG Art. 6 Abs. 1 und 2.

401 Wenn der Vor- und/oder Nachlauf an einen Frachtführer ausgelagert wird, so stammt dieser üblicherweise aus dem Land, in dem der Vor- oder Nachlauf erfolgen muss. Demnach ist beispielsweise ein Vorlauf im Ausland gleichzusetzen mit einem Transport eines ausländischen Frachtführers.

402 Vgl. Rutten, B. (1998), S. 282ff.

pro Kilometer. Liegen diese Kosten bei einer Entfernung von maximal 50 km im Vorlauf bei 2,39 EUR/km und im Nachlauf bei 2,48 EUR/km, so gehen sie bis auf 1,20 EUR/km bzw. 1,08 EUR/km bei Entfernungen über 150 km zurück. Dies zeigt, dass insbesondere die fixen Kosten des Lkw in Verbindung mit dem höheren Leerfahrtenanteil, der auf die Beförderungsfahrten überwälzt wird, bei kurzen Vor- und Nachläufen zu hohen Transportkosten führen.

Tabelle 5.44: Kilometerabhängige Vor- und Nachlaufkosten in Abhängigkeit der Vor- und Nachlaufentfernung

Lkw	Vor- und Nachlaufentfernung	Anzahl Beobachtungen	Transportkosten in EUR/km		
			arithmet. Mittel	Minimalwert	Maximalwert
Vorlauf	≤ 50 km	378	2,39	1,32	5,37
	51-100 km	146	1,61	0,79	2,50
	101-150 km	34	1,51	0,76	3,42
	> 150 km	48	1,20	0,90	1,59
Nachlauf	≤ 50 km	458	2,48	0,96	6,77
	51-100 km	82	1,76	0,89	6,31
	101-150 km	35	1,55	0,80	2,01
	> 150 km	37	1,08	0,39	1,89

Die Transportkosten der Bahn und des Schiffs als Verkehrsmittel des KV-Hauptlaufs müssen die im Vergleich zum unimodalen Lkw-Kosten höheren Vor- und Nachlaufkosten auf der Straße kompensieren. Die KV-Hauptlaufkosten pro Kilometer bei den angegebenen Transporten dieser Erhebung liegen mit 0,87 EUR/km deutlich unter den unimodalen Lkw-Transportkosten. Dieser Kostenvorteil kann auf einem 1%-Signifikanzniveau nachgewiesen werden.

Bestimmt man den „Break Even Point", ab dem die günstigeren Transportkosten im Hauptlauf die teureren Vor- und Nachlaufkosten inklusive Umschlag überkompensieren, so müsste im Mittel über die beobachteten Verkehre der Hauptlauf einen Mindestanteil an der Transportentfernung von 73,0% besitzen. Im Rahmen dieser Erhebung trifft dies bei 83,6% aller Transportfälle zu. Im Mittel liegt der Vor- und Nachlaufanteil bezogen auf die Lkw-Transportentfernung bei 13,6%. Die Kosten des Vor- und Nachlaufs inklusive der Umschlaggebühren haben im Mittel hingegen einen Anteil an den Gesamtkosten des KV von 29,1%. Dabei lässt sich ein Unterschied zwischen nationalen und internationalen Transporten aufzeigen, der auf einem 1%-Signifikanzniveau signifikant ist. Dieser Unterschied ist auf die längeren Transportentfernungen auf internationalen Relationen zurückzuführen, wodurch der preiswerte Hauptlauf einen größeren Anteil an den Gesamtkosten trägt.

Trotz des geringen Vor- und Nachlaufanteils bezogen auf die Gesamttransportentfernung unterscheiden sich die KV-Transportkosten nicht signifikant von denen des Lkw. Die KV-Transportkosten betragen im Schnitt 1,20 EUR/km und liegen somit um einen Euro-Cent unter den Transportkosten des Lkw. Die Kostenersparnis im KV-Hauptlauf ist demnach nicht hoch genug, um einen Vorteil des KV gegenüber dem Lkw zu erzielen. Tabelle 5.45 weist die Hauptlaufkosten und die Gesamtkosten des KV sowohl für die unterschiedlichen KV-Arten als auch für die verschiedenen Verkehrsmittelkombinationen aus.

Tabelle 5.45: Transportkosten pro Kilometer im kombinierten Verkehr

Arten des KV		Anzahl Beobachtungen	Transportkosten in EUR/km		
			arithmet. Mittel	Minimalwert	Maximalwert
Gesamt-KV	Insgesamt	607	1,20	0,37	5,44
	unbegleiteter KV	578	1,21	0,37	5,44
	begleiteter KV	29	1,13	0,81	1,62
	Kombination Lkw – Bahn	583	1,22	0,37	5,44
	Kombination Lkw – Schiff	24	0,93	0,53	1,46
Hauptlauf	Insgesamt	607	0,87	0,27	7,44
	unbegleiteter KV	578	0,81	0,27	2,67
	begleiteter KV	29	1,35	0,32	6,19
	Kombination Lkw – Bahn	583	0,82	0,27	2,67
	Kombination Lkw – Schiff	24	1,23	0,46	6,19

Jeweils auf einem 5%-Signifikanzniveau kann gezeigt werden, dass sich die Gesamtkosten je Kilometer und die Hauptlaufkosten je Kilometer zwischen den Verkehrsmittelkombinationen Lkw-Bahn und Lkw-Schiff unterscheiden. Dies ist auf den hohen Anteil an begleiteten KV-Transporten in der Kombination Lkw-Schiff zurückzuführen, die zwischen Deutschland und den skandinavischen Ländern betrieben werden. Während kein signifikanter Unterschied zwischen den Hauptlaufkosten im nationalen, süd-, west- und osteuropäischen Transport zu erkennen ist, führen die hohen Hauptlaufkosten in Richtung Skandinavien dazu, dass diese auf einem 1%-Signifikanzniveau nachweislich höher sind als auf den übrigen Quelle-Ziel-Relationen der Erhebung.

Vergleicht man die Transportkosten der beiden Verkehrsmittelalternativen, so zeigt sich, dass 238 der im unimodalen Lkw-Verkehr betriebenen Transporte mit dem KV kostengünstiger als mit dem Lkw zu erbringen wären. 89,1% dieser Verkehre sind mit deutschen Frachtführern durchgeführt worden. Bei 93,5% der im KV durchgeführten Transporte ist der KV kostengünstiger als die Lkw-Alternative. Es zeigt sich somit, dass erstens die Transportkosten bei der Entscheidung zugunsten des Lkw eine weniger wichtige Rolle als bei der Entscheidung zugunsten des KV spielen und dass zweitens die Frachtführer nicht zum kostendeckenden Transportpreis anbieten können, wenn sie ein „marktübliches“ Angebot unterbreiten müssen.[403] Dieser Zusammenhang kann durch die Kostendifferenz zwischen der KV- und der Lkw-Alternative belegt werden. Wurde der Lkw als Verkehrsmittel genutzt, kann selbst auf einem 10%-Signifikanzniveau nicht nachgewiesen werden, dass die Kostendifferenz von null verschieden ist. Auf einem 1%-Signifikanzniveau kann hingegen gezeigt werden, dass die Kostendifferenz negativ ist, sofern der Transport im KV betrieben wurde.

Die Ergebnisse zu den Transportkosten zeigen, dass die üblicherweise genannten 500 km Mindestentfernung, ab der sich ein KV rechnet, tatsächlich ihre Gültigkeit besitzen.[404] Während in der Klasse der Transporte unter 500 km die im vorherigen Abschnitt genannte Kostendifferenz auf einem 1%-Signifikanzniveau größer als null und somit der KV teurer als der Lkw ist, kann für die Transporte mit einer Entfernung über 750 km auf einem 1%-Signifikanzniveau nachgewiesen werden, dass die Differenz negativ und somit der KV kostengünstiger als der Lkw ist. Bei den Transporten zwischen 500 km und 750 km hängt die Vorteilhaftigkeit des KV von der Transportrelation ab. Es ist im Mittel über alle Transporte dieser Entfernungsklasse auf einem 10%-Signifikanzniveau nicht nachweisbar, dass sich die Kostendifferenz zwischen dem KV und dem Lkw von null unterscheidet.

Vergleich der empirischen und der berechneten Transportkosten

Tabelle 5.46 stellt die Angaben aus der Erhebung den berechneten Transportkosten gegenüber. Wie die Tabelle zeigt, unterscheidet sich die Antwortqualität der Spediteure je nach der tatsächlich getroffenen Verkehrsmittelwahl.

Für die Spediteure, die zur Transportdurchführung einen in Deutschland zugelassenen Lkw nutzten, lässt sich auf einem 10%-Signifikanzniveau nicht verwerfen, dass sich die empirisch erhobenen Transportkosten sowohl für den Lkw als auch für den KV von den berechneten Werten unterscheiden. Bei den Spediteuren, die einen ausländischen Frachtführer mit dem Transport beauftragten, kann ebenfalls auf einem 10%-Signifikanzniveau nicht verworfen werden, dass sich die empirisch erhobenen Kosten von den berechneten Kosten für den Lkw unterscheiden. Lediglich die Angaben der Spediteure für den KV sind höher als die berechneten Werte. Dies lässt sich auf einem 5%-Signifikanzniveau nachweisen.

Im Vergleich zu den berechneten Werten geben die Spediteure, die den Transport im KV betrieben haben, sowohl für die Lkw-Alternative als auch für den KV signifikant verschiedene Transportkosten an. Während auf einem 1%-Signifikanzniveau gezeigt werden kann, dass die Differenz aus den erhobenen und den berechneten Lkw-Transportkosten negativ ist, ist die Differenz bei der Angabe für die KV-Alternative positiv. Dies wiederum lässt sich auf einem 5%-Signifikanzniveau zeigen.

---

403 Vgl. Herry, M. (2001), S. 21f.

404 Vgl. Wenger, H. (2001), S. 114ff.

Tabelle 5.46: Die erhobenen und berechneten Transportkosten im Vergleich

Verkehrsmittel		Erhebung		Berechnung	
Angabe für	gewählt	Anzahl Beobachtungen	Transportkosten je km	Anzahl Beobachtungen	Transportkosten je km
Lkw	insgesamt	277	1,14	563	1,21
	Lkw (Deutsch)	231	1,13	469	1,18
	Lkw (Ausland)	28	1,19	49	1,22
	KV (insgesamt)	39	1,13	94	1,36
KV	insgesamt	96	1,23	610	1,20
	Lkw (Deutsch)	34	1,35	469	1,26
	Lkw (Ausland)	7	1,56	48	1,15
	KV (insgesamt)	55	1,12	93	0,94

Der Unterschied zwischen den erhobenen und berechneten KV-Transportkosten ist durch den unbegleiteten KV bedingt. Bei dieser Art des KV lässt sich auf einem 1%-Signifikanzniveau zeigen, dass die berechneten Kosten unter denen der erhobenen Werte liegen. Dies ist auf die unbegleiteten KV-Transporte in der Verkehrsmittelkombination Lkw-Schiff zurückzuführen. Während sich die berechneten KV-Kosten in der Kombination Lkw-Bahn selbst auf einem 10%-Signifikanzniveau nicht von den erhobenen Werten unterscheiden, lässt sich auf einem 5%-Signifikanzniveau zeigen, dass die berechneten Angaben bei der Kombination Lkw-Schiff unter den erhobenen Angaben liegen.

Fazit

Die berechneten Transportkosten sind sowohl für den Lkw als auch für den KV geeignet, um die tatsächlich anfallenden Transportkosten der Spediteure abzubilden. Die signifikant verschiedenen Angaben der Spediteure im unbegleiteten KV in der Kombination Lkw-Schiff sind die Folge großzügig gerundeter Angaben der Spediteure.[405] Aus Konsistenzgründen werden in der Erhebung die fehlenden Daten zu den Transportkosten nicht mit den berechneten Werten aufgefüllt, sondern es werden alle Werte der berechneten Transportkosten für die ökonometrische Schätzung übernommen.

[405] Die KV Transportkosten werden vor allem bei den kurzen Transportentfernungen im Fernverkehr – Transportentfernungen unter 500 km – überschätzt. Hierzu gehören insbesondere die unbegleiteten KV-Transporte in der Kombination Lkw-Schiff. Ein Aufrunden dieser Transportkosten in 100-Euro-Schritten führt oft zu einer deutlichen Überbewertung der Transportkosten.

6 Ökonometrische Analyse der Verkehrsmittelwahl

6.1 Datensatz für die ökonometrische Analyse der Verkehrsmittelwahl

Wie im fünften Kapitel dargestellt, müssen aus definitorischen Gründen Beobachtungen aus dem Datensatz für die ökonometrische Analyse der Verkehrsmittelwahl von Spediteuren in Güterfernverkehr ausgeschlossen werden. Bei 20 Spediteuren ist die Entfernung der angegebenen Transportfälle zwischen dem Verlader und Empfänger kürzer als 150 km. Sie sind somit nicht dem Fernverkehr zuzurechnen. 45 Transportfälle wurden im Sammelladungsverkehr durchgeführt. Da bei dieser Transportart die Ware selbst und nicht die Ladeeinheit umgeschlagen wird, können diese Transportfälle per Definition nicht im KV betrieben werden. Schließlich müssen 12 Beobachtungen gelöscht werden, da die entsprechenden Unternehmen aufgrund ihrer Beschäftigtenstruktur und Verkehrsmittelnutzung dem Wirtschaftszweig WZ-Code 60.24 „Güterbeförderung im Straßenverkehr" zuzuordnen sind.

Für die ökonometrische Analyse der Verkehrsmittelwahl sind ferner die nationalen Umzugsverkehre und die Schwerverkehre aus dem Datensatz auszuschließen. Die Umzugsverkehre sind aus organisatorischen Gründen nicht im KV durchführbar.[406] Die Schwerverkehre können aufgrund des Lichtmaßes des Transportgutes nicht in der Kombination Lkw-Bahn betrieben werden. Die Verkehrsmittelkombination Lkw-Schiff scheidet aus geographischen Gründen aus. Ferner müssen Beobachtungen aus dem Datensatz ausgeschlossen werden, bei denen entweder der Quell- oder der Zielort der Transportrelation nicht ausreichend spezifiziert wurde. Insgesamt sind somit weitere 33 Interviews aus dem Datensatz zu entfernen.

Darüber hinaus müssen die Beobachtungen aus der Stichprobe entfernt werden, bei denen die Angaben der Spediteure unplausibel sind oder bei denen keine Antworten zu den zentralen Fragestellungen der Verkehrsmittelwahl im Güterverkehr

---

406 Üblicherweise erfolgt sowohl die Be- als auch die Entladung durch die Möbelpacker der Umzugsgesellschaft, die den Transport begleiten. Ein KV-Transport würde somit eine andere Organisationsform von Umzugstransporten erfordern, die im Rahmen dieser Arbeit nicht betrachtet werden soll.

gegeben wurden. Nach Abzug aller unbrauchbaren Beobachtungen beträgt für diese Untersuchung die Stichprobengröße N = 498 Transportfälle.

Tabelle 6.1 stellt die Stichprobe der Erhebung dar. Es zeigt sich, dass Beobachtungen aus beiden Größenklassen gleichermaßen entfernt werden mussten. Auch für den reduzierten Datensatz kann somit auf einem 1%-Signifikanzniveau nachgewiesen werden, dass der Anteil der kleinen Unternehmen unterhalb des Anteils in der Grundgesamtheit liegt. Die Anteile der west- bzw. ostdeutschen Unternehmen entsprechen jedoch denen in der Grundgesamtheit.

Betrachtet man die Aufteilung der Beobachtungen auf die zur Auswahl stehenden Verkehrsmittel, so kann bei der Stichprobe zur ökonometrischen Analyse der Verkehrsmittelwahl (N = 498) auf einen höheren Anteil an KV-Transporten als bei der Gesamtzahl aller realisierten Interviews (N = 716) verwiesen werden. Der Modal-Split-Anteil des KV liegt in dieser Stichprobe für die ökonometrische Schätzung bei 16,3%, in der Stichprobe der 716 Interviews beträgt er 14,5%. Der Anteil der Selbsteintritte ist im Vergleich zur Stichprobe der 716 Interviews von 59,3% auf 59,8% gestiegen, der Anteil der Lkw-Transporte mit deutschen Frachtführern von 18,4% auf 16,1% zurückgegangen.

Tabelle 6.1: Relative Häufigkeit der Grundgesamtheit und der Stichprobe entsprechend dem Unternehmensstandort und der Beschäftigtenklasse

		Grundgesamtheit			Anzahl relevanter, realisierter Interviews		
Mitarbeiterzahl		3 – 49	> 49	Summe	3 – 49	> 49	Summe
Unternehmens-standort	West	77,0%	11,8%	88,8%	66,9%	21,9%	88,8%
	Ost	9,8%	1,4%	11,2%	7,8%	3,4%	11,2%
	Summe	86,8%	13,2%		74,7%	25,3%	

Quelle: StaBA, eigene Erhebung.

6.2 Variablen der Verkehrsmittelwahlanalyse

6.2.1 Abhängige Variablen

Wie in Abschnitt 5.3.3.3 dargestellt, hat der Spediteur einen von ihm organisierten Transportfall für die Befragung ausgewählt, der mit einem Lkw oder im KV betrieben wurde. Der Befragte konnte dabei angeben, ob er den Lkw-Transport im Selbsteintritt durchführte oder ihn von einem deutschen oder ausländischen Frachtführer durchführen ließ. Führte der Spediteur einen KV-Transport durch, sollte er angeben, ob der Transport als unbegleiteter oder begleiteter KV in der Verkehrsmittelkombination Lkw-Bahn, Lkw-Schiff oder Lkw-Bahn-Schiff erfolgte. Die Variable VM_ALTERNATIVEN unterscheidet zwischen allen genannten Alternativen. Die Variable VM_GEWAEHLT fasst die Verfrachtung im Selbsteintritt und den Transport mit deutschen Frachtführern zu einer Kategorie zusammen. Ferner werden die beiden bimodalen und die trimodale KV-Kombination zu jeweils einer Kategorie im begleiteten und im unbegleiteten KV zusammengefasst.

Darüber hinaus kann die Analyse der Verkehrsmittelwahl für verschiedene Dummy-Variablen erfolgen. Der Variablen KV_GEWAEHLT ist der Wert eins zugewiesen, wenn sich der Spediteur zur Transportdurchführung entweder für den unbegleiteten oder den begleiteten KV entschieden hat. Die Variable KV_UNBEGLEITET nimmt nur dann den Wert eins an, wenn die Wahlentscheidung des Spediteurs auf den unbegleiteten KV gefallen ist. Sie hat den Wert null, wenn eine der drei Lkw-Alternativen gewählt wurde. Beobachtungen, bei denen die Transporte im begleiteten KV erfolgten oder bei denen als Option ein begleiteter KV angegeben wurde, werden als fehlende Werte ausgewiesen. Sowohl die Variable KV_GEWAEHLT als auch die Variable KV_UNBEGLEITET differenzieren nicht zwischen den Verkehrsmittelkombinationen im KV und zwischen den Lkw-Alternativen.

6.2.2 Erklärende Variablen

Die in den ökonometrischen Schätzungen dieses Kapitels berücksichtigten erklärenden Variablen der Verkehrsmittelwahl werden in Tabelle 6.2 aufgeführt und definiert. Darüber hinaus werden die Variablen gemäß ihrer Merkmalsausprägungen in stetige oder Dummy-Variablen klassifiziert. Entsprechend der Gliederung des fünften Kapitels erfolgt ferner eine Einteilung in Variablen, die

- die Unternehmensstruktur der befragten Spediteure abbilden,
- die Transportrelation charakterisieren,
- die Rahmenbedingungen der ausgewählten Transporte darstellen und
- das Qualitätsprofil des Lkw und des KV auf den ausgewählten Transportrelationen beschreiben.

Die Hypothesen aus der verkehrswissenschaftlichen Literatur und die Hypothesen, die aus den Ergebnissen der deskriptiven Statistik des fünften Kapitels abgeleitet werden können, fassen die Begründung für die Berücksichtigung der aufgelisteten Variablen in der ökonometrischen Schätzung zur Erklärung der Verkehrsmittelwahl von Spediteuren zusammen.[407] Alle zu überprüfenden Thesen werden in diesem Abschnitt deshalb nochmals aufgeführt. Diese Auflistung erfolgt ebenso gemäß der im fünften Kapitel dargestellten Einteilung der Variablen.

---

[407] Bei der Erstellung des geeigneten ökonometrischen Modells zur Erklärung der Verkehrsmittelwahl zwischen dem Lkw und dem KV wurden darüber hinaus noch weitere Hypothesen untersucht, die mit Hilfe von nicht in Tabelle 6.2 aufgelisteten Variablen überprüft werden mussten. Es zeigte sich bei der Modellspezifikation jedoch, dass die Berücksichtigung der entsprechenden Variablen zu weniger aussagekräftigen Modellen führten, als dies bei den in diesem Kapitel aufgeführten Modellen der Fall ist.

Tabelle 6.2: Erklärende Variablen der Verkehrsmittelwahl

Variablenname	**Definition**	**Variablen-typ**
Unternehmensstruktur der befragten Speditionen		
OST	Der Unternehmensstandort liegt in den neuen Bundesländern.	Dummy (1 = ja)
MITARB	Anzahl der Mitarbeiter des Unternehmens	stetig
ANT_KFM_MITARB	Gibt den Anteil der kaufmännischen Mitarbeiter bezogen auf die Gesamtanzahl der Mitarbeiter im Unternehmen in Prozent an.	stetig
Charakterisierung der ausgewählten Transporte		
KM_LKW_GES	Gibt die zwischen dem Verlader- und dem Empfängerstandort zurückgelegte Transportentfernung auf der Straße in Kilometer an.	stetig
ENTF_Ü500	Die Straßentransportentfernung zwischen dem Verlader- und dem Empfängerstandort ist größer als 500 km.	Dummy (1 = ja)
ENTF_Ü750	Die Straßentransportentfernung zwischen dem Verlader- und dem Empfängerstandort ist größer als 750 km.	Dummy (1 = ja)
TRAILER	Die beim ausgewählten Transportfall eingesetzte Ladeeinheit ist ein Sattelauflieger.	Dummy (1 = ja)
TR_AUFKOMMEN	Das im Rahmen des Transportfalls zu befördernde Transportaufkommen in Tonnen.	stetig
GEFAHRGUT	Das beim Transportfall beförderte Gut gehört zur Kategorie der Gefahrgüter.	Dummy (1 = ja)
VERDERBLICHES GUT	Das beim Transportfall beförderte Gut gehört zur Kategorie der verderblichen Güter.	Dummy (1 = ja)
ZERBRECHLICHES GUT	Das beim Transportfall beförderte Gut gehört zur Kategorie der zerbrechlichen Güter.	Dummy (1 = ja)
Rahmenbedingungen der ausgewählten Transportrelation		
LAG_LOG_VEREINB	Der Spediteur muss für den Verlader die Zusatzleistungen „Lagerei und Logistik" übernehmen.	Dummy (1 = ja)
TRA_TRA_VEREINB	Der Verlader fordert vom Spediteur die Zusatzleistungen „Sendungsverfolgung und -ortung".	Dummy (1 = ja)
HAFTUNG	Im Rahmenvertrag zwischen Verlader und Spediteur wurden zusätzliche Haftungsregelungen vereinbart.	Dummy (1 = ja)
VEREINB_PREIS_MENGE	Im Rahmenvertrag zwischen Verlader und Spediteur wurden Vereinbarungen zum Transportpreis und zur Transportmenge getroffen.	Dummy (1 = ja)

Tabelle 6.2: Fortsetzung

Variablenname	Definition	Variablen-typ
Rahmenbedingungen der ausgewählten Transportrelation		
PAARIGKEIT	Der Spediteur hat auf der angegebenen Quelle-Ziel-Relation sowohl für die Hin- als auch für die Rückfahrt einen Transportauftrag durchzuführen.	Dummy (1 = ja)
PARTNER_EMPF	Der Spediteur hat eine Speditionsniederlassung oder einen Kooperationspartner in der Region des Empfängerstandortes.	Dummy (1 = ja)
TR_ANZ_AUF_RELATION	Gibt die Anzahl der Transporte auf der angegebenen Quelle-Ziel-Relation an.	stetig
BESTELL_SPEDITEUR	Gibt die Zeitspanne zwischen der Beauftragung des Spediteurs mit der Transportorganisation und der Abholung der Ware beim Verlader in Stunden an.	stetig
ABHOLUNG	Uhrzeit, zu der der Spediteur frühestens die Ware beim Verlader abholen (lassen) kann.	stetig
ANLIEFERUNG	Uhrzeit, zu der der Spediteur frühestens die Ware beim Empfänger anliefern (lassen) kann.	stetig
ZEITFENSTER_TR	Gibt die Zeitspanne zwischen der frühest möglichen Abholung der Ware beim Verlader und der spätest möglichen Anlieferung beim Empfänger in Stunden an.	stetig
LIEFERUNG_24H	Die Anlieferung beim Empfänger muss spätestens am Folgetag der Abholung beim Verlader erfolgen.	Dummy (1 = ja)
JUST_IN_TIME	Der Transport wurde als Just-in-Time Verkehr betrieben.	Dummy (1 = ja)
Qualitätsprofil des Lkw und des KV auf den ausgewählten Transportrelationen		
DAUER_LKW	Gibt die Transportdauer des Lkw auf der angegebenen Quelle-Ziel-Relation in Stunden an.	stetig
DAUER_KV	Gibt die Transportdauer des KV auf der angegebenen Quelle-Ziel-Relation in Stunden an.	stetig
DAUERDIFF	Gibt die Differenz der Transportdauer des KV und der Transportdauer des Lkw in Stunden an.	stetig
LN_DAUERDIFF	Gibt die Differenz der logarithmierten Transportdauer des KV und der logarithmierten Transportdauer des Lkw in Stunden an.	stetig
DAUERDIFF	Gibt die Differenz der Transportdauer des KV und der Transportdauer des Lkw in Stunden an.	stetig
LN_DAUERDIFF	Gibt die Differenz der logarithmierten Transportdauer des KV und der logarithmierten Transportdauer des Lkw in Stunden an.	stetig

Tabelle 6.2: Fortsetzung

Variablenname	Definition	Variablentyp
Qualitätsprofil des Lkw und des KV auf den ausgewählten Transportrelationen		
VERH_DAUER	Gibt das Verhältnis der Transportdauer des KV bezogen auf die Transportdauer des Lkw auf der angegebenen Quelle-Ziel-Relation in Prozent an.	stetig
VERSPAET_LKW	Gibt die Wahrscheinlichkeit in Prozent an, bei gegebenem Transportzeitfenster und gegebener Transportdauer des Lkw verspätet beim Empfänger einzutreffen.	stetig
VERSPAET_KV	Gibt die Wahrscheinlichkeit in Prozent an, bei gegebenem Transportzeitfenster und Transportdauer des KV verspätet beim Empfänger einzutreffen.	stetig
VERSPAETDIFF	Gibt die Differenz der Verspätungswahrscheinlichkeit des KV und der Verspätungswahrscheinlichkeit des Lkw in Prozent an.	stetig
LN_VERSPAETDIFF	Gibt die Differenz der logarithmierten Verspätungswahrscheinlichkeit des KV und der logarithmierten Verspätungswahrscheinlichkeit des Lkw in Prozent an.	stetig
VERH_VERSPAET	Gibt das Verhältnis der Verspätungswahrscheinlichkeit des KV zur Verspätungwahrscheinlichkeit des Lkw auf der angegebenen Quelle-Ziel-Relation in Prozent an.	stetig
KOSTEN_LKW_PRO_KM	Gibt die Transportkosten pro Kilometer mit dem Lkw auf der angegebenen Quelle-Ziel-Relation in EUR/km an.	stetig
KOSTEN_KV_PRO_KM	Gibt die Transportkosten pro Kilometer im KV auf der angegebenen Quelle-Ziel-Relation in EUR/km an.	stetig
KOSTENDIFF	Gibt die Differenz der Transportkosten pro Kilometer des KV und der Transportkosten pro Kilometer des Lkw in EUR/km an.	stetig
LN_KOSTENDIFF	Gibt die Differenz der logarithmierten Transportkosten pro Kilometer des KV und der logarithmierten Transportkosten pro Kilometer des Lkw in EUR/km an.	stetig
VERH_KOSTEN	Gibt das Verhältnis der Transportkosten pro Kilometer im KV zu den Transportkosten pro Kilometer des Lkw auf der angegebenen Quelle-Ziel-Relation in Prozent an.	stetig
TAKTUNG	Gibt die Anzahl der fahrplanmäßigen Verbindungen der Verkehrsmittel im Hauptlauf des KV an. Bei mehrgliedrigen Hauptläufen wird jeweils das Minimum aller Hauptlaufabschnitte angegeben.	stetig
DIREKTVERKEHR	Es sind ein oder zwei Umschlagvorgänge beim KV auf der angegebenen Quelle-Ziel-Relation erforderlich.	Dummy (1 = ja)

Variablen zur Unternehmensstruktur der Speditionen

Die deskriptive Statistik der Abschnitte 5.3.2.1 und 5.3.2.2. stellt den Zusammenhang zwischen der Unternehmensgröße und der Lkw-Wahlwahrscheinlichkeit dar. Kleine Unternehmen wählen entsprechend der Statistik dieser Abschnitte häufiger den Lkw als große Unternehmen. Um diese Hypothese überprüfen zur können, muss die Variable MITARB als Indikator für die Unternehmensgröße in der ökonometrischen Schätzung der Verkehrsmittelwahl berücksichtigt werden. Es ist dabei ein positiver Zusammenhang zwischen der Variablen und der KV-Wahlwahrscheinlichkeit zu erwarten.

Neben der Anzahl der Mitarbeiter sollte gemäß Abschnitt 5.3.2 auch die Mitarbeiterstruktur einen Einfluss auf die Verkehrsmittelwahl haben. Ist der Anteil der kaufmännischen Angestellten in der Spedition groß, sollte der Tätigkeitsschwerpunkt des Unternehmens in der Transportorganisation liegen. Dies hätte wiederum zur Folge, dass der Anteil der Lkw-Fahrer im Unternehmen gering ist, was wiederum einen positiven Einfluss auf die KV-Wahlwahrscheinlichkeit haben sollte. Der Parameter der Variablen ANT_KFM_MITARB sollte in der Schätzung der KV-Wahlwahrscheinlichkeit somit positiv sein.

Wie in Abschnitt 5.3.2 ausgeführt, wird aufgrund der unterschiedlichen infrastrukturellen Voraussetzungen in den neuen und alten Bundesländern unterstellt, dass der KV von westdeutschen Speditionen häufiger als von ostdeutschen Speditionen genutzt wird. Die Berücksichtigung der Dummy-Variable OST in der ökonometrischen Schätzung dieses Kapitels soll zur Überprüfung der Hypothese dienen, dass ein Unternehmensstandort in den neuen Bundesländern einen negativen Einfluss auf die KV-Wahlwahrscheinlichkeit hat.

Variablen zur Charakterisierung der Transportrelation

In der Literatur zur Verkehrsmittelwahl im Güterverkehr wird unterstellt, dass mit steigender Transportentfernung der KV gegenüber dem Lkw einen Vorteil besitzt.[408] Zur Überprüfung dieser These wird die Variable KM_LKW_GES in der ökonometrischen Analyse berücksichtigt. Der Parameter müsste ein positives Vorzeichen besitzen.

Üblicherweise wird dem KV erst ab einer Entfernung von 500 km ein Vorteil gegenüber dem Lkw zugesprochen.[409] Oft wird jedoch auch eine Entfernung von 750 km genannt, ab der der KV gegenüber dem Lkw vorteilhaft wird.[410] Um diese Hypothese überprüfen zu können, wird in einer Modellspezifikation die Dummy-Variable ENTF_Ü500 und in einer anderen die Dummy-Variable ENTF_Ü750 in die Schätzgleichung aufgenommen. Hat eine der beiden Hypothesen Gültigkeit, müsste das Vorzeichen des entsprechenden Parameters positiv sein.

Auch die Nutzung einer bestimmten Art von Ladeeinheit kann die KV-Wahlwahrscheinlichkeit beeinflussen. Nicht geeignet für den unbegleiteten KV

---

408 Vgl. Rutten, B. (1998), S. 282.

409 Vgl. Beuthe, M.et al. (2002), S. 282.

410 Vgl. Wenger, H. (2001), S. 204.

sind der Autotransporter, der Sprinter und der Gliederzug. Als KV-kompatible Ladeeinheiten sind hingegen der Container und der Wechselbehälter aufzuführen. Für die Überprüfung des Einflusses der Ladeeinheit auf die KV-Wahlwahrscheinlichkeit sind jedoch die genannten Ladeeinheiten aufgrund der eindeutigen Zuordnung zum Straßengüterverkehr oder zum KV nicht nutzbar. Lediglich der Sattelauflieger/Trailer kann sowohl im KV als auch im unimodalen Lkw-Transport eingesetzt werden. Aufgrund der eigentlichen Konzeption der Ladeeinheit für den Straßengüterverkehr wird allerdings ein negatives Vorzeichen bei der Variablen TRAILER erwartet.

Die Verkehrsmittelaffinität des Spediteurs wird vom Transportaufkommen und von den Eigenschaften der zu befördernden Güter bestimmt. Zur Überprüfung der These, dass der KV besonders geeignet ist, große Transportaufkommen zu befördern, findet die Variable TR_AUFKOMMEN Eingang in die Schätzungen.[411] Beim Transport von Gütern mit besonderen Eigenschaften sollte gemäß der verkehrswissenschaftlichen Literatur der Lkw im Vergleich zum KV einen Vorteil haben.[412] Durch die Berücksichtigung der Variablen VERDERBLICHES_GUT, ZERBRECHLICHES_GUT und GEFAHRGUT sollen deshalb die Hypothesen überprüft werden, dass die jeweiligen Gütereigenschaften einen negativen Einfluss auf die KV-Wahlwahrscheinlichkeit haben.

Rahmenbedingungen des Transportfalls

Wie in Abschnitt 5.3.3 dargestellt wurde, sollte die Existenz eines Kooperationspartners oder einer eigenen Speditionsniederlassung in der Region des Empfängerstandortes einen positiven Einfluss auf die Wahl des unbegleiteten KV haben. Diese These wird in der ökonometrischen Analyse dieser Arbeit mit Hilfe der Variable PARTNER_EMPF überprüft. Das Vorzeichen des entsprechenden Parameters sollte positiv sein.

Hinsichtlich der Paarigkeit eines Verkehres werden in der Verkehrswirtschaft unterschiedliche Hypothesen vertreten. Aus betriebswirtschaftlichem Kalkül sind Spediteure jedoch gerade bei Lkw-Transporten interessiert, Paarigkeit in den Verkehren herzustellen, um Kosten für die Leerfahrten zu vermeiden.[413] Entsprechend dieser Hypothese sollte sich die Variable PAARIGKEIT negativ auf die Wahlentscheidung zugunsten des KV auswirken.

Wie in Abschnitt 5.3.4 ausgeführt, sollte die Länge der verfügbaren Dispositionszeitpanne einen Einfluss auf die KV-Wahlwahrscheinlichkeit haben. Dieser Zusammenhang ist entsprechend der statistischen Auswertung im fünften Kapitel positiv. Je länger demnach die verfügbare Dispositionszeitpanne ist, desto höher ist die KV-Wahlwahrscheinlichkeit. Um diese Hypothese zu überprüfen, wird die Variable BESTELL_SPEDITEUR in die ökonometrische Analyse der Verkehrsmittelwahl aufgenommen.

---

411 Vgl. Schulz, J. et al. (1996), S. 29f.

412 Vgl. Voigt, F. (1973), S. 110ff.

413 Vgl. BAG (2004), S. 19 und S. 34.

Die zeitlichen Vorgaben zur Abholung und Anlieferung der Ware sind durch die Be- und Entladungszeitpunkte vorgegeben. Steht dem Spediteur zwischen der Abholung beim Verlader und dem Annahmeschluss im KV-Terminal sowie zwischen der Anlieferung beim Empfänger und der frühesten Entladung im Empfängerterminal ausreichend Zeit zur Verfügung, sollte dies gemäß der verkehrswissenschaftlichen Literatur die Wahrscheinlichkeit der KV-Nutzung erhöhen.[414] Als Hypothesen für die ökonometrische Analyse dieses Kapitels gilt es somit zu überprüfen, ob ein früher Abholzeitpunkt beim Verlader (ABHOLUNG) sowie ein später Anlieferungszeitpunkt beim Empfänger (ANLIEFERUNG) einen positiven Einfluss auf die KV-Wahlwahrscheinlichkeit haben. Das Vorzeichen der Variable ABHOLUNG sollte demnach positiv, das der Variable ANLIEFERUNG negativ sein.

Wie in Abschnitt 5.3.4 aufgezeigt wurde, sollte ein Transportzeitfenster von nur einem Tag unvorteilhaft für die Wahlentscheidung zugunsten des KV sein. Um diese Hypothese zu überprüfen, wird die Dummy-Variable LIEFERUNG_24H in der ökonometrischen Analyse der Verkehrsmittelwahl berücksichtigt. Das Vorzeichen des entsprechenden Parameters sollte in der Schätzung negativ sein.

Auch die Hypothese aus Abschnitt 5.3.4, dass die Transportbedingung „Just-in-Time" sich negativ auf die KV-Wahlwahrscheinlichkeit auswirkt, soll mit Hilfe der ökonometrischen Analyse dieser Arbeit untersucht werden. Die Angaben der Spediteure zu Just-in-Time-Bedingungen der Anlieferung wurden in der Dummy-Variablen JUST_IN_TIME abgebildet. Das Vorzeichen der Variablen müsste demnach negativ sein.

Qualitätsmerkmale

In dieser Arbeit bildet die Transportdauer das von Voigt benannte Qualitätsmerkmal Schnelligkeit ab. Die Hypothese zum Zusammenhang zwischen der KV-Wahlwahrscheinlichkeit und der Transportdauer des Lkw oder des KV lassen sich aus der Theorie zur Verkehrswertigkeit der Verkehrsmittel ableiten.[415] Sinkt die Transportdauer des Lkw (DAUER_LKW) bei gegebener Transportentfernung, so erhöht sich die Verkehrswertigkeit des Lkw und somit auch die Attraktivität dieser Alternative. Die KV-Wahlwahrscheinlichkeit sollte demnach sinken. Es ist also ein positiver Zusammenhang zwischen der Lkw-Transportdauer und der KV-Wahlwahrscheinlichkeit zu erwarten. Der Zusammenhang zwischen der KV-Transportdauer (DAUER_KV) und der KV-Wahlwahrscheinlichkeit sollte hingegen negativ sein. Eine Erhöhung der KV-Transportdauer bei gleich bleibender Transportentfernung reduziert die Verkehrswertigkeit des KV und demnach auch dessen Wahlwahrscheinlichkeit.

Das Qualitätsmerkmal Berechenbarkeit wird durch die Verspätungswahrscheinlichkeit der beiden Verkehrsmittelalternativen abgebildet. Die Berechnung dieser Variablen wurde in Abschnitt 5.3.5 beschrieben. Auch bei der Berechenbarkeit lassen sich die zu untersuchenden Hypothesen über die Verkehrswertigkeit der Al-

---

414 Rommerskirchen, S. et al. (1998b), S. 34ff und S. 38ff.

415 Vgl. Voigt, F. (1973), S. 82f.

ternativen definieren. Steigt die Verspätungswahrscheinlichkeit, sinkt die Verkehrswertigkeit dieser Alternative; deren Wahlwahrscheinlichkeit geht zurück. Der Zusammenhang zwischen der Verspätungswahrscheinlichkeit des Lkw (VERSPAET_LKW) und der KV-Wahlwahrscheinlichkeit sollte demnach positiv, der zwischen der Verspätungswahrscheinlichkeit des KV (VERSPAET_KV) und der KV-Wahlwahrscheinlichkeit negativ sein.[416]

Die Variable des Qualitätsmerkmals "Fähigkeit zur Netzbildung" ist lediglich beim KV von Bedeutung und wird durch die Anzahl der Umschlagvorgänge definiert.[417] Wie in Abschnitt 3.2 dargestellt wurde, sind insbesondere Direktzugverkehre im KV-Hauptlauf eine interessante Alternative zum unimodalen Lkw. Es muss somit die Hypothese überprüft werden, dass die Existenz eines Direktzugverkehres im KV die KV-Wahlwahrscheinlichkeit positiv beeinflusst. Entsprechend sollte der Parameter der Variable DIREKTVERKEHR ein positives Vorzeichen haben.

Auch die Häufigkeit der Verkehrsbedienung ist nur im KV von Relevanz und wird als TAKTUNG bezeichnet.[418] Sie gibt die Anzahl der Verkehrsverbindungen zwischen dem Versand- und Empfangsterminal pro Woche an. Steigt diese Anzahl an, so sollten die Attraktivität des KV und somit auch die KV-Wahlwahrscheinlichkeit gemäß der Theorie der Verkehrswertigkeit steigen.[419] Das Parametervorzeichen der TAKTUNG muss demnach positiv sein. Die Transportkosten werden in dieser Arbeit als Kosten pro Transportkilometer definiert. Hat der Spediteur bei gegebenem Qualitätsprofil höhere Kosten, wirkt sich dies negativ auf die Wahlwahrscheinlichkeit dieser Alternative aus.[420] Bei der Verkehrsmittelwahl ist die KV-Wahlwahrscheinlichkeit somit positiv mit den Transportkosten des Lkw und negativ mit den Transportkosten des KV korreliert. Das Parametervorzeichen der KV-Transportkosten (KOSTEN_KV_PRO_KM) sollte demnach negativ, das der Lkw-Transportkosten (KOSTEN_LKW_PRO_KM) positiv sein.

6.3 Modellspezifikation

Im folgenden Abschnitt wird die Verkehrsmittelwahl mit Hilfe eines diskreten Entscheidungsmodells geschätzt. Von zentraler Bedeutung ist die ökonometrische Analyse des Wahlverhaltens zwischen allen Lkw-Alternativen einerseits und allen

---

416 Vgl. Voigt, F. (1973), S. 86ff.

417 Beim Lkw-Transport wird die Ladeeinheit nicht umgeschlagen. Sie wird beim Verlader be- und beim Empfänger entladen und mit dem Lkw durchgehend transportiert. Die Anzahl der Umschlagvorgänge beim Lkw kann somit auf null gesetzt werden.

418 Die Variable Verkehrsbedienung existiert beim Lkw nicht, da der Lkw nicht an Fahrpläne gebunden ist und somit immer für die Transportdurchführung zur Verfügung stehen kann.

419 Vgl. Voigt, F. (1973), S. 89ff.

420 Vgl. Schneider, W. et al. (1996), S. 107ff.

KV-Alternativen andererseits.[421] Die zu erklärende Variable ist somit KV_GEWAEHLT. Die ökonometrische Analyse des Wahlverhaltens erfolgt sowohl für alle Beobachtungen der Stichprobe als auch für die Gruppe der kleinen und großen Speditionen.[422]

In der verkehrspolitischen Diskussion zur Erklärung des Wahlverhaltens zwischen dem KV und dem Lkw ist insbesondere das in Abschnitt 3.1 genannte Marktsegment der idealtypischen Transporte relevant. Die zur Auswahl stehenden Verkehrsmittelalternativen sind in diesem Fall der unbegleitete KV und der Lkw-Verkehr, der an einen Frachtführer vergeben wird. Die zu erklärende Variable ist folglich KV_UNBEGLEITET unter der Bedingung, dass kein Selbsteintritt erfolgte.

In beiden Fällen wird ein binäres Probit-Modell geschätzt.[423] Zur Schätzung der Determinanten der Verkehrsmittelwahl zwischen dem KV und dem Lkw wird ein Modellansatz in vier unterschiedlichen Modellspezifikationen betrachtet. Die formale Darstellung des Modellansatzes ist in Gleichung (6.1) dargestellt.

$$U_{in} = \alpha_i' \cdot z_n + \gamma_i' \cdot z_n^* + \beta' \cdot x_{in} + \varphi' \cdot x_{in}^* + \varepsilon_{in} \qquad i = 1,\ldots,I; \; n = 1,\ldots;N \tag{6.1}$$

Die zu schätzenden Parametervektoren sind:

$\alpha_i' = (\alpha_{i1},\ldots,\alpha_{iK})$, $\gamma_i' = (\gamma_{i1},\ldots,\gamma_{iQ})$, $\beta' = (\beta_1,\ldots,\beta_L)$ und $\varphi' = (\varphi_1,\ldots,\varphi_M)$. Die Vektoren $z_i' = (z_{n1},\ldots,z_{nK})$ und $z_n'^* = (z_{n1}^*,\ldots,z_{nQ}^*)$ enthalten die in Abschnitt 4.2.1 als „individuenspezifische Variablen“ definierten Determinanten. Der Vektor z_n besteht dabei aus allen Variablen, die zur Beschreibung der Unternehmensstruktur, der Transportrelation und der Rahmenbedingungen des Transportfalles im zu schätzenden Modellansatz aufgenommen werden. Die Vektoren $x_{in}' = (x_{in1},\ldots,x_{inL})$ und $x_{in}'^* = (x_{in1}^*,\ldots,x_{inM}^*)$ enthalten die in Abschnitt 4.2.1 als „kategorienspezifischen Variablen“ bezeichneten Determinanten. Die Qualitätsmerkmale TAKTUNG und DIREKTVERKEHR sind dabei dem Vektor x_{in} zugeordnet.

Die verschiedenen Modellspezifikationen unterscheiden sich lediglich in der Abbildung der Qualitätsmerkmale Transportdauer, Verspätungswahrscheinlichkeit und Transportkosten in der Nutzenfunktion des diskreten Entscheidungsmodells. Diese Variablen sind je nach Spezifikation im Vektor x_{in}^* oder im Vektor z_n^* enthalten. Der jeweils andere Vektor nimmt entsprechend den Wert null an. Im Fol-

---

421 Die Lkw-Alternativen sind der Selbsteintritt, die Vergabe an einen deutschen und die Vergabe an einen ausländischen Frachtführer. Sie werden zur Kategorie Lkw zusammengefasst. Die KV-Alternativen sind der unbegleitete und der begleitete KV jeweils in den Verkehrsmittelkombinationen Lkw-Bahn, Lkw-Schiff oder Lkw-Bahn-Schiff. Sie werden zur Kategorie KV zusammengefasst.

422 Zur Definition der Begriffe große und kleine Speditionen vgl. Abschnitt 5.3.1.

423 Vgl. hier die Ausführungen in Abschnitt 4.2.2.

genden werden die unterschiedlichen Spezifikationen zur Erklärung der Verkehrsmittelwahl zwischen dem KV und dem Lkw dargestellt.

1. Modellspezifikation

Im ersten Modell – dem Basismodell – wird ein linearer Zusammenhang zwischen den erklärenden Variablen und dem Nutzen unterstellt, den die Verkehrsmittel der Spedition stiften. Diese Form der Nutzenfunktion findet bei der Frage der Verkehrsmittelwahl üblicherweise Anwendung. Die erklärenden Variablen Transportdauer, Transportkosten und Verspätungswahrscheinlichkeit gehen wie bei Miklius et al. (1976) in dieser Modellspezifikation als „individuenspezifische Variablen" ein.

Dieser Ansatz geht von der Annahme aus, dass die genannten Qualitätsmerkmale beider Verkehrsmittel einen Einfluss auf die Wahlwahrscheinlichkeit des KV haben. Die Qualitätsmerkmale Transportdauer, Verspätungswahrscheinlichkeit und Transportkosten beider Verkehrsmittelalternativen werden bei dieser Spezifikation somit durch den Vektor z_n^* abgebildet. Der Vektor x_{in}^* nimmt den Wert null an.

2. Modellspezifikation

Auch in der zweiten Modellspezifikation wird ein linearer Zusammenhang zwischen den erklärenden Variablen und dem Nutzen unterstellt. Wie bei Schneider et al. (1996) gehen die Qualitätsmerkmale Transportkosten, Transportdauer und Verspätungswahrscheinlichkeit in dieser Modellspezifikation jedoch als „kategorienspezifische Variablen" in die Schätzung ein. Mit dieser Spezifikation wird die Abhängigkeit der Verkehrsmittelwahl vom jeweiligen Qualitätsmerkmal abgebildet. Es wird ein Parameter für das entsprechende Qualitätsmerkmal geschätzt. Der entsprechend geschätzte Parameter ist dabei für beide Alternativen gleich.[424]

In dieser Modellspezifikation ist der Vektor z_n^* gleich null, das Modell reduziert sich auf die Vektoren z_n, x_{in} und x_{in}^*, wobei Vektor x_{in}^* die genannten Qualitätsmerkmale enthält. Um die Wahlwahrscheinlichkeit der Alternative *i* zu schätzen, muss in dieser Modellspezifikation die Differenz der jeweiligen Qualitätsmerkmale in die Schätzfunktion aufgenommen werden.[425]

3. Modellspezifikation

Der lineare Zusammenhang der ersten beiden Modellspezifikationen kann für die ökonometrische Analyse problematisch sein. So wird bei den linearen Modellen

---

424 So wird beispielsweise die Abhängigkeit der Verkehrsmittelwahl von den Transportkosten bestimmt und unterstellt, dass diese Abhängigkeit für beide Verkehrsmittel gleich ist.

425 In Gleichung (4.9) des Abschnitts 4.2 wird gezeigt, dass die „kategorienspezifischen Variablen" x_{inl} und x_{jnl} als Differenz in die Funktion zur Bestimmung der Wahlwahrscheinlichkeit der Alternative *i* eingehen. Es wird somit der gemeinsame Parameter β_l der Differenz der „kategorienspezifischen Variablen" geschätzt.

unterstellt, dass beispielsweise eine Veränderung der KV-Transportdauer um eine Stunde zur gleichen Veränderung der KV-Wahlwahrscheinlichkeit führt, unabhängig davon, ob der Transport bisher 10 oder 100 Stunden gedauert hat.[426] Dieses Problem wird mit der dritten Modellspezifikation durch die Logarithmierung der strikt positiven Qualitätsmerkmale Transportdauer, Transportkosten und Verspätungswahrscheinlichkeit untersucht. Das Modell ist demnach wie bei Mandel et al. (1994) in den ursprünglichen erklärenden Variablen nicht linear. Der Einfluss einer Veränderung der genannten Qualitätsmerkmale um x Einheiten nimmt somit mit steigendem Ausgangsniveau ab.

Die Nutzenfunktion dieser Modellspezifikation lässt sich wie beim zweiten Modell darstellen. Es ist lediglich zu beachten, dass der Vektor x_{in}^{*} logarithmierte Variablen enthält. Diese Transformation führt zu den gleichen Implikationen bezüglich der Aussagemöglichkeit der Modellparameter.

4. Modellspezifikation

Die vierte Modellspezifikation geht wie Golias und Yannis (1998) von der Annahme aus, dass das Verhältnis der Qualitätsmerkmale von den zur Auswahl stehenden Verkehrsmitteln für die Wahlentscheidung von Bedeutung ist. Die Entscheidung wird letztlich danach getroffen, welches Verkehrsmittel im Vergleich zu den anderen Alternativen besser ist.

Ins Verhältnis gesetzt werden die Transportdauer, die Transportkosten und die Verspätungswahrscheinlichkeit des KV in Relation zu den entsprechenden Qualitätsmerkmalen des Lkw. Die Variablen sind als „individuenspezifische Variablen" definiert und im Vektor z_{n}^{*} enthalten. Der Vektor x_{in}^{*} nimmt bei dieser Modellspezifikation den Wert null an.

6.4 Ergebnisse der ökonometrischen Analyse zur Verkehrsmittelwahl

6.4.1 Schätzergebnisse der Wahl zwischen dem KV und dem Lkw

Grundmodell auf Basis der Stichprobe N = 498

Die Ergebnisse der vier geschätzten Modellspezifikationen sind in Tabelle 6.3 aufgelistet. Die Tabelle weist die geschätzten Parameterwerte und die z-Werte für die verkehrsmittelwahlerklärenden Variablen aus. Die Schätzungen beruhen auf einem Beobachtungsumfang von N = 498. Als Basisalternative wird der Lkw definiert.

---

[426] Im Gegensatz zur Vorgehensweise in dieser Arbeit führen Mandel, B. et al. (1994), S. 92ff eine Box-Cox-Lineartransformation und keine Logarithmierung der Variablen durch.

Tabelle 6.3: Schätzergebnisse der Wahl zwischen dem KV und dem Lkw

Erklärende Variable	Modell 1		Modell 2		Modell 3		Modell 4	
	Parameter-schätzwert	z-Statistik	Parameter-schätzwert	z-Statistik	Parameter-schätzwert	z-Statistik	Parameter-schätzwert	z-Statistik
Konstante	-2,401	-3,43***	-2,838	-5,03***	-3,538	-5,96***	-0,798	-1,15
OST	-0,092	-0,20	-0,624	-1,36	-0,177	-0,39	-0,199	-0,43
MITARB	$2{,}98 \cdot 10^{-5}$	0,27	$-4{,}23 \cdot 10^{-5}$	-0,27	$2{,}42 \cdot 10^{-5}$	0,23	$1{,}90 \cdot 10^{-5}$	0,15
ANT_KFM_MITARB	0,509	1,45	0,514	1,58	0,368	1,16	0,364	1,14
KM_LKW_GES	0,003	4,06***	0,001	3,05***	0,001	2,21**	0,001	2,38**
TRAILER	-1,412	-5,69***	-1,417	-6,05***	-1,448	-5,90***	-1,475	-6,04***
TR_AUFKOMMEN	0,049	3,41***	0,036	3,03***	0,046	3,78***	0,042	3,74***
GEFAHRGUT	-0,133	-0,40	-0,069	-0,21	-0,155	-0,49	-0,105	-0,33
VERDERBLICHES_GUT	-0,091	-0,22	0,038	0,10	-0,056	-0,17	0,058	0,19
ZERBRECHLICHES_GUT	-0,380	-1,53	-0,445	-1,86*	-0,325	-1,39	-0,422	-1,82*
LAG_LOG_VEREINB	0,371	1,48	0,201	0,84	0,387	1,62	0,379	1,61
TRA_TRA_VEREINB	-0,831	-3,08***	-0,525	-2,08**	-0,507	-1,90*	-0,517	-2,01**
HAFTUNG	-0,193	-0,76	-0,242	-0,94	-0,264	-1,04	-0,245	-0,97
VEREINB_PREIS_MENGE	0,400	1,14	0,408	1,23	0,427	1,20	0,392	1,11
PAARIGKEIT	-0,240	-0,98	-0,357	-1,54	-0,268	-1,16	-0,231	-1,02
PARTNER_EMPF	0,046	0,19	0,038	0,17	0,102	0,46	0,160	0,74
TR_ANZ_AUF_RELATION	0,001	1,10	0,001	1,35	0,001	0,31	0,001	0,41
BESTELL_SPEDITEUR	0,005	2,54**	0,006	3,13***	0,004	2,27**	0,004	2,12**
JUST_IN_TIME	0,002	0,01	-0,236	-1,08	-0,120	-0,54	-0,222	-1,00
TAKTUNG	0,083	5,38***	0,070	5,24***	0,082	5,23***	0,080	5,05***
DIREKTVERKEHR	0,675	2,25**	0,778	2,89***	0,958	3,53***	0,862	3,36***
DAUER_KV	-0,021	-2,93***	--	--	--	--	--	--
DAUER_LKW	-0,027	-1,51	--	--	--	--	--	--
KOSTEN_KV_PRO_KM	-2,081	-5,13***	--	--	--	--	--	--
KOSTEN_LKW_PRO_KM	1,473	4,60***	--	--	--	--	--	--
VERSPAET_KV	0,009	1,24	--	--	--	--	--	--
VERSPAET_LKW	-0,038	-3,77***	--	--	--	--	--	--
DAUERDIFF	--	--	-0,015	-2,44**	--	--	--	--
KOSTENDIFF	--	--	-1,194	-4,50***	--	--	--	--
VERSPAETDIFF	--	--	0,010	1,72*	--	--	--	--
LN_DAUERDIFF	--	--	--	--	-1,312	-2,62**	--	--
LN_KOSTENDIFF	--	--	--	--	-2,132	-5,40***	--	--
LM_VERSPAETDIFF	--	--	--	--	1,883	3,46***	--	--
VERH_DAUER	--	--	--	--	--	--	-0,322	-2,28**
VERH_KOSTEN	--	--	--	--	--	--	-2,491	-4,61***
VERH_VERSPAET	--	--	--	--	--	--	0,483	3,16***
Pseudo R^2	0,6221		0,5739		0,5873		0,5732	

Anmerkungen: Beobachtungsumfang N = 498, Basisalternative ist der Lkw
*** Der Parameter ist auf einem 1 %-Signifikanzniveau von null verschieden.
** Der Parameter ist auf einem 5 %-Signifikanzniveau von null verschieden.
* Der Parameter ist auf einem 10 %-Signifikanzniveau von null verschieden.

Bei der Betrachtung der Variablen zur Unternehmensstruktur zeigt sich, dass keine der Variablen einen signifikanten Einfluss auf die Verkehrsmittelwahlentscheidung hat. Die Hypothese, dass ein Unternehmensstandort in Ostdeutschland einen negativen Einfluss auf das Wahlverhalten zugunsten des KV hat, kann somit nicht verifiziert werden. Ferner kann weder die Hypothese, dass die Unternehmensgröße einen positiven Einfluss auf die KV-Wahlwahrscheinlichkeit hat, noch die Hypothese, dass ein positiver Zusammenhang zwischen einem hohen Anteil kfm. Angestellte und der KV-Wahlwahrscheinlichkeit besteht, bestätigt werden.

Bei den Faktoren, die die Transportrelation charakterisieren, haben die Variablen zur Transportentfernung, zum Transportaufkommen und zur Art der Ladeeinheit in allen vier Modellspezifikationen einen signifikanten Einfluss auf die Wahlentscheidung. Der geschätzte Koeffizient der Transportentfernung ist positiv. Die Hypothese, dass lange Strecken zur Erhöhung der KV-Wahlwahrscheinlichkeit führen, wird somit durch die Schätzung bestätigt. Im ersten und zweiten Modell ist der Parameter der Entfernung auf einem 1%-, im dritten und vierten Modell auf einem 5%-Signifikanzniveau von null verschieden. Auch der Schätzwert des Koeffizienten des Transportaufkommens ist in allen vier Modellen positiv und durchweg auf einem 1%-Signifikanzniveau von null verschieden. Somit kann auch die These zum Einfluss des Transportaufkommens auf die KV-Wahlwahrscheinlichkeit durch die Schätzung bestätigt werden.

Als Kontrollvariable für den Einfluss der Ladeeinheit auf die Verkehrsmittelwahl wurde der Sattelzug/Trailer gewählt. Auch die Ladeeinheit TRAILER gehört zur Kategorie der KV-kompatiblen Ladeeinheiten, der geschätzte Parameter der Variablen hat jedoch in allen vier Modellansätzen ein negatives Vorzeichen und ist auf einem 1%-Signifikanzniveau von null verschieden. Im Vergleich zum Container und Wechselbehälter hat der Trailer demnach einen negativen Einfluss auf die KV-Wahlwahrscheinlichkeit.

Die Dummy-Variable ZERBRECHLICHES_GUT hat lediglich in zwei Modellspezifikationen einen schwach signifikanten Einfluss auf das Wahlverhalten. Das Signifikanzniveau beträgt lediglich 10%. Wie aus der verkehrswissenschaftlichen Theorie zu erwarten ist, ist das Vorzeichen des geschätzten Parameters negativ.[427] In der ökonometrischen Schätzung kann hingegen kein Einfluss der beiden anderen Gütereigenschaften GEFAHRGUT und VERDERBICHES_GUT nachgewiesen werden. Entgegen den theoretischen Überlegungen aus der Literatur zur Verkehrsaffinität lässt sich somit nicht verifizieren, dass die Gütereigenschaften einen Einfluss auf die Wahl zwischen dem Lkw und dem KV haben.[428]

Von den Variablen zu den Rahmenbedingungen des Transportfalls haben nur zwei einen signifikanten Einfluss auf die Wahl zwischen dem KV und dem Lkw. In beiden Fällen besitzen die geschätzten Parameter das aus der Literatur zu erwartende Vorzeichen.[429] Erstens hat die Zusatzvereinbarung der Sendungsverfolgung einen signifikant negativen Einfluss auf die KV-Wahlentscheidung, was auf die mangelnde Kompatibilität der elektronischen Informationssysteme bei Lkw, Bahn und Schiff zurückzuführen sein dürfte. Die Vereinbarung zur Sendungsverfolgung ist in der ersten Modellspezifikation auf dem 1%-Niveau, im zweiten und vierten Modell auf dem 5%- und im dritten Modell auf dem 10%-Niveau signifikant.

---

427 Da beim Umschlag von Gütern immer die Gefahr der Beschädigung der Transportware besteht, haben Güter, die mit besonderer Vorsicht behandelt werden müssen, einen negativen Einfluss auf die Wahlwahrscheinlichkeit des KV.

428 Nach Voigt, F. (1973), S. 111ff.

429 Vgl. hierzu die Ausführungen in Abschnitt 6.2.2.

Zweitens beeinflusst die verfügbare Dispositionszeitspanne des Spediteurs BESTELL_SPEDITEUR die KV-Wahlwahrscheinlichkeit positiv. Je mehr Zeit dem Spediteur demnach für die Disposition zur Verfügung steht, desto wahrscheinlicher ist die Entscheidung zugunsten des KV. Das Signifikanzniveau der Variable beträgt 1% im zweiten Modell und in den übrigen Modellen 5%. Bei allen anderen Variablen zu den Rahmenbedingungen des Transportfalls kann kein signifikanter Einfluss auf die Wahlentscheidung nachgewiesen werden.

Mit Ausnahme der Verspätungswahrscheinlichkeit des KV und der Transportdauer des Lkw im ersten Modellansatz haben alle in der Schätzung berücksichtigten Qualitätsmerkmale einen signifikanten Einfluss auf die KV-Wahlwahrscheinlichkeit. Der geschätzte Koeffizient der Variable TAKTUNG ist in allen vier Modellspezifikationen auf einem 1%-Signifikanzniveau von null verschieden und hat ein positives Vorzeichen. Eine Erhöhung der angebotenen Anzahl von KV-Verbindungen pro Woche zwischen dem Verlader- und dem Empfängerterminal erhöht also die KV-Wahlwahrscheinlichkeit. Dieser Zusammenhang entspricht der Hypothese, dass die Verkehrswertigkeit eines Verkehrsmittels steigt, wenn die Taktung des Verkehrsmittels erhöht wird.[430]

Der geschätzte Parameter des Qualitätsmerkmals „Fähigkeit zur Netzbildung“, abgebildet in der Dummy-Variablen DIREKTVERKEHR, hat ebenfalls ein positives Vorzeichen. Somit kann auch die Hypothese bestätigt werden, dass die Einführung eines Direktverkehrs im KV die Verkehrswertigkeit des KV und somit dessen Wahlwahrscheinlichkeit erhöht.[431] Der Koeffizient dieser Variablen ist bei der ersten Modellspezifikation auf einem 5%-Signifikanzniveau, bei den anderen Spezifikationen auf einem 1%-Signifikanzniveau von null verschieden.

Die Hypothesen zur Abhängigkeit der KV-Wahlwahrscheinlichkeit von den Transportkosten werden durch die vier Modelle bestätigt.[432] Im ersten Modellansatz sind die geschätzten Parameter der Transportkosten beider Alternativen auf einem 1%-Signifikanzniveau von null verschieden und haben das zu erwartende Vorzeichen. Der Einfluss, den die KV-Transportkosten auf die KV-Wahlwahrscheinlichkeit haben, ist dabei betragsmäßig größer als der Einfluss der Lkw-Transportkosten auf den KV.[433] Dies impliziert, dass ein Rückgang der Transportkosten im KV um einen bestimmten Betrag die KV-Wahlwahrscheinlichkeit stärker erhöht als eine Erhöhung der Lkw-Transportkosten um denselben Betrag.

---

430 Vgl. Voigt, F. (1973), S. 89f.

431 Vgl. Voigt, F. (1973), S. 85.

432 Unterstellt man normale Preisreaktionen bei der Verkehrsmittelwahl, so muss die Verkehrswertigkeit des KV steigen, wenn die Transportkosten bei gegebener Qualität und Entfernung sinken. Wenn die Verkehrswertigkeit steigt, muss auch die KV-Wahlwahrscheinlichkeit steigen. Umgekehrt ist es bei einer Kostensteigerung des Lkw. Eine Transportkostensteigerung des Lkw würde die Wahlwahrscheinlichkeit des KV erhöhen.

433 Vgl. Dalkmann, H. (2000), S. 35. Der Vergleich der geschätzten Parameterwerte und der daraus abgeleitete Einfluss auf die KV-Wahlwahrscheinlichkeit ist in diesem Fall möglich, da beide Variablen die gleichen Einheiten (EUR/km) besitzen.

Beim zweiten und beim dritten Modellansatz ist es nicht möglich, den Verlagerungseffekt beim KV aufgrund einer Veränderung der Lkw-Kosten auszuweisen. Bei diesen Modellansätzen wird lediglich die Abhängigkeit der Verkehrsmittelwahl von den Transportkosten abgebildet. Dieser Zusammenhang ist entsprechend der Hypothese aus Abschnitt 6.2.2 negativ. Sowohl in der zweiten als auch in der dritten Modellspezifikation kann auf einem 1%-Signifikanzniveau gezeigt werden, dass die entsprechenden geschätzten Parameterwerte von null verschieden sind. Auch der geschätzte Parameter des Transportkostenverhältnisses zwischen dem KV und dem Lkw hat das aus der ökonomischen Theorie zu erwartende negative Vorzeichen. Das Signifikanzniveau beträgt in dieser Modellspezifikation 1%.

Die KV-Transportdauer sollte bei gegebener Transportentfernung einen negativen und die Lkw-Transportdauer einen positiven Einfluss auf die KV-Wahlwahrscheinlichkeit haben.[434] Die Vorzeichen der geschätzten Parameter bestätigen diese Erwartungen. In allen vier Modellspezifikationen wirkt sich eine Transportdauerverlängerung des KV negativ auf die KV-Wahlwahrscheinlichkeit aus. Lediglich der geschätzte Parameter der Lkw-Transportdauer in der ersten Modellspezifikation hat nicht das aus der verkehrswissenschaftlichen Theorie zu erwartende Vorzeichen. Da der Parameter jedoch selbst auf einem 10%-Signifikanzniveau nicht von null verschieden ist, hat dies für die Interpretation der KV-Wahlwahrscheinlichkeit keine Bedeutung.

Die geschätzten Koeffizienten sind in den vier Modellen auf unterschiedlichen Niveaus signifikant von null verschieden. Auf einem 1%-Signifikanzniveau hat die Transportdauer des KV in der ersten Modellspezifikation einen negativen Einfluss auf die KV-Wahlwahrscheinlichkeit. In den drei anderen Modellspezifikationen hat die entsprechende Variable zur Transportdauer jeweils auf einem 5%-Signifikanzniveau einen negativen Einfluss auf die KW-Wahrscheinlichkeit.

Beim Qualitätsmerkmal Berechenbarkeit sollte theoretischen Überlegungen folgend ein negativer Zusammenhang zwischen der Verspätungswahrscheinlichkeit des KV und dessen Verkehrswertigkeit und in der Folge dessen Wahlwahrscheinlichkeit bestehen. Umgekehrt sollte der Zusammenhang zwischen der Verspätungswahrscheinlichkeit des Lkw und der KV-Wahlwahrscheinlichkeit positiv sein.[435] Die geschätzten Koeffizienten der Berechenbarkeit haben jedoch in allen vier Modellspezifikationen das umgekehrte Vorzeichen.[436] Der in der Schätzung gemessene Effekt der Verspätungswahrscheinlichkeit ist somit durch den Effekt einer anderen, nicht im Modell enthaltenen Variablen überlagert.

Aus der Definitionsgleichung der Verspätungswahrscheinlichkeit lässt sich entnehmen, dass dies die Variable ZEITFENSTER_TR ist. ZEITFENSTER_TR ist negativ mit der Verspätungswahrscheinlichkeit korreliert und positiv mit der ab-

434 Vgl. die Ausführungen in Abschnitt 6.2.2.

435 Vgl. Voigt, F. (1973), S. 86ff.

436 Aufgrund dieser Schätzergebnisse wurde eine Korrelationsanalyse zwischen der zu erklärenden Variablen KV_GEWAEHLT und der Verspätungswahrscheinlichkeit beider Verkehrsmittel durchgeführt. Hierbei konnte gezeigt werden, dass alle Korrelationskoeffizienten die aus der Theorie zu erwartenden Vorzeichen besitzen.

hängigen Variablen.[437] Die Kausalkette zur Erklärung des Zusammenhangs zwischen der Verspätungswahrscheinlichkeit des Lkw und der KV-Wahlwahrscheinlichkeit ist demnach wie folgt zu interpretieren: Steigt die Verspätungswahrscheinlichkeit des Lkw, muss bei gleich bleibender Transportdauer ceteris paribus das Transportzeitfenster kleiner werden. Da das Transportzeitfenster positiv mit der KV-Wahlwahrscheinlichkeit korreliert ist, sinkt die Wahlwahrscheinlichkeit des KV.

In der ersten Modellspezifikation ist der geschätzte Parameter der Verspätungswahrscheinlichkeit des KV selbst auf einem 10%-Signifikanzniveau nicht von null verschieden. Der geschätzte Parameter der Verspätungswahrscheinlichkeit des Lkw ist hingegen auf einem 1%-Signifikanzniveau positiv. In der zweiten, dritten und vierten Modellspezifikation sind die Schätzwerte der Parameter zur Verspätungswahrscheinlichkeit ebenfalls positiv. Im dritten und vierten Modell ist er auf dem 1%-Signifikanzniveau, im zweiten Modell nur auf dem 10%-Signifikanzniveau von null verschieden.

Güte der vier Modellspezifikationen im Grundmodell

Die angegebenen Pseudo R^2 in Tabelle 6.3 zeigen, dass die erste Modellspezifikation die höchste Güte aufweist, gefolgt von der dritten Modellspezifikation. Der Vergleich der Modellgüte zeigt insbesondere auch, dass die nicht lineare Nutzenfunktion im dritten Modell zu besseren Ergebnissen in der Erklärung der Verkehrsmittelwahl führt als der lineare funktionale Zusammenhang im zweiten Modell. Vergleicht man die korrigierten Pseudo R^2 der vier Modellansätze, führt dies zur gleichen Reihenfolge der Vorteilhaftigkeit wie beim Pseudo R^2.[438] Das korrigierte Pseudo R^2 im ersten Modellansatz beträgt 0,5045, gefolgt vom dritten Ansatz mit einem korrigierten Pseudo R^2 von 0,4832. Für die Untersuchung des Einflusses von ordnungs- und preispolitischen Maßnahmen auf die KV-Wahlwahrscheinlichkeit in diesem Kapitel ist die erste Modellspezifikation den anderen Modellen vorzuziehen.

Varianten des Grundmodells zur Überprüfung weiterer Hypothesen

Weitere Hypothesen aus der Literatur zur Verkehrsmittelwahl können mit dem Grundmodell des vorherigen Abschnitts nicht überprüft werden. Um dennoch zwei weitere zentrale Hypothesen in der Verkehrsmittelwahl zwischen dem Lkw und dem KV analysieren zu können, müssen Änderungen in den Nutzenfunktionen vorgenommen werden. Die Überprüfung dieser beiden Hypothesen findet im Folgenden statt.

---

437 Darüber hinaus ist das Transportzeitfenster stark mit der Transportentfernung korreliert, so dass die Aufnahme der Variablen ZEITFENSTER_TR zu einer Kollinearität zwischen den beiden Variablen führen würde. Die Transportentfernung als relevante Variable der Verkehrsmittelwahl würde insignifikant werden.

438 Das Pseudo R^2 kann um die Anzahl der erklärenden Variablen korrigiert werden. Vgl. Ben-Akiva, M. und S. Lerman (1985), S. 167f.

Die erste zu testende Hypothese lautet, dass der KV erst ab einer bestimmten Entfernung zu einer interessanten Alternative für den Lkw wird. Um diese Hypothese überprüfen zu können, muss die Transportentfernung KM_LKW_GES durch eine Dummy-Variable substituiert werden. Dabei stehen zwei Dummy-Variablen zur Auswahl; ENTF_Ü500 und ENTF_Ü750. Während die Variable ENTF_Ü500 zur Überprüfung der in der verkehrswissenschaftlichen Literatur zitierten Mindestentfernung von 500 km dient, soll die Variable ENTF_Ü750 die Hypothese abbilden, dass KV-Transporte üblicherweise erst ab einer größeren Entfernung (750 km) lukrativ sind.[439]

Die übrigen Determinanten der latenten Nutzenfunktion aus Tabelle 6.3 werden in dieser Schätzung weiterhin berücksichtigt. Tabelle 6.4 stellt den relevanten Auszug aus der gesamten Schätzung dar. Die geschätzten Parameterwerte der übrigen erklärenden Variablen haben sich nur leicht geändert, die Signifikanz der Parameter nicht. Deshalb wird auf eine ausführliche Darstellung der Schätzung verzichtet.

Tabelle 6.4: Schätzung zur Überprüfung der Thesen: Entfernung über 500 km und Entfernung über 750 km

Erklärende Variable	Modell 1		Modell 2		Modell 3		Modell 4	
	Parameter-schätzwert	z-Statistik	Parameter-schätzwert	z-Statistik	Parameter-schätzwert	z-Statistik	Parameter-schätzwert	z-Statistik
ENTF_Ü500	0,4615	1,62	0,3607	1,41	0,5295	1,62	0,3616	1,28
Pseudo R^2	0,5997		0,5641		0,5859		0,5676	
Erklärende Variable	Parameter-schätzwert	z-Statistik	Parameter-schätzwert	z-Statistik	Parameter-schätzwert	z-Statistik	Parameter-schätzwert	z-Statistik
ENTF_Ü750	0,9363	2,64**	0,5707	2,15**	0,6514	2,19**	0,5233	1,99**
Pseudo R^2	0,6128		0,5706		0,5912		0,5729	

Anmerkungen: Beobachtungsumfang N = 498, Basisalternative ist der Lkw
*** Der Parameter ist auf einem 1 %-Signifikanzniveau von null verschieden.
** Der Parameter ist auf einem 5 %-Signifikanzniveau von null verschieden.
* Der Parameter ist auf einem 10 %-Signifikanzniveau von null verschieden.

Die ökonometrische Schätzung der vier Modellspezifikationen zeigt, dass die Variable ENTF_Ü500 keinen signifikant von null verschiedenen Einfluss auf die Wahlentscheidung des KV hat. Hingegen ist der geschätzte Parameter der Variablen ENTF_Ü750 positiv und auf einem 5%-Signifikanzniveau über alle Modellspezifikationen hinweg von null verschieden. Es zeigt sich somit, dass erst Transportentfernungen von über 750 km einen positiven Einfluss auf die KV-Wahlwahrscheinlichkeit haben und die Hypothese zum Einfluss der Transportentfernung ab 500 km verworfen werden muss.

Die zweite Hypothese, die mit dem Grundmodell nicht zu untersuchen ist, richtet sich auf das Transportzeitfenster, das zur Transportdurchführung zur Verfügung gestellt wird. Muss das Transportgut spätestens ein Tag nach der Abholung am Verladerstandort beim Empfänger angeliefert werden, sollte dies einen negativen Einfluss auf die KV-Wahlwahrscheinlichkeit haben.[440] Da die Variable

439 Vgl. Wenger, H. (2001), S. 204.

440 Vgl. Thiele, P. (2001), S. 8.

LIEFERUNG_24H stark negativ mit der Transportentfernung korreliert ist und die Aufnahme beider Variablen zu einer Insignifikanz beider Parameter führen würde, wird auch zur Überprüfung dieser Hypothese die Variable KM_LKW_GES substituiert durch die Variable LIEFERUNG_24H. Auch hier bleibt die übrige Nutzenfunktion unverändert.

Die Ergebnisse dieser Schätzungen können die aufgestellte Hypothese verifizieren. Das Vorzeichen des Parameters ist in allen Modellen negativ und auf einem 1%- bzw. 5%-Signifikanzniveau von null verschieden. Somit hat eine Transportzeitspanne von maximal einem Tag einen negativen Einfluss auf die KV-Wahlwahrscheinlichkeit. Tabelle 6.5 stellt die Parameter und z-Werte der Variablen LIEFERUNG_24H dar.

Tabelle 6.5: Schätzung zur Überprüfung der Thesen: 24h-Lieferservice

Erklärende Variable	Modell 1		Modell 2		Modell 3		Modell 4	
	Parameter-schätzwert	z-Statistik	Parameter-schätzwert	z-Statistik	Parameter-schätzwert	z-Statistik	Parameter-schätzwert	z-Statistik
LIEFERUNG_24H	-0,944	-2,97***	-0,9549	-3,56***	-0,582	-2,45**	-0,607	-2,52**
Pseudo R^2	0,6141		0,5920		0,5919		0,5786	

Anmerkungen: Beobachtungsumfang N = 498, Basisalternative ist der Lkw
*** Der Parameter ist auf einem 1 %-Signifikanzniveau von null verschieden.
** Der Parameter ist auf einem 5 %-Signifikanzniveau von null verschieden.
* Der Parameter ist auf einem 10 %-Signifikanzniveau von null verschieden.

Modelle für kleine und große Speditionen

Das Grundmodell dieses Abschnitts weist keinen signifikanten Einfluss der Unternehmensgröße auf die KV-Wahlwahrscheinlichkeit aus.[441] Dennoch kann ein Einfluss der Unternehmensgröße auf die Verkehrsmittelwahl zwischen dem KV und dem Lkw nicht ausgeschlossen werden.

Große Speditionen können üblicherweise auf eine größere Anzahl an Transportaufträgen pro Woche auf einer bestimmten Transportrelation verweisen als kleine Speditionen. Darüber hinaus sind große, international ausgerichtete Speditionen aufgrund des starken Wettbewerbsdrucks daran interessiert, Prozessabläufe zu standardisieren und somit den Dispositionsaufwand pro Transportfall zu reduzieren. Beide Argumente führen dazu, dass große Speditionen langfristig eine bestimmte Anzahl an Stellplätzen im KV-Hauptlauf pro Tag buchen, was wiederum einen positiven Einfluss auf die KV-Wahlwahrscheinlichkeit haben sollte. Es liegt somit die Vermutung nahe, dass die Unternehmensgröße einen Einfluss auf die

---

441 Neben dem in Tabelle 6.3 dargestellten Grundmodell wurde eine weitere Schätzung durchgeführt, die anstatt der stetigen Variable MITARB eine Dummy-Variable für die Größenklasse eines Unternehmens berücksichtigte. Diese Variable nimmt den Wert eins an, wenn die Spedition mehr als 50 Mitarbeiter hat (vgl. die Definition von großen und kleinen Speditionen in Abschnitt 5.2). Die Ergebnisse der Parameterschätzung zeigen jedoch, dass auch diese Variable keinen signifikanten Einfluss auf die KV-Wahlwahrscheinlichkeit hat.

Verkehrsmittelwahl hat. Im Folgenden soll deshalb eine gesonderte Verkehrsmittelwahlanalyse für große und kleine Speditionen erfolgen.

Tabelle 6.6: Schätzergebnisse der Wahlentscheidung zwischen dem KV und dem Lkw – insgesamt und getrennt für große und kleine Speditionen

Erklärende Variable	Gesamt		Große Speditionen		Kleine Speditionen	
	Parameter-schätzwert	z-Statistik	Parameter-schätzwert	z-Statistik	Parameter-schätzwert	z-Statistik
Konstante	-2,401	-3,43***	1,070	0,79	-2,922	-3,28***
OST	-0,092	-0,20	--	--	--	--
MITARB	$2{,}98 \cdot 10^{-5}$	0,27	$9{,}54 \cdot 10^{-5}$	0,35	$-1{,}16 \cdot 10^{-4}$	-0,25
ANT_KFM_MITARB	0,509	1,45	-1,773	-1,78*	0,719	1,67*
KM_LKW_GES	0,003	4,06***	0,009	2,75***	0,004	3,26***
TRAILER	-1,412	-5,69***	-2,282	-3,01***	-1,569	-4,13***
TR_AUFKOMMEN	0,049	3,41***	-0,006	-0,22	0,054	2,35**
GEFAHRGUT	-0,133	-0,40	-0,509	-0,76	-0,425	-0,84
VERDERBLICHES_GUT	-0,091	-0,22	-3,016	-2,75***	-0,142	-0,29
ZERBRECHLICHES_GUT	-0,380	-1,53	0,352	0,77	-0,566	-1,56
LAG_LOG_VEREINB	0,371	1,48	-0,381	-0,78	0,527	1,48
TRA_TRA_VEREINB	-0,831	-3,08***	-2,819	-3,65***	-0,821	-2,43**
HAFTUNG	-0,193	-0,76	-0,322	-0,50	0,006	-0,02
VEREINB_PREIS_MENGE	0,400	1,14	-0,767	-0,90	0,444	1,11
PAARIGKEIT	-0,240	-0,98	-2,306	-2,75***	0,009	0,03
PARTNER_EMPF	0,046	0,19	-1,105	-1,59	0,357	1,10
TR_ANZ_AUF_RELATION	0,001	1,10	0,004	2,45**	0,002	1,28
BESTELL_SPEDITEUR	0,005	2,54**	0,001	0,16	0,005	2,00**
JUST_IN_TIME	0,002	0,01	-0,406	-0,97	0,291	0,88
TAKTUNG	0,083	5,38***	0,172	3,74***	0,080	4,87***
DIREKTVERKEHR	0,675	2,25**	0,210	0,29	0,683	1,65*
DAUER_KV	-0,021	-2,93***	-0,121	-2,95***	-0,018	-2,37**
DAUER_LKW	-0,027	-1,51	-0,074	-1,50	-0,041	-1,47
KOSTEN_KV_PRO_KM	-2,081	-5,13***	-3,188	-3,82***	-2,10	-4,93***
KOSTEN_LKW_PRO_KM	1,473	4,60***	3,329	3,94***	1,278	4,01***
VERSPAET_KV	0,009	1,24	0,022	1,47	0,003	0,29
VERSPAET_LKW	-0,038	-3,77***	-0,084	-3,59***	-0,036	-2,57**
Pseudo R^2	0,6221		0,7726		0,6496	
Beobachtungsumfang N	498		150		348	

Anmerkungen: Basisalternative ist der Lkw
*** Der Parameter ist auf einem 1 %-Signifikanzniveau von null verschieden.
** Der Parameter ist auf einem 5 %-Signifikanzniveau von null verschieden.
* Der Parameter ist auf einem 10 %-Signifikanzniveau von null verschieden.

Tabelle 6.6 stellt die Schätzergebnisse des Verkehrsmittelwahlverhaltens der großen und der kleinen Speditionen den Ergebnissen des gesamten Beobachtungsumfangs in der ersten Modellspezifikation gegenüber. Da im Datensatz aller nutzbaren realisierten Interviews zu wenige ostdeutsche Großspeditionen enthalten sind, wird die Dummy-Variable OST aus der Schätzgleichung genommen.[442]

---

442 Die Berücksichtigung des Dummys OST führt zu Problemen bei der Parameterschätzung bei großen Speditionen. Das Modell hat Schwierigkeiten bei der Maximierung der Likelihood-Funktion. Die z-Werte der Schätzparameter sind instabil gegenüber einer Veränderung der bisherigen betrachteten Variablen in der Modellspezifikation.

Ein zentrales Ergebnis der Gegenüberstellung des Wahlverhaltens kleiner und großer Speditionen ist, dass die Verkehrsmittelwahl bei beiden Unternehmenskategorien von den gleichen Qualitätsmerkmalen abhängt. In beiden Fällen ist das Wahlverhalten von der Taktung des KV im Hauptlauf, von der Transportdauer des KV, den Transportkosten beider Alternativen und von der Verspätungswahrscheinlichkeit des Lkw abhängig.[443]

Bei den Qualitätsmerkmalen ist der einzige Unterschied zwischen kleinen und großen Speditionen im Direktverkehr zu finden. Während bei kleinen Speditionen die Variable DIREKTVERKEHR einen schwachen, aber signifikanten Einfluss auf die KV-Wahlwahrscheinlichkeit hat, ist dies bei großen Speditionen nicht der Fall. Ein Grund für diesen Unterschied könnte sein, dass ein KV-Transport für kleine Speditionen so einfach wie möglich konzipiert sein sollte, während große Speditionen sich nicht scheuen, auch kompliziertere KV-Verbindungen mit mehreren Umschlagvorgängen zu wählen.[444] Aufgrund der häufigeren KV-Nutzung haben große Speditionen üblicherweise die nötige Erfahrung in der Zusammenstellung mehrgliedriger Transportketten im KV-Hauptlauf.

Für große Speditionen ist die Anzahl der Transporte auf der Strecke zwischen dem Verlader- und dem Empfängerstandort von Bedeutung. Es kann auf einem 5%-Signifikanzniveau gezeigt werden, dass sich der Parameter von null unterscheidet und dass er ein positives Vorzeichen hat. Bei kleinen Speditionen ist hingegen der Einfluss dieser Variablen nicht signifikant. Dies unterstreicht die These in der Einleitung dieses Abschnitts, die den Unterschied darin begründet, dass große Unternehmen – sofern sie auf der angegebenen Transportrelation regelmäßig verkehren – eine feste Anzahl an Stellplätzen auf den Verkehrsmitteln des Hauptlaufs buchen. Hierfür ist wiederum eine große Anzahl an vereinbarten Transporten zwischen dem Verlader und Empfänger vorteilhaft.

Aufgrund der fest gebuchten Stellplätze im KV-Hauptlauf könnte bei großen Unternehmen auch die verfügbare Dispositionszeitspanne BESTELL_SPEDITEUR insignifikant sein. Die Spediteure können den KV im Zweifelsfall auch sehr kurzfristig organisieren und benötigen deshalb keine längeren Vorlaufzeiten zur Buchung des Stellplatzes auf dem Verkehrsmittel des Hauptlaufs. Das Vorzeichen des geschätzten Parameters der verfügbaren Dispositionszeitspanne ist bei kleinen Speditionen hingegen erwartungsgemäß positiv, der Parameter auf einem 5%-Signifikanzniveau von null verschieden.

Die fest gebuchte Anzahl an Stellplätzen auf den Verkehrsmitteln des KV-Hauptlaufs dürfte bei großen Speditionen auch der Grund für den insignifikanten Parameterschätzwert der Variablen TR_AUFKOMMEN sein. Da die Stellplätze sowieso gebucht sind, werden – sofern noch Stellplätze verfügbar sind – auch

---

443 Auch bei der getrennten Schätzung für kleine und große Speditionen überlagert der Effekt der Variablen ZEITFENSTER_TR den der Variablen Verspätungswahrscheinlichkeit.

444 Von den 56 Transportfällen von kleinen Speditionen, die als KV betrieben wurden, sind 91,1% im Direktverkehr erfolgt. Bei den großen Speditionen sind es hingegen nur 72,0%.

kleinere Transportmengen im KV befördert. Bei kleinen Speditionen hat das Transportaufkommen hingegen einen signifikant positiven Einfluss auf die KV-Wahlwahrscheinlichkeit. Große Transportaufkommen führen demnach zur erwarteten höheren Wahlwahrscheinlichkeit von KV-Transporten. Das Signifikanzniveau bei kleinen Speditionen liegt bei 5%.

Dass sich die KV-Wahlwahrscheinlichkeit zwischen großen und kleinen Speditionen dahingehend unterscheidet, ob das zu transportierende Gut verderblich ist, dürfte ein rein zufälliger Effekt sein. Die Insignifikanz des Einflusses dieser Variablen bei kleinen Unternehmen lässt sich auf den gleich großen KV-Anteil bei den Transporten von verderblichen wie auch von nicht verderblichen Gütern zurückführen. Die KV-Transporte von verderblichen Gütern erfolgen dabei ausnahmslos begleitet, so dass die Defizite des Verkehrsmittels im Hauptlauf durch die Vorzüge des Lkw im Vor- und Nachlauf kompensiert werden.[445] Die Signifikanz der Variablen bei großen Speditionen zeigt hingegen das theoretisch zu erwartende Ergebnis, dass verderbliche Waren Lkw-affin sind.[446]

Auch bei der Variable PAARIGKEIT gibt es Unterschiede zwischen kleinen und großen Speditionen. Während der geschätzte Parameter der PAARIGKEIT bei großen Speditionen auf einem 1%-Signifikanzniveau von null verschieden ist und ein negatives Vorzeichen besitzt, ist der Parameter bei kleinen Speditionen insignifikant. Speditionen versuchen die Transportkosten zu vermeiden, denen kein Ertrag gegenübersteht. Dies ist insbesondere bei Leerfahrten des Lkw im Selbsteintritt relevant.[447] Da etwa zwei Drittel der paarigen Verkehre großer Speditionen im Selbsteintritt erfolgten, hat die Variable PAARIGKEIT einen positiven Einfluss auf die Lkw-Wahlwahrscheinlichkeit und somit einen negativen Einfluss auf die KV-Wahlwahrscheinlichkeit.

Wie bei den Transporten von verderblichen Gütern liegt die Insignifikanz des Einflusses der Variable PAARIGKEIT bei kleinen Speditionen am gleich großen KV-Anteil in der Kategorie der paarigen und der nicht paarigen Verkehre. Und auch hier ist der hohe Anteil der paarigen KV-Transporte auf den begleiteten KV zurückzuführen. Dieser wird nur eingesetzt, um geographische Hindernisse oder strenge verkehrspolitische Regulierungen zu umgehen.[448] Ansonsten ist er aber dem unimodalen Lkw-Verkehr ähnlich.

Der Anteil der kfm. Mitarbeiter hat im Vergleich zum Basismodell einen signifikanten Einfluss auf die KV-Wahlwahrscheinlichkeit bei beiden Unternehmens-

---

445 Lkw-Kühltransporter sind schneller und preiswerter verfügbar als Kühlcontainer für den unbegleiteten KV. Im begleiteten KV wird somit der Vorteil der Verfügbarkeit des Lkw genutzt. Darüber hinaus wird der Vorteil der Bahn oder des Schiffs im Hauptlauf des begleiteten KV genutzt, indem der Lkw-Fahrer seine erforderliche Ruhezeit während der Durchführung des Hauptlaufs antreten kann.

446 Vgl. Voigt, F. (1973), S. 118ff.

447 Vgl. Helmke, B. (2003), S. 3.

448 Ein Beispiel für ein geographisches Hindernis ist die Ostsee. Beispiele für strenge Regulierungen sind die mittlerweile abgeschaffte Öko-Punkt-Regelung am Brenner und das früher existierende Fahrverbot für 40t-Lkw in der Schweiz.

kategorien. Der Einfluss bei kleinen Speditionen ist auf einem 10%-Signifikanzniveau positiv, bei großen Speditionen negativ. Bei kleinen Speditionen dürfte der positive Zusammenhang wohl daran liegen, dass KV-Transporte vorzugsweise dann betrieben werden, wenn die Spedition einen geringen Anteil an firmeneigenen Lkw-Fahrern und somit die Disposition von Transporten als Tätigkeitsschwerpunkt hat.

Das negative Vorzeichen der Variablen ANT_KFM_MITARB bei großen Speditionen lässt sich hingegen durch den großen Wettbewerbsdruck erklären, dem insbesondere große, international ausgerichtete Speditionen unterliegen. Um Effizienzgewinne erwirtschaften zu können, müssen Dispositionstätigkeiten und somit auch Transportabläufe standardisiert werden. Dies ist vor allem bei regelmäßig und häufig wiederkehrenden Transporten möglich.[449] Ein großer Anteil an standardisierten Transporten führt jedoch zu einem geringen Bedarf an kfm. Angestellten und hat einen hohen Anteil an KV-Transporten zur Folge.

6.4.2 Schätzergebnisse der Verkehrsmittelwahl zwischen dem unbegleiteten KV und dem Lkw-Transport mit Frachtführern

Die Analyse der Wahl zwischen dem unbegleiteten KV und dem Lkw-Transport mit Frachtführer ist für die Verkehrspolitik besonders relevant. Wie bereits in Abschnitt 3.1 beschrieben, sind beide Alternativen der Kategorie der idealtypischen Transportaufträge zuzuordnen. Wenn schon die Transportdurchführung vom Spediteur ausgelagert wird, stellt sich die Frage, wie eine Verlagerung von der Straße auf andere Verkehrsträger erreicht werden kann. Es ist jedoch nicht im Interesse der verkehrspolitischen Entscheidungsträger, Lkw-Verkehre auf den begleiteten KV zu verlagern, da auch hier ein erheblicher Anteil der Transportstrecke auf der Straße zurückgelegt wird. Die Verlagerung eines idealtypischen Lkw-Transports sollte demnach auf den unbegleiteten KV erfolgen, die Analyse der Verkehrsmittelwahl sich somit auf diese Alternativen beziehen.

In den Schätzfunktionen zur Analyse der Verkehrsmittelwahl werden neben den bisher aufgeführten Variablen zwei weitere Variablen berücksichtigt. Da der Hauptlauf im unbegleiteten KV üblicherweise als Nachtsprung[450] durchgeführt wird, ist die Hypothese zu überprüfen, ob der Zeitpunkt, zu dem die Ware beim Verlader abgeholt und beim Empfänger angeliefert werden muss, für die Wahlwahrscheinlichkeit des KV von Bedeutung ist. Auch bei der Analyse des Wahlverhaltens in diesem Abschnitt wird die Transportentfernung KM_LKW_GES

---

449 Wie in diesem Abschnitt bereits dargestellt, führt eine große Transportanzahl auf der zu untersuchenden Transportrelation zu einer Erhöhung der Wahlwahrscheinlichkeit des KV.

450 Der Nachtsprung ist eine Variante der Transportdurchführung, bei dem der Hauptlauf des Transports am frühen Abend im Verladeterminal startet und am darauf folgenden Morgen beim Terminal des Empfängers endet. Vgl. Backhaus, K. et al. (1992), S. 88.

einmal durch die Dummy-Variable ENTF_Ü500 und das andere Mal durch die Variable LIEFERUNG_24H ersetzt.

Tabelle 6.7: Schätzergebnisse der Wahlentscheidung zwischen dem unbegleiteten KV und dem ausgelagerten Lkw-Transport

Erklärende Variable	Vergleich der Aggregate KV und Lkw		Vergleich unbegleiteter KV und Lkw mit Frachtführer					
	Parameter-schätzwert	z-Statistik	Parameter-schätzwert	z-Statistik	Parameter-schätzwert	z-Statistik	Parameter-schätzwert	z-Statistik
Konstante	-2,405	-3,15***	-0,629	-0,42	0,130	0,09	1,970	1,48
OST	-0,011	-0,02	-0,747	-1,03	-0,715	-1,18	-0,549	-0,89
MITARB	4,48*10^{-5}	0,44	-3,2*10^{-4}	-1,08	-6,27*10^{-4}	-1,54	-5,9*10^{-4}	-1,32
ANT_KFM_MITARB	0,553	1,65*	-1,905	-2,97***	-2,02	-3,08***	-2,316	-3,09***
KM_LKW_GES	0,003	3,96***	0,005	2,48**	--	--	--	--
ENTF_Ü500	--	--	--	--	1,089	1,96**	--	--
TRAILER	-1,408	-5,70***	-3,617	-5,18***	-3,201	-5,36***	-3,425	-4,89***
TR_AUFKOMMEN	0,049	3,33***	0,061	2,66***	0,069	2,73***	0,065	2,79***
GEFAHRGUT	-0,147	-0,44	-1,530	-1,97**	-1,461	-2,21**	-1,652	-2,12**
VERDERBLICHES_GUT	-0,081	-0,19	-1,823	-2,44**	-1,746	-2,72***	-2,028	-2,84***
ZERBRECHLICHES_GUT	-0,353	-1,39	-0,536	-1,11	-0,376	-0,74	-0,391	-0,78
LAG_LOG_VEREINB	0,358	1,46	1,423	2,75***	1,202	2,48**	1,078	2,18**
TRA_TRA_VEREINB	-0,855	-3,14***	-1,207	-1,93*	-0,923	-1,60	-0,997	-1,64
HAFTUNG	-0,229	-0,91	-0,665	-1,54	-0,918	-1,66*	-0,971	-1,91*
VEREINB_PREIS_MENGE	0,431	1,20	0,835	1,36	0,632	1,17	0,695	1,39
PAARIGKEIT	-0,213	-0,87	0,191	0,35	0,265	0,50	0,263	0,48
PARTNER_EMPF	0,041	0,17	-0,303	-0,68	-0,202	-0,46	-0,486	-1,05
TR_ANZ_AUF_RELATION	0,001	1,19	0,007	3,34***	0,006	3,43***	0,006	3,31***
BESTELL_SPEDITEUR	0,005	2,42**	0,003	0,50	0,004	0,66	0,002	0,33
ABHOLUNG	-0,010	-0,33	-0,223	-3,32***	-0,202	-2,95***	-0,277	-3,16***
ANLIEFERUNG	0,025	0,85	0,191	2,57***	0,184	2,50**	0,227	2,92***
LIEFERUNG_24H	--	--	--	--	--	--	-1,111	-1,81*
JUST_IN_TIME	-0,038	-0,17	-1,061	-2,58***	-0,920	-2,09**	-1,146	-2,41**
TAKTUNG	0,081	5,10***	0,153	3,62***	0,142	3,16***	0,157	3,48***
DIREKTVERKEHR	0,638	2,10**	1,254	2,13**	1,293	2,44**	1,682	2,64***
DAUER_KV	-0,021	-2,85***	-0,026	-2,71***	-0,018	-2,81***	-0,019	-2,56**
DAUER_LKW	-0,028	-1,54	-0,062	-1,58	0,048	3,63***	0,030	1,97**
KOSTEN_KV_PRO_KM	-2,092	-5,05***	-3,682	-3,90***	-3,900	-3,84***	-4,512	-3,74***
KOSTEN_LKW_PRO_KM	1,488	4,61***	2,93	3,87***	2,974	3,93***	3,392	3,76***
VERSPAET_KV	0,007	1,07	0,017	1,53	0,018	1,76*	0,023	1,85*
VERSPAET_LKW	-0,038	-3,63***	-0,059	-2,77***	-0,053	-3,57***	-0,043	-2,71***
Pseudo R^2	0,6239		0,7223		0,7001		0,7038	
Beobachtungsumfang N	498		176		176		176	

Anmerkungen: Basisalternative ist der Lkw
*** Der Parameter ist auf einem 1 %-Signifikanzniveau von null verschieden
** Der Parameter ist auf einem 5 %-Signifikanzniveau von null verschieden
* Der Parameter ist auf einem 10 %-Signifikanzniveau von null verschieden

Tabelle 6.7 stellt die Schätzergebnisse zur Wahlwahrscheinlichkeit zwischen dem unbegleiteten KV und dem Lkw-Transport mit Frachtführern in der ersten Modellspezifikation dar.[451] Um dieses Wahlverhalten mit dem zwischen dem KV

451 Auf die Darstellung der Ergebnisse der anderen Modellansätze wird verzichtet, da auch bei diesen Schätzungen das jeweils korrigierte Pseudo R^2 kleiner als beim ersten Modellansatz ist.

und dem Lkw aus Abschnitt 6.4.1 vergleichen zu können, wurde die Schätzung aus dem vorherigen Abschnitt nochmals mit den beiden zusätzlichen Variablen auf Basis des ersten Modellansatzes durchgeführt.[452] Darüber hinaus sind die Schätzergebnisse mit den Variablen ENTF_Ü500 und LIEFERUNG_24H in der Tabelle aufgeführt.

Im Folgenden werden deshalb die Determinanten der Verkehrsmittelwahl zwischen dem unbegleiteten KV und dem Lkw-Transport mit einem Frachtführer analysiert. Wie im vorherigen Abschnitt beschrieben, wird die ökonometrische Schätzung für alle Unternehmen durchgeführt, die den Transport im unbegleiteten KV oder im Lkw-Transport mit einem Frachtführer durchgeführt haben. Der Beobachtungsumfang beträgt somit N = 176. Eine gesonderte Schätzung für kleine und große Unternehmen ist aufgrund der geringen Anzahl an Beobachtungen nicht durchführbar.

Ein zentrales Ergebnis beim Vergleich der Wahl zwischen dem unbegleiteten KV und dem Lkw-Transport mit Frachtführern einerseits und der Wahl zwischen KV und Lkw aus Abschnitt 6.4.1 andererseits ist, dass die gleichen Qualitätsmerkmale signifikant sind und dass sie die jeweils gleichen Vorzeichen haben. Somit ist auch bei der Analyse der Verkehrsmittelwahl zwischen dem unbegleiteten KV und dem Lkw-Transport mit Frachtführern der Effekt der Variablen VERSPAET_LKW durch die Variable ZEITFENSTER_TR überlagert.[453]

Bei den Schätzungen mit den Dummy-Variablen ENTF_Ü500 und LIEFERUNG_24H haben darüber hinaus auch noch die Variablen DAUER_LKW und VERSPAET_KV einen signifikanten Einfluss auf die KV-Wahlwahrscheinlichkeit. Dabei hat das Vorzeichen des geschätzten Parameters der Transportdauer das zu erwartende Vorzeichen. Die Verspätungswahrscheinlichkeit des KV ist – wie auch die des Lkw – durch die Variable Transportzeitfenster überlagert.

Auch das Transportaufkommen, die Kontrollvariable TRAILER und die Transportentfernung haben weiterhin in allen vier Modellspezifikationen einen signifikant von null verschieden Einfluss auf die Verkehrsmittelwahl. Die geschätzten Parameter haben jeweils das zu erwartende Vorzeichen. Dennoch unterscheiden sich die Schätzungen zum Verkehrsmittelwahlverhalten aus diesem und dem vorherigen Abschnitt in Bezug auf die Transportentfernung. Im vorherigen Abschnitt hatte eine Transportentfernung von mindestens 500 km keinen signifikant von null verschiedenen Einfluss auf die KV-Wahlwahrscheinlichkeit. Hingegen ist der Einfluss der Dummy-Variablen ENTF_Ü500 in diesem Abschnitt signifikant von null verschieden. Das Signifikanzniveau beträgt 5%. Die Hypothese zur Wirtschaftlichkeit von KV-Verbindungen mit einer Entfernung von über 500 km kann bei der Wahl zwischen dem unbegleiteten KV und dem Lkw-Transport mit Frachtführern somit verifiziert werden.

---

452 Die Berücksichtigung der beiden Variablen führt im Verkehrsmittelwahlmodell zwischen dem KV und dem Lkw aus Abschnitt 6.4.1 nicht zur Veränderung des Einflusses der jeweiligen Variablen. Lediglich die geschätzten Parameterwerte sind leicht verändert.

453 Vgl. hierzu die Ausführungen in Abschnitt 6.4.1.

Neben den Übereinstimmungen der Schätzergebnisse beider Wahlentscheidungen gibt es auch Unterschiede bei den Determinanten der Verkehrsmittelwahl. So hat beispielsweise die verfügbare Dispositionszeitspanne des Spediteurs ausschließlich im Modell zur Erklärung der Verkehrsmittelwahl zwischen dem KV und dem Lkw aus Abschnitt 6.4.1 einen signifikanten Einfluss. Andererseits ist eine Vielzahl von geschätzten Parametern nur bei der Verkehrsmittelwahl zwischen dem unbegleiteten KV und dem Lkw-Transport mit Frachtführern signifikant von null verschieden. Im Folgenden soll die Begründung für die unterschiedlichen Einflüsse gegeben werden.

Wie beim Vergleich der Determinanten der Verkehrsmittelwahl in großen und kleinen Speditionen ist auch bei der Analyse der Verkehrsmittelwahl zwischen dem unbegleiteten KV und dem Lkw-Transport mit Frachtführern der Zusammenhang zwischen der verfügbaren Dispositionszeitspanne und der Transportanzahl auf der angegebenen Relation erkennbar. Eine große Anzahl an Transporten auf der Transportrelation führt zur Buchung einer festen Anzahl an Stellplätzen pro Woche auf dem Verkehrsmittel des Hauptlaufs. Dadurch kann die erforderliche Dispositionszeitspanne eines KV-Transports verkürzt werden. Für die Verkehrsmittelwahl zwischen den beiden Alternativen bedeutet dies, dass die Transportanzahl auf der angegebenen Relation einen positiven Einfluss auf die Wahlwahrscheinlichkeit des unbegleiteten KV hat, die Dispositionszeitspanne hingegen insignifikant für die Wahlentscheidung ist.

Die zeitlichen Rahmenbedingungen ABHOLUNG, ANLIEFERUNG und die Zusatzvereinbarungen JUST_IN_TIME haben – anders als in der Analyse der Verkehrsmittelwahl zwischen dem KV und dem Lkw aus Abschnitt 6.4.1 – in dieser ökonometrischen Schätzung einen signifikant von null verschiedenen Einfluss auf die Wahlwahrscheinlichkeit des unbegleiteten KV. Das Signifikanzniveau des Einflusses beträgt 1% bzw. 5%. Die Vorzeichen der Parameter der Variablen JUST_IN_TIME und ABHOLUNG sind negativ, das der Variablen BEGINN_ANLIEGERUNG ist positiv. Die Vorzeichen entsprechen somit den aus der Theorie abgeleiteten Erwartungen.

Der Unterschied in den Schätzergebnissen zur Verkehrsmittelwahl zwischen dem KV und dem Lkw aus Abschnitt 6.4.1 sowie zwischen dem unbegleiteten KV und dem Lkw-Transport mit Frachtführern lässt sich bei den drei genannten Variablen auf den begleiteten KV zurückführen. Der insignifikante Einfluss der jeweiligen Variablen beim begleiteten KV überlagert den entsprechenden signifikanten Einfluss der Variablen, der beim unbegleiteten KV zu erkennen ist. So ist der geschätzte Parameter des Abholzeitpunkts beim Verlader und des Anlieferungszeitpunkts beim Empfänger aufgrund der ganztägigen Abfahrts- und Ankunftszeiten des Verkehrsmittels im begleiteten KV-Hauptlauf signifikant von null verschieden und hat somit keinen Einfluss für die Wahlwahrscheinlichkeit des begleiteten KV. Die hohe Taktung des Hauptlaufs im begleiteten KV ist darüber hinaus auch für die große Flexibilität des begleiteten KV verantwortlich, so dass die

JUST_IN_TIME-Bedingung keinen signifikant negativen Einfluss auf die KV-Wahlwahrscheinlichkeit hat.[454]

Die systembedingten Wartezeiten im unbegleiteten KV, die aus den Umschlagvorgängen der Ladeeinheiten in den Terminals resultieren, könnten die Ursache dafür sein, dass der geschätzte Parameter der Zusatzvereinbarung LAG_LOG_VEREINB ein positives Vorzeichen hat und auf einem 1%-Signifikanzniveau von null verschieden ist. Wenn der Spediteur im Auftrag des Verladers die Lagerhaltung übernehmen muss, so bietet es sich an, die Verkehrsmittelalternative zu wählen, bei der die Lagerhaltung als ein Teil der Transportkette integriert werden kann und somit keinen Zusatzaufwand für den Spediteur darstellt. Für die Wahlwahrscheinlichkeit des unbegleiteten KV hat die Lagerhaltung somit einen positiven Einfluss.[455]

Die Produkteigenschaften GEFAHRGUT und VERDERBLICHES_GUT haben einen signifikant negativen Einfluss auf die Verkehrsmittelwahl. Der geschätzte Parameter hat das aus der verkehrswirtschaftlichen Theorie zu erwartende Vorzeichen und ist auf einem 5%-Signifikanzniveau von null verschieden. Der unbegleitete KV dauert im Vergleich zum unimodalen Lkw-Transport üblicherweise länger, was bei verderblichen Gütern zu einer niedrigeren Einstufung der Verkehrswertigkeit des unbegleiteten KV führt und daher die Wahlwahrscheinlichkeit negativ beeinflusst. Da nicht in jedem Terminal des unbegleiteten KV Gefahrgüter umgeschlagen und gelagert werden dürfen, hat der Parameter dieser Produkteigenschaft ein negatives Vorzeichen. Beim begleiteten KV dürfen Gefahrguttransporte hingegen in allen Terminals umgeschlagen werden. Auch bei dieser Determinante der Verkehrsmittelwahl wird somit der signifikant negative Einfluss der Gefahrguteigenschaft beim unbegleiteten KV durch den insignifikanten Einfluss beim begleiteten KV überdeckt.

Auch der Anteil der kfm. Angestellten hat nur im Modell zur Erklärung der Verkehrsmittelwahl zwischen dem unbegleiteten KV und dem Lkw-Transport mit Frachtführern einen signifikanten Einfluss.[456] Das Vorzeichen des Parameters ist negativ, das Signifikanzniveau des Effektes beträgt 1%. Die Begründung dieses

---

454 Hat das Verkehrsmittel des Hauptlaufs bei der Ankunft im Empfängerterminal dennoch einmal Verspätung, kann dieser Zeitverlust durch den langen Lkw-Nachlauf kompensiert werden.

455 Bei der Verkehrsmittelwahl zwischen dem KV und Lkw aus Abschnitt 6.4.1 hat diese Zusatzvereinbarung keinen signifikanten Einfluss auf die Verkehrsmittelwahl zwischen dem Lkw und dem KV, da der Effekt beim unbegleiteten KV durch den beim begleiteten KV überdeckt wird.

456 Wie Tabelle 6.7 zeigt, ist in der ersten Modellspezifikation zwischen dem KV und dem Lkw der Parameter der kfm. Mitarbeiter auf einem 10%-Signifikanzniveau signifikant von null verschieden. In den übrigen Modellansätzen hingegen hat dieser Parameter keinen von null verschiedenen signifikanten Einfluss, so dass der geschätzte Parameter der kfm. Angestellten nicht robust gegenüber der Modellspezifikation ist. Er kann somit nicht als signifikant für die Verkehrsmittelwahl zwischen den zur Auswahl stehenden Alternativen angesehen werden.

Zusammenhangs entspricht der Argumentation in Abschnitt 6.4.1, dass Transporte üblicherweise im unbegleiteten KV disponiert werden, wenn sie regelmäßig und häufig erfolgen. Diese Transporte können mit Hilfe standardisierter Dispositionstätigkeiten erfolgen und erfordern somit keinen großen Anteil kfm. Angestellter.

6.4.3 Elastizitäten der Verkehrsmittelwahl im Güterverkehr

6.4.3.1 Herleitung aggregierter Elastizitäten im diskreten Entscheidungsmodell

Zur Berechnung der Elastizitäten der Verkehrsmittelwahl müssen die partiellen Ableitungen der Wahlwahrscheinlichkeiten nach den erklärenden Variablen ermittelt werden. Dies erfolgt auf Grundlage der ersten Modellspezifikation. Für jede Spedition muss errechnet werden, wie sich die Wahlwahrscheinlichkeit $P_n(i)$ bei einer Veränderung von einer der erklärenden Variablen z_{nk}, z^*_{nq}, x_{inl} und x^*_{inm} aus den jeweiligen Vektoren $z'_n = (z_{n1},\dots,z_{nK})$, $z'^*_n = (z^*_{n1},\dots,z^*_{nQ})$, $x_{in} = (x_{in1},\dots,x_{inL})$, und $x'^*_{in} = (x^*_{in1},\dots,x^*_{inM})$ verändert. Gleichung (6.2) stellt die funktionale Form der partiellen Ableitungen von Spediteur n nach $z^*_{nq} \in z^*_n$ im binären Fall dar.

$$\frac{\partial P_n(i)}{\partial z^*_{nq}} = \frac{\partial \displaystyle\int_{-\infty}^{V_i - V_j} \frac{1}{\sqrt{2\pi \cdot \det|\Omega_i|}} e^{-\frac{1}{2\sigma_{ij}^2}\cdot(\varepsilon'_{ijn}|\Omega_i|\varepsilon_{ijn})} d\varepsilon_{ijn}}{\partial z^*_{nq}} \tag{6.2}$$

mit: $V_i - V_j = (\alpha'_i - \alpha'_j)\cdot z_n + (\gamma'_i - \gamma'_j)\cdot z^*_n + \beta\cdot(x_{in} - x_{jn})$ und $\varepsilon_{ijn} = \varepsilon_{jn} - \varepsilon_{in}$.

Ω_i ist die Varianz-Kovarianz-Matrix des Zufallsvektors ε_{ijn}. Formt man Gleichung (6.2) um und berücksichtigt den linearen Zusammenhang der Nutzenfunktion in der ersten Modellspezifikation, so kann die partielle Ableitung von $P_n(i)$ nach z^*_{nq} entsprechend Gleichung (6.3) geschrieben werden.[457]

$$\frac{\partial P_n(i)}{\partial z^*_{nq}} = \alpha_i \cdot P_n(i)\cdot(1 - P_n(i)) \tag{6.3}$$

Die Elastizität $E_{P_n(i),z^*_{nq}}$ der Wahlwahrscheinlichkeit in Abhängigkeit von der erklärenden Variablen z^*_{nq} ergibt sich für Spediteur n aus der Multiplikation von Gleichung (6.3) mit dem Quotienten aus z^*_{nq} und der Wahlwahrscheinlichkeit

[457] Zur Umformung von Gleichung (6.2) im MNL vgl. Train, K. (2003), S. 62.

$P_n(i)$. Die Elastizität lässt sich im Fall der linearen Nutzenfunktion des Basismodells mit Gleichung (6.4) darstellen.

$$E_{P_n(i),z_{nq}^*} = \alpha_i \cdot z_{nq}^* \cdot \left(1 - z_{nq}^*\right) \tag{6.4}$$

Um Aussagen über die Wirkung von verkehrspolitischen Maßnahmen auf den Modal Split treffen zu können, interessiert die Elastizität der Verkehrsmittelwahl aller Speditionen. Um diese ermitteln zu können, müssen die individuellen Elastizitäten aller Spediteure aus der Stichprobe aggregiert werden.[458] Gleichung (6.5) stellt die Elastizität der KV-Wahlwahrscheinlichkeit aller Spediteure funktional dar.

$$E_{P_n(i),z_q^*} = \sum_n \omega_n \cdot E^n_{P_n(i),z_{nq}^*} \tag{6.5}$$

Faktor ω_n ist ein Gewichtungsfaktor, der je nach Ziehungsmethode der Stichprobe für die verschiedenen Beobachtungseinheiten unterschiedliche Werte annehmen kann. Wird, wie in der Befragung zu dieser Arbeit geschichtet gezogen, so nimmt ω_n für alle Speditionen einer Unternehmenskategorie den gleichen, für Speditionen aus unterschiedlichen Kategorien einen verschiedenen Wert an. Die Ausprägung von ω_n stellt dabei den Quotienten aus der Anzahl an Speditionen in der entsprechenden Schichtungskategorie und der Grundgesamtheit dar.

6.4.3.2 Elastizitäten der Verkehrsmittelwahl des kombinierten Verkehrs in Abhängigkeit von der jeweiligen signifikanten erklärenden Variablen

Tabelle 6.8 stellt die Elastizitäten der Verkehrsmittelwahl zwischen dem KV und dem Lkw aus Abschnitt 6.4.1 sowie zwischen dem unbegleiteten KV und dem Lkw-Transport mit Frachtführern dar. Ferner werden die Elastizitäten für kleine und große Speditionen bei der Verkehrsmittelwahl zwischen dem KV und dem Lkw gesondert ausgewiesen. Die Darstellung der Elastizitäten konzentriert sich dabei auf diejenigen Variablen, deren Parameter in den Schätzungen aus Abschnitt 6.4.1 und 6.4.2 einen signifikant von null verschiedenen Einfluss auf die Wahlentscheidung haben.[459]

Betrachtet man die Elastizitäten in der Tabelle, so lässt sich das Fazit ziehen, dass die KV-Wahlwahrscheinlichkeit – bis auf wenige Ausnahmen – unelastisch auf Veränderungen der Determinanten der Verkehrsmittelwahl reagiert. Ein weiteres, zentrales Ergebnis der Untersuchung zur Verkehrsmittelwahl des KV ist, dass die verschiedenen Elastizitäten bei der Wahl zwischen dem unbegleiteten KV und dem Lkw-Transport mit Frachtführern betragsmäßig größer sind als die entsprechenden Elastizitäten bei der Verkehrsmittelwahl zwischen allen KV- und Lkw-Alternativen, jeweils zusammengefasst in eine Kategorie. Dies gilt insbesondere

---

458 Vgl. hierzu die Ausführungen von Train, K. (2003), S. 33ff.

459 Das Signifikanzniveau sollte dabei mindestens 10% betragen.

auch für die Elastizitäten des Qualitätsprofils[460], was auf eine engere substitutive Beziehung zwischen dem unbegleiteten KV und dem Lkw-Transport mit Frachtführern schließen lässt.[461]

Tabelle 6.8: Elastizitäten der Verkehrsmittelwahl

Erklärende Variable	zwischen dem KV und dem Lkw			zwischen dem unbegleiteten KV und dem Lkw-Transport mit Frachtführer
	alle Beobachtungen	große Speditionen	kleine Speditionen	alle Beobachtungen
ANT_KFM_MITARB	--	-0,1218	0,1405	-0,4568
KM_LKW_GES	0,8396	1,0613	1,2301	1,5733
TRAILER	-0,3765	-0,2873	-0,5145	-0,9163
TR_AUFKOMMEN	0,3263	--	0,4373	0,3551
GEFAHRGUT	--	--	--	-0,0557
VERDERBLICHES_GUT	--	-0,0477	--	-0,0413
LAG_LOG_VEREINB	--	--	--	0,3570
TRA_TRA_VEREINB	-0,2431	-0,3467	-0,3009	-0,2568
TR_ANZ_AUF_RELATION	--	0,0304	--	0,0902
PAARIGKEIT	--	-0,2613	--	--
BESTELL_SPEDITEUR	0,0867	--	0,1005	0,0495
ABHOLUNG	--	--	--	-0,6653
ANLIEFERUNG	--	--	--	0,4437
JUST_IN_TIME	--	--	--	-0,1815
TAKTUNG	0,2322	0,2450	0,2757	0,3260
DIREKTVERKEHR	0,0878	--	0,1060	0,1603
DAUER_KV	-0,4615	-1,0610	-0,4841	-0,5251
KOSTEN_KV_PRO_KM	-1,2011	-0,8871	-1,4884	-1,6319
KOSTEN_LKW_PRO_KM	0,7425	0,7804	0,7977	1,2546
VERSPAET_LKW	-0,5327	-0,5905	-0,6065	-0,8414

Vergleicht man die Elastizitäten großer und kleiner Speditionen, so zeigt sich, dass das Wahlverhalten zugunsten des KV bei großen Speditionen jeweils weniger sensitiv auf Änderungen der Determinanten der Verkehrsmittelwahl reagiert, als dies bei kleinen Speditionen der Fall ist. Die Elastizitäten der vergleichbaren Variablen sind bis auf zwei Ausnahmen bei kleinen Speditionen betragsmäßig größer als bei großen Speditionen. Dies dürfte sich auf die stärkere Verhandlungsposition großer Speditionen zurückführen lassen, die für ihr Unternehmen bei der Transportplanung bessere Produktionsbedingungen zur Durchführung der Transporte durchsetzen können. Deshalb verändert sich die KV-Wahlwahrscheinlichkeit weniger stark mit Veränderungen der Rahmenbedingungen des Transports oder des Qualitätsprofils der Verkehrsmittel.

---

460 Hierzu zählen die Variablen TAKTUNG, DIREKTVERKEHR, DAUER_KV, KOSTEN_KV_PRO_KM, KOSTEN_LKW_PRO_KM und VERSPAET_LKW.

461 Für eine Spedition hat die Entscheidung zur Auslagerung eines Lkw-Transports im Selbsteintritt einen grundlegenderen Charakter als die Entscheidung zwischen dem unbegleiteten KV und dem Lkw-Transport durch einen Frachtführer. Die erstgenannte Entscheidung beeinflusst die gesamte Unternehmensausrichtung der Spedition, während die zweitgenannte Entscheidung lediglich den Modal Split seines Unternehmens verändert.

Die genannten Ausnahmen sind die Sendungsverfolgung und -ortung sowie die Transportdauer. Die Verkehrsmittelwahlelastizität der Transportdauer großer Speditionen nimmt den Wert -1,06 an und ist somit betragsmäßig größer als die Verkehrsmittelwahlelastizität der Transportkosten beider Alternativen. Die Verkehrsmittelwahlelastizität der Transportdauer in den anderen Schätzungen ist hingegen gering. Sie liegen zwischen -0,53 und -0,46.

Im Gegensatz zu den großen Speditionen ist die Verkehrsmittelwahlelastizität der Transportdauer kleiner Speditionen darüber hinaus betragsmäßig kleiner als die entsprechenden Elastizitäten der Transportkosten. Während die Transportkosten für kleine Speditionen somit den größten Einfluss aller Qualitätsmerkmale auf die KV-Wahlwahrscheinlichkeit haben, ist es bei großen Speditionen die Transportdauer.[462] Veränderungen der Transportkosten beeinflussen somit vorzugsweise das Verhalten der kleinen Speditionen, während eine Veränderung der Transportdauer insbesondere das Verkehrsmittelwahlverhalten großer Speditionen verändert.

Einheitlich für das Wahlverhalten zugunsten des KV gilt über alle Schätzungen hinweg, dass die Verkehrsmittelwahlelastizität der KV-Transportkosten betragsmäßig größer als die entsprechende Elastizität der Lkw-Transportkosten ist. Während dieser Zusammenhang bei kleinen Speditionen besonders stark ausgeprägt ist, ist er bei großen Speditionen nur schwach zu erkennen. Dies zeigt, dass der KV bei kleinen Speditionen nicht als ebenbürtige Alternative zum Lkw gesehen wird, während dies bei großen Speditionen der Fall ist. Große Speditionen unterscheiden bei der Anpassung ihres Wahlverhaltens an eine neue Kostensituation kaum zwischen einer Kostensteigerung des Lkw um 1% und einer Kostenreduzierung des KV um 1%. Kleine Speditionen differenzieren hingegen immer noch.

6.5 Bewertung ausgewählter Politikmaßnahmen

In diesem Abschnitt soll der Verlagerungseffekt ausgewählter Politikmaßnahmen analysiert werden. Dabei kann man zwischen Maßnahmen, die die Rahmenbedingungen des Güterverkehrsmarktes verändern, und Maßnahmen, die direkt an den Produktionsbedingungen der Güterverkehrswirtschaft ansetzen, unterscheiden. Die zur Auswahl stehenden Politikmaßnahmen können in infrastruktur-, preis- und ordnungspolitische Maßnahmen klassifiziert werden.

---

462 Dieser Zusammenhang dürfte wiederum an der stärkeren Verhandlungsposition der großen Speditionen gegenüber ihren Auftraggebern und den Transportoperateuren liegen. Höhere Kosten können von großen Speditionen einfacher auf Auftraggeber überwälzt werden und spielen für die Wahl des KV im Vergleich zur Transportdauer somit nur eine untergeordnete Rolle. Kleine Speditionen hingegen haben eine schwächere Verhandlungsposition und müssen bei gegebenem Transportpreis die eventuell auftretenden Mehrkosten beim KV selbst tragen. Die Verkehrsmittelwahl wird bei kleinen Speditionen folglich stark von den Transportkosten determiniert.

Die Analyse in dieser Arbeit konzentriert sich auf ausgewählte Maßnahmen der Preis- und Ordnungspolitik. Im Folgenden werden Maßnahmen untersucht, von denen sich sowohl die Europäische Kommission als auch die Bundesregierung versprechen, das gewünschte Ziel eines „ausgewogenen Verhältnisses der Verkehrsträger“ zu erreichen.[463] Als preispolitische Maßnahme wird die von der Bundesregierung Anfang 2005 eingeführte leistungsabhängige Schwerverkehrsabgabe (LSVA) untersucht. Als ordnungspolitische Maßnahme wird der Abbau von Hemmnissen im Schienengüterverkehr betrachtet, wodurch die Durchschnittsgeschwindigkeit des Schienengüterverkehrs erhöht werden soll.

6.5.1 Die leistungsabhängige Schwerverkehrsabgabe

Preispolitische Maßnahmen, die eines der zur Auswahl stehenden Verkehrsmittel verteuern und gleichzeitig die Transportkosten des anderen Verkehrsmittels konstant halten, sind der Kategorie der Verkehrsverlagerungsmaßnahmen zuzuordnen.[464] Zu diesen Maßnahmen gehört die LSVA, die zum ersten Januar 2005 eingeführt wurde.[465] Im Folgenden wird beschrieben, wie die Maßnahme wirkt, wie sie die Transportkosten verteuert, wie diese Kostensteigerung in der Berechnung des veränderten Verkehrsmittelwahlverhaltens berücksichtigt wird und welche Auswirkungen sie auf KV-Wahlwahrscheinlichkeit hat.

Die LSVA wird nur auf deutschen Autobahnen erhoben. Untergeordnete Straßen sind von der Mautpflicht ausgeschlossen, wenngleich derzeit über eine Ausweitung der LSVA auf Ausweichstrecken von Autobahnen diskutiert wird. Die LSVA wird auf Lkw mit einem zulässigen Gesamtgewicht ab zwölf Tonnen erhoben und ist abhängig von der Anzahl der Achsen sowie von der Schadstoffklasse des Lkw. Die Gebühren pro Kilometer liegen zwischen 0,09 EUR für einen Lkw der EEV Klasse mit maximal drei Achsen und 0,14 EUR für einen Lkw mit vier und mehr Achsen und der Schadstoffklasse S1 bis einschließlich S3.[466]

Die Kosten der LSVA sind der Kategorie der variablen Kosten zuzurechnen. Sie werden unter Berücksichtigung der eingesetzten Lkw und der zurückgelegten Strecke auf deutschen Autobahnen für jeden einzelnen Transportfall berechnet und zu den bisherigen variablen Kosten des Transportfalls hinzuaddiert. Somit steigen auch die Gesamtkosten des Transports. Diese Berechnung erfolgt für den

---

463 Vgl. Europäische Kommission (2001a), S. 25ff.

464 Vgl. hierzu die Ausführungen in Abschnitt 2.3.3.

465 Der Verlagerungseffekt der LSVA wurde insbesondere vor ihrer Einführung regelmäßig als Rechtfertigungsgrund für die Maßnahme genannt. Exemplarisch sei auf die Pressemitteilungen des BMVBW vom 31.5.2002 und 22.5.2003 verwiesen. Jedoch wird auch heute noch beiläufig auf den verlagernden Effekt der LSVA hingewiesen. Vgl. Pressemitteilung vom 28.4.2005.

466 Vgl. Verordnung zur Festlegung der Höhe der Autobahnmaut für schwere Nutzfahrzeuge vom 24.6.2003. Zur Klassifizierung der Schadstoffklassen vgl. BMF (2001).

unimodalen Lkw-Transport und für den Vor- und Nachlauf des KV, sofern dieser in Deutschland durchgeführt wurde.

Tabelle 6.9: Prozentuale Veränderung der Transportkosten mit und ohne LSVA

Transportkostensteigerung durch LSVA	Aggregat KV und Lkw (N=498)	Unbegleiteter KV und Lkw-Transport mit Frachtführer (N=176)
Unimodaler LKW-Transport	7,34 %	6,45 %
Vor und Nachlauf des KV	2,40 %	2,27 %
Gesamter KV-Transport	0,75 %	0,61 %

Tabelle 6.9 stellt die durch die Einführung der LSVA bedingte Transportkostensteigerung pro Kilometer des unimodalen Lkw-Verkehrs, des Vor- und Nachlaufs und des gesamten KV dar. Hierfür werden die mittleren Transportkosten pro Kilometer nach Einführung der LSVA ins Verhältnis zu den mittleren Transportkosten pro Kilometer vor Einführung der LSVA gesetzt.

Die Tabelle zeigt, dass die Transportkosten pro Kilometer steigen. Beim unimodalen Lkw-Transport liegen die Transportkosten mit der LSVA im Mittel um 7,34% über den ursprünglichen Kosten des Grundmodells. Erwartungsgemäß fällt die Kostensteigerung beim Vor- und Nachlauf im Mittel mit 2,40% bedeutend niedriger aus. Dies lässt sich durch den geringen Autobahnanteil im Vor- und Nachlauf des KV erklären. Die Gesamtkosten im KV steigen durch die LSVA im Mittel über alle Transporte lediglich um 0,75%. Auch im Modell zur Erklärung der Verkehrsmittelwahl zwischen dem unbegleiteten KV und dem Lkw-Transport mit Frachtführer steigen die KV-Transportkosten pro Kilometer um weniger als 1% und die des unimodalen Lkw um 6,45%.

Die Berechnung des Modal Split mit Hilfe der in Abschnitt 6.4.3.2 ausgewiesenen Elastizitäten würde aus zwei Gründen zu fehlerhaften Ergebnissen führen. Zum einen ist der Einfluss der LSVA bei jedem Transportfall verschieden, so dass sich auch die KV-Wahlwahrscheinlichkeit bei jeder Spedition unterschiedlich verändert. Eine aggregierte Betrachtung am Mittelwert über alle Beobachtungen könnte somit zu fehlerhaften Ergebnissen führen. Zum anderen ist die Veränderung der Transportkosten beim unimodalen Lkw-Transport durch die LSVA zu groß, um von einer infinitesimal kleinen Änderung sprechen zu können. Befindet sich die individuelle Wahlwahrscheinlichkeit einer Spedition in der Basisschätzung auf einem Abschnitt der normalverteilten Wahrscheinlichkeitsfunktion, bei dem sich durch die neue Kostensituation eine deutliche Veränderung des marginalen Effektes einstellt, so würde die Simulation der KV-Wahlwahrscheinlichkeit mit Hilfe der Elastizitäten aus Abschnitt 6.4.3.2 falsche Ergebnisse liefern.

Die Simulation der neuen durch die LSVA bedingten KV-Wahlwahrscheinlichkeit wird deshalb in einem dreistufigen Verfahren durchgeführt. In einem ersten Schritt werden die geschätzten Parameter aus Abschnitt 6.4 mit den entsprechenden Ausprägungen der Variablen für jede Spedition gesondert multipliziert. Bei den Variablen KOSTEN_LKW und KOSTEN_KV werden jedoch statt der ursprünglichen Kosten die neuen Transportkosten inklusive der LSVA mit den geschätzten Parametern multipliziert. Daraus errechnet sich der neue Nutzen, der sich für jede Spedition aus der veränderten Kostensituation ergibt. Im zweiten Schritt wird die neue individuelle KV-Wahlwahrscheinlichkeit mit LSVA über die Verteilungsfunktion des Nutzens ermittelt. Schlussendlich wird die mittlere Wahlwahrscheinlichkeit über alle Spediteure errechnet.

Die Ergebnisse dieses Vorgehens zeigen, dass sich im Mittel über alle Beobachtungen hinweg eine Erhöhung der KV-Wahlwahrscheinlichkeit um 2,1 Prozentpunkte im Fall der aggregierten Betrachtung aller KV- und Lkw-Alternativen ergibt. Bei der Verkehrsmittelwahl zwischen dem unbegleiteten KV und dem Lkw-Transport mit Frachtführern erhöht sich die KV-Wahlwahrscheinlichkeit sogar um 2,6 Prozentpunkte. Bei beiden Simulationen zeigt sich, dass sich die individuelle KV-Wahlwahrscheinlichkeit bei wenigen Speditionen zugunsten des Lkw verändert. Dabei erfolgt jedoch bei keiner der genannten Speditionen eine Änderung der Verkehrsmittelwahl vom KV zum Lkw. Die Reduzierung der KV-Wahlwahrscheinlichkeit lässt sich – in diesen Fällen – auf den großen Autobahnanteil im Vor- und Nachlauf des KV bei gleichzeitig kurzen Gesamttransportentfernungen zurückführen, so dass der KV verhältnismäßig hohe Transportkostensteigerungen im Vergleich zum Lkw hat.

6.5.2 Abbau von Hemmnissen im Schienengüterverkehr

Eine Stärkung der Wettbewerbsposition des KV kann auch durch ordnungspolitische Regulierungen im Verkehrsbereich erreicht werden. Dabei sollen die zu ergreifenden Maßnahmen die Rahmenbedingungen zur Erbringungen von KV-Transportdienstleistungen verändern und sich dadurch auf die Qualität der KV-Angebote auswirken. Zu dieser Art ordnungspolitischer Maßnahmen zählen die bereits vor der Befragung durchgesetzten Regulierungen wie Erhöhung des Gesamtgewichts auf 44t im Straßenvorlauf und -nachlauf des KV, die Aufhebung des Sonntagsfahrverbots für Lkw im Vor- und Nachlauf des KV oder die Anrechnung der vom Fahrer im begleiteten KV-Hauptlauf verbrachten Zeit auf die tägliche Ruhezeit.[467] Der Einfluss dieser Maßnahmen ist bereits in den erklärenden Variablen dieser Erhebung enthalten und soll in dieser Arbeit deshalb nicht mehr evaluiert werden.

Die EU spricht in ihrem Weißbuch zur „europäischen Verkehrspolitik bis 2010 – Weichenstellung für die Zukunft" über weitere Maßnahmen, die die Qualität der KV-Transportdienstleistung verbessern sollen. Das Augenmerk richtet sich

---

467 Vgl. BMVBW (2001), S. 29 und S. 52.

dabei insbesondere auf die Transportdauer im Schienengüterverkehr. Die geplanten Maßnahmen sind:[468]

- Der Ausbau des Schienennetzes, um Engpässe zu beseitigen.
- Die Ausweitung des Angebots von Shuttle- oder Direktzugsystemen.
- Die Abschaffung der Vorrangregelung des Personenverkehrs auf wichtigen Güterverkehrsachsen.
- Die Einführung eines internationalen Lokomotivführerscheins, um Wartezeiten an Grenzübergängen im KV-Hauptlauf zu vermeiden.
- Die Förderung von Investitionen beim Kauf von Lokomotiven, die bei den unterschiedlichen europäischen Stromsystemen durchgehend eingesetzt werden können.

Die EU schreibt im Weißbuch, dass es das Ziel dieser politischen Maßnahmen sein muss, den Schienenverkehr von einer derzeitigen Durchschnittsgeschwindigkeit von unter 20 km/h auf eine Durchschnittsgeschwindigkeit von 80 km/h anzuheben.[469]

Um den Einfluss dieser Geschwindigkeitserhöhung auf die KV-Wahlwahrscheinlichkeit zu ermitteln, sind mehrere Arbeitsschritte erforderlich. In einem ersten Schritt wird die aktuelle Durchschnittsgeschwindigkeit im KV-Hauptlauf auf den angegebenen Relationen in der Verkehrsmittelkombination Lkw-Bahn ermittelt. Hierzu wird die jeweilige Transportentfernung des Hauptlaufs durch die entsprechende Transportdauer dividiert. Sofern die daraus resultierende Geschwindigkeit kleiner als 80 km/h ist, wird dieser Wert in einem zweiten Schritt auf 80 km/h gesetzt. Anschließend wird die neue Transportdauer des KV-Hauptlaufs für jeden Transportfall errechnet.[470] Im dritten Schritt werden die neue Transportdauer des KV-Hauptlaufs, die Vor- und Nachlaufzeiten des Lkw und die Umschlag- und Wartezeiten im Terminal zur neuen Gesamttransportdauer des KV DAUER_KV summiert.

Tabelle 6.10 stellt das Verhältnis der neuen Transportdauer in Relation zur derzeitigen dar. Diese Veränderung wird sowohl für den KV-Hauptlauf zuzüglich der Umschlagdauer im Terminal als auch für den gesamten Transportvorgang ausgewiesen. Wie die Tabelle zeigt, hat sich die Transportdauer im KV-Hauptlauf durch die Erhöhung der Durchschnittsgeschwindigkeit auf 80 km/h im Mittel über alle Beobachtungen um 51,88% verringert. Berücksichtigt man den entsprechenden

---

468 Zum Ausbau des Schienennetzes vgl. BMVBW (2001), S. 39, zur Ausweitung des Shuttle- und Direktzugsystems durch Fördermaßnahmen beim Terminalbau vgl. BMVBW (2001), S. 48f. Zur Reduzierung der Wartezeiten vgl. EC (2001), S. 32ff und S. 59f.

469 Vgl. EC (2001), S. 40.

470 Aufgrund dieser Transportdauerreduzierung ist zu erwarten, dass sich die KV-Operateure diese Qualitätssteigerung durch höhere Preise entlohnen lassen. Im Rahmen dieser Analyse wird die Preisänderung jedoch nicht berücksichtigt, da einerseits ausschließlich der Effekt der Transportdauerreduzierung ermittelt werden soll und es andererseits keine präzisen Einschätzungen über die Höhe der Preissteigerungen gibt, die für die Berechnung angesetzt werden könnten.

Vor- und Nachlauf und die Wartezeiten im Terminal, so ist die KV-Transportdauer im Mittel aller Beobachtungen um 23,85% kürzer als zuvor. Die Veränderungen im unbegleiteten KV fallen für beide Werte geringer aus und liegen bei -44,42% und -15,50%.

Tabelle 6.10: Prozentuale Veränderung der Transportdauer durch die Implementierung der neuen Durchschnittsgeschwindigkeit bei der Bahn

Veränderung der KV-Transportdauer durch Erhöhung der Durchschnittsgeschwindigkeit auf 80 km/h	Aggregat KV und Lkw (N=498)	Unbegleiteter KV und Lkw-Transport mit Frachtführer (N=176)
Hauptlauf des KV	-51,88%	-44,42%
gesamter KV-Transport	-23,85%	-15,50%

Wie bei der Simulation der LSVA ist auch beim Abbau von Hemmnissen im Schienengüterverkehr die Veränderung der KV-Transportdauer zu groß, um die Veränderung der Wahlwahrscheinlichkeit anhand der Elastizitäten zu ermitteln. Deshalb wird auch bei dieser Simulation dasselbe Vorgehen wie bei der Einführung der LSVA gewählt.[471]

Im Modell aus Abschnitt 6.4.1 erhöht sich die KV-Wahlwahrscheinlichkeit zwischen dem KV und dem Lkw im Mittel – bedingt durch die Erhöhung der Durchschnittsgeschwindigkeit im KV-Hauptlauf mit der Bahn – deutlich. Die KV-Wahlwahrscheinlichkeit liegt nun bei 24,1% und somit um 7,7 Prozentpunkte über dem beobachteten KV-Anteil im Datensatz. Auch bei der Simulation der reduzierten Transportdauer zwischen dem unbegleiteten KV und dem Lkw-Transport mit Frachtführer ist eine Erhöhung der KV-Wahlwahrscheinlichkeit zu erkennen. Diese fällt mit 3,5 Prozentpunkten jedoch deutlich geringer aus. Aufgrund der engen substitutiven Beziehung zwischen dem unbegleiteten KV und dem Lkw-Transport mit Frachtführer ist eigentlich eine höhere Verlagerung zu erwarten. Da jedoch die Durchschnittsgeschwindigkeiten der Bahn im KV-Hauptlauf vor dem Abbau von Hemmnissen bereits deutlich über der Geschwindigkeit im Fall der Verkehrsmittelwahl zwischen dem KV und dem Lkw lag, ist der verlagernde Effekt durch die Erhöhung der Durchschnittsgeschwindigkeit geringer.

6.5.3 Fazit zur verlagernden Wirkung der genannten Politikmaßnahmen

Eine Beeinflussung der Verkehrsmittelwahl ist mit den beiden aufgeführten Politikmaßnahmen möglich. Dabei zeigt sich, dass die KV-Wahlwahrscheinlichkeit über preispolitische Maßnahmen stärker beeinflusst werden kann, als dies mit ordnungspolitischen Maßnahmen zur Erhöhung der Durchschnittsgeschwindigkeit

[471] Zur Darstellung der Arbeitsschritte vgl. Abschnitt 6.5.1.

möglich ist. Allerdings zeigt sich auch, dass es einer relativ großen Preisveränderung bedarf, um einen großen Anteil der bisher im Lkw-Verkehr betriebenen Transporte auf den KV verlagern zu können. Eine Erhöhung der Lkw-Transportkosten um etwa sieben Prozentpunkte bewirkt lediglich eine marginale Änderung des Modal Split. Die sehr ambitionierte Reduzierung der Transportdauer im KV-Hauptlauf mit der Bahn auf ein Viertel ihres derzeitigen Werts erhöht die KV-Wahlwahrscheinlichkeit zwar sehr deutlich, die Umsetzung und somit auch der Erfolg dieser politischen Maßnahmen bis 2010 sind jedoch fraglich.

Wie die Elastizitäten aus Abschnitt 6.4.3 zeigen, stehen der Politik neben den Maßnahmen, die die Transportkosten und die Transportdauer beeinflussen, weitere Möglichkeiten zur Veränderung des Modal Split zur Auswahl. Dies sind die Erhöhung der Taktung und die vermehrte Implementierung von Direktverkehren im KV-Hauptlauf sowie die Förderung von Informations- und Kommunikationstechnologien im KV. Allerdings ist aus den Elastizitäten der jeweiligen Determinanten auch ersichtlich, dass der Einfluss jeder einzelnen dieser Politikmaßnahmen nur sehr gering ist.

Durch die Einführung politisch umsetzbarer Maßnahmen in einer realistischen Größenordnung lässt sich die Verkehrsmittelwahl folglich kaum beeinflussen. Um einen signifikanten Effekt auf den Modal Split zu haben, müssen integrierte Politikmaßnahmen ergriffen werden, die jede einzelne Determinante der Verkehrsmittelwahl zwar nur in einem geringen Ausmaß verändern, im Zusammenspiel aller Einzeleffekte jedoch zu einer großen Veränderung der KV-Wahlwahrscheinlichkeit führen.

7 Schlussbemerkungen

Wie im zweiten Kapitel dieser Arbeit aufgezeigt wird, nimmt der Verkehrssektor für die wirtschaftliche Entwicklung eines Landes eine tragende Rolle ein, verursacht aber gleichzeitig erhebliche Umweltbelastungen. Deshalb wird sowohl von der Europäischen Kommission als auch von der Bundesregierung eine Verkehrspolitik betrieben, deren Ziel die Stärkung des Marktanteils umweltfreundlicher Verkehrsträger ist. Insbesondere im Güterverkehr soll eine Verkehrsverlagerung auf die Schiene und das Schiff erreicht werden. In den meisten Fällen stehen die Alternativen des unimodalen Bahn- und Schiffverkehrs aufgrund fehlender Infrastrukturanschlüsse in den Unternehmen nicht zur Verfügung. Eine Verlagerung in entsprechendem Maße kann somit nur durch den kombinierten Verkehr getragen werden, der für die beteiligten Akteure jedoch nur im Fernverkehr wirtschaftlich sinnvoll ist.

Die Arbeit weist darauf hin, dass die Verkehrsmittelwahl von unterschiedlichen Akteuren getroffen werden kann, der Fernverkehr jedoch ein vom gewerblichen Güterverkehr dominiertes Marktsegment ist. Spediteure als Spezialisten für die Organisation von Transportdienstleistungen treffen dabei die Entscheidung über die Verkehrsmittelnutzung. Diese wird nicht nur durch das Preis-Leistungs-Verhältnis der zur Auswahl stehenden Verkehrsmittel beeinflusst. Sie ist auch vom Unternehmensprofil der Spedition, den spezifischen Rahmenbedingungen des Transportfalls und von möglicherweise im Rahmenvertrag zu dem Transportfall vereinbarten Zusatzleistungen abhängig.

Im Rahmen dieser Arbeit wird bei der Verkehrsmittelwahl ökonomisch rationales Verhalten der Akteure des gewerblichen Güterverkehrs unterstellt, so dass zur Erklärung des Wahlverhaltens ein verhaltenstheoretischer Ansatz gewählt wird. Da der Verkehrsmittelwahl die Nutzenmaximierungstheorie zugrunde liegt, stützt sich die empirische Analyse des Wahlverhaltens in dieser Arbeit auf Individualdaten. Bei bisherigen Untersuchungen zur Verkehrsmittelwahl im Güterverkehr wurden Industrie- und Handelsunternehmen befragt. Da die Verkehrsmittelwahl jedoch von Spediteuren getroffen wird und für verladende Unternehmen den Charakter einer „Black Box“ hat, wurde im Rahmen dieser Arbeit eine Spediteursbefragung durchgeführt.

Die Befragung hatte das Ziel, ausgewählte Transportfälle möglichst detailliert zu beschreiben und mit Hilfe eines diskreten Entscheidungsmodells das Wahlverhalten abbilden zu können. Der Kreis der befragten Untenehmen ist aus dem Wirtschaftszweig „Spedition, sonstige Verkehrsvermittlung“ gezogen worden. Bundesweit sind diesem Wirtschaftszweig 8.551 Unternehmen zugeordnet, wobei der Großteil der Speditionen zur Kategorie der Kleinst- und Kleinunternehmen gehört.[472] Die Ziehung der 3.051 Unternehmen umfassenden Stichprobe erfolgte geschichtet. Die Schichtungsindikatoren waren die Anzahl der Beschäftigten und der Unternehmensstandort.

716 Interviews wurden realisiert. Dies entspricht einer Rücklaufquote von 23,9%. Die statistische Auswertung der Befragung im fünften Kapitel dieser Arbeit zeigt, dass der erhobene Datensatz den Sekundärstatistiken von Verbänden, vom statistischen Bundesamt und von anderen Untersuchungen in diesem Themengebiet entspricht. Für die im sechsten Kapitel dieser Arbeit beschriebenen ökonometrischen Schätzungen der Verkehrsmittelwahl konnten 498 Beobachtungen genutzt werden. Dies entspricht einem Anteil von 69,6% der realisierten Interviews.

Um die geeignete latente Nutzenfunktion zur Schätzung der Verkehrsmittelwahl von Spediteuren im Güterfernverkehr zu ermitteln, wurden verschiedene funktionale Formen geschätzt, die der bisherigen Literatur zur Güterverkehrsmittelwahl entnommen wurden. Dabei erwies sich ein funktionaler Zusammenhang als besonders geeignet, bei dem der Nutzen des kombinierten Verkehrs von den Qualitätsmerkmalen beider Verkehrsmittel linear abhängt.

Die Schätzung dieser Modellspezifikation wurde für die Verkehrsmittelwahl zwischen den Aggregaten des KV und des Lkw sowie zwischen dem unbegleiteten KV und dem Lkw-Transport mit Frachtführern durchgeführt. Darüber hinaus wurde die Verkehrsmittelwahl zwischen dem KV und dem Lkw für die Gruppe der großen und der kleinen Speditionen gesondert betrachtet, um mögliche Auswirkungen einer verkehrspolitischen Maßnahme auf die unterschiedlichen Unternehmenskategorien bestimmen zu können.

Wie die Schätzungen zur Verkehrsmittelwahl dieser Arbeit zeigen, haben die Qualitätsmerkmale Transportdauer des KV, Transportkosten des KV und des Lkw, die Verspätungswahrscheinlichkeit des Lkw und die Taktung des KV in allen vier Modellen einen von null verschiedenen signifikanten Einfluss auf die Wahlwahrscheinlichkeit des KV. Darüber hinaus hat die Fähigkeit zur Netzbildung des KV in Form der Variablen DIREKTVERKEHR in drei der vier Schätzungen einen Einfluss auf die Wahl des KV.

Die errechneten Elastizitäten der entsprechenden Qualitätsmerkmale zeigen, dass die Verkehrsmittelwahl im Allgemeinen relativ unelastisch auf eine Veränderung des Leistungsprofils der zur Auswahl stehenden Verkehrsmittel reagiert. Lediglich auf eine Veränderung der folgenden Variablen reagiert die Verkehrsmittelwahl elastisch:

- Transportkosten des KV – mit Ausnahme bei der Verkehrsmittelwahl großer Speditionen,
- Transportkosten des Lkw – bei der Wahl zwischen dem unbegleiteten KV und dem Lkw-Transport mit Frachtführern,
- Transportdauer des KV großer Unternehmen.

Die Schätzergebnisse dieser Arbeit weisen für die Verkehrsmittelwahlelastizität in Abhängigkeit der KV-Transportkosten betragsmäßig größere Werte als in Ab-

---

472 Vgl. EU 2003/361/EG.

hängigkeit der Lkw-Transportkosten aus. Die These, dass die KV-Wahlwahrscheinlichkeit stärker auf eine Preisveränderung im KV als beim Lkw reagiert, kann mit dieser Arbeit somit belegt werden.[473] Eine Verlagerung zum KV ist demnach nur langsam und mit ausreichend stark ausgeprägten Anreizmechanismen möglich, während eine Verlagerung zum Lkw relativ schnell erfolgt. Auch eine Verkürzung der Transportdauer hat im Vergleich zu einer Verringerung der Transportkosten des KV einen geringeren Einfluss auf die Verkehrsmittelwahl des KV. Eine Ausnahme stellt die Situation bei großen Unternehmen dar. Aus der Kategorie der Qualitätsmerkmale stellt die Transportdauer hierbei die wichtigste Determinante der Verkehrsmittelwahl dar.

In Anbetracht der berechneten Elastizitäten sind die im sechsten Kapitel analysierten preis- und ordnungspolitischen Maßnahmen nur bedingt geeignet, um das angestrebte ausgewogene Verhältnis der Verkehrsträger zu erreichen. Lediglich unter der relativ unrealistischen Annahme einer drastischen Erhöhung der Durchschnittsgeschwindigkeit um das Vierfache bis 2010 ergibt sich eine große Veränderung der Verkehrsmittelwahl zugunsten des KV. Die LSVA hat, wie von der Transportwirtschaft vorausgesagt, kaum einen Einfluss auf die Erhöhung der KV-Wahlwahrscheinlichkeit.[474]

Dennoch ist zu erwarten, dass der KV in den kommenden Jahren einen deutlich höheren Marktanteil haben wird. Dies wird jedoch nicht nur durch eine schienen- und schifffahrtsfreundlichere verkehrspolitische Rahmensetzung, sondern auch durch die zu erwartende Entwicklung in der produzierenden Wirtschaft und dem Güterverkehrsmarkt erfolgen. Aufgrund der Auslagerung von Produktionsstätten nach Osteuropa und den damit verbundenen längeren Transportentfernungen zwischen Produzenten und Konsumenten und aufgrund der infrastrukturellen Engpässe im Straßenverkehrssektor wird in Zukunft die KV-Wahlwahrscheinlichkeit steigen.[475] Das umwelt- und verkehrspolitisch erwünschte Ziel einer Verkehrsverlagerung wird zwar erreicht, bis jedoch das gewünschte ausgewogene Verhältnis zwischen den Verkehrsträgern realisiert ist, müssen sich die Determinanten der Verkehrsmittelwahl noch erheblich verändern.

---

473 Vgl. Dalkmann, H. (2000), S. 35.

474 Vgl. Lippold, M. (2001), S. 318.

475 Der Engpass auf der Straße führt bei den Spediteuren dazu, dass ein größerer Zeitpuffer für unvorhergesehene Verzögerungen eingeplant werden muss. Somit erhöht sich das Transportzeitfenster, obwohl die erforderliche Transportdauer nicht steigt. Dies wiederum führt zu einer Reduzierung der Variablen VERSPAET_LKW. Das Vorzeichen der entsprechenden Elastizität ist negativ, so dass die Reduzierung der Variablen VERSPAET_LKW zu einer Erhöhung der Wahlwahrscheinlichkeit führt. Die Elastizität der Transportentfernung ist positiv, so dass eine Ausweitung der Transportentfernung sich ebenso positiv auf die Wahlwahrscheinlichkeit des KV auswirkt.

Anhang

Vorlage für elektronische Fragebogenversion zur Verkehrsmittelwahl von Spediteuren

Feld-Nr.	Spezifikation der Transportstruktur
101	**Wie viele Transporte wurden in ihrem Unternehmen in den vergangenen fünf Arbeitstagen disponiert?** _______ Transporte □ keine Angabe *Anmerkung:* *Von einem Transport wird gesprochen, wenn ein Frachtpapier (CMR) zur Durchführung des Transportfalls ausgefüllt werden muss.*
102	**Wie viele davon waren Transporte zwischen Deutschland und dem europäischen Festland?** Transporte ________ Anzahl ________ Prozent von Feld 101 □ keine Angabe *Anmerkung:* *Entweder direkt die Transportanzahl angeben lassen, oder den Anteil an Transporten bezogen auf die in Feld 101 angegebene Transportanzahl.* *Hinweis:* *Falls der Befragte bei dieser Frage die Transportanzahl angibt, wird von der Software kontrolliert, ob die Angabe kleiner oder gleich groß ist wie der Wert aus Feld 101.*

Feld-Nr.	Spezifikation des ausgewählten Transportvorgangs
200	**Die Verkehrsmittelwahl soll exemplarisch anhand eines Transportfalles erfragt werden. Dieser Transport soll folgende Eigenschaften aufweisen:** ➢ **Der Transport muss in den vergangenen fünf Arbeitstagen disponiert worden sein.** ➢ **Er muss als kombinierter Verkehr oder als Lkw-Transport erfolgt sein.** ➢ **Er muss sowohl als KV als auch als unimodaler Lkw-Transport durchführbar sein.** ➢ **Der Transport muss im Fernverkehr erfolgt sein.** (mindestens 150km) ➢ **Der Transportfall sollte für ihr Unternehmen typisch sein.** *Wenn Angabe aus Frage 102 > 0, dann zusätzlich die folgende Bedingung einblenden* ➢ **Der Transport soll ein Import- oder Export sein, der auf dem europäischen Festland betrieben wurde.** *Anmerkung: Die Beantwortung der folgenden Fragen vereinfacht sich, wenn der Interviewte das entsprechende Frachtdokument des Transportfall zur Hand nimmt.* *Anmerkung: Ausgeschlossen sind Verkehre nach Groß Britannien!!! Überseetransporten sind nur vom Verlader bis zum Überseehafen oder vom Überseehafen bis zum Empfänger anzugeben.* *Anmerkung: Ein typischer Transportfall für die befragte Spedition kann sein:* *1) typisch im Sinne der Quelle-Ziel-Relation (z.B. Italienverkehr)* *2) typisch im Sinne der Häufigkeit der Transportdurchführung,* *3) typisch im Sinne der Dispositionstätigkeiten* *4) typisch im Sinne des beförderten Gutes* *5) ...*

<table>
<tr><th>Feld-Nr.</th><th>Spezifikation des ausgewählten Transportvorgangs</th></tr>
<tr><td>201</td><td>Ist der Verlader: Ein ...

<code>Industrieunternehmen</code> □
<code>Handelsunternehmen ..</code> □
<code>Lager Ihrer Spedition</code> □
<code>Sonst</code> □ <code>Art:</code> ____________</td></tr>
<tr><td>202</td><td>In welcher Stadt liegt der Verladerstandort?

<code>Stadtname:</code> ____________
<code>Postleitzahl:</code> ____________
<code>Land:</code> ____________

Anmerkung: Unbedingt erforderlich ist der Städtenamen und das Land. Nach Rechtschreibung fragen, sofern Stadtname unbekannt! Bei der Postleitzahl sollten mindestens die beiden ersten Ziffern angegeben werden

Hinweis: das Feld „Land“, ist ein Auswahlfeld, in dem die Länderkürzel aller europäischen Länder aufgelistet sind.</td></tr>
<tr><td>203</td><td>Ist der Empfänger: Ein ...

<code>Industrieunternehmen</code> □
<code>Handelsunternehmen ..</code> □
<code>Lager Ihrer Spedition</code> □
<code>Sonst</code> □ <code>Art:</code> ____________</td></tr>
<tr><td>204</td><td>In welcher Stadt liegt der Empfängerstandort?

<code>Stadtname:</code> ____________
<code>Postleitzahl:</code> ____________
<code>Land:</code> ____________

Anmerkung: Unbedingt erforderlich ist der Städtenamen und das Land. Nach Rechtschreibung fragen, sofern Stadtname unbekannt! Bei der Postleitzahl sollten mindestens die beiden ersten Ziffern angegeben werden

Hinweis: das Feld „Land“, ist ein Auswahlfeld, in dem die Länderkürzel aller europäischen Länder aufgelistet sind.</td></tr>
</table>

Feld-Nr.	Spezifikation des ausgewählten Transportvorgangs
205	**Haben Sie eine Niederlassung oder eine kooperierende Spedition in der Region des Empfängers?** Ja □ Nein □ keine Angabe □
206	**Ist dieser Transport Bestandteil eines paarigen Verkehrs zwischen der Verlader- und Empfängerregion?** Ja □ Nein □ keine Angabe □ *Anmerkung:* *Definition „paariger Verkehr": Ein Transport in Richtung Empfängerstandort und einen zurück in Richtung Verladerstandort. Bei beiden Transporten muss Transportaufkommen befördert werden.*
207	**Wie weit liegen der Verlader- und der Empfängerstandort voneinander entfernt?** ___________ km
208	**Wie viele Tonnen beförderten Sie bei diesem Transport?** ___________ Tonnen
209	**Wann war der Abholzeitpunkt beim Verlader? Geben Sie bitte den Tag und die Uhrzeit an.** Datum: _________ Uhrzeit: zwischen ______ und ______ Uhr *Anmerkung:* *Bei exakter Angabe die Uhrzeit in beide Felder eintragen* *Hinweis:* *Beim Datumsfeld erscheint ein Kalender, in dem der entsprechende Tag angeklickt werden kann Beim Uhrzeitfeld erscheint ein Fenster, in dem die Stunden und die Minuten eingetragen werden können.*

Feld-Nr.	Spezifikation des ausgewählten Transportvorgangs
210	**Wann war der Abholzeitpunkt beim Verlader? Geben Sie bitte den Tag und die Uhrzeit an.** Datum: ________ Uhrzeit: zwischen ______ und ______ Uhr *Anmerkung:* *Bei exakter Angabe die Uhrzeit in beide Felder eintragen* *Hinweis:* *Beim Datumsfeld erscheint ein Kalender, in dem der entsprechende Tag angeklickt werden kann Beim Uhrzeitfeld erscheint ein Fenster, in dem die Stunden und die Minuten eingetragen werden können.*
211	**Wann war der spätest mögliche Anlieferungstermin beim Empfänger? Geben Sie bitte den Tag und die Uhrzeit an.** Datum: ________ Uhrzeit: zwischen ______ und ______ Uhr *Anmerkung:* *Bei exakter Angabe die Uhrzeit in beide Felder eintragen* *Hinweis:* *Beim Datumsfeld erscheint ein Kalender, in dem der entsprechende Tag angeklickt werden kann Beim Uhrzeitfeld erscheint ein Fenster, in dem die Stunden und die Minuten eingetragen werden können.*
212	**Ist die Anlieferung „Just-in-Time“ vereinbart?** Ja □ Nein □ keine Angabe □ *Anmerkung:* *Just-in-time = Anlieferung zur gewünschten, vorher vereinbarten Uhrzeit beim Empfänger*

Feld-Nr.	Spezifikation des ausgewählten Transportvorgangs			
213	**Wie viele Arbeitstage vor der Abholung der Ware wurden Sie über den genauen Abholzeitpunkt und das Frachtvolumen in Kenntnis gesetzt?** ______ Zeitangabe □ weiß nicht □ keine Angabe *Hinweis:* *Das Feld „Zeitangabe" ist ein Auswahlfeld, in dem die entsprechende Kategorie angeklickt werden kann. Die zur Auswahl stehenden Kategorien sind: stundengenaue Angaben im Intervall von 1h – 23h, halbtagsgenaue Angaben bis „10 Tage und mehr"*			
214	**Bitte geben Sie an, ob im Vertrag zu diesem Transportfall zu folgenden Punkten Vereinbarungen getroffen wurden. Es wurde:**	Nein	Ja	Keine Angabe
	1. die Transportanzahl pro Monat festgeschrieben.	□	□	□
	2. eine besondere Anlieferungsmodalität vereinbart.	□	□	□
	3. ein fester Transportpreis vereinbart.	□	□	□
	4. vereinbart, dass die „Lagerei und Logistik" für den Verlader übernommen wird.	□	□	□
	5. vereinbart, dass dem Verlader die Möglichkeit zur Sendungsverfolgung/„Tracking and Tracing" gegeben wird.	□	□	□
	6. eine Haftungsregelung bei Unpünktlichkeit vereinbart.	□	□	□
	7. eine Haftungsregelung bei Beschädigung der Ware durch den Transporteur vereinbart.	□	□	□
215	**Wie viele Transporte führen Sie pro Monat zwischen den Verlader- und dem Empfänger durch?** __________ Transporte □ keine Angabe			

Feld-Nr.	Spezifikation des ausgewählten Transportvorgangs
216	**Wie viele Jahre ist Ihr Unternehmen bereits für den Kunden tätig, der Sie mit diesem Transport beauftragte?** ___________ Jahre □ weiß nicht □ keine Angabe

Feld-Nr.	Spezifikation der Produktcharakteristik
	Ist das Gut, das bei diesem Transportvorgang transportiert wurde:
301	**ein Gefahrgut?** Ja □ Nein □ keine Angabe □
302	**ein verderbliches Gut?** Ja □ Nein □ keine Angabe □
303	**ein zerbrechliches Gut?** Ja □ Nein □ keine Angabe □
304	**Ich nenne Ihnen nun vier Güterkategorien. Bitte ordnen Sie das Gut einer dieser Kategorien zu.** Massengut □ schweres, sperriges Ladungsgut □ Kaufmannsgut □ Lebensmittel □ keine Angabe □

Feld-Nr.	Verkehrsmittelauswahl
401	**Wurde Ihnen vorgegeben, welches Verkehrsmittel Sie verwenden sollen?** Ja □□ Nein □ keine Angabe □
402	**Führten Sie diesen Transport als unimodalen Lkw-Verkehr oder als kombinierterVerkehr durch?** Als unimodaler Lkw-Verkehr □ (1) *weiter zu Frage 415* Als kombinierter Verkehr □ (2) *Anmerkung: unimodal = mit einem Verkehrsmittel* *kombiniert = mit mehreren Verkehrsmittel*
403	**In welcher Verkehrsmittelkombination haben Sie den Transport durchgeführt? Als:** unbegleiteter KV: Lkw - Bahn □ (1) begleiteter KV: Lkw - Bahn □ (2) unbegleiteter KV: Lkw - Schiff □ (3) begleiteter KV: Lkw - Schiff □ (4) trimodaler KV: □ (5) sonstiger intermodaler Verkehr: □ (6) *Anmerkung: unbegleiteter KV = Transport mit mehreren Verkehrsmittel ohne, dass der Lkw-Fahrer den Hauptlauf des Transport begleitet* *begleiteter KV = Transport mit mehreren Verkehrsmittel. Der Lkw-Fahrer begleitet den Hauptlauf des Transportes*
404	**Wie viele Umschlagvorgänge sind bei diesem Transportfall insgesamt nötig?** _____ Umschläge □ keine Angabe *Anmerkung: Umschlagvorgänge bedeuten, dass die Ladeeinheit zwischen zwei Verkehrsträger umgeladen wird, oder dass die Ladeeinheit zwischen zwei Verkehrsmitteln eines Verkehrsträgers gewechselt wird.*

<table>
<tr><th>Feld-Nr.</th><th>Verkehrsmittelauswahl</th></tr>
<tr><td>405</td><td>In welcher Stadt liegt das Versandterminal?
Stadtname: ______________________
keine Angabe □</td></tr>
<tr><td>406</td><td>Zu welcher Uhrzeit ist der Ladeschluss in diesem Terminal?
____________ Uhr
□ kein Ladeschluss
□ weiß nicht
□ keine Angabe
Wenn bei der Frage in Feld 404 zwei Umschläge angegeben wurden, dann weiter zu Feld 412
Wenn bei der Frage in Feld 404 > 4 Umschläge angegeben wurden, dann weiter zu Feld 411.
Hinweis: Das „Uhrzeitfeld“ ist ein Auswahlfeld, in dem die entsprechenden Stunden und die Minuten angeklickt werden können.</td></tr>
<tr><td>407</td><td>In welcher Stadt liegt das erste Terminal, in dem ein Verkehrsmittelwechsel erfolgt?
Stadtname: ______________________
keine Angabe □</td></tr>
<tr><td>408</td><td>Welcher Verkehrsmittelwechsel wird in diesem Terminal durchgeführt?
Bahn - Lkw □
Bahn - Schiff □
Schiff - Lkw □
Bahn - Bahn □
Schiff - Schiff □
Wenn bei der Frage in Feld 404 3 Umschläge angegeben wurden, dann weiter zu Feld 412</td></tr>
</table>

Feld-Nr.	Verkehrsmittelauswahl
409	**In welcher Stadt liegt das zweite Terminal, in dem ein Verkehrsmittelwechsel erfolgt?** Stadtname: ____________________ keine Angabe □
410	**Welchen Verkehrsmittelwechsel führen Sie in diesem Terminal durch?** Bahn - Lkw □ Bahn - Schiff □ Schiff - Lkw □ Bahn - Bahn □ Schiff - Schiff □ *Wenn bei der Frage in Feld 404 4 Umschläge angegeben wurden, dann weiter zu Feld 412*
411	**In welchen Städten liegen die Zwischenterminals, in dem der Verkehrsmittelwechsel erfolgt?** Städtenamen: ______________________________ keine Angabe □
412	**In welcher Stadt liegt das Empfangsterminal?** Stadtname: ____________________ keine Angabe □
413	**Zu welcher Uhrzeit wird in diesem Terminal die Ladeeinheit frühestens zur Abholung bereitgestellt?** __________ Uhr □ kein Ladeschluss □ weiß nicht □ keine Angabe *Hinweis:* *Das „Uhrzeitfeld" ist ein Auswahlfeld, in dem die entsprechenden Stunden und die Minuten angeklickt werden können*

Feld-Nr.	Verkehrsmittelauswahl
414	**Wie viele Fahrten pro Woche bietet der KV-Operateur auf der Strecke zwischen den genannten Versand- und Empfangsterminal an?** _____ Fahrten pro Woche □ keine Angabe *Anmerkung:* *Bei trimodalen und sonstigen KV-Transporten die Taktung des Verkehrsmittels angeben, das die geringste Anzahl an Fahrten pro Woche aufweist.* *Anmerkung:* *KV-Operateure sind Gesellschaften, die den KV durchführen. Sie sind üblicherweise Betreiber von KV-Hauptläufen (z.B. Kombiverkehr, Hupac, ICF, ...)* *Weiter mit Feld 419*
415	**Führt Ihr Unternehmen den Transportauftrag selbst durch oder beauftragten Sie einen Frachtführer?** selbst durchführen □ *weiter mit Feld 418* Bestellung eines Frachtführers □ *Anmerkung:* *Frachtführer ist ein Unternehmen, das mit die Transportdurchführung bestellt wurde.*
416	**Welcher Nationalität gehört der Frachtführer an, den Sie mit dem Transport beauftragten?** _____________________ Nationalität *Hinweis:* *Das Feld „Nationalität", ist ein Auswahlfeld, in dem die Länderkürzel aller europäischen Länder aufgelistet sind.*
417	**Wie lange vor Transportbeginn mussten Sie den Frachtführer zur Durchführung des Transportes spätestens bestellen?** _______ Zeitangabe □ weiß nicht □ keine Angabe *Weiter mit Feld 420* *Hinweis:* *Das Feld „Zeitangabe" ist ein Auswahlfeld, in dem die entsprechende Kategorie angeklickt werden kann. Die zur Auswahl stehenden Kategorien sind: stundengenaue Angaben im Intervall von 0h – 23h, halbtagsgenaue Angaben bis „10 Tage und mehr"*

Feld-Nr.	Verkehrsmittelauswahl
418	**Wie lange vor Transportbeginn mussten Sie die Disposition ihres Lkws zur Durchführung des Transportes spätestens vornehmen?** _______ Zeitangabe □ weiß nicht □ keine Angabe *Weiter mit Feld 420* *Hinweis:* *Das Feld „Zeitangabe" ist ein Auswahlfeld, in dem die entsprechende Kategorie angeklickt werden kann.Die zur Auswahl stehenden Kategorien sind: stundengenaue Angaben im Intervall von 0h – 23h, halbtagsgenaue Angaben bis „10 Tage und mehr"*
419	**Wie lange vor Transportbeginn mussten Sie die benötigten Stellplätze im Hauptlauf des KV spätestens buchen?** _______ Zeitangabe □ weiß nicht □ keine Angabe *Anmerkung:* *Beim trimodalen und sonstigen KV muss diejenige Bestelldauer des Verkehrsmittels angeben werden, bei dem die Zeitspanne am größten ist.* *Hinweis:* *Das Feld „Zeitangabe" ist ein Auswahlfeld, in dem die entsprechende Kategorie angeklickt werden kann. Die zur Auswahl stehenden Kategorien sind: stundengenaue Angaben im Intervall von 0h – 23h, halbtagsgenaue Angaben bis „10 Tage und mehr"*
420	**Welche Transporteinheit verwendeten Sie für diesen Transportfall? Geben Sie bitte auch die Größe an?** Container □ Größenangabe: __________ Wechselbehälter □ Größenangabe: __________ Sattelauflieger /Trailer □ Größenangabe: __________ Lkw (ohne Anhänger) □ Größenangabe: __________ Gliederzug □ Größenangabe: __________ ________________________ □ Größenangabe: __________ □ keine Angabe

Feld-Nr.	Verkehrsmittelauswahl
421	**Wie viele dieser Transporteinheiten benötigten Sie für diesen Transportfall?** _______ Einheiten □ keine Angabe
422	**Erfolgt der Transport als Komplettladungs- oder als Sammelladungsverkehr?** Komplettladungsverkehr □ Sammelladungsverkehr □ keine Angabe □
423	**Wie viele Stunden vor Transportbeginn muss die Ladeeinheit zum Beladen bereitstellt werden?** _______ Zeitangabe □ weiß nicht □ keine Angabe *Anmerkung: Als Transportbeginn wird der Zeitpunkt verstanden, an dem die Ware beim Verlader abgeholt wird.* *Wenn im Fall des Lkw-Transports der Lkw direkt vor der Transportdurchführung beladen wird, dann muss eine Null in die Zeitangabe eingetragen werden.* *Hinweis: Das Feld „Zeitangabe“ ist ein Auswahlfeld, in dem die entsprechende Kategorie angeklickt werden kann. Die zur Auswahl stehenden Kategorien sind: stundengenaue Angaben im Intervall von 0h – 23h, halbtagsgenaue Angaben bis „5 Tage und mehr“* *Hinweis: Bei der Angabe zu dieser Frage wird von der Software kontrolliert, ob der Wert kleiner als die Angabe aus den entsprechenden Feldern 417 – 419 ist.*

Feld-Nr.	**Spezifikation der Qualitätskriterien des gewählten Verkehrsmittels**
501	**Wie lange benötigen Sie für die Disposition des Transportes?** _____ Minuten □ keine Angabe
502	**Wie viel Prozent der Transporte kommen nach dem vereinbarten Anlieferungszeitpunkt beim Empfänger an?** ___ Prozent *wenn Antwort 0%, dann weiter mit Feld 504* □ keine Angabe *Anmerkung: als Basis sollte der Zeitraum von einem Jahr dienen.*
503	**Wie groß ist bei den Transporten, die zu spät beim Empfänger eintreffen, erfahrungsgemäß die Verspätung?** _____ Stunden □ keine Angabe
504	**In wie vielen Fällen wird die Ware beim Transport mit dem von ihnen gewählten Verkehrsmittel beschädigt oder geht verloren?** **Machen Sie Ihre Angabe in Prozent.** _____ Prozent □ keine Angabe *Anmerkung: als Basis sollte der Zeitraum von einem Jahr dienen.*

Feld-Nr.	Spezifikation der Qualitätskriterien des gewählten Verkehrsmittels
505	**Wie lange dauert der Transportvorgang?** **Bitte geben sie die effektive Transportdauer vom Verlassen des Verladers bis zur Anlieferung beim Empfänger an.** _______ Tage _______ Stunden □ keine Angabe *Wenn Feld 402 „unimodaler Lkw" angegeben wurde, dann weiter mit Feld 507* *Hinweis:* *Der Spediteur kann sowohl die Angabe in Tagen als auch in Stunden vornehmen. Durch die Befragungssoftware erfolgt eine Umrechnung in Stunden. Die Angaben können auch in Kommazahlen gemacht werden.*
506	**Wie setzt sich diese Transportzeit bei ihrer KV-Alternative zusammen?** Fahrzeit im Vor- und Nachlauf (Lkw-Verkehr) _____ Stunden Fahrzeit im Hauptlauf _____ Stunden Wartezeiten _____ Stunden □ keine Angabe *Weiter mit Feld 508* *Hinweis:* *Es wird von der Software beim Ausfüllen kontrolliert, ob die Antworten bei dieser Frage mit der Angabe in Feld 606 übereinstimmt.*
507	**Wie setzt sich diese Transportzeit zusammen?** Reine Fahrzeit ... _____ Stunden Warte- /Ruhezeiten _____ Stunden □ keine Angabe *Hinweis:* *Es wird von der Software beim Ausfüllen kontrolliert, ob die Antworten bei dieser Frage mit der Angabe in Feld 606 übereinstimmt.*

Feld-Nr.	Spezifikation der Qualitätskriterien des gewählten Verkehrsmittels
508	**Welche Kosten entstehen Ihnen bei der Durchführung des Transportes?** _______ Euro □ keine Angabe *Anmerkung:* *Zu den Transportkosten gehören die Dispositionskosten und im Fall des Selbsteintritts die Kosten zu Durchführung des Transportes. Wird der Transport ausgelagert, sind die Dispositionskosten der Spedition und die zu zahlenden Preis an die KV-Operateure oder den Lkw-Frachtführer zu den Transportkosten zu rechnen.* *Wenn Feld 402 „unimodaler Lkw", dann weiter mit Feld 510*
509	**Welchen Anteil an diesen Gesamtkosten haben die im Folgenden aufgeführten Teilabschnitte des kombinierten Verkehrs?** Transportkosten im Vor- und Nachlauf .... ____ % Transportkosten im Hauptlauf inklusive Umschlag ____ % *Hinweis:* *Es wird von der Software beim Ausfüllen kontrolliert, ob sich die Angaben bei dieser Frage auf 100% saldieren.*
510	**Wie hoch ist der Transportpreis, den Sie ihrem Kunden in Rechnung stellen?** _______ Euro □ keine Angabe *Hinweis:* *Es wird von der Software beim Ausfüllen kontrolliert, ob die Antworten bei dieser Frage größer ist, als die Angabe zu Feld 508.*

<table>
<tr><th>Feld-Nr.</th><th colspan="3">Alternatives Verkehrsmittel</th></tr>
<tr><td>601</td><td colspan="3">Für den von ihnen ausgewählten Transportvorgang steht ihnen zwei weitere Alternative zur Auswahl:</td></tr>
<tr><td></td><td>Wenn in Feld 402 Antwort = (2), dann
• der Lkw-Transport mit ausländischem Frachtführer
• Der Lkw-Transport mit deutschen Frachtführer
Weiter mit Feld 614</td><td>Wenn in Feld 402 Antwort = (1) und in Feld 416 Antwort = (D), dann
• der kombinierte Verkehr
• der Lkw-Transport mit ausländischem Frachtführer</td><td>Wenn in Feld 402 Antwort = (1) und in Feld 416 Antwort ≠ (D), dann
• der kombinierte Verkehr
• der Lkw-Transport mit ausländischem Frachtführer</td></tr>
<tr><td>602</td><td colspan="3">Haben Sie bereits Erfahrungen mit dem kombinierten Verkehr?
□ Ja, habe bereits Erfahrungen (1)
□ Nein, habe keine Erfahrungen, aber habe mich bereits über den KV informiert (2)
□ Nein, der KV ist für mich generell keine Alternative (3)
Wenn Antwort auf diese Frage =(3), weiter mit Feld 801</td></tr>
<tr><td>603</td><td colspan="3">In welcher Verkehrsmittelkombination würden Sie den KV-Transport durchführten? Als:
unbegleiteter KV: Lkw - Bahn □ (1)
begleiteter KV: Lkw - Bahn □ (2)
unbegleiteter KV: Lkw - Schiff □ (3)
begleiteter KV: Lkw - Schiff □ (4)
trimodaler KV: □ (5)
Anmerkung: unbegleiteter KV = Transport mit mehreren Verkehrsmittel ohne, dass der Lkw-Fahrer den Hauptlauf des Transport begleitet begleiteter KV = Transport mit mehreren Verkehrsmittel. Der Lkw-Fahrer begleitet den Hauptlauf des Transportes</td></tr>
</table>

Feld-Nr.	Alternatives Verkehrsmittel
604	**Wie viele Umschlagvorgänge wären bei diesem Transportfall insgesamt nötig?** _____ Umschläge □ weiß nicht □ keine Angabe *Anmerkung: Umschlagvorgänge bedeuten, dass die Ladeeinheit zwischen zwei Verkehrsträger umgeladen wird, oder dass die Ladeeinheit zwischen zwei Verkehrsmitteln eines Verkehrsträgers gewechselt wird.*
605	**In welcher Stadt läge das Versandterminal?** Stadtname: ____________________ keine Angabe □
606	**Zu welcher Uhrzeit ist der Ladeschluss in diesem Terminal?** __________ Uhr □ kein Ladeschluss □ weiß nicht □ keine Angabe *Wenn die Frage in Feld 604 mit 2 Umschlagvorgängen beantwortet wurde, dann weiter zu Feld 611* *Hinweis: Das „Uhrzeitfeld" ist ein Auswahlfeld, in dem die entsprechenden Stunden und die Minuten angeklickt werden können.*
607	**In welcher Stadt läge das erste Terminal, in dem ein Verkehrsmittelwechsel erfolgen würde?** Stadtname: ____________________ keine Angabe □

Feld-Nr.	Alternatives Verkehrsmittel
608	**Welchen Verkehrsmittelwechsel würden Sie in diesem Terminal durchführen?** Bahn - Lkw □ Bahn - Schiff □ Schiff - Lkw □ Bahn - Bahn □ Schiff - Schiff □ *Wenn bei der Frage in Feld 604 3 Umschläge angegeben wurden, dann weiter zu Feld 611*
609	**In welcher Stadt läge das erste Terminal, in dem ein Verkehrsmittelwechsel erfolgen würde?** Stadtname: ____________________ keine Angabe □
610	**Welchen Verkehrsmittelwechsel führen Sie in diesem Terminal durch?** Bahn - Lkw □ Bahn - Schiff □ Schiff - Lkw □ Bahn - Bahn □ Schiff - Schiff □
611	**In welcher Stadt läge das Empfangsterminal?** Stadtname: ____________________ keine Angabe □
612	**Zu welcher Uhrzeit wird in diesem Terminal die Ladeeinheit frühestens zur Abholung bereitgestellt?** __________ Uhr □ kein Ladeschluss □ weiß nicht □ keine Angabe *Hinweis:* *Das „Uhrzeitfeld“ ist ein Auswahlfeld, in dem die entsprechenden Stunden und die Minuten angeklickt werden können.*

Feld-Nr.	Alternatives Verkehrsmittel
613	**Wie viele Fahrten pro Woche bietet der KV-Operateur auf der Strecke zwischen den genannten Versand- und Empfangsterminal an?** _____ Fahrten pro Woche □ keine Angabe *Anmerkung:* *Bei trimodalen KV-Transporten die Taktung des Verkehrsmittels angeben, das die geringste Anzahl an Fahrten pro Woche aufweist.* *Anmerkung:* *KV-Operateure sind Gesellschaften, die den KV durchführen. Sie sind üblicherweise Betreiber von KV-Hauptläufen (z.B. Kombiverkehr, Hupac, ICF, ...)* *Wenn in Feld 402 Antwort = (1) und in Feld 416 Antwort ≠ (D), dann weiter mit Feld 616*
614	**Welcher Nationalität gehört der ausländische Frachtführer an, den Sie mit dem Transport beauftragen würden?** Nationalität ____________________ Selbsteintritt □ keine Angabe □ *Anmerkung:* *Frachtführer ist ein Unternehmen, das mit die Transportdurchführung bestellt wurde.* *Hinweis:* *Das Feld „Nationalität“, ist ein Auswahlfeld, in dem die Länderkürzel aller europäischen Länder aufgelistet sind.*
615	**Wie lange vor Transportbeginn müssten Sie den ausländischen Frachtführer zur Durchführung des Transportes spätestens bestellen?** _______ Zeitangabe □ weiß nicht □ keine Angabe *Wenn in Feld 402 Antwort = (1) und in Feld 416 Antwort = (D), dann weiter mit Feld 617* *Hinweis:* *Das Feld „Zeitangabe“ ist ein Auswahlfeld, in dem die entsprechende Kategorie angeklickt werden kann. Die zur Auswahl stehenden Kategorien sind: stundengenaue Angaben im Intervall von 0h – 23h, halbtagsgenaue Angaben bis „5 Tage und mehr“*

Feld-Nr.	Alternatives Verkehrsmittel
616	**Wie lange vor Transportbeginn müssten Sie den deutschen Frachtführer zur Durchführung des Transportes spätestens bestellen?** _______ Zeitangabe □ weiß nicht □ keine Angabe *Wenn in Feld 402 Antwort = (2), weiter mit Feld 701* *Hinweis: Das Feld „Zeitangabe“ ist ein Auswahlfeld, in dem die entsprechende Kategorie angeklickt werden kann. Die zur Auswahl stehenden Kategorien sind: stundengenaue Angaben im Intervall von 0h – 23h, halbtagsgenaue Angaben bis „5 Tage und mehr“*
617	**Wie lange vor Transportbeginn müssten Sie die benötigten Stellplätze im Hauptlauf des KV spätestens buchen?** _______ Zeitangabe □ weiß nicht □ keine Angabe *Anmerkung: Beim trimodalen und sonstigen KV muss die Bestelldauer des Verkehrsmittels angeben, bei dem sie am längsten dauert.* *Hinweis: Das Feld „Zeitangabe“ ist ein Auswahlfeld, in dem die entsprechende Kategorie angeklickt werden kann. Die zur Auswahl stehenden Kategorien sind: stundengenaue Angaben im Intervall von 0h – 23h, halbtagsgenaue Angaben bis „5 Tage und mehr“*

Feld-Nr.	Spezifikation der Qualitätskriterien des optional gewählten Verkehrsmittels

Hinweis: *In diesem Abschnitt des Fragebogens werden die Antworten zu den jeweils entsprechenden Feldern aus dem Fragebogenblock 6 angezeigt. Dies hilft den Spediteuren, ihre Antworten im Vergleich zu den gewählten Alternativen anzugeben.*

Hinweis: *Im Folgenden wird in der ersten Spalte immer die Angaben zur erste Alternative gemacht, die in Feld 601 aufgeführt ist. Diese Eingabefelder in der ersten Spalte der jeweiligen Fragen des siebten Fragebogenblocks sind mit der entsprechenden Alternativenbezeichnung überschrieben. Die Eingabefelder der zweiten Spalte entsprechend mit der Bezeichnung der zweiten Alternative*

701 **Wie lange würden Sie für die Disposition des Transportes mit den alternativen Verkehrsmitteln im Verhältnis zu der von ihnen gewählten Alternative benötigen?**

Alternative 1		**Alternative 2**	
_____	Minuten	_____	Minuten
□	keine Angabe	□	keine Angabe

702 **Wie würden Sie die Pünktlichkeit der alternativen Verkehrsmittel im Verhältnis zu der von ihnen gewählten Alternative einschätzen?**

Alternative 1		**Alternative 2**	
_____	Prozent	_____	Prozent
□	keine Angabe	□	keine Angabe

Wenn sowohl bei Alternative 1 als auch bei Alternative 2 die Antwort = 0%, dann weiter mit Feld 704

Hinweis: *Die bei diesem Auswahlfeld zur Verfügung stehenden Antworten sind: „mehr als 30% unpünktlich", zwischen 16 und 30 % unpünktlich", „zwischen 11 und 15 % unpünktlich", „zwischen 6 und 10% unpünktlich", „zwischen 1 und 5% unpünktlich", „alle sind pünktlich".*

Feld-Nr.	**Spezifikation der Qualitätskriterien des optional gewählten Verkehrsmittels**
703	**Wie groß wäre bei den Transporten, die zu spät beim Empfänger eintreffen, erwartungsgemäß die Verspätung?** *Hinweis: Wenn bei Alternative 1 die Antwort auf Frage 702 > 0%, dann wird das Feld angezeigt* *Hinweis: Wenn bei Alternative 2 die Antwort auf Frage 702 > 0%, dann wird das Feld angezeigt* **Alternative 1** _____ Stunden □ keine Angabe **Alternative 2** _____ Stunden □ keine Angabe
704	**In welchem Verhältnis zu der von ihnen gewählten Alternative würde beim Transport mit den alternativen Verkehrsmitteln die Ware beschädigt oder geht verloren?** **Machen Sie Ihre Angabe in Prozent.** **Alternative 1** _____ Prozent □ keine Angabe **Alternative 2** _____ Prozent □ keine Angabe *Hinweis: Die bei diesem Auswahlfeld zur Verfügung stehenden Antworten sind: „mehr als 30% sicherer“, „zwischen 16 und 30% sicherer“, „zwischen 11 und 15% sicherer“, „zwischen 6 und 10% sicherer“, „zwischen 1 und 5% sicherer“, gleich sicher“, „zwischen 1 und 5% unsicherer“, „zwischen 6 und 10% unsicherer“, „zwischen 11 und 15% unsicherer“, „zwischen 16 und 30% unsicherer“ und „mehr als 30% unsicherer“.*

Feld-Nr.	Spezifikation der Qualitätskriterien des optional gewählten Verkehrsmittels
705	**Wie lange würde der Transportvorgang mit den alternativen Verkehrsmitteln dauern?** **Bitte geben sie die Transportdauer vom Verlassen des Verladers bis zur Anlieferung beim Empfänger an.** **Alternative 1** _______ Tage _______ Stunden □ keine Angabe **Alternative 2** _______ Tage _______ Stunden □ keine Angabe *Wenn Feld 402 „kombinierter Verkehr", dann weiter mit Feld 707* *Hinweis:* *Der Spediteur kann sowohl die Angabe in Tagen als auch in Stunden vornehmen. Durch die Befragungssoftware erfolgt eine Umrechnung in Stunden. Die Angaben können auch in Kommazahlen gemacht werden.*
706	**Wie würde sich diese Transportzeit bei ihrer KV-Alternative zusammensetzen?** Fahrzeit im Vor- und Nachlauf (Lkw-Verkehr) _____ Stunden Fahrzeit im Hauptlauf _____ Stunden Wartezeiten _____ Stunden □ keine Angabe *Hinweis:* *Es wird von der Software beim Ausfüllen kontrolliert, ob die Antworten bei dieser Frage mit der Angabe in Feld 705 übereinstimmt.*

Feld-Nr.	Spezifikation der Qualitätskriterien des optional gewählten Verkehrsmittels
707	**Wie würde sich diese Transportzeit beim unimodalen Lkw-Transport zusammensetzen?** **Alternative 1** Reine Fahrzeit _____ h Warte- /Ruhezeiten _____ h □ keine Angabe **Alternative 2** Reine Fahrzeit _____ h Warte- /Ruhezeiten _____ h □ keine Angabe *Hinweis:* *Wenn in Feld 402 die Antwort = (2), dann werden beide Alternativen abgefragt. Ist in Feld 402 die Antwort = (1), dann wird nur ein Feld aufgeblendet* *Hinweis:* *Es wird von der Software beim Ausfüllen kontrolliert, ob die Antworten bei dieser Frage mit der Angabe in Feld 705 übereinstimmt.*
708	**Welche Kosten würden Ihnen bei der Durchführung des Transportes mit den alternativen Verkehrsmitteln entstehen?** **Geben Sie ihre Antworten im Verhältnis zur tatsächlich gewählten Alternative oder als absoluten Betrag an.** **Alternative 1** _______ Euro _______ Prozent □ keine Angabe **Alternative 2** _______ Euro _______ Prozent □ keine Angabe *Anmerkung:* *Zu den Transportkosten gehören die Dispositionskosten und im Fall des Selbsteintritts die Kosten zu Durchführung des Transportes. Wird der Transport ausgelagert, sind die Dispositionskosten der Spedition und die zu zahlenden Preise an die KV-Operateure oder den Lkw-Frachtführer zu den Transportkosten zu rechnen.* *Wenn Feld 402 „kombinierter Verkehr", dann weiter mit Feld 710*

Feld-Nr.	Spezifikation der Qualitätskriterien des optional gewählten Verkehrsmittels
709	**Welchen Anteil an diesen Gesamtkosten hätten die im Folgenden aufgeführten Teilabschnitte des kombinierten Verkehrs?** Kosten im Vor- und Nachlauf .... ____ % Transportkosten im Hauptlauf inklusive Umschlag ____ % *Hinweis:* *Es wird von der Software beim Ausfüllen kontrolliert, ob sich die Angaben bei dieser Frage auf 100% saldieren.*
710	**Wie hoch wäre der Transportpreis, den Sie ihrem Kunden bei der Nutzung der alternativen Verkehrsmittel in Rechnung stellen würden?** **Geben Sie ihre Antworten im Verhältnis zur tatsächlich gewählten Alternative oder als absoluten Betrag an.** **Alternative 1**: _______ Euro; _______ Prozent; □ keine Angabe **Alternative 2**: _______ Euro; _______ Prozent; □ keine Angabe *Hinweis:* *Es wird von der Software beim Ausfüllen kontrolliert, ob die Antworten bei dieser Frage größer ist, als die Angabe zu Feld 708.*
Feld-Nr.	**Spezifikation der Unternehmenscharakteristik**
801	**Handelt es sich bei Ihrem Unternehmen um ein:** Einbetriebsunternehmen □ *weiter zu Feld 803* Mehrbetriebsunternehmen □
802	**Wie viele Standorte hat Ihr Unternehmen europaweit?** _______ Standorte □ keine Angabe *Anmerkung:* *zu den Standorten zählen die Zentrale und die Speditionsniederlassungen*

Feld-Nr.	Spezifikation der Unternehmenscharakteristik
803	**Wie viele Beschäftigte sind zurzeit in ihrem Unternehmen angestellt? Bitte zählen Sie die geringfügig Beschäftigten nicht mit.** _______ Beschäftigte □ weiß nicht □ keine Angabe
804	**Wie viele davon sind kaufmännische Mitarbeiter?** _______ Anzahl _______ Anteil □ weiß nicht □ keine Angabe *Hinweis:* *die Anzahl der kaufmännischen Mitarbeiter muss kleiner als die Angabe aus Feld 803 sein.*
805	**Welchen Umsatz (in 1000 Euro) erwirtschaftete ihr Unternehmen im vergangenen Geschäftsjahr?** _______ tsd EURO □ weiß nicht □ keine Angabe
806	**Zu welchen Anteilen nutzten Sie im vergangenen Geschäftsjahr die folgenden Verkehrsmittel?** Lkw ___ % Bahn ___ % Schiff (Binnen- und Überseeschifffahrt) ___ % *Hinweis:* *Prüfung der Summe: Die Werte müssen sich auf 100% addieren.*
807	**Wie verteilte sich die Fahrleistung ihres Unternehmens im vergangenen Jahr auf den Nah- und Fernverkehr? Machen Sie Ihre Angaben bitte in Prozent?** Nah- und Regionalverkehr (bis 150 km) ___ % Fernverkehr (über 151km) ___ % *Hinweis:* *Prüfung der Summe. Die Werte müssen sich auf 100% addieren*

Feld-Nr.	Spezifikation der Unternehmenscharakteristik
808	**Wie viele Lkws über 7,5 Tonnen besitzen sie in ihrem Unternehmen?** ________ Lkws □ weiß nicht □ keine Angabe
809	**Wie viele Container und Wechselbehälter besitzen sie in ihrem Unternehmen?** ________ Container ________ Wechselbehälter □ weiß nicht □ keine Angabe

Abbildungsverzeichnis

Tabellenverzeichnis

Abkürzungsverzeichnis

AMECO	Annual macro-economic database
AR	Accept-Reject
BAG	Bundesamt für Güterverkehr
BDI	Bundesverband der deutschen Industrie e.V.
BIP	Bruttoinlandsprodukt
BMBF	Bundesministerium für Bildung und Forschung
BMVBW	Bundesministerium für Verkehr, Bau- und Wohnungswesen
BMWI	Bundesministerium für Wirtschaft
BRD	Bundesrepublik Deutschland
BSL	Bundesverband Spedition und Logistik e.V.
CATI	Computer Aided Telephone Interviews
CMR	Beförderungsvertrag im internationalen Straßengüterverkehr
CO_2	Kohlendioxid
DG	Directorate General
DIHT	Deutscher Industrie- und Handelskammertag
EC	European Commission
ECMT	European Conference of Ministers of Transport
ERSA	European Congress of the Regional Science Association
EU	Europäische Union
EVU	Eisenbahnverkehrsunternehmen
FL	Fahrleistung
Ft	Foot
Fzg	Fahrzeug
Fzgkm	Fahrzeugkilometer
gew	gewerblich
GHK	Geweke-Hajivassailiou-Keane
GüKG	Güterkraftverkehrsgesetz
HGB	Handelsgesetzbuch
IIA	Independence from Irrelevant Alternatives
iid	Independent and Identically Distributed
IuK	Information und Kommunikation
IW	Institut der deutschen Wirtschaft
KBA	Kraftfahrtbundesamt
kfm.	kaufmännisch
KMU	Kleine und mittlere Unternehmen
KV	Kombinierter Verkehr
LSVA	Leistungsabhängige Schwerverkehrsabgabe

ML	Maximum-Likelihood
MNL	Multinomiales Logit
MNP	Multinomiales Probit
NMNL	Genistetes Multinominales Logit
OECD	Organisation for Economic Co-operation and Development
ÖPNV	Öffentlicher Personennahverkehr
RoLa	Rollende Landstraße
RoRo	Roll-on Roll-off
RP	Revealed Preference
RUM	Random Utility Model
SGKV	Studiengesellschaft für den kombinierten Verkehr e.V.
SMLM	Simulierte Maximum-Likelihood-Methode
SP	Stated Preference
StaBA	Statistisches Bundesamt
SVO	Sendungsverfolgung und -ortung
UIRR	International Union of combined Road-Rail transport companies (Internationale Vereinigung der Gesellschaften für den kombinierten Verkehr Schiene-Straße)
VA	Verkehrsaufkommen
VGR	Volkswirtschaftliche Gesamtrechnung
VL	Verkehrsleistung
VVC	Verband der Vereine Creditreform e.V.
WTA	Willingness to Accept
WTP	Willingness to Pay
WZ	Wirtschaftszweig

Literaturverzeichnis

Aberle, G. (2003), *Transportwirtschaft*, München.

Aberle, G. (1998), Hoffnung und Illusion – Die Entkopplung von Wirtschaftswachstum und Güterverkehrsentwicklung findet nicht statt, *Internationales Verkehrswesen* 50 (4), Editorial, 119.

Achnitz, R., K. Hoffmann, J. Meyer und T. Nobel (2000), *Intermodale Verkehre in logistischen Prozessketten*, Studie im Auftrag des Bundesministeriums für Verkehr, Bau- und Wohnungswesen, o.O.

Alff, R. (1991), *Fracht-, Lager- und Speditionsrecht: Kommentar zu den §§407-460 HGB und weiteren fracht- und speditionsrechtlichen Bestimmungen (GüKV, KVO, ADSp u.a.)*, Neuwied.

Allemeyer, W. (1998), Der internationale Kombinierte Ladungsverkehr (IKLV), in: Hartwig, K.-H. (Hrsg.), *Kombinierter Verkehr*, Göttingen.

Backhaus, K., H.-J. Ewers, J. Büschken und M. Fonger (1992), *Marketingstrategien für den schienengebundenen Güterverkehr*, Göttingen.

Banister, D. und D. Stead (2002), Reducing Transport Intensity, *European Journal of Transport and Infrastructure Research* 2 (3/4), 161-178.

Baranec, P. (2002), Kostentreiber Fuhrpark, *Markt und Mittelstand – Das Unternehmermagazin* 9, 66-68.

Barff, R., D. Mackay und R.W. Olshavsky (1982), A Selective Review of Travel-Model Choice Models, *The Journal of Consumer Research* 8 (4), 370-380.

Bar-Gera, H. und D. Boyce (2003), Origin-Based Algorithms for Combined Travel Forecasting Models, *Transportation Research B* 37 (5), 405-422.

Bates, J. (2001), Reliability – The Missing Model Variable, in: Hensher, D.A. (Hrsg.), *Travel Behaviour Research – The Leading Edge*, Amsterdam, 527-546.

Baum, H. (2002), Decoupling Transport Intensity from Economic Growth, in: ECMT (Hrsg.), *Key Issues for Transport Beyond 2000*, Paris, 209-233.

Baum, H. (1997), Der volkswirtschaftliche Nutzen des Verkehrs, *Zeitschrift für Verkehrswissenschaft* 68 (1), 37-51.

Baum, H. und M. Heibach (1997), *Entkopplung von Wirtschaftswachstum und Verkehrsentwicklung*, Studie für das deutsche Verkehrsforum e.V., Köln.

BDI (2000), *Bahn im Wettbewerb – Wachstum durch Leistung, Ansichten industrieller Verlader zum Schienengüterverkehr*, Berlin.

Beilock, R., P. Garrod und W. Miklius (1986), Freight Charge Variations in Truck Transport Markets: Price Discrimination or Competitive Pricing? *American Journal of Agricultural Economics* 68 (2), 226-236.

Ben-Akiva, M. und S. Lerman (1985), *Discrete Choice Analysis – Theory and Application to Travel Demand*, Cambridge.

Ben-Akiva, M. und M. Bierlaire (1999), Discrete Choice Methods and Their Application to Short Term Travel Decisions, in: Hall, R. (Hrsg.), *Handbook of Transportation Science,* Bd. 23, Boston, 5-34.

Ben-Akiva, M. und T. Morikawa (1990), Estimation of Travel Demand Models from Multiple Data Source, in: Koshi, M. (Hrsg.), *Transportation and Traffic Theory*, New York, 461-476.

Beuthe, M., B. Jourquin und J. Charlier (2002), The Competitiveness of Intermodal Freight Transport Networks in Europe, in: ECMT (Hrsg.), *Key Issues for Transport Beyond 2000*, Paris, 271-297.

Beuthe, M., B. Jourquin, J.-F. Geerts und C. Koul à Ndjang Ha (2001), Freight Transportation Demand Elasticities: A Geographic Multimodal Transportation Network Analysis, *Logistics and Transportation Review E* 37 (4), 253-266.

Beuthe, M., C. Bouffioux, J. De Maeyer, G. Santamaria, M. Vandresse, E. Vandaele und F. Witlox (2003), *A Multi-Criteria Analysis of Stated Preferences Among Freight Transport Alternatives*, Paper presented at the 43rd ERSA Congress 2003 in Jyväskylä, Finnland.

Bieller, R. (1998), Der Güterverkehr – Notwendiges Übel?, in: Deutsche Verkehrswissenschaftliche Gesellschaft (Hrsg.), *Verkehrsprognose – Zukunftsperspektiven des Personen- und Güterverkehrs in Deutschland*, Bergisch Gladbach, 128-142.

Bjornland, D. (2002), Pan-European Border Crossing Transport, in: ECMT (Hrsg.), *Key Issues for Transport Beyond 2000*, Paris, 31-60.

Black, I., R. Seaton, A. Ricci und R. Enei (2003), RECORDIT – Final Report: Action to Promote Intermodal Transport, o.O.

Blamey, R.K., J.W. Bennett, J.J. Louviere und M.D. Morrison (1999), Validation of a Choice Experiment Involving Green Product Choice, in: *Choice Modelling Research Report No. 10*, Canberra.

Blettgen, H. (2001), Die Regelung des multimodalen Transports nach dem Transportrechtsreformgesetz (TRG), in: Riedel, E. (Hrsg.), *Multimodaler Transport und Binnenschiffahrt*, Baden-Baden.

Bloech, J., G.B. Ihde und M. Hessenberger (Hrsg.) (2000), *Logistik total: Vahlens Großes Logistiklexikon, Fachwörterbuch Logistik Englisch-Deutsch/Deutsch-Englisch mit allen wichtigen Gesetzen auf CD-ROM,* München.

Bolis, S. und R. Maggi (2001), *Evidence on Shippers' Transport and Logistics Choice*, Paper presented at the 1st Swiss Transport Research Conference, Monte-Verità/Ascona, Schweiz.

Boyer, K.D. (1977), Minimum Rate Regulation, Modal Split Sensitivities, and the Railroad Problem, *The Journal of Political Economy* 85 (3), 493-512.

Bradley, M. (1988), Realism and Adaptation in Designing Hypothetical Travel Choice Concepts, *Journal of Transport Economics and Policy* 22 (1), 121-137.

Browne, M. und J. Allen (2001), Logistics Out-Sourcing, in: Brewer, A., K.J. Button und D.A. Hensher (Hrsg.), *Handbook of Logistics and Supply Chain Management*, Amsterdam, 253-268.

Brownstone, D. (2001), Discrete Choice Modelling for Transportation, in: Hensher, D.A. (Hrsg.), *Travel Behaviour Research – The Leading Edge*, Amsterdam, 97-124.

Brownstone, D. und K. Train (1999), Forecasting New Product Penetration with Flexible Substitution Pattern, *Journal of Econometrics* 89, 109-129.

Brunet, R. (2002), Lignes de Force de l'Espace Européen, *Mappemonde* 66, 14-19.

Bukold, S. (1993), Logistics by Combined Transport: Barriers to Market Entry and Strategies of Main Suppliers, *International Journal of Physical Distribution & Logistics Management* 23 (4), 23-34.

Bundesamt für Güterverkehr (2004), *Marktbeobachtung Güterverkehr – Jahresbericht 2004*, Köln.

Bundesamt für Güterverkehr (2002), *Marktbeobachtung Güterverkehr – Bericht Herbst 2002*, Köln.

Bundesamt für Güterverkehr (1999), *Marktbeobachtung Güterverkehr – Sonderbericht: Die Auswirkungen der weiteren Liberalisierung des europäischen Verkehrsmarktes im Jahre 1998 auf die Unternehmen des gewerblichen Güterkraftverkehrs*, Köln.

Bundesamt für Güterverkehr (1998), *Marktbeobachtung – Sonderbericht: Werkverkehr*, Köln.

Bundesanstalt für Straßenwesen (2002), *Volkswirtschaftliche Kosten durch Straßenverkehrsunfälle in Deutschland 2000*, Bergisch Gladbach.

Bundesministerium für Bildung, Wissenschaft, Forschung und Technologie (1997), *Mobilität – Eckwerte einer zukunftsorientierten Mobilitätsforschungspolitik*, Bonn.

Bundesministerium für Finanzen (2001), *Kfz-Steuer für Nutzfahrzeuge – Ausgabe 2001*, Berlin.

Bundesministerium für Verkehr, Bau- und Wohnungswesen (2005), Güterverkehr gehört mehr auf die Schiene, *Pressemitteilung Nr. 137*, 28.4.2005, Berlin.

Bundesministerium für Verkehr, Bau- und Wohnungswesen (2003a), *Bundesverkehrswegeplan 2003*, Berlin.

Bundesministerium für Verkehr, Bau- und Wohnungswesen (2003b), Lkw-Maut kommt pünktlich zum 31. August 2003 – Quantensprung in der Verkehrspolitik, *Pressemitteilung Nr. 173*, 22.5.2003, Berlin.

Bundesministerium für Verkehr, Bau- und Wohnungswesen (2002a), *Verkehr in Zahlen 2002/2003*, Hamburg.

Bundesministerium für Verkehr, Bau- und Wohnungswesen (2002b), *Integrierte Verkehrspolitik – Herausforderung, Verantwortung und Handlungsfelder*, Berlin.

Bundesministerium für Verkehr, Bau- und Wohnungswesen (2002c), Verdoppelung des Güterverkehrs auf der Schiene, *Pressemitteilung Nr. 179*, 31.5.2002, Berlin.

Bundesministerium für Verkehr, Bau- und Wohnungswesen (2001a), *Bericht des Bundesministeriums für Verkehr, Bau- und Wohnungswesen zum Kombinierten Verkehr*, Berlin.

Bundesministerium für Verkehr, Bau- und Wohnungswesen (2001b), *Auswirkungen neuer Informations- und Kommunikationstechnologien auf Verkehrsaufkommen und innovative Arbeitsplätze im Verkehrsbereich,* Berlin.

Bundesministerium für Verkehr, Bau- und Wohnungswesen (2000), *Klimaschutzprogramm der Bundesregierung – Bericht des Arbeitskreises II Verkehr zum Fünften Bericht der Interministeriellen Arbeitsgruppe „CO_2-Reduktion"*, o.O.

Bundesministerium für Verkehr, Bau- und Wohnungswesen (1997), *Verkehr in Zahlen 1997*, Hamburg.

Bundesministerium für Verkehr, Bau- und Wohnungswesen (1991), *Verkehr in Zahlen 1991*, Hamburg.

Bundesverband der Transportunternehmen e.V. (BVT) (2003), *PeTra – Unverbindliche Preisempfehlung Transport*, o.O.

Bundesverband Spedition und Logistik e.V. (2000), *Zahlen, Daten, Fakten aus Spedition und Logistik 2000*, Bonn.

BVU, Carl Bro as, Hague Consulting Group, Intraplan Consulting GmbH und ISL (1999), *Fehmarnbelt – Traffic Demand Study*, Final Report on behalf of the German and the Danish Ministry of Transport, Freiburg.

Carson, R.T., N.E. Flores, K.M. Martin und J.L. Wright (1996), Contingent Valuation and Revealed Preferences Methodologies: Comparing the Estimates for Quasi-Public Goods, *Land Economics* 72, 80-99.

Ceuster, G. de, B. van Herbruggen, S. Logghe und S. Proost (2004), *TREMOVE 2.0 Model Description*, Report for the European Commission DG ENV, Leuven.

Colin, J. (2001), *The Impact of E-Commerce on Logistics*, Paper zum OCED/ECMT Seminar „The Impact of E-Commerce on Transport", Paris 5.-6.6.2001.

Cummings, R.G., G.W. Harrison und E.E. Rutström (1995), Homegrown Values and Hypothetical Surveys: Is the Dichotomous Approach Incentive-Compatible? *American Economic Review* 85 (3), 260-266.

Dalkmann, H. (2000), Sustainable Mobility: How to Move More Goods from Road to Rail – A Comparison of Germany & Britain, *World Transport Policy & Practice* 6 (4), 31-35.

Danielis, R. und L. Rotaris (1999), Analysing Freight Transport Demand Using Stated Preference Data: A Survey and a Research Project for the Friuli-Venezia Guilia Region, *Trasporti Europei* 13, 30-38.

Domencich, T.A. und D. McFadden (1975), *Urban Travel Demand*, Amsterdam.

Eckey, H.-J. und W. Stock (2000), *Verkehrsökonomie – Eine empirisch orientierte Einführung in die Verkehrswissenschaft*, Wiesbaden.

Eickemeier, S. (1997), *Kombinierter Ladungsverkehr*, Frankfurt am Main.

Eifert, D. (2004), *Wert von Kundenprofilen im Electronic Commerce*, Köln.

Endres, A. und K. Holm-Müller (1998), *Die Bewertung von Umweltschäden: Theorie und Praxis sozioökonomischer Verfahren*, Stuttgart.

Engel, M. (1996), *Modal-Split-Veränderungen im Güterfernverkehr – Analyse und Bewertung der Kosten- und Qualitätseffekte einer Verkehrsverlagerung Straße/Schiene*, Hamburg.

Europäische Kommission (2004), *EU Energy and Transport in Figures*, Luxemburg.

Europäische Kommission (2003a), *AMECO – Annual Macro-Economic Database*, Directorate General for Economic and Financial Affairs, Brüssel.

Europäische Kommission (2003b), *Transeuropäisches Verkehrsnetz – Ten-T vorrangige Projekte*, Luxemburg.

Europäische Kommission (2003c), *Empfehlung 2003/361/EG zur KMU-Definition*, Brüssel.

Europäische Kommission (2002), *EU Energy and Transport in Figures 2002*, Luxemburg.

Europäische Kommission (2001), *Weißbuch – Die europäische Verkehrspolitik bis 2010: Weichenstellungen für die Zukunft*, Luxemburg.

European Conference of Ministers of Transport (1998), *Report on the Current State of Combined Transport in Europe*, Paris.

European Conference of Ministers of Transport (1996), *Declaration on Combined Transport*, o.O.

European Joint Aviation Authorities (2003), Operations, Standardised/Harmonised Joint Aviation Requirements (JARs), *Section 1 – Requirements*, Hoofddorp (www.jaa.nl).

Ewers, H.-J. und K. Rennings (1996), Quantitative Ansätze einer rationalen umweltpolitischen Zielbestimmung, in: Siebert, H. (Hrsg.), *Elemente einer rationalen Umweltpolitik – Expertisen zur umweltpolitischen Neuorientierung*, Tübingen.

Ewers, H.-J. und M. Holzhey (1998), Strategien der Akteure im Kombinierten Ladungsverkehr, in: Hartwig, K.-H. (Hrsg.), *Kombinierter Verkehr*, Göttingen.

Fosgerau, M. (1996), *Freight Traffic on the Storebælt Fixed Link*, Proceedings of Seminar D&E, 24th European Transport Forum, PTRC, London.

Fowkes, A.S., C.A. Nash und G. Tweddle (1991), Investigating the Market for Inter-Modal Freight Technologies, *Transportation Research A* 25 (4), 161-172.

Fowkes, T. und M. Wardman (1988), The Design of Stated Preference Travel Choice Experiments, *Journal of Transport Economics and Policy* 22 (1), 27-44.

Friedlaender, A.F. und R.H. Spady (1980), A Derived Demand Function for Freight Transportation, *The Review of Economics and Statistics* 62 (3), 432-441.

Garrido, R. (2003), Insight on Freight and Commercial Vehicle Data Needs, in: Jones, P. und P. Stopher (Hrsg.), *Transport Survey and Innovation*, Amsterdam, 413-426.

Geerts, J.-F. und B. Jourquin (2001), Freight Transportation Planning on the European Multimodal Network – The Case of the Wallon Region, *European Journal for Transport Infrastructure Research* 1 (1), 91-106.

Georgi, H. (1970), *Die Einordnung des Werkverkehrs auf Binnenwasserstraßen in die Verkehrswirtschaft*, Beiträge aus dem Institut für Verkehrswissenschaft an der Universität Münster, Bd. 60, Göttingen, 95-118.

Golias, J. und G. Yannis (1998), Determinants of Combined Transport's Market Share, *Transport Logistics* 1 (4), 251-264.

Golob, T.F. und A.C. Regan (2002), Trucking Industry Adopting Information Technology: A Structural Multivariate Discrete Choice Model, *Transportation Research C* 10, 205-228.

Gresser, K., B. Kollberg, W. Konanz, S. Kotzagiorgis, H.-U. Mann, H. Platz, R. Ratzenberger, W. Schneider, M. Schubert und P. Tabor (2001), Verkehrsprognose 2015 – Für die Bundesverkehrswegeplanung, *Internationales Verkehrswesen* 53 (12), 585-591.

Haener, M.K., P.C. Boxall und W.L. Adamowicz (2001), Modelling Recreation Site Choice: Do Hypothetical Choices Reflect Actual Behavior? *American Agricultural Economics* 83 (3), 629-642.

Hauser, S. (1981), *Statistische Verfahren zur Datenbeschaffung und Datenanalyse*, Freiburg.

Heibach, M. (1998), *Wirtschaftswachstum und Verkehrsentwicklung – Entkopplungsmöglichkeiten durch Wirtschafts- und Technologiepolitik*, Köln.

Heigl, P. (2003), *Verhältnis der Spediteure zum Verkehrsträger Schiene*, Beitrag zum DVWG/IVE Seminar „Entwicklung des Schienenverkehrs aus Sicht des VDV und der Speditionen", 2-9 (http://www.ive.uni-hannover.de/veranstaltungen/rueckblick/vst_02/index.html).

Helmke, B. (2003), *Verlader arbeiten an strategischen Allianzen*, in: DVZ 116 vom 27.9.2003.

Hensher, D.A. und W. Greene (2003), The Mixed Logit Model: The State of Practice, *Transportation* 30, 133-176.

Hensher, D.A., P.O. Barnard und T.P. Truong (1988), The Role of Stated Preference Methods in Studies of Travel Choice, *Journal of Transport Economics and Policy* 22 (1), 45-58.

Herry, M. (2001), *Transportpreise und Transportkosten der verschiedenen Verkehrsträger im Güterverkehr*, Studie im Auftrag der Kammer für Arbeit und Angestellte für Wien, Wien.

Hippner, H. und K. Wilde (2001), Der Prozess des Data Mining im Marketing, in: Hippner, H., U.L. Küsters, M. Meyer und K. Wilde (Hrsg.), *Handbuch Data Mining im Marketing – Knowledge Discovery in Marketing Databases*, Wiesbaden.

Holbrook, A., M. Green und J. Krossnick (2003), Telephone Versus Face-To-Face Interviewing of National Probability Samples with Long Questionnaires, *Public Opinion Quarterly* 67, 79-125.

IBM Business Consulting Services und C. Kirchner (2004), *Liberalisierungsindex Bahn 2004 – Vergleich der Marktöffnung der Eisenbahnmärkte der Mitgliedstaaten der Europäischen Union, der Schweiz und Norwegens*, Studie im Auftrag der Deutschen Bahn AG.

Ifo Institut für Wirtschaftsforschung (2003), Güterbeförderung im Straßenverkehr, in: Bundesverband der Deutschen Volksbanken und Raiffeisenbanken (Hrsg.), *Branchen spezial*, Wiesbaden.

Ihde, G. (2001), *Transport, Verkehr, Logistik*, München.

Infras und IWW (2000), *Der Weg zur nachhaltigen Mobilität – Die externen Kosten des Verkehrs reduzieren*, Zürich.

Infras und IWW (2004), *External Costs of Transport – Update Study*, Zürich.

Institut der deutschen Wirtschaft (2005), *Deutschland in Zahlen 2005*, Köln.

IRU (2001), *Competition in East-West Road Transport Markets – Providing Opportunities for All*, o.O.

ITS (2002), SPRITE – Separating the Intensity of Transport from Economic Growth, in: United Nations Economic and Social Council (Hrsg.), *Relationship Between Transport and Economic Development*, Genf.

Janz, N., G. Ebling, S. Gottschalk und B. Peters (2002), Die Mannheimer Innovationspanels, *Allgemeines Statistisches Archiv* 86, 189-201.

Jiang, F., P. Johnson und C. Calzada (1999), Freight Demand Characteristics and Model Choice: An Analysis of the Results of Modelling with Disaggregate Revealed Preference Data, *Journal of Transportation and Statistics* 2 (2), 149-158.

Johnson, M.L. und S. Kotz (1970), *Continuous Univariate Distribution-1*, Boston.

Jong, G. de (2000), Value of Freight Travel-Time Savings, in: Hensher, D.A. und K.J. Button (Hrsg.), *Handbook of Transport Modelling*, Amsterdam, 553-564.

Jovicic, G. (1998), *Application of Models Based on Stated and Revealed Preference Data for Forecasting Danish International Freight Transport*, Aalborg.

Kitamura, R. (2000), Longitudinal Methods, in: Hensher, D.A. und K.J. Button (Hrsg.), *Handbook of Transport Modelling*, Amsterdam, 113-130.

Knapp, F. (1998), *Determinanten der Verkehrsmittelwahl*, Berlin.

Koppelman, F.S. und V. Sethi (2000), Closed-Form Discrete-Choice Models, in: Hensher, D.A. und K.J. Button (Hrsg.), *Handbook of Transport Modelling*, Amsterdam, 211-227.

Koppen, I. (1995), Dispelling the Myths of Transport Growth: A Critical Appraisal and Some Introductory Remarks, *World Transport Policy & Practice* 1 (2), 4-6.

Kraftfahrt-Bundesamt, Bundesamt für Güterverkehr (2004), *Statistische Mitteilungen Dezember 2003 – Güterverkehr deutscher Lastkraftfahrzeuge*, Flensburg.

Kramer, H. (2000), Probleme und Grenzen intermodaler Verkehre für eine verkehrs- und umweltpolitisch verträgliche Gestaltung von Ost-West-Transitverkehren durch Deutschland, in: Bremer Gesellschaft für Wirtschaftsforschung e.V. (Hrsg.), *Engpass Verkehr: Der Verkehrssektor in Deutschland – Eine Wachstumsbremse?*, Frankfurt am Main.

Kriegsmann, K.-P. und A. Neu (1980), Sektoraler Strukturwandel und Energieverbrauch, *Zeitschrift für Energiewirtschaft* 3, 216-231.

Kritzinger, S., H. Riedle und S. Rommerskirchen (2001), *Erarbeitung von Entwürfen alternativer verkehrspolitischer Szenarien zur Verkehrsprognose 2015*, Studie im Auftrag des Bundesministeriums für Verkehr, Bau- und Wohnungswesen, Basel.

Kroes, E.P. und R.J. Sheldon (1988), Stated Preference Methods, *Journal of Transport Economics and Policy* 22 (1), 11-25.

Kumar, R. (1999), *Research Methodology: A Step-by-Step Guide for Beginners*, London.

Lambrecht, U., U. Höpfner, G. Bühler, M. Stronzik, H. Bergmann, P. König und J.-O. Jacobs (2003), *Flexible Instrumente der Klimapolitik im Verkehrsbereich – Weiterentwicklung und Bewertung von konkreten Ansätzen zur Integration des Verkehrssektors in ein CO_2-Emissionshandelssystem*, Studie im Auftrag des Ministeriums für Umwelt und Verkehr des Landes Baden-Württemberg, Heidelberg.

Lammich, K. (1994), Was bleibt übrig von der kontrollierten Verkehrsmarktordnung?, *Internationales Verkehrswesen* 46 (1+2), 20-24.

Langdon, M.G. (1982), *Review of Modal Split Models*, Assessment Division Working Paper 82 (1), Crowthorne, Berkshire.

Lenkungskreis „Güterverkehr" im Deutschen Verkehrsforum (2001), *Entwicklungstendenzen bei der Zusammenarbeit zwischen Verlader – Spediteur – Carrier in einem sich verändernden Marktumfeld*, Berlin.

Lenkungskreis „Häfen und Schifffahrt" im Deutschen Verkehrsforum (2001), *Grundsatzpapier Internationale Verkehre und logistische Ketten aus Sicht von Häfen und Schifffahrt*, Berlin.

Lerman, S.R. und C. Manski (1981), On the Use of Simulated Frequencies to Approximate Choice Probabilities, in: Manski, C. und D. McFadden (Hrsg.), *Structural Analysis of Discrete Data with Econometric Applications*, Cambridge, 305-319.

Lippold, M. (2001), Standpunkt – Das Neue an der neuen Verkehrspolitik, *Internationales Verkehrswesen* 53 (6), 318.

Loomis, J., T. Brown, B. Lucero und G. Peterson (1996), Improving Validity Experiments of Contingent Valuation Methods: Results of Efforts to Reduce the Disparity of Hypothetical and Actual Willingness to Pay, *Land Economics* 72, 450-461.

Loureiro, M.L., J.J. McCluskey und R.C. Mittelhammer (2003), Are Stated Preferences Good Predictors of Market Behavior? *Land Economics* 79 (1), 44-55.

Louviere, J. und D. Street (2000), Stated Preference Methods, in: Hensher, D.A. und K.J. Button (Hrsg.), *Handbook of Transport Modelling*, Amsterdam, 131-143.

Maibach, M., S. Banfi, C. Doll, W. Rothengatter, P. Schenkel, N. Sieber und J. Zuber (2000), *External Costs of Transport – Accident, Environmental and Congestion Costs in Western Europe*, Zürich.

Mandel, B., M. Gaudry und W. Rothengatter (1994), Linear or Nonlinear Utility Functions in Logit-Models? The Impact on German High-Speed Rail Demand Forecasts, *Transportation Research B* 28 (2), 91-101.

Mann, H.-U., R. Ratzenberger, M. Schubert, B. Kollberg, K. Gresser, W. Konanz, W. Schneider, H. Platz, S. Kotzagiorgis und P. Tabor (2001), *Verkehrsprognose 2015 für die Verkehrswegeplanung*, Studie im Auftrag des Bundesministeriums für Verkehr, Bau- und Wohnungswesen, München.

Manski, C. (1977), The Structure of Random Utility Models, *Theory and Decision* 8, 229-254.

Marcial Echenique & Partners Ltd. (2000), *Scenes European Transport Forecasting Modal Specification, D4 Technical Description,* Studie im Auftrag der Europäischen Kommission, Cambridge.

Mayer, H. (2002), *Interview und schriftliche Befragung – Entwicklung, Durchführung und Auswertung*, München.

McFadden, D. (2001), Economic Choices, *The American Economic Review* 91 (3), 351-378.

McFadden, D. (1989), A Method of Simulated Moments for Estimation of Discrete Response Models Without Numerical Integration, *Econometrica* 57 (5), 995-1026.

McFadden, D. (1986), The Choice Theory Approach to Market Research, *Marketing Science* 5 (4), 275-297.

McFadden, D., C. Winston und A. Boersch-Supan (1985), Joint Estimation of Freight Transportation Decisions Under Nonrandom Sampling, in: Daughety, A.F. (Hrsg.), *Analytical Studies in Transport Economics*, Amsterdam, 137-157.

McNally, M.G. (2000a), The Four-Step Model, in: Hensher, D.A. und K.J. Button (Hrsg.), *Handbook of Transport Modelling*, Amsterdam, 35-52.

McNally, M.G. (2000b), The Activity-Based Approach, in: Hensher, D.A. und K.J. Button (Hrsg.), *Handbook of Transport Modelling*, Amsterdam, 53-69.

Meersman, H. und E. van de Voorde (2002), *Utopia and Goods Transport Observation at Decoupling Economic Growth and Demand for Transport*, Beitrag zur „European Conference on Mobility Mangement“, Gent, 15.-17.5.2002.

Meersman, H. und E. van de Voorde (2001), International Logistics: A Continuous Search for Competitiveness, in: Brewer, A., K.J. Button und D.A. Hensher (Hrsg.), *Handbook of Logistics and Supply Chain Management*, Amsterdam, 67-77.

Meyer, G. (1970), *Die Einordnung des Werkverkehrs in die Verkehrswirtschaft*, Beiträge aus dem Institut für Verkehrswissenschaft an der Universität Münster, Bd. 60, Göttingen, 7-43.

Miebach Logistik (2002), *Auswertung Outsourcing – Befragung 2002*, Frankfurt am Main.

Miklius, W., K.L. Casavant und P.V. Garrod (1976), Estimation of Demand for Transportation of Agricultural Commodities, *American Journal of Agricultural Economics* 58 (2), 217-223.

Müller, C. (2002), Gemeinsam oder einzeln im Bahngüterverkehr?, *Internationales Verkehrswesen* 54 (4), 174-176.

Newman, J., D. Des Jarlais, C. Turner, J. Gribble, P. Cooley und D. Panone (2002), The Differential Effects of Face-To-Face and Computer Interview Modes, *American Journal of Public Health* 92 (2), 294-297.

Nijkamp, P., A. Reggiani und S. Bolis (1997), European Freight Transport and the Environment: Empirical Applications and Scenarios, *Transportation Research D* 2 (4), 233-244.

Nijkamp, P., A. Reggiani und W.F. Tsang (2004), Comparative Modelling of Interregional Transport Flows: Application to Multimodal European Freight Transport, *European Journal of Operational Research* 155 (4), 584-602.

o.V. (2001), *Kombi-Züge wurden im Jahr 2000 noch unpünktlicher*, in: DVZ 2.6.2001.

Oberhausen, J. (2003), Kabotage im Güterkraftverkehr 1999-2001, in: Eurostat (Hrsg.), *Statistik kurz gefasst – Verkehr, Thema 7*, 1-8.

OECD (2002), *Environmental Data Compendium 2002 – Part I. The State of the Environment*, Paris.

OECD (2001a), *Transport and Economic Development – Round Table 119*, Paris.

OECD (2001b), *Road Freight Transport for Own Account in Europe – Round Table 115*, Paris.

Oppewal, H. und H. Timmermans (2001), Understanding and Predicting Customers' Choice, in: Brewer, A., K.J. Button und D.A. Hensher (Hrsg.), *Handbook of Logistics and Supply Chain Management*, Amsterdam, 293-310.

Ortuzar, J. de D. und A. Iacobelli (1998), Mixed Modelling of Interurban Trips by Coach and Train, *Transportation Research A* 32, 345-357.

Ortuzar, J. de D. und L.I. Rizzi (2001), Valuation of Road Fatalities: A Stated Preference Approach, in: Hensher, D.A. (Hrsg.), *Travel Behaviour Research – The Leading Edge*, Amsterdam, 855-868.

Oum, T.H. (1979a), A Cross-Sectional Study of Freight Transport Demand and Rail-Truck Competition in Canada, *The Bell Journal of Economics* 10 (2), 463-482.

Oum, T.H. (1979b), Derived Demand for Freight Transport and Inter-Modal Competition in Canada, *Journal of Transport Economics and Policy* 13 (2), 149-168.

Peake, S. (1994), *Transport in Transition*, London.

Pfohl, H.-C. (2000), *Logistiksysteme*, Berlin.

Planco Consulting GmbH (1998), *Prognose des kombinierten Ladungsverkehrs der Binnenschiffahrt bis zum Jahre 2010*, Essen.

Prehn, M., B. Schwedt und U. Steger (1997), *Verkehrsvermeidung – aber wie? Eine Analyse theoretischer Ansätze und praktischer Ausgestaltungen auf dem Weg zu einer wirtschafts- und umweltverträglicheren Verkehrsentwicklung*, Bern.

Prognos (2001), *Survey of Costs in International Road Goods Transport – Between Member States of the Community and Certain Third Countries*, Basel.

Proost, S. und K. van Dender (1999), *TRENEN II STRAN*, Final Report for Publication of the European Commission DG – TREN, Leuven.

Regan, A.C. und R.A. Garrido (2001), Modelling Freight Demand and Shipper Behaviour: State of the Art, Future Directions, in: Hensher, D.A. (Hrsg.), *Travel Behaviour Research – The Leading Edge*, Amsterdam, 185-216.

Rehmann, D. (1988), *Rationalität, Effizienz und Effektivität der staatlichen Förderungspolitik zugunsten des kombinierten Ladungsverkehrs*, Göttingen.

Reim, U. (2003), Transportketten im intermodalen Güterverkehr, *Wirtschaft und Statistik* (4), 327-337.

Reim, U. (2000), Unternehmen der Binnenschifffahrt 1999, *Wirtschaft und Statistik* (5), 343-350.

Richards, M.G. und M.E. Ben-Akiva (1975), *A Disaggregate Travel Demand Model*, Westmead.

Richey, A. (1997), Logistikangebote der Deutschen Bahn AG im kombinierten Verkehr – Der gegenwärtige Stand und die zukünftigen Perspektiven, in: Deutsche Verkehrswissenschaftliche Gesellschaft (Hrsg.), *Die Stellung kombinierter Verkehre Straße/Schiene in geschlossenen logistischen Ketten*, Bergisch Gladbach, 57-99.

Rommerskirchen, S. (2003), *Decoupling of Economic and Transport Growth: Background, Findings and Prospects*, Beitrag zum „16th International Symposium of the ECMT", Budapest 19.-21.10.2003.

Rommerskirchen, S. (1999), Entkopplung des Wachstums von Wirtschaft und Verkehr?, *Internationales Verkehrswesen* 51 (6), 231-236.

Rommerskirchen, S. (1998a), Güterverkehr und Wirtschaftswachstum – Auch künftig im Gleichschritt?, in: Deutsche Verkehrswissenschaftliche Gesellschaft (Hrsg.), *Verkehrsprognose – Zukunftsperspektiven des Personen- und Güterverkehrs in Deutschland*, Bergisch Gladbach, 167-189.

Rommerskirchen, S. (1998b), *Chancen und Wirkungen einer Flexibilisierung der Lieferzeiten und Lieferzeitfenster*, Studie im Auftrag des Deutschen Verkehrsforums e.V., Basel.

Ronning, G. (1991), *Mikroökonometrie*, Berlin.

Roster, C., R. Rogers, G. Albaum und D. Klein (2004), A Comparison of Response Characteristics from Web and Telephone Surveys, *International Journal of Marketing Research* 46 (3), 359-373.

Ruijgrok, C. (2001), European Transport: Insight and Challenges, in: Brewer, A., K.J. Button und D.A. Hensher (Hrsg.), *Handbook of Logistics and Supply Chain Management*, Amsterdam, 29-46.

Rutten, B. (1998), The Design of a Terminal Network for Intermodal Transport, *Transport Logistics* 1 (4), 279-298.

Schaechterle, K. (1998), Straße und Wirtschaft, *Internationales Verkehrswesen* 50 (7+8), 312-218.

Scheunemann, S. (1982), Entscheidungscheckliste für oder gegen den eigenen Fuhrpark, in: Rationalisierungs-Kuratorium der Deutschen Wirtschaft (RKW) e.V. (Hrsg.), *RKW-Handbuch Transport, Sonderdruck des usl-Beitrages*, Berlin.

Schleicher-Tappeser, R., C. Hey und P. Stehen (1998), *Policy Approaches for Decoupling Freight Transport from Economic Growth*, Beitrag zur „8th World Conference on Transport Research“, Antwerpen, 12.-17.6.1998.

Schmidt, K.-H. (1997), Anforderungsprofile an kombinierte Verkehre Straße/Schiene in geschlossenen logistischen Ketten durch die Nutzer – Spedition, in: Deutsche Verkehrswissenschaftliche Gesellschaft (Hrsg.), *Die Stellung kombinierter Verkehre Straße/Schiene in geschlossenen logistischen Ketten*, Köln, 18-37.

Schneider, W., W. Konanz und B. Butz (1996), *Aktualisierung des Transportmittelwahlmodells im Güterverkehr – Untersuchungsbericht zum Forschungsvorhaben des BMVBW*, Freiburg.

Schulz, J., J. Kesten, M. Vrtic und T. Krumme (1996), *Bewertung des Güterfernverkehrs auf der Straße und Schiene – Vergleich von Transportqualität und Energieverbrauch bei ausgewählten Transportketten auf Straße, Schiene und im kombinierten Verkehr*, Frankfurt am Main.

Schwarz, O. (1996), *Der Verkehr auf der Straße und der Schiene – Eine ökonometrische Analyse für die Bundesrepublik Deutschland mit einer Simulation zu einer Mineralölsteuererhöhung*, Hamburg.

Seidelmann, C. (2003), Über das Engagement der BASF im kombinierten Verkehr, in: Deutsche Verkehrswissenschaftliche Gesellschaft (Hrsg.), *Kombinierter Verkehr in Europa vom Nischenprodukt zur Netzlösung*, Berlin, 31-33.

Seidenfus, H. (1974), Die volkswirtschaftliche Bedeutung des kombinierten Verkehrs, in: Deutsche Verkehrswissenschaftliche Gesellschaft (Hrsg.), *Gesamtkonzeptionen des kombinierten Verkehrs*, Köln, 2-11.

Shankar, V.N. und R.M. Pendyala (2001), Freight Travel Demand Modelling: Econometric Issues in Multi-Level Approaches, in: Hensher, D.A. (Hrsg.), *Travel Behaviour Research – The Leading Edge*, Amsterdam, 659-673.

Slack, B. (2001), Intermodal Transportation, in: Brewer, A., K.J. Button und D.A. Hensher (Hrsg.), *Handbook of Logistics and Supply Chain Management*, Amsterdam, 141-154.

Small, K. und C. Winston (1998), The Demand for Transportation Models and Applications, in: Gomez-Ibanez, J., W.B. Tye und C. Winston (Hrsg.), *Essays in Transportation Economics and Policy*, Washington, 11-55.

Statistisches Bundesamt (2005), *Verkehr im Überblick 2003*, Fachserie 8, Reihe 1.2, Wiesbaden.

Statistisches Bundesamt (2004a), *Verkehr – Eisenbahnverkehr 2003,* Fachserie 8, Reihe 2, Wiesbaden.

Statistisches Bundesamt (2004b), *Dienstleistungen – Strukturerhebung im Dienstleistungsbereich: Verkehr und Nachrichtenübermittlung*, Fachserie 9, Reihe 1, Wiesbaden.

Statistisches Bundesamt (2003a), *Verkehr – Eisenbahnverkehr 2002,* Fachserie 8, Reihe 2, Wiesbaden.

Statistisches Bundesamt (2003b), *Statistisches Jahrbuch 2003*, Wiesbaden.

Statistisches Bundesamt (2000), *Neue Erhebungsinstrumente und Methodeneffekte*, Wiesbaden.

Stead, D. (2001), Transport Intensity in Europe – Indicators and Trends, *Transport Policy* 8 (1), 29-46.

Strese, D. (1994), Dämpfung des Verkehrswachstums durch Transportverteuerungen? *Internationales Verkehrswesen* 46 (4), 199-203.

Stronzik, M., G. Bühler und U. Lambrecht (2002), Ansatzpunkte für einen Emissionshandel im Verkehrssektor, *Zeitschrift für Energiewirtschaft* 26 (3), 193-208.

Studiengesellschaft für den kombinierten Verkehr e.V. (2004), *Terminalkarte für den kombinierten Verkehr*, Frankfurt am Main (http://www.sgkv.de/deutsch/index.html).

Studiengesellschaft für den kombinierten Verkehr e.V. (2002), *Geschäftsbericht 2002*, Frankfurt am Main.

Taylor, S. (2001), Just-In-Time, in: Brewer, A., K.J. Button und D.A. Hensher (Hrsg.), *Handbook of Logistics and Supply Chain Management*, Amsterdam, 213-224.

Teutsch, C. (2001), Spezielle Probleme des multimodalen Transports unter besonderer Berücksichtigung der Binnenschiffahrt, in: Riedel, E. (Hrsg.), *Multimodaler Transport und Binnenschiffahrt*, Baden-Baden, 53-63.

Thiele, P. (2001), *Verkehrsverlagerung – Der große Trugschluss*, Berlin.

Thomas, U. (2001), *„System Schiene 2010" – Die forschungspolitischen Ziele des Bundesministeriums für Bildung und Forschung*, München.

Train, K. (2003), *Discrete Choice Methods with Simulation*, Cambridge.

Trost, D. (1999), *Vernetzung im Güterverkehr – Ökonomische Analyse von Zielen, Ansatzpunkten und Maßnahmen zur Implementierung integrierter Verkehrssysteme unter Berücksichtigung logistischer Ansprüche verschiedener Marktsegmente*, Hamburg.

UIRR (2003), *Report 2003*, Brüssel.

Vaghi, C., L. Senn, R. Zucchetti und O. Baccelli (2002), *RECORDIT – Resource Cost Calculation for Selected Corridors*, o.O.

Vellay, C. und G. de Jong (2003), *Analyse conjointe SP/RP du Choix du Mode de Transport de Merchandises dans la Région Nord – Pas-de-Calais*, Santa Monica.

Voigt, F. (1973), *Verkehr*, Bd.1, Berlin.

Von Herff, M. (2002), *Outsourcing-Entscheidungen*, Aachen.

Von Peter, F. (1999), Neue Akzente in der Verkehrspolitik für den KV? in: Deutsche Verkehrswissenschaftliche Gesellschaft (Hrsg.), *Die Zukunft des Kombinierten Verkehrs – Was ist zu tun?*, Bergisch Gladbach, 60-64.

Wagener, N., R. Wagener, D. Jahn, R. Lasch und A. Lemke (2002), *Der Transportmarkt im Wandel*, Studie für das Deutsche Verkehrsforum e.V., Potsdam.

Wardman, M. und G. Whelan (2001), Valuation of Improved Railway Rolling Stock: A Review of the Literature and New Evidence, *Transport Reviews* 21 (4), 415-447.

Wardman, M. (1997), Inter-Urban Rail Demand, Elasticities and Competition in Great Britain: Evidence from Direct Demand Models, *Transportation Research E* 33 (1), 15-28.

Wardman, M. (1988), A Comparison of Revealed Preference and Stated Preference Models of Travel Behaviour, *Journal of Transport Economics and Policy* 22 (1), 71-91.

Weinreich, S. (2004), *Nachhaltige Entwicklung im Personenverkehr unter Berücksichtigung der externen Kosten*, Heidelberg.

Wenger, H. (2003), *UIRR 30 Jahre – Geschichte der Internationalen Vereinigung der Gesellschaften für den kombinierten Verkehr Schiene-Straße (UIRR) und des kombinierten Güterverkehrs Schiene-Straße in Europa 1970-2000*, Brüssel.

Westbrook, M.D. und P.A. Buckley (1990), Flexible Functional Forms and Regularity: Assessing the Competitive Relationship Between Truck and Rail Transportation, *The Review of Economics and Statistics* 72 (4), 623-630.

Winston, C. (1985), Conceptual Developments in the Economics of Transportation: An Interpretive Survey, *Journal of Economic Literature* 23, 57-94.

Winston, C. (1981a), A Disaggregate Model of the Demand for Intercity Freight Transportation, *Econometrica* 49 (4), 981-1006.

Winston, C. (1981b), A Multinomial Probit Prediction of the Demand for Domestic Ocean Container Service, *Journal of Transport Economics and Policy* 15 (3), 243-252.

Wittenbrink, P. (1992), *Wirkungen einer Internalisierung negativer externer Effekte des Straßengüterverkehrs auf die Güterverkehrsnachfrage*, Göttingen.

Zachcial, M. (2000), Das Beziehungsgefüge zwischen Wirtschaft und Verkehr, in: Bremer Gesellschaft für Wirtschaftsforschung e.V. (Hrsg.), *Engpass Verkehr. Der Verkehrssektor in Deutschland – Eine Wachstumsbremse?*, Frankfurt am Main.

Ziegler, A. (2001), Simuliertes klassisches Schätzen und Testen in Mehrperioden-Mehralternativen-Probitmodellen, Mannheim (http://bibserv7.bib.uni-mannheim.de/madoc/volltexte/2001/28/).

Ziegler, A. und A. Eymann (2001), Zur Simulated Maximum-Likelihood-Schätzung von Mehrperioden-Mehralternativen-Probitmodellen, *Allgemeines Statistisches Archiv* 85, 319-342.